Empresa e Iniciativa Emprendedora

María Eugenia Caldas Blanco
Reyes Carrión Herráez
Antonio J. Heras Fernández

EDITEX

ÍNDICE

1. El emprendedor 6

1. El espíritu emprendedor 8
2. Cualidades del emprendedor 9
3. El riesgo empresarial 13
4. El potencial emprendedor 15

Práctica profesional:

- ¿Tienes madera de empresario? 18

Emprendedores en el cine:

- *El gran salto* 19

Actualidad empresarial:

- El verdadero emprendedor es el que consigue profesionalizar su pasión 20

2. La empresa y su entorno 22

1. La empresa 24
2. El entorno de la empresa 27
3. Análisis del entorno: la matriz DAFO 29
4. Objetivos, decisiones y estrategias empresariales 31
5. La cultura empresarial 33
6. La imagen corporativa 34
7. Responsabilidad social corporativa 35

Práctica profesional:

- Responsabilidad social corporativa e imagen de la empresa 40

Emprendedores en el cine:

- *El jardinero fiel* 41

Actualidad empresarial:

- Google, Premio Príncipe de Asturias de Comunicación y Humanidades 2008 42

3. La idea emprendedora. El modelo Canvas 44

1. La idea emprendedora 46
2. Técnicas para estimular la creación de ideas 48
3. Formula y comunica tu idea 49
4. La construcción del modelo de negocio: el modelo Canvas 50
5. La investigación de mercado 52
6. El proceso de investigación de mercado 56

Proyecto de empresa:

- Incubando el proyecto de empresa 60

Actualidad empresarial:

- Yo te bautizo... Consejos de experto 64

4. Lean Startup y plan de marketing 66

1. El mercado 68
2. El método Lean Startup 69
3. Lean Canvas 71
4. El plan de marketing 72

Proyecto de empresa:

- El plan de empresa 86

5. La forma jurídica de la empresa 90

1. La forma jurídica de la empresa 92
2. La figura del autónomo 93
3. Las sociedades 95
4. Las sociedades personalistas 96
5. Las sociedades de capital 97
6. La sociedad laboral y la cooperativa 101
7. Protección jurídica 103

Proyecto de empresa:

- Área jurídica del plan de empresa 106

6. Plan de recursos humanos 108

1. El plan de recursos humanos 110
2. Análisis de los puestos de trabajo 110
3. Régimen de la Seguridad Social 111
4. El régimen especial del trabajador autónomo 112
5. El coste del trabajador por cuenta ajena 113
6. La organización de la empresa 115
7. Selección y formación del personal 119

Proyecto de empresa:

- El plan de recursos humanos 121

Emprendedores en el cine:

- *La camioneta* 124

7. Producción y análisis de costes 126

1. La función de producción 128
2. Análisis de costes 131

Proyecto de empresa:

- El plan de producción 138
- Análisis de costes 139

Actualidad empresarial:

- GARCÍA BAQUERO: las claves del crecimiento económico de la empresa líder del mercado de los quesos en España 140

8. La contabilidad financiera 142

1. La contabilidad 144
2. El Plan General Contable 146
3. El patrimonio de la empresa y su representación 149
4. La cuenta de pérdidas y ganancias 157

Emprendedores en el cine:

- *Wall Street* 162

9. Plan de inversiones y plan de financiación 164

1. El plan de inversiones 166
2. Las fuentes de financiación 170
3. Fuentes de financiación propias 171
4. Fuentes de financiación ajenas 174

Proyecto de empresa:

- Plan de inversiones y amortización 182
- Plan de financiación 183

Actualidad empresarial:

- *Crowdfunding*: la consolidación de la financiación colectiva 184

10. Análisis de viabilidad económico-financiera 186

1. La estructura financiera de la empresa 188
2. Análisis económico-financiero 190
3. El periodo medio de maduración 195
4. El plan de tesorería 198

Proyecto de empresa:

- Análisis económico-financiero 202
- Plan de tesorería 202

Actualidad empresarial:

- Once bancos líderes en banca ética y sostenible del mundo lanzan la Alianza Global por una Banca con Valores 204

11. Trámites de constitución 206

1. Trámites de constitución de una sociedad 208
2. Trámites en Hacienda 210
3. Trámites laborales 211
4. Otros trámites 212
5. Simplificación de los trámites y servicios de ayuda complementarios 214

Proyecto de empresa:

- Organización de la prevención 218
- Trámites para iniciar tu empresa 218

Actualidad empresarial:

- Pasos para no perder tiempo y dinero en los trámites para crear una empresa 219

12. Gestión fiscal 222

1. El sistema tributario 224
2. Las relaciones jurídico-tributarias 225
3. Obligaciones fiscales iniciales 226
4. Obligaciones fiscales periódicas 227
5. Obligaciones tributarias eventuales 233

Práctica profesional:

- Gestiona los tributos de tu empresa 236

Actualidad empresarial:

- Desgravar es sencillo 238

13. Gestión administrativa 240

1. La gestión administrativa en la empresa 242
2. El proceso de compraventa en la empresa 242
3. Documentos relacionados con el proceso de compraventa 243
4. Documentos relacionados con el proceso de pago y cobro 249

Práctica profesional:

- La gestión administrativa en la empresa 256

Actualidad empresarial:

- Encuentra tu papel: hábitos muy saludables en la gestión de la documentación administrativa 258

Anexo. Guía para el proyecto de empresa ... 260

1. El proyecto de empresa 262

Guía para el proyecto de empresa 264

Emprendedores en el cine:

- *Tucker: un hombre y su sueño* 278

Actualidad empresarial:

- ¿Por qué fracasan los emprendedores? 279

ORGANIZACIÓN DE LA UNIDAD

Situación de partida

Descripción del marco de análisis, con los personajes, condiciones, hechos y datos relevantes para analizar el caso, tomado de una situación real.

Estudio del caso

Cuestiones que se plantean para facilitar el análisis de la situación. El alumno puede responder a estas preguntas al comienzo, a medida que avanza en la unidad, o como una guía para el debate.

Últimas corrientes en emprendimiento

Se han incorporado a esta edición las corrientes y métodos más novedosos en emprendimiento, entre otros:

- El modelo Canvas.
- El método Lean Startup.
- El Lean Canvas.
- El mapa de empatía.
- La estrategia del océano azul.

Desarrollo de contenidos

Los contenidos se presentan de forma clara destacando las definiciones y apoyados en tablas, gráficos, esquemas e ilustraciones.

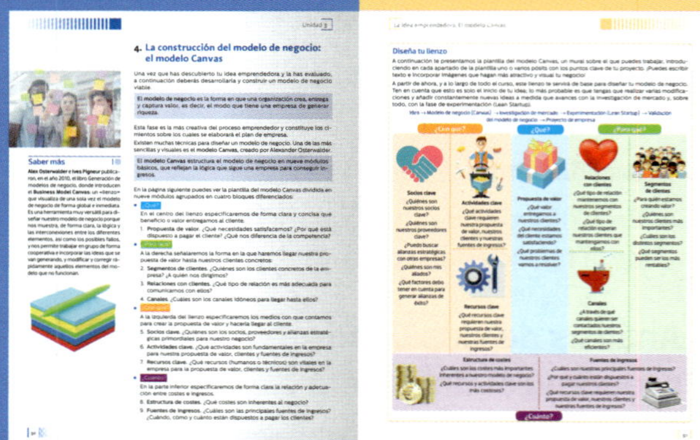

Frases célebres

Se introducen reflexiones de destacadas figuras de la economía y el mundo de la empresa.

Trabajo en equipo

Propuestas de trabajo en equipo en el aula para favorecer el aprendizaje cooperativo y entre iguales.

IMPORTANTE: Todas las actividades propuestas en este libro deben realizarse en un cuaderno de trabajo, nunca en el propio libro.

Regístrate en nuestra web y accede a los recursos adicionales: <www.editex.es>.

Esquemas

Incorporación de un gran número de esquemas, elementos gráficos e ilustraciones dirigidos a hacer más claros los contenidos y facilitar el **aprendizaje visual.**

Recuerda

A lo largo de la unidad se destacan conceptos clave.

Saber más

Ampliación de conocimientos para profundizar en los temas tratados.

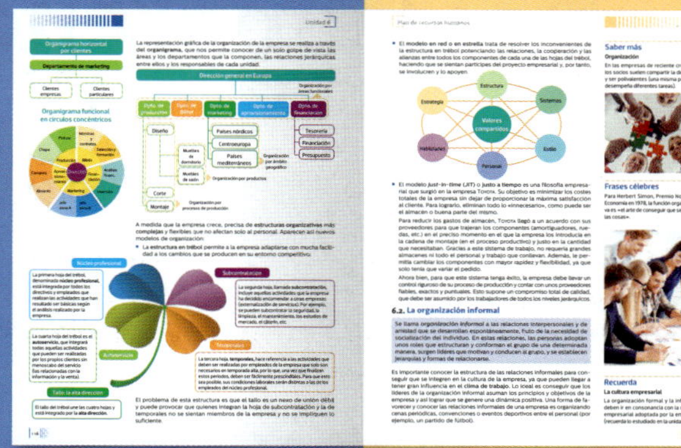

Actividades finales

Revisan y consolidan las ideas fundamentales tratadas en la unidad, teniendo en cuenta los criterios de evaluación oficiales.

Entra en internet

Propuestas específicas de investigación en la red, análisis de páginas web, elaboración de trabajos a partir de fuentes digitales.

Proyecto de empresa

Este libro está estructurado y pensado para trabajar un plan de empresa desde el principio. Al final, el Anexo, «Guía para el proyecto de empresa», explica qué es y cuáles son sus objetivos. Se puede combinar y trabajar con las últimas corrientes en emprendimiento que se tratan en el libro.

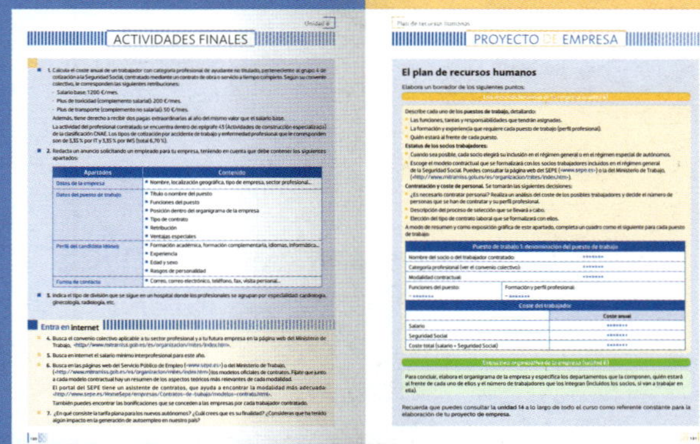

Práctica profesional

Selección de casos prácticos reales, basados en los resultados de aprendizaje identificados en el programa, para que el alumno sepa desenvolverse en situaciones similares.

Emprendedores en el cine

Una serie de películas que invitan a la reflexión y el debate sobre el proceso de emprendimiento, mediante ciertas actividades.

Actualidad empresarial

Esta sección nos acerca a la realidad del emprendimiento mediante artículos sobre emprendedores modernos o cuestiones de interés del mundo empresarial.

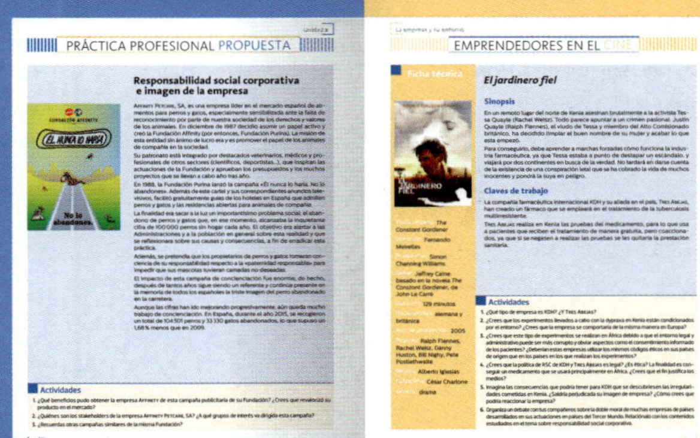

1 El emprendedor

Vamos a conocer...

1. El espíritu emprendedor
2. Cualidades del emprendedor
3. El riesgo empresarial
4. El potencial emprendedor

PRÁCTICA PROFESIONAL

¿Tienes madera de empresario?

EMPRENDEDORES EN EL CINE

El gran salto

ACTUALIDAD EMPRESARIAL

El verdadero emprendedor es el que consigue profesionalizar su pasión

Y al finalizar esta unidad...

- Descubrirás en qué consiste el espíritu emprendedor.
- Identificarás los rasgos que caracterizan a la persona emprendedora y aprenderás por qué son básicos en el mundo empresarial.
- Analizarás las capacidades, habilidades y actitudes propias del emprendedor.
- Valorarás la figura del emprendedor como agente de cambio social, de desarrollo y de innovación.
- Descubrirás tu potencial emprendedor y cómo desarrollarlo.

Práctica profesional inicial

Situación de partida

Henry Ford (1863-1947) fue una figura emprendedora relevante. Estadounidense, hijo de granjeros, desde muy joven mostró un gran interés por la mecánica. Su padre esperaba que se ocupara de la granja familiar, pero él se marchó a Detroit para trabajar como aprendiz de maquinista. Tres años después, volvió para encargarse de la máquina de vapor Westinghouse de la granja paterna. Se casó y continuó ocupándose de las labores agrarias, aunque compaginándolas con la investigación y la construcción de sus propios prototipos de automóvil

En 1891 consiguió un puesto de ingeniero en la compañía Edison y dos años después fue ascendido a ingeniero jefe, de modo que pudo dedicarse a sus propios experimentos con motores de gasolina. Sin embargo, sus primeros intentos fracasaron. No alcanzó el éxito hasta su tercer proyecto empresarial, lanzado en 1903: la Ford Motor Company.

Su idea consistió en fabricar automóviles sencillos y baratos, destinados al consumo masivo de la clase media americana. Hasta entonces, el automóvil era un producto de lujo, fabricado de forma artesanal, que acarreaba elevados costes, por lo que solo podían permitírselo las personas adineradas.

Su modelo T puso el automóvil al alcance de una población que antes no tenía acceso a él, y alteró drásticamente sus hábitos de vida y de trabajo y la fisonomía de las ciudades.

Entre las claves de su éxito podemos destacar:

- Percibir que la clase media estaría interesada en el automóvil y evaluar correctamente su capacidad adquisitiva.
- Concebir y desarrollar un procedimiento para reducir los costes de fabricación y lograr una mayor eficiencia: la producción en serie a través de una cadena de montaje. El chasis del automóvil se colocaba en una cinta que lo iba desplazando automáticamente haciéndolo pasar por sucesivos puestos, donde varios grupos de operarios realizaban las tareas encomendadas hasta terminar completamente el coche.
- Utilizar la publicidad masiva e idear un sistema de concesionarios locales que permitió que el automóvil estuviese disponible en cada ciudad de EE. UU.
- Aprovechar esta reducción de los costes para elevar los salarios de sus trabajadores muy por encima de lo que ofrecía la competencia: con un salario de cinco dólares diarios se aseguró una plantilla satisfecha y nada conflictiva.

Retomaremos la historia de Henry Ford en la unidad 7.

Estudio del caso

Antes de empezar a leer esta unidad de trabajo, aventura una respuesta para las siguientes preguntas. Después, analiza cada punto del tema, con el objetivo de comprobar si has contestado bien y de forma completa.

1. ¿Cuáles son las ventajas y los inconvenientes de crear tu propia empresa?
2. ¿Qué ocurre si no se tiene éxito a la primera en el mundo empresarial?
3. ¿Qué cualidades deduces que poseía Henry Ford y que contribuyeron a su éxito en el mundo de los negocios?
4. ¿Cuáles son las cualidades propias de una persona emprendedora?
5. ¿Puede actuar como emprendedor un funcionario o un trabajador por cuenta ajena? Razona tu respuesta.
6. En los negocios, ¿se arriesga, o solo arriesgan los imprudentes?
7. ¿Crees que tienes madera de empresario? Justifica tu respuesta.

Páginas web de consulta para el emprendedor:

- <www.ipyme.org>
- <www.creacionempresas.com>
- <www.emprendedores.com>

1. El espíritu emprendedor

Las personas con espíritu emprendedor son creativas y buscan probar cosas nuevas o hacerlas de manera diferente. Schumpeter decía que el empresario «ve lo que otros no ven». **¿En qué consiste el espíritu emprendedor?**

Caso práctico inicial

Ford no fue el descubridor del automóvil; él observó a la clase media americana, estudió sus costumbres y su capacidad adquisitiva; su idea innovadora fue fabricar un automóvil para ellos.

El resultado es un **nuevo bien o servicio que proporciona un valor añadido a la sociedad**. El empresario desempeña un papel clave como **motor de desarrollo económico**; se convierte en un **agente activo del progreso**.

Dos términos que suelen confundirse o que se identifican como iguales son los de *emprendedor* y *empresario*, si bien no son lo mismo:

- **Empresario** es la persona que crea y dirige una empresa.
- **Emprendedor** es un concepto mucho más amplio: se trata de la persona que inicia una acción creativa e innovadora, generalmente aceptando un riesgo.

Caso práctico inicial

Ford encontró una manera más barata y eficiente de fabricar coches.

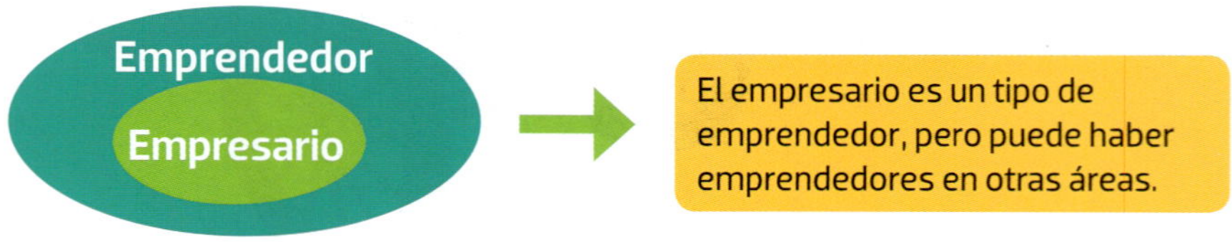

El emprendedor posee un conjunto de habilidades y actitudes que se pueden desarrollar en muy diversos campos. Uno de ellos es el empresarial, pero también encontramos emprendedores en la política, la investigación, la docencia, la Administración pública y en todos los ámbitos de la vida.

Caso práctico inicial

No solo tiene espíritu emprendedor quien monta una empresa.

Ejemplo

¿Te habías planteado alguna vez que Cristóbal Colón encaja en el perfil de persona emprendedora? ¿Has conocido alguna vez a un profesor que impartiera sus clases de una forma original y diferente?

1.1. El intraemprendedor

El intraemprendedor es una persona que, trabajando por cuenta ajena, desarrolla y lleva a cabo proyectos con el mismo espíritu de innovación, creatividad y autonomía que si fueran propios; transforma una idea en un proyecto realizable y persigue los mismos objetivos de la organización.

Frases célebres

Si hubiera preguntado a la gente qué quería, me habrían dicho que un caballo más rápido; yo les di el automóvil.

Henry Ford

2. Cualidades del emprendedor

2.1. Cualidades personales

Se dice que el emprendedor es una persona con iniciativa, autonomía, creatividad, innovación y visión de futuro, tenaz, responsable, con sentido crítico, autodisciplina, confianza en sí mismo y motivación de logro, pero, ¿sabemos qué significan realmente estos conceptos? Comenzaremos el análisis de las cualidades personales del emprendedor a través de las siguientes actividades:

Actividades

1. Relaciona las cualidades del empresario que se recogen en la columna de la izquierda con las definiciones de la columna de la derecha.

Cualidad	Definición
Iniciativa	Consiste en la facilidad para imaginar ideas y proyectos nuevos.
Autonomía	Supone analizar las situaciones desde una óptica distinta a la habitual y proponer soluciones originales sin miedo al cambio.
Creatividad	Hace referencia a la capacidad para identificar oportunidades de negocio. Un empresario no es una persona que predice el futuro, sino que es sensible al entorno, a las necesidades de la sociedad y a los cambios que se están operando o que se producirán en un futuro.
Innovación	Es la capacidad para funcionar sin necesidad de una supervisión inmediata, elegir por uno mismo y tomar decisiones personales.
Visión de futuro	Es la acción de dar comienzo a algo, de hablar u obrar por voluntad propia, adelantándose a cualquier motivación externa o ajena a uno mismo.

2. Copia la siguiente tabla en tu cuaderno y pon dos ejemplos para cada una de las cualidades indicadas, uno en el que se muestre que tú mismo o alguien de tu entorno actúa empleando dichas cualidades y otro en el que sea un empresario. La finalidad de esta actividad es que seas capaz de reconocer cómo actúa una persona que tiene estas cualidades propias del emprendedor y analizar si tú mismo dispones de ellas (en mayor o menor grado).

Cualidad	Definición	Ejemplos	
		En mi entorno	En el mundo empresarial
Confianza en uno mismo	Consiste en percibirse de forma positiva, conocer las aptitudes y capacidades propias y apostar por ellas.	....	....
Tenacidad	Dar prueba de constancia y tesón en aquello que se inicia. Inscribir las propias acciones en la idea de perseverancia y de llegada a término.	....	....
Responsabilidad	Capacidad para asumir las consecuencias de los actos y decisiones tomadas por uno mismo.	....	....
Autodisciplina	El control de la propia conducta, en particular de los impulsos y reacciones inmediatas.	....	....
Sentido crítico	Ser una persona realista y objetiva para poder valorar los pros y contras de la idea y conocer sus límites.	....	....
Motivación de logro	Estar motivado para conseguir las metas profesionales propuestas, no cejar en buscar el éxito del proyecto a pesar de los fracasos y del riesgo que representa.	....	....

Además, el empresario ha de contar con las siguientes habilidades:

Habilidades del empresario

Proactividad	Significa tomar la iniciativa asumiendo la responsabilidad de hacer que las cosas sucedan; implica decidir en cada momento lo que queremos hacer y cómo lo vamos a hacer.
Curiosidad	El emprendedor se interesa por casi todo, las veinticuatro horas del día. En muchos casos, un proyecto surge de observar el entorno y sus necesidades y, para que perdure en el tiempo, es necesario renovarse constantemente.
Flexibilidad	Consiste, entre otros aspectos, en saber adaptarse a los cambios. El empresario trabaja en un entorno cambiante y competitivo. Los avances tecnológicos son constantes, los procesos de producción cambian, surgen nuevas formas de trabajo, etc. El emprendedor debe ser consciente de esta realidad y estar siempre dispuesto y preparado para adaptarse y para aprender cosas nuevas.
Capacidad para asumir riesgos	Es la predisposición a actuar con decisión ante situaciones que requieren cierto arrojo por la dificultad que entrañan. Las personas con afán de superación, que se marcan metas y objetivos ambiciosos, tienen un mayor incentivo a la hora de superar el miedo al riesgo. El riesgo es algo inherente a la vida; asumir riesgos es positivo para aprender de los éxitos y de los fracasos.
Tolerancia a la frustración y la incertidumbre	Es necesario enfrentarse a problemas, retrasos, dificultades o imprevistos casi a diario. Es normal que no todo salga bien a la primera, pero hay que saber afrontar los obstáculos y perseverar.

Caso práctico inicial

Los primeros proyectos de Ford no tuvieron éxito, pero perseveró y siguió investigando hasta alcanzarlo.

En *El hombre en busca de sentido* **Vicktor Frankl**, psiquiatra austriaco judío, define la ***proactividad*** como «la libertad de elegir nuestra actitud frente a las circunstancias de nuestra propia vida». A pesar de las torturas que vivió en los campos de concentración nazis, nadie pudo arrebatarle su libertad interior: la de decidir de qué modo le afectaría lo que le estaba pasando.

El profesor estadounidense **Steven Covey** considera que la esencia de la persona proactiva es la capacidad para subordinar los impulsos a los principios o los valores. Las personas proactivas no dicen que su conducta es la consecuencia de las circunstancias, sino producto de su propia elección consciente basada en valores personales.

2.2. Habilidades sociales y de dirección

- **Habilidad comunicativa.** Hablar y expresarse con corrección y propiedad, siendo, en todo momento, asertivo.
- **Asertividad.** Es la capacidad para expresar los sentimientos, ideas y pensamientos propios sin herir los sentimientos, ideas y pensamientos de los demás.
- **Habilidad negociadora.** Es la capacidad para exponer y defender las ideas propias ante los demás.
- **Espíritu de equipo.** Capacidad para trabajar en estrecha colaboración con los demás, compartiendo objetivos y métodos de actuación y sabiendo delegar cuando corresponde (normalmente, al crecer la empresa).
- **Solidaridad.** Consiste en adoptar actitudes tendentes a la cooperación. En términos empresariales, solidaridad implica aceptar y asumir las elecciones del grupo o de la organización, tener capacidad para percibir las necesidades de los otros (tanto de los clientes como de los empleados, proveedores, etc.).

Anécdotas empresariales

John D. Rockefeller

Cuenta en sus memorias que el tesón que aplicó en sus negocios lo adquirió de niño en Nueva York, cuando su padre le obligaba a ir al colegio en patines, atravesando Central Park y las gélidas calles de Manhattan a diario. Por eso hay una pista de patinaje sobre hielo en el Rockefeller Center.

- **Liderazgo.** Supone influir y motivar a los demás para conseguir implicarlos en la realización de proyectos. El buen líder conoce y cuenta con las cualidades personales, los conocimientos y las habilidades de los miembros de su equipo.
- **Capacidad para afrontar los problemas y encontrar soluciones.**
- **Capacidad de planificación, gestión y toma de decisiones.**
- **Capacidad para la organización y optimización de recursos.**
- **Capacidad para entusiasmar.** El empresario no solo ha de tener **visión de futuro** (imaginar y proyectar en el futuro el lugar que ocuparán sus productos, la imagen de su empresa y cómo conseguirlo); también debe saber transmitir esta visión a todas las personas de su entorno (familia, amigos, entidades financieras, clientes potenciales y proveedores), con el objetivo de implicarlos activamente en su proyecto.

Caso práctico inicial

Ford implantó la producción en cadena, el sistema de concesionarios y el salario de cinco dólares diarios.

Según **Félix Tena,** el fundador de la compañía de juguetes IMAGINARIUM, todos los empleados de su empresa tienen que ser buenos comunicadores. Si conocen bien el producto, pero no son capaces de transmitir sus ventajas a los clientes, el juguete no tendrá futuro. «No se puede tener una tienda especializada, en la que cada uno de los productos ha sido muy pensado, para que después el vendedor que está como responsable máximo de la marca no entienda de ellos.»

Su habilidad como comunicador ha sido la principal baza de este emprendedor, primero para convencer a sus inversores y, después, para atraer a los consumidores a sus tiendas.

Ejemplo

Para desarrollar tus habilidades comunicativas puedes comenzar por mejorar tu asertividad. Ante una misma situación se puede actuar de distintas maneras: Rocío ha comprado un producto defectuoso. Cuando se da cuenta decide volver inmediatamente a la tienda y...

A) Estilo agresivo

Rocío, muy enfadada, le grita al dependiente: «¿Usted se cree que no me iba a dar cuenta? ¡A ver si es capaz de darme uno en buen estado!».

Análisis de la situación: Rocío da por hecho que el dependiente sabía que le estaba entregando un producto defectuoso; sin embargo, no tiene por qué ser así. Además de gritarle (agresión verbal), le reta e insinúa que quizás no es capaz de reconocer un producto en buen estado.

B) Estilo asertivo

Rocío vuelve a la tienda y le dice al dependiente: «Acabo de comprar aquí este producto y al llegar a casa he visto que no funciona bien», y con voz firme, añade: «Quiero cambiarlo».

Análisis de la situación: Rocío expone su situación con calma y relata los hechos de forma objetiva, pidiendo una solución conforme a derecho: cambiar un producto defectuoso.

C) Estilo pasivo

Rocío no vuelve a la tienda para cambiar el producto, pero jura que nunca volverá a comprar allí y contará a todo el mundo lo que ha pasado para hacer publicidad negativa de la empresa.

Análisis de la situación: Rocío ha gastado su dinero en un producto defectuoso y, sin solucionar el problema, se queda con una rabia interior insana.

Caso práctico inicial

El padre de Henry Ford no veía con buenos ojos que su hijo mostrara más interés por la mecánica que por su granja. Sin embargo, la mujer de Henry siempre apoyó sus prototipos de automóvil.

Caso práctico inicial

Ford se interesó por la mecánica desde muy joven y adquirió experiencia en diversas compañías.

2.3. Otras capacidades

Finalmente, un emprendedor debe:

- **Saber compatibilizar los objetivos de la empresa con los objetivos personales.** En muchas ocasiones, estos objetivos pueden entrar en conflicto y hay que sacrificar alguno de ellos.
- **Saber rodearse de las personas adecuadas.** Hay que elegir muy bien a los socios; lo ideal es que las habilidades emprendedoras de unos y otros se complementen y sintonicen bien a la hora de trabajar.

  El apoyo familiar y de los amigos también es importante, ya que el camino del emprendedor puede ser largo y duro, y será más fácil si las personas que lo rodean están a favor de la idea y pueden aportar posibles soluciones.
- **Conocer el sector y la actividad específica** que se desea desarrollar, tener conocimientos básicos en gestión empresarial y experiencia profesional.

Actividades

3. Copia en tu cuaderno la siguiente tabla y señala las frases que son propias de un perfil emprendedor y las que no lo son. Explica los criterios en los que te basas para aceptar o rechazar cada una de las frases.

Frases propias de un emprendedor	Verdadero	Falso
Soy una persona con suerte, normalmente todo lo que inicio me sale bien, por eso me lanzo enseguida a un nuevo proyecto, no lo pienso dos veces.	......	......
Soy sistemático y organizado. La improvisación me pone nervioso.	......	...... ✓
Siempre viene bien plantearse nuevas formas de producir, sistematizar procesos rutinarios y esforzarse para aportar un valor añadido que te diferencie del resto.	...... ✓	......
Soy muy trabajador y me encanta que me tengan en cuenta para nuevos proyectos, pero no me gusta iniciarlos.	......	...... ✓
Normalmente espero a que el tiempo ponga las cosas en su sitio y solucione los problemas.	......	...... ✓
Los fines de semana, la familia y los amigos son sagrados. El trabajo tiene sus horas y no se le deben dedicar más.	......	......
Al principio hay que ser humilde, comprender que el conocimiento que nos hace competitivos se adquiere poco a poco.	......	......
Estoy centrado en el cliente, en aquello que le falta o puede necesitar, aunque todavía no soy consciente de cuánto hay que mejorar.	......	......
Soy capaz de adaptarme a personas y ambientes muy distintos, me gusta conocer y hablar con gente que proviene de entornos diferentes al mío; logro desenvolverme con naturalidad.	......	......
Pienso que lo importante es vender, así se consiguen las metas. Planificar es poco realista, porque no sabemos qué pasará.	......	......
Enfrentarme a los problemas es un reto personal, una forma de medir mis facultades.	......	......
Me parece interesante todo lo que ocurre a mi alrededor. Nunca se sabe de dónde pueden venir ideas interesantes.	......	......
Si en el último momento me doy cuenta de que hay algún problema con el pedido, lo envío igualmente al cliente; yo ya he conseguido mi objetivo: vender.	......	......

3. El riesgo empresarial

El riesgo es inherente a la actividad emprendedora, ya que esta se desarrolla en un entorno impredecible en el que entran en juego múltiples factores internos y externos a la organización que, en ocasiones, no se pueden controlar.

El riesgo empresarial se presenta cuando hay dos o más posibilidades entre las que optar y no se conocen de antemano los resultados a los que conducirá cada una. Todo riesgo encierra la **posibilidad de ganar o perder:** cuanto mayor sea la posible pérdida, mayor será el riesgo. Se genera entonces una incertidumbre en cuanto a las pérdidas en las que se puede incurrir en el proceso de consecución de los objetivos empresariales.

Componentes del riesgo empresarial

- Una situación de incertidumbre.
- Varios escenarios o situaciones futuras posibles (entra en juego la probabilidad).
- Una necesidad de elección.
- La posibilidad de a pérdidas o beneficios.

Aunque el riesgo es algo objetivo que no depende de la voluntad ni del deseo del empresario, también es **una vivencia personal** de duda y temor, debido a la obligación de tomar resoluciones y ejecutarlas, sabiendo de antemano que sus consecuencias implican la probabilidad de pérdidas.

Martin Varsavsky tenía 24 años cuando ganó su primer millón de dólares con una transacción inmobiliaria en Nueva York que originó el movimiento *loft*.

Prosiguió sus iniciativas empresariales con Urban Capital, Medicorp Sciences, Viatel, Jazztel y Einsteinet. Tuvo que cerrar esta última empresa por no encontrar clientes (perdió 35 millones de euros), pero siguió emprendiendo: montó Ya.com y la vendió por 550 millones de euros.

Su frase: «¿Miedo al fracaso? Estar vivo ya es un éxito.»

Frases célebres

El futuro tiene muchos nombres: para los débiles es lo inalcanzable; para los temerosos, lo desconocido; para los valientes, la oportunidad.

Víctor Hugo

Aprendí que el valor no es la ausencia de miedo, sino el triunfo sobre él. Un hombre valiente no es aquel que no siente miedo, sino el que conquista ese miedo.

Nelson Mandela

El fracaso es una gran oportunidad para empezar de nuevo con más inteligencia.

Henry Ford

Es importante identificar y analizar los riesgos a los que se debe hacer frente para poder preparar las estrategias adecuadas y tomar las medidas necesarias para minimizar las dificultades. El riesgo presupone **tomar decisiones y asumir sus consecuencias.** Para ello, es muy útil seguir un proceso organizado, como el siguiente:

1.ª FASE
Definir los objetivos

2.ª FASE
Analizar los distintos escenarios o posibles situaciones que se pueden presentar

3.ª FASE
Recoger toda la información posible de los factores que afectan a cada escenario

4.ª FASE
Ponderar las consecuencias de elegir una u otra opción y los posibles escenarios o situaciones que se presentarán

5.ª FASE
Decidir la mejor opción y establecer un plan de acción para aplicarla

6.ª FASE
Evaluar los resultados de la decisión tomada

Ejemplo

Una empresa, tradicionalmente productora de galletas, está considerando la posibilidad de lanzar un nuevo producto al mercado aprovechando su imagen de marca y el prestigio de calidad que se ha forjado en el sector. El nuevo producto consistirá en unos cereales *light* para el desayuno con sabor a galleta y enriquecidos en vitaminas. Se envasarán de dos formas diferentes: en cajas para consumir en el hogar y en bolsitas individuales de plástico para ser servidos en las cafeterías. En un principio, se regalará una muestra junto con el paquete de galletas más vendido de la empresa.

1.ª FASE. Definir los objetivos que se pretenden conseguir

- Producir cereales *light*, un producto que la empresa no había fabricado antes.
- Penetrar en dos mercados distintos: los hogares familiares y las cafeterías.
- Conseguir una cuota de mercado que permita obtener beneficios y una buena posición en el mercado.

2.ª FASE. Posibles escenarios

- Se acepta el producto en los hogares familiares y en las cafeterías.
- Se acepta el producto en los hogares familiares, pero no en las cafeterías.
- Se acepta el producto en las cafeterías, pero no en los hogares familiares.
- El producto no tiene éxito en ninguno de los dos mercados.

3.ª FASE. Recogida de información

- Sobre la posible aceptación del producto en los hogares familiares:
  - El prestigio de la marca, adquirido con la venta de galletas, lleva a las familias a probar los cereales.
  - Como los cereales tienen el mismo sabor a vainilla que caracteriza sus galletas de éxito, también triunfarán entre los consumidores habituales de los productos de la empresa.
  - No hay en el mercado cereales *light* que aporten vitaminas.
  - Hay una gran variedad de cereales a la venta en el mercado.
  - Las ventas de cereales son considerables, ya que un alto porcentaje de españoles desayuna cereales.
  - La penetración en el mercado es fácil, pues los consumidores suelen probar distintos cereales y variar el consumo de unos a otros.
- Sobre la posible aceptación del producto en las cafeterías:
  - No hay costumbre de tomar cereales en las cafeterías.
  - El 75 % de los encuestados responde que no pediría cereales en el desayuno de media mañana, aunque un 40 % dice que sí lo haría, si sale de casa sin desayunar.
  - Las tazas de los bares no están preparadas para los cereales.
  - La cuota de mercado es menor que en los hogares, puesto que menos gente desayuna fuera de casa.

4.ª FASE. Consecuencias de elegir una u otra opción

- Si se lanza el producto en los hogares familiares y en las cafeterías, y el público acepta ambos, el éxito sería rotundo y la empresa conseguiría una cuota de mercado importante en el sector de los cereales.
- Si se lanza el producto en ambos mercados, pero solo se acepta el producto en los hogares familiares, las pérdidas en las cafeterías se verían compensadas por los beneficios obtenidos con la venta para el consumo en los hogares. De este modo, la empresa no obtendría ni beneficios ni pérdidas.
- Si se acepta el producto en las cafeterías, pero no en los hogares familiares, las pérdidas de los hogares no se verían compensadas por los beneficios obtenidos con la venta para el consumo en cafeterías. La empresa incurriría en pérdidas y tendría que plantearse la venta de algún activo.
- Si el producto no tiene éxito en ninguno de los dos mercados, la empresa incurriría en pérdidas considerables y tendría que plantearse la venta de algún activo.

5.ª FASE. Tomar una decisión

Primero se lanzará el producto solo para la venta en los hogares familiares, un mercado con altas probabilidades de éxito. Si el resultado es satisfactorio, se realizará una prueba en el otro mercado: se seleccionarán tres cafeterías representativas y durante tres meses se publicitarán y ofertarán allí estos cereales.

6.ª FASE. Evaluación

Se evaluarán los resultados conforme a los indicadores que establezca, previamente, la empresa.

4. El potencial emprendedor

El perfil del emprendedor requiere muchas y diversas habilidades, por lo que no toda persona está preparada para comenzar una actividad empresarial. Hay quien dice que «el emprendedor nace, pero no se hace». La realidad nos muestra que se trata de una combinación de ambos aspectos; además de lo innato, la «madera de emprendedor» también se puede aprender y desarrollar a lo largo de la vida.

Es cierto que hay personas que no reúnen las condiciones mínimas, pero también hay muchas otras que en un momento dado se enfrentan a la necesidad de emprender, reaccionan, y aprenden y desarrollan las competencias necesarias.

Antes de llevar a cabo una idea empresarial es necesario realizar un análisis de nuestras aptitudes y actitudes para poder evaluar hasta qué punto encajamos dentro del perfil emprendedor. También es necesario reflexionar sobre los verdaderos motivos que nos llevan a emprender.

A continuación te proponemos una actividad que te va a ayudar a descubrir tu potencial emprendedor. No te desanimes si no obtienes una puntuación alta: lo importante es detectar las carencias, con objeto de trabajar sobre ellas y conseguir superarlas.

Saber más

Motivaciones auténticas

Jesús Encinar, fundador de IDEALISTA.COM, explica que empezó su negocio movido por el deseo de ser independiente, no por dinero.

Puedes visitar su blog para ampliar información:

<www.jesusencinar.com>

Trabajo en **equipo**

4. Identifica, de forma individual, qué cualidades crees que posees y por qué. Copia la tabla en tu cuaderno y anota en la columna central tus conclusiones.

   Muchas veces, los demás ven en nosotros rasgos que nosotros no percibimos; por ello, para rellenar la última columna debes consultar a tus compañeras y compañeros qué cualidades piensan ellos que tú posees. Anota en la columna de la derecha lo que te indiquen y compáralo con tus respuestas. Reflexiona con detenimiento.

Cualidades del emprendedor	Cómo me veo yo (cualidades del emprendedor que creo poseer)	Cómo me ven los demás (cualidades que los demás dicen que poseo)
Creatividad		
Innovación		
Autonomía		
Iniciativa		
Visión de futuro		
Proactividad		
Flexibilidad		
Capacidad para asumir riesgos		
Confianza en mí mismo		
Tenacidad		
Responsabilidad		
Autodisciplina		
Sentido crítico		
Motivación de logro		

CUADERNO

ACTIVIDADES FINALES

1. Se puede ser emprendedor en cualquier profesión y así lo demuestra la figura del intraemprendedor. ¿Has visto la película *El club de los poetas muertos*?

Puedes visualizar las escenas que proponemos a continuación, para analizar:

- ¿Qué quería transmitir el profesor Keating en sus clases y cómo lo hacía?
- ¿Qué rasgos encuentras en común con el emprendedor?

Escenas:

1. Minuto 09:17 a 13:42. Presentación del nuevo profesor. *Carpe Diem.*
2. Minuto 17:00 a 21:59. Arranquen la introducción. ¿Cuál será tu verso?
3. Minuto 33:56 a 36:40. Buscar otra perspectiva a la vida.
4. Minuto 43:28 a 47:40. Cómo enseñar a ver el poeta que uno lleva dentro.

2. Las cualidades del emprendedor se pueden desarrollar en diversos ámbitos de la vida y en diferentes ambientes laborales, como trabajador por cuenta ajena o incluso como funcionario. ¿En qué consiste la figura del intraemprendedor?

Puedes leer el siguiente reportaje (<https://bit.ly/2vMmu1m>) para obtener más información y descubrir cómo algunas empresas tratan de promover la innovación entre su personal, mediante un sistema de trabajo que les proporciona cierta libertad para que desarrollen su creatividad y generen sus propios proyectos. En ocasiones, las compañías ceden incluso los fondos necesarios para afrontar estos proyectos. ¿Qué conclusiones obtienes de la figura del intraemprendedor?

Puedes realizar esta actividad en equipo. Utiliza un lienzo tamaño XXL, ponlo en la pared para que sea visible a todos los componentes del equipo y podáis trabajar de forma interactiva y dinámica. Generad una lluvia de ideas, utilizando pósits de colores para añadir y cambiar cuanto queráis. Finalmente, podéis elaborar una infografía. La infografía es una representación visual (imágenes, diagramas, etc.) que trata de explicar o resumir de forma sencilla y didáctica unas ideas o conceptos. La representación gráfica incluye textos breves y puede adoptar la forma de secuencia.

3. Recuerda la figura de Mahatma Gandhi. Él fue quien instauró la resistencia pasiva y sin violencia para pedir la independencia de la India. Investiga a través de internet, ya sea de forma individual o en pequeños grupos, acerca de la vida de Gandhi, sus orígenes, su vida, el significado del apelativo *Mahatma* y todo lo que consiguió. ¿Se podría considerar un emprendedor? Razona la respuesta.

4. Te presentamos un extracto del discurso que pronunció Steve Jobs en la ceremonia de graduación de la Universidad de Stanford el 12 de junio de 2005. Puedes ver y escuchar el discurso completo en YouTube: <www.youtube.com/watch?v=HHkJEz_HdTg>. ¿Qué cualidades del emprendedor se mencionan?

A los 17 años fui a la universidad. Ingenuamente elegí una casi tan cara como Stanford y todos los ahorros de mis padres, de clase obrera, se fueron en la matrícula. Seis meses después yo no había sido capaz de apreciar el valor de su esfuerzo. No tenía idea de lo que quería hacer con mi vida y tampoco sabía si la universidad me ayudaría a deducirlo. Y ahí estaba yo, gastando todo el dinero que mis padres habían ahorrado durante toda su vida. Decidí retirarme y confiar en que todo iba a resultar bien. En ese momento fue aterrador, pero mirando hacia atrás es una de las mejores decisiones que he tomado. [...]

Cuando era joven, había una asombrosa publicación llamada *The Whole Earth Catalog*, una de las biblias de mi generación. Fue creada por un tipo llamado Steward Brand no muy lejos de aquí [...] y, cuando llegó su momento, publicaron la última edición. Fue a mediados de los setenta y yo tenía vuestra edad. En la contraportada del último número, había una fotografía de una carretera en medio del campo a primera hora de la mañana, similar a una en la que estaríais haciendo dedo si fuerais así de aventureros. El pie de foto decía: «Seguid hambrientos. Seguid alocados». Fue su mensaje de despedida. Siempre lo he deseado para mí. Y ahora, cuando estáis a punto de graduaros para empezar de nuevo, es lo que os deseo. Seguid hambrientos. Seguid alocados. Gracias.

■ **5.** Identifica cada una de las siguientes frases con la cualidad del emprendedor a la que alude y reflexiona sobre el grado de adquisición personal de dicha cualidad con la ayuda de una tabla como la del ejemplo:

Mi potencial emprendedor		
Frase	**Cualidad del emprendedor a la que alude**	**Grado de adquisición personal de dicha cualidad**
El trabajo requiere un esfuerzo intenso que estoy dispuesto a aceptar.	Capacidad de trabajo	Me considero una persona trabajadora y constante. Presento los trabajos de clase a tiempo y todos los días dedico unas horas al estudio.

- Me gusta alcanzar los objetivos que me propongo y necesito fijarme continuamente nuevos retos.
- A pesar de que las cosas vayan bien, considero necesario seguir experimentando.
- Me gusta establecer contactos y relaciones, por el simple hecho de conocer gente e intercambiar información.
- En mi familia hay, o ha habido, algún negocio rentable.
- Normalmente, cuando algo me sale mal, no paro hasta que descubro en qué me he equivocado.
- A la hora de realizar un trabajo, no necesito instrucciones precisas.
- Aunque encontrase un buen trabajo, no abandonaría la idea de crear mi propia empresa.
- No me asusta arriesgar todo lo que tengo para montar una empresa, es la mejor inversión que puedo hacer.
- No me importa que las personas en quienes delego no cuenten conmigo para tomar pequeñas decisiones dentro de su ámbito de actuación.
- No suelo despertarme durante la noche asaltado por las preocupaciones.
- Suelo organizar e intentar nuevas cosas, y disfruto mucho con ello.

■ **6.** Saber trabajar en equipo es una habilidad que ha de dominar el emprendedor. Reflexiona sobre el trabajo en equipo y completa la siguiente tabla en tu cuaderno de trabajo:

El trabajo en equipo		
	Ventajas	**Inconvenientes**
Para los individuos	Se trabaja con menos tensión	Se diluye el trabajo individual
Para las empresas	Se hallan soluciones más creativas	Se tarda más en tomar decisiones

■ **7.** Se divide la clase en grupos de unas 5 personas. A cada grupo se le darán 20 espaguetis, un rollo de cinta adhesiva, 1 m de cuerda o hilo, una nube de golosina y unas tijeras. La misión de cada equipo será construir una torre lo más alta posible que se mantenga en pie. Finalmente, en la cúspide se colocará la nube de golosina sin que se caiga la estructura. El equipo que consiga la torre más alta que se mantenga firme será el ganador.

A continuación, lo más importante será realizar una reflexión de la dinámica. Se analizará el trabajo en equipo, la coordinación, el liderazgo, los roles de los participantes y las habilidades. En este vídeo, Tom Wujec explica sus conclusiones: <https://bit.ly/TomWujec>.

Entra en internet

■ **8.** Estas páginas web ofrecen la posibilidad de realizar un autodiagnóstico de tus capacidades personales para emprender:

<http://autodiagnosticos.ipyme.org/emprendedores>: la Dirección General de Industria y de la Pequeña y Mediana Empresa del Ministerio de Industria, Comercio y Turismo te ofrece el Autodiagnóstico del Emprendedor, que puedes encontrar en esta página web. <www.creacionempresas.com>: analiza el grado de madurez de tu idea emprendedora. <www.camaramadrid.es>: incluye un diagnóstico para comprobar el grado de madurez de un proyecto y de sus planes estratégicos. <www.emprendelo.es>: ofrece un test para determinar la viabilidad de tu plan de empresa. <www.madrid.org>: en el *Portal Joven de la Comunidad de Madrid* encontrarás una herramienta de diagnóstico específica para jóvenes.

PRÁCTICA PROFESIONAL PROPUESTA

¿Tienes madera de empresario?

No hay respuestas correctas o incorrectas para este test: si contestas con absoluta sinceridad, descubrirás cuáles son tus puntos fuertes y débiles, de modo que podrás actuar sobre estos últimos para corregirlos. Puntúa cada una de las siguientes afirmaciones (5 = Totalmente de acuerdo; 4 = De acuerdo; 3 = NS/NC; 2 = En desacuerdo; 1 = Totalmente en desacuerdo), suma todos los puntos y lee el resultado (trabaja en tu cuaderno):

1. Tengo claros mis objetivos profesionales.
2. Me considero preparado para responder a situaciones nuevas.
3. Clarifico lo que es importante para mí.
4. Me he comprometido conmigo mismo a actuar para conseguir mis objetivos profesionales.
5. He planificado, en la medida de lo posible, todos los pasos que he de dar para conseguir mis objetivos profesionales.
6. Me resulta difícil aceptar situaciones cambiantes en lo laboral.
7. Me planteo desafíos a la altura de mi capacidad.
8. Estoy dispuesto a arriesgarme para conseguir mis objetivos profesionales.
9. Estoy dispuesto a superar todos los obstáculos que me impidan conseguir mis objetivos profesionales.
10. Adapto mis planteamientos según se presenten las situaciones.
11. Confío plenamente en mi capacidad para resolver los problemas relacionados con mi ámbito profesional.
12. Encuentro sentido a mis objetivos profesionales.
13. Tengo establecidos cuáles son los niveles que quiero alcanzar profesionalmente.
14. Miro las cosas desde diferentes puntos de vista.
15. Creo que es necesario hacer planes para casos de emergencia.
16. A menudo evalúo mis progresos cuantitativamente.
17. Premio mis progresos.
18. Pienso en todas las posibilidades antes de tomar decisiones o evaluar los hechos.
19. Puedo convertir una situación negativa en una oportunidad profesional para mí.
20. Realmente sé identificar necesidades insatisfechas o no cubiertas por el mercado.
21. Cada circunstancia o cada persona puede representar una oportunidad para conseguir mis objetivos profesionales.
22. Puedo mantener un nivel de actividad elevado a diario sin sentirme excesivamente cansado después.
23. Usualmente, consigo transmitir mi entusiasmo a los demás.
24. Cuando estoy convencido de algo, me resulta fácil convencer a los demás de mis ideas.
25. Adopto una actitud autocrítica ante mis errores, suelo aprender de ellos.

Más de 93 puntos ALTO	Te autolideras eficazmente. Organizas y planificas tu tiempo, priorizas acciones. Adecuas las dificultades a tus capacidades. Estás motivado para lograr tus metas y transmites esa motivación a los demás.
Entre 70 y 92 puntos MEDIO	Todavía no estás convencido de lo que quieres ni de tus posibilidades de éxito. Deberías establecer los objetivos y planificar los pasos que vas a dar.
Menos de 70 puntos BAJO	Dudas constantemente. Necesitas un plan de marketing personal, identificar tus puntos fuertes y confiar en tus capacidades. Debes adoptar una actitud más flexible para poder adaptarte al cambio.

Fuente: Revista *Emprendedores*

EMPRENDEDORES EN EL CINE

Ficha técnica

Título original: *The Hudsucker Proxy*

Dirección: Joel Coen

Ayudante de dirección: Ethan Coen

Producción: Ethan Coen

Guion: Joel Coen, Ethan Coen, Sam Raimi

Duración: 111 minutos

Nacionalidad: estadounidense

Año de producción: 1994

Reparto: Tim Robbins, Jennifer Jason Leigh, Paul Newman, Bruce Campbell, Steve Buscemi

Música: Carter Burwell

Fotografía: Roger Deakins

Género: comedia

El gran salto

Sinopsis

Waring Hudsucker, presidente de «la exitosa y gran empresa» Industrias Hudsucker, se suicida. Su junta directiva, encabezada por uno de los máximos ejecutivos, Sydney Mussberger (Paul Newman), decide unirse para obtener el mayor beneficio económico de la compañía; se proponen arruinar la empresa para que bajen las acciones y, así, poder comprarla. Para conseguir sus fines, escogen a Norville Barnes (Tim Robbins), un joven licenciado que acaba de comenzar en el departamento de Correos. Le ponen al frente del Consejo de Dirección porque creen que es lo suficientemente inocente y torpe como para dejarse manipular y hacer lo que ellos digan. Todo parece sencillo hasta que entra en escena Amy Archer (Jennifer Jason Leigh), que comienza una investigación encubierta de la compañía.

Claves de trabajo

La película nos presenta a Norville Barnes, un personaje que, bajo una imagen de torpeza, es creativo, entusiasta, con seguridad en sí mismo y en la idea que ha tenido, que no duda en mostrar a sus compañeros y jefes, incluso en el peor de los momentos, llevando una «carta azul».

En el minuto 66, los periodistas preguntan a Norville cómo tuvo la idea; poco tiempo después, ya tienen una nueva pregunta: ¿cuál será su próxima idea? Es necesario innovar y renovarse continuamente para sobrevivir. Un solo producto no sirve para mantener una empresa.

Esta película transmite varios consejos clave para quienes se inician en la puesta en marcha de una empresa:

- El fracaso inicial puede convertirse en un éxito; lo importante es no caer en una desesperación paralizante que impida la superación personal.
- La ética siempre ayuda a quien la practica.
- Hay que cuidar el lanzamiento inicial del producto al mercado. Un simple cartel en el escaparate de una tienda no atrae la atención del público.

Actividades

1. ¿Por qué al principio nadie piensa que Norville Barnes tenga madera de empresario? Y, sin embargo, ¿qué cualidades emprendedoras posee?
2. Esta película presenta dos tipos completamente opuestos de hombres de negocios: Sydney Mussberger (Paul Newman) y Norville Barnes (Tim Robbins). ¿Cómo describirías a cada uno? ¿Crees que en la vida real hay caracteres tan extremos?
3. Identifica la idea innovadora de Norville Barnes. ¿Por qué nadie de la propia compañía se toma en serio esta idea?
4. ¿Por qué al principio no tiene aceptación entre el público el nuevo producto? ¿Qué estrategias sucesivas van aplicando para intentar vender el *hula-hoop*?
5. ¿Aparecen otras ideas emprendedoras en la película?

ACTUALIDAD EMPRESARIAL

El verdadero emprendedor es el que consigue profesionalizar su pasión

Cada vez hay más personas que se aventuran a montar un negocio propio. Sin embargo, se estima que entre el 70 % y el 90 % de estas aventuras empresariales no pasará del quinto año. «Las causas [...] se encuentran en aspectos internos de los emprendedores, más que en circunstancias externas de sus empresas», afirma el escritor Fernando Trías de Bes.

Pregunta. ¿Por qué es tan difícil mantener un negocio con el paso del tiempo?

Respuesta. La mayoría de los emprendedores que no logran mantener sus proyectos empresariales suelen estar obsesionados con su idea, que perciben como un tesoro. Pero, cualquier idea, por muy buena que sea, tan solo es una potencialidad. Lo importante es saber darle forma para que genere valor, un proceso del que depende el éxito final. Y no solo eso: está demostrado que los negocios que perduran son los que tienen en cuenta su desarrollo sostenible, creando relaciones justas y equitativas con los diferentes actores implicados, de manera que todos salgan ganando.

P. ¿Qué particularidad tienen los emprendedores?

R. Emprender es un estilo de vida, no de trabajo. Así, ser emprendedor significa enfrentarse al mundo laboral con autonomía e independencia, tomando decisiones libremente y asumiendo plenamente las consecuencias. En última instancia, el emprendedor es la persona que quiere aprender a gestionar y aceptar la incertidumbre para seguir su propio camino en la vida. Esta filosofía es la misma que lleva a una persona a convertirse en un profesional autónomo o *freelance*. El empresario se mueve en un mundo incierto, pero debe hacerlo de manera que los que trabajan para él crean que ese mundo es seguro. [...] De hecho, nadie puede asegurar el futuro; como mucho, los que se aferran a un contrato fijo obtendrán una indemnización en caso de ser despedidos... Pero la seguridad no existe. Lo que sí existe es el miedo a sentirse inseguro, que lleva a muchos a esclavizarse en trabajos que no les llenan y que les privan de ser dueños de su tiempo. Y todo para obtener una falsa sensación de seguridad. En estos casos, es importante no engañarse acerca de las causas que te mueven a tomar decisiones.

P. ¿Cómo se reconoce al falso emprendedor?

R. El falso emprendedor es el que emprende con un motivo, pero sin motivación. Muchos inician este tipo de aventuras por factores externos, como estar en paro, odiar al jefe o a la empresa en la que trabajan, no querer recibir órdenes y tener libertad de horario, demostrar algo a los demás, ganar más dinero, etc. Sin embargo, la motivación nace del interior del ser humano y tiene que ver con descubrir quién eres para saber qué te gusta. Solo por medio de este autoconocimiento uno puede cumplir con su destino profesional, que en muchos casos queda sepultado por el condicionamiento y las expectativas impuestas por los padres o por el entorno social y económico.

P. ¿Qué rasgo define a los verdaderos emprendedores?

R. El verdadero emprendedor es el que consigue profesionalizar su pasión. Y el mejor indicador para saber si eres correspondiente con la función que estás desempeñando es lo que sientes y experimentas en tu interior. Si eres feliz y estás alegre, es que estás haciendo lo que debes en el lugar y momento oportunos.

P. ¿Y qué pasa con el fracaso?

R. El mayor fracaso de todos es dejar que el miedo te impida intentarlo. Independientemente del resultado final, las decisiones que tomas a partir de tu intuición interior siempre te reportan un valiosísimo aprendizaje.

Fuente: *El País*

Trabajo a realizar

1. Según Trías de Bes, ¿qué tiene más peso: las cualidades del emprendedor o los elementos del entorno?
2. ¿Qué rasgos se señalan como propios del emprendedor? Analizad, por parejas, si vosotros contáis con dichas cualidades y en qué grado.
3. Recuerda el discurso que pronunció Steve Jobs en la Universidad de Stanford con el que hemos trabajado antes. ¿Qué tiene en común con este artículo?

EN RESUMEN

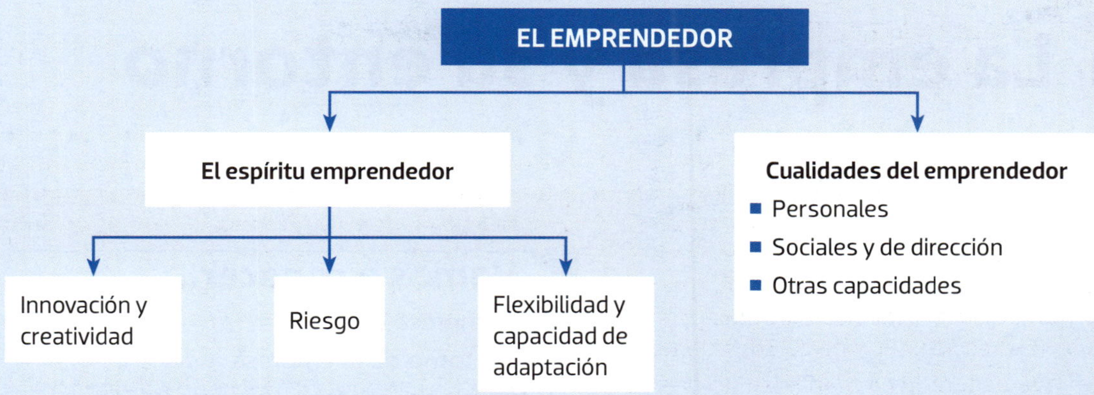

Evalúa tus conocimientos

RESUELVE EN TU CUADERNO O BLOC DE NOTAS

1. Señala la respuesta correcta:

a) Un funcionario puede tener espíritu emprendedor.

b) Para Schumpeter el empresario «ve lo que otros no ven».

c) Para que el proyecto empresarial se mantenga en el tiempo es imprescindible que el emprendedor sea flexible y se adapte a los cambios.

d) Todas las respuestas son correctas.

2. Señala la respuesta correcta:

a) La responsabilidad consiste en percibirse de forma positiva, conocer las aptitudes y capacidades propias y apostar por ellas.

b) El intraemprendedor es aquel que desarrolla su capacidad emprendedora trabajando por cuenta ajena.

c) La autodisciplina es la capacidad para asumir las consecuencias de los actos y decisiones tomadas.

d) Todas las respuestas son correctas.

3. Respecto a las cualidades del empresario:

a) El control interno implica ser capaz de asumir y ser responsable de las consecuencias de los propios actos.

b) Los empresarios de éxito no conocen el fracaso.

c) La asunción de un riesgo supone realizar un análisis previo de los factores en juego, ponderar las consecuencias y tomar decisiones atrevidas, obviando los escenarios negativos.

d) Ninguna respuesta es correcta.

4. Señala la respuesta correcta:

a) La visión de futuro es la acción de dar comienzo a algo, de hablar y obrar por voluntad propia, adelantándose a cualquier motivación externa o ajena a uno mismo.

b) La innovación hace referencia a la capacidad para identificar oportunidades de negocio.

c) La autonomía es la capacidad para funcionar sin necesidad de una supervisión inmediata, elegir por uno mismo y tomar decisiones personales.

d) Todas las respuestas son correctas.

5. Señala la respuesta correcta:

a) El empresario nace, no se hace.

b) El empresario debe ser una persona ambiciosa y con ansia de poder.

c) La proactividad es la capacidad para expresar las ideas, pensamientos y sentimientos propios sin herir los de los demás.

d) Ninguna respuesta es correcta.

6. Respecto al riesgo empresarial:

a) Cuanto mayor sea la posibilidad de pérdida, mayor será el riesgo.

b) Siempre lleva consigo una situación de incertidumbre y una necesidad de elección.

c) Tiene un componente subjetivo, depende de cómo lo viva la persona.

d) Todas las respuestas son correctas.

7. El emprendedor:

a) Es la persona que ha montado una empresa.

b) Es innovador, creativo y resuelto.

c) Es quien realiza un extraordinario hallazgo científico.

d) Solo puede ser alguien que trabaja por cuenta propia.

2 La empresa y su entorno

Vamos a conocer...

1. La empresa
2. El entorno de la empresa
3. Análisis del entorno: la matriz DAFO
4. Objetivos, decisiones y estrategias empresariales
5. La cultura empresarial
6. La imagen corporativa
7. Responsabilidad social corporativa

PRÁCTICA PROFESIONAL

Responsabilidad social corporativa e imagen de la empresa

EMPRENDEDORES EN EL CINE

El jardinero fiel

ACTUALIDAD EMPRESARIAL

Google, Premio Príncipe de Asturias de Comunicación y Humanidades 2008

Y al finalizar esta unidad...

- Sabrás qué es una empresa y conocerás su tipología en función de los criterios más comunes de clasificación.
- Distinguirás entre los diferentes factores que componen el macroentorno y el microentorno de la empresa.
- Realizarás el análisis del entorno de una empresa utilizando la matriz DAFO.
- Identificarás los objetivos y estrategias empresariales.
- Conocerás qué es la cultura empresarial y distinguirás los elementos que la componen.
- Valorarás la importancia de una adecuada imagen corporativa para cualquier tipo de empresa.
- Identificarás qué es la responsabilidad social corporativa y sus principales indicadores.
- Aprenderás a elaborar un balance social.

Situación de partida

Con motivo del Día Mundial del Medio Ambiente, la compañía sueca de venta de muebles y decoración IKEA organiza la Semana del Medio Ambiente, una iniciativa que tiene el objetivo de involucrar a clientes y empleados en el compromiso ambiental de la empresa.

El ahorro energético es el eje principal de esta campaña, ya que IKEA regala una bombilla de bajo consumo a cada persona que adquiera una lámpara compatible con la misma. Este tipo de bombilla ahorra un 80 % de energía. La compañía también entrega un cheque-regalo de 50 euros a todos aquellos clientes que compren algún electrodoméstico de eficiencia energética A o A+, más respetuosos con el entorno.

Asimismo, IKEA promueve la optimización del transporte entre sus empleados para reducir la emisión de gases contaminantes a través del concurso «El desafío del transporte ecológico». Este concurso se llevará a cabo en todas las tiendas que IKEA posee en el mundo y premiará a la que alcance el mayor porcentaje de empleados que acudan a trabajar en transporte ecológico.

El compromiso medioambiental de IKEA se traduce en una filosofía que desarrolla en todas sus tiendas: la implantación de las 3R («reducir», «reutilizar» y «reciclar»), una gestión adecuada de residuos (separación de numerosos materiales como cartón, papel, madera, metal, vidrio, etc.) y planes de formación y comunicación a todos sus trabajadores, que deben realizar una formación básica obligatoria en medioambiente.

Además, la compañía también se encarga de la gestión de grupos de voluntarios, que se reúnen de forma periódica para ayudar al responsable de medioambiente en sus tareas de concienciación y comunicación de valores ambientales, y trabaja en la reducción de emisiones de CO_2: todas las tiendas realizan cada año un plan de ahorro energético para controlar al máximo los consumos de agua, electricidad y gas.

Estudio del caso

Antes de empezar a leer esta unidad de trabajo, puedes contestar a las dos primeras preguntas. Después, analiza cada punto del tema, con el objetivo de contestar al resto de las cuestiones de este caso práctico.

1. ¿Crees que aporta algún beneficio económico para IKEA esta campaña realizada con motivo del Día Mundial del Medio Ambiente?
2. ¿Crees que aporta algún beneficio a la sociedad?
3. ¿Qué función económico-social cumple IKEA con esta campaña?
4. ¿Qué tipo de empresa es IKEA según los criterios de clasificación que conoces?
5. Al tratarse de una empresa cuya principal materia prima es la madera, IKEA suscitó numerosas críticas al instalarse en España. Desde el análisis DAFO, ¿cómo considerarías esta posición inicial? ¿Qué tipo de estrategia ha utilizado la empresa?
6. Solo algunas de las medidas tomadas en esta campaña pueden considerarse de responsabilidad social corporativa. Señala cuáles son.

La página web como escaparate de la responsabilidad social corporativa de la empresa

Entra en el siguiente enlace de la página web de IKEA (<www.ikea.com>) y, en el apartado *Acerca del Grupo Ikea*, verifica los diferentes ámbitos de actuación de la empresa respecto a su responsabilidad social corporativa (RSC).

<http://bit.ly/2fMSaaz>

1. La empresa

Saber más

La teoría general de sistemas

Se trata de un estudio interdisciplinar que intenta encontrar propiedades comunes a distintas entidades.

Los sistemas se presentan en todos los ámbitos de la realidad, pero son objeto tradicionalmente de disciplinas académicas distintas.

Su puesta en marcha se atribuye al biólogo austriaco Ludwig von Bertalanffy, quien acuñó la denominación a mediados del siglo XX.

Nuestra sociedad presenta un gran número de necesidades, por lo que es preciso contar con un modelo de organización económica que permita su satisfacción.

Podemos definir la **empresa** como una unidad económica que, a partir de la combinación organizada de diferentes factores materiales y humanos, produce un bien o un servicio destinado a conseguir un beneficio económico.

En esta unidad de trabajo vamos a estudiar la empresa, tanto desde el punto de vista interno como en relación con su entorno.

1.1. La empresa: sistema abierto en equilibrio

Según la **teoría general de sistemas, un sistema** ha de tener las siguientes **características**: existencia de un propósito u objetivo; globalidad o totalidad; entropía: tendencia de los sistemas al desgaste y al desorden. A medida que aumenta la información, disminuye la entropía; homeostasis: hace referencia al equilibrio entre las partes del sistema y de estas con el exterior.

Por tanto, podemos definir la **empresa** como un sistema abierto en permanente interacción con el entorno o marco socioeconómico del que recibe *inputs* (entradas) y al que ofrece *outputs* (salidas), una vez que los primeros han sido sometidos a un proceso de transformación.

La clasificación de la empresa como sistema nos va a permitir proceder a su estudio descomponiéndola en diferentes partes interrelacionadas, ya que sería prácticamente imposible abarcar su estudio como un todo.

1.2. La función económico-social de la empresa

La empresa, en su continua interacción con el entorno, realiza una serie de funciones de gran importancia para la sociedad y se configura como un elemento esencial dentro de nuestro actual sistema económico y social.

Entre dichas funciones se pueden destacar las siguientes:

1.2.1. Identificación de las necesidades de la sociedad

La empresa debe detectar todas las demandas sociales; no solo aquellas que le puedan reportar un beneficio en términos económicos, sino también las que puedan ser determinantes para el avance económico-social de su entorno.

Una herramienta muy útil para identificar las necesidades de la sociedad es la realización de un estudio de mercado.

1.2.2. Organización de los factores productivos

La empresa es la que, una vez identificadas y determinadas las necesidades de la sociedad, establece y organiza los factores productivos (materias primas, mano de obra, etc.) necesarios para obtener los bienes y servicios que satisfagan las necesidades planteadas.

1.2.3. Creación de empleo y redistribución de la riqueza

El proceso de organización de los factores productivos, que permite obtener los bienes y servicios, supone la creación y la redistribución de riqueza. Esto es debido a que, mediante la creación de empleo y la remuneración de los trabajadores, se consigue un aumento de la riqueza colectiva que revertirá en el aumento de las rentas de los trabajadores.

1.2.4. Mejora de las condiciones laborales

Es indiscutible la importancia de la empresa para el bienestar de sus trabajadores, no solo en el ámbito de su trabajo, sino también en la conciliación de la vida laboral y familiar.

En los últimos años, algunas empresas han sido pioneras en el desarrollo de medidas de mejora de las condiciones laborales de sus trabajadores.

1.2.5. Protección del medioambiente

Según el artículo 45.1 de la Constitución española, «todos tienen el derecho a disfrutar de un medioambiente adecuado para el desarrollo de la persona, así como el deber de conservarlo».

En este contexto, son las empresas las que deben velar expresamente por la adecuada protección del medioambiente, ya que muchas veces están inmersas en procesos de producción que pueden generar grandes perjuicios (residuos, emisiones de gases, ruidos...).

Caso práctico inicial

IKEA, con su campaña, cumple con varias funciones económico-sociales:

- Identifica las necesidades de la sociedad, que demanda mobiliario elaborado con el menor perjuicio posible para el medioambiente.
- Organiza los factores productivos, por ejemplo, con su política de las 3R.
- Mejora las condiciones laborales ofreciendo incentivos por la utilización de transporte ecológico.
- Protege el medioambiente regalando cheques por la compra de electrodomésticos de mayor eficiencia energética.

1.3. Tipos de empresas: criterios de clasificación

Según el aspecto que se tenga en cuenta, pueden hacerse diferentes clasificaciones de las empresas. Resumimos las más comunes en el esquema de la página siguiente:

Criterio	Tipo	Descripción
Sector económico	Primario	Obtiene el producto directamente de la naturaleza.
	Secundario	Transforma las materias primas en productos elaborados para que puedan ser usados por los consumidores.
	Terciario	Presta servicios a los consumidores.
N.° de trabajadores y volumen de negocio (Recomendación de la UE 2003/361/CE)	Microempresa	Menos de 10 trabajadores y un volumen de negocio anual o un balance general anual que no supere los 2 millones de euros.
	Pequeña empresa	Menos de 50 trabajadores y un volumen de negocio anual o un balance general anual que no supere los 10 millones de euros.
	Mediana empresa	Menos de 250 trabajadores y un volumen de negocio anual que no exceda de 50 millones de euros o un balance general anual que no supere los 43 millones de euros.
	Gran empresa	Aquella que supere las cifras referidas para la mediana empresa.
Propiedad de la empresa	Privada	El capital pertenece a inversores particulares.
	Pública	El capital pertenece a las Administraciones públicas.
	Mixta	Cuenta con una parte del capital perteneciente al sector privado y otra al sector público.
Ámbito territorial	Local	Su mercado está limitado a una población y las limítrofes.
	Regional	Tiene mercado en toda una región.
	Nacional	Se ha establecido en diversas provincias de un país.
	Internacional	Tiene relaciones comerciales con clientes y/o proveedores extranjeros.
	Multinacional	Desarrolla su actividad en diferentes países.
	Global	Su mercado abarca los cinco continentes.

Caso práctico inicial

Podemos clasificar IKEA como una empresa:

- Del sector secundario.
- Gran empresa.
- Privada.
- Global.

Actividades

1. Teniendo en cuenta la función económico-social de la empresa, reflexiona por qué es importante la creación de nuevas empresas para el desarrollo de un país.
2. Di a qué tipo de empresa, según el sector productivo, pertenecen las siguientes:
   - Gimnasio deportivo.
   - Taller de joyería.
   - Granja avícola.
   - Salón de estética.
3. Clasifica en grupos las siguientes empresas según pertenezcan al sector público, privado o mixto: El Corte Inglés, Vodafone, Endesa, RTVE, Banco Santander, Danone, Renfe y Halcón Viajes.
4. Pon un ejemplo de cada uno de los tipos de empresa según su ámbito territorial.

2. El entorno de la empresa

Se puede definir el **entorno de la empresa** como el conjunto de hechos y factores externos a la empresa, relevantes para ella, con los que interacciona y sobre los que puede influir, pero no controlar, y que se concretan en un conjunto de normas y relaciones establecidas que condicionan su actividad.

Dado el grado de interrelación que existe entre la empresa y el entorno, esta debe tener una actitud de análisis permanente del mismo para identificar a tiempo las repercusiones que tiene en ella. Este análisis permite:

- Detectar a tiempo las oportunidades y amenazas que el entorno presenta para su supervivencia, de tal modo que puedan aprovechar las primeras, y transformar las segundas en oportunidades.
- Identificar los cambios internos que tiene que poner en marcha para mejorar su relación con el entorno y facilitar su adaptación a él.

El primer aspecto que se debe abordar en el análisis del entorno es reconocer y clasificar los factores que en él se manifiestan. Así, se suele distinguir entre los factores que afectan **de forma general** o **global** a todas las empresas, denominados **macroentorno,** y los que afectan **de forma específica** a cada una, el **microentorno**.

2.1. El macroentorno

El macroentorno está constituido por las siguientes variables generales, que afectan a la demanda de los productos y a las empresas que producen los bienes y servicios.

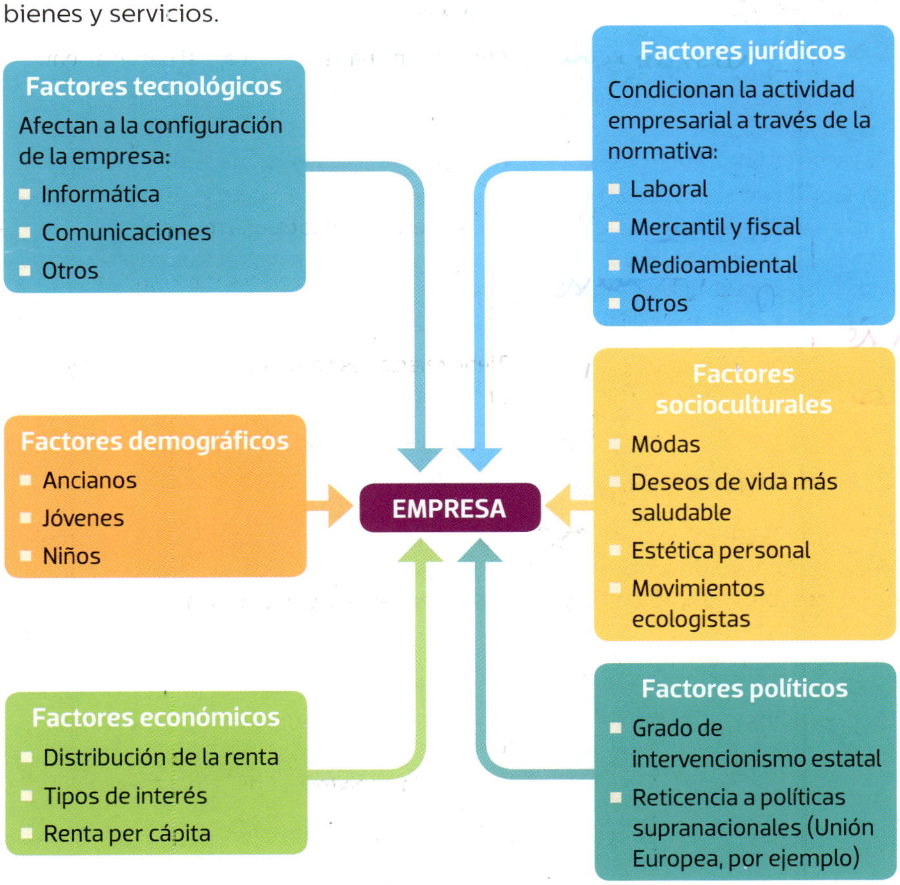

Saber más

El teletrabajo

Debido al enorme avance de las TIC (tecnologías de la información y la comunicación), en los últimos años y teniendo como objetivo la mejor conciliación de la vida personal y familiar, se ha desarrollado el teletrabajo (en el Estatuto de los Trabajadores, *trabajo a distancia*) o trabajo regular desde un lugar (generalmente, el domicilio) diferente al centro de trabajo habitual.

Saber más

Teletrabajo y COVID-19

El Real Decreto-ley 8/2020, de 17 de marzo, de medidas urgentes extraordinarias para hacer frente al impacto económico y social del COVID-19, estableció en su artículo 5 el carácter preferente del teletrabajo o trabajo a distancia, por el que las empresas debían adoptar las medidas oportunas siempre que fuera técnica y razonablemente posible.

2.2. El microentorno

El microentorno está constituido por los agentes económicos con los que la empresa tiene una relación directa y que afectan directamente a su funcionamiento.

2.3. La localización de la empresa

Debido a la importancia que tiene el entorno para el adecuado desarrollo de la actividad empresarial, la ubicación del negocio es para la persona emprendedora una decisión estratégica con efectos a largo plazo, ya que será difícilmente modificable por su elevado coste y puede definir el éxito o el fracaso de la empresa.

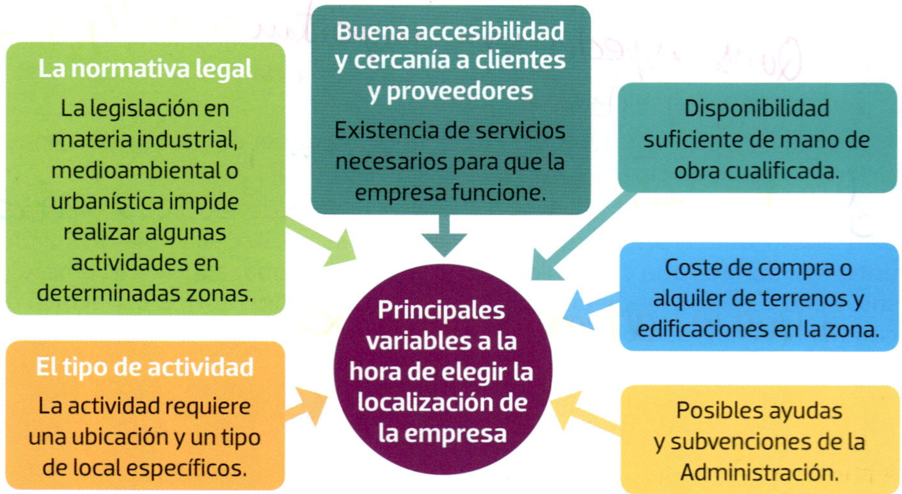

Ejemplo

1. Floristería con vivero en un pueblo de 60 000 habitantes. Una posible solución sería una doble localización: con una tienda de flores en el centro (zona de tránsito peatonal) y vivero en el polígono de la población, con fáciles accesos y zona de *parking* cercano.

2. Empresa de rutas en MTB por la sierra de Madrid. Necesitarán un almacén para guardar bicis, furgonetas, etc., y se buscará un precio del local más asequible y una pequeña oficina desde donde realizar las gestiones administrativas; en ninguno de los dos casos se necesita que sean cercanos a los clientes.

3. Empresa que comercializa una app para la reserva de restaurantes por internet. Se necesitaría solo un puesto de trabajo con acceso a redes y acceso también a una sala de reuniones, por lo que el *coworking* podría plantearse como una alternativa muy económica y bien situada (céntrica).

2.4. El *networking* y el *coworking*

El ***networking*** consiste en desarrollar y cuidar una red de contactos personales con el objetivo de ampliar nuestras posibilidades de encontrar buenos socios, clientes, proveedores o conocidos que ayuden a nuestra empresa a crecer.

El mundo del *networking* se está desarrollando en la nueva era social 2.0 que se beneficia de redes como LinkedIn, que permiten acceder a un mayor número de contactos profesionales empleando menos tiempo y menos recursos.

El ***coworking*** (trabajo cooperativo) es un espacio de trabajo compartido, tanto físico como virtual, que permite a profesionales autónomos, emprendedores y pymes de diferentes sectores desarrollar sus proyectos, y conectar para crear oportunidades de negocio entre sus miembros.

Recuerda

Al elegir la localización de nuestro negocio hay que valorar todos estos factores en conjunto y realizar un completo estudio del entorno. Para ello, existen métodos como la matriz DAFO, que veremos en esta unidad.

Vocabulario

Vivero de empresas

Espacio destinado a acoger empresas de nueva creación con instalaciones y servicios a precios reducidos. Algunos ayuntamientos y universidades cuentan con ellos.

Saber más

Networking

Está comprobado que las personas hacen negocios con quienes conocen, son de su agrado y les inspiran confianza y respeto. En las comidas de trabajo, ferias y congresos podemos establecer contactos de calidad que permitan el desarrollo de nuestra empresa a largo plazo.

LinkedIn

Es la mayor red profesional del mundo, con más de 450 millones de usuarios. Su misión es la de conectar a los profesionales del mundo para ayudarles a aumentar su productividad: <www.linkedin.com>.

3. Análisis del entorno: la matriz DAFO

El **análisis DAFO** (debilidades, amenazas, fortalezas y oportunidades) representa gráficamente en una matriz los puntos débiles y fuertes de una empresa, junto con las oportunidades y amenazas del entorno, para tomar decisiones sobre las estrategias que se deben seguir y alcanzar así sus objetivos.

Análisis DAFO

Análisis interno	**Debilidades** Factores que provocan una situación desfavorable frente a la competencia. Ejemplo: falta de capacitación, pocos recursos, imposibilidad para atender a la demanda...	
	Fortalezas Capacidades o recursos con los que cuenta la empresa que favorecen su éxito. Ejemplo: conocimiento del sector, disposición de tecnología...	
Análisis externo	**Amenazas** Situaciones presentes en el entorno que afectan a la estabilidad de la empresa. Ejemplo: crisis económica, caída de ventas en el mercado, aumento de la competencia, cambio de normas...	
	Oportunidades Factores del entorno general y específico que son favorables a la empresa. Ejemplo: nuevos mercados, poca competencia, mercado mal atendido...	

A partir de los datos recogidos, se elaboran estrategias que conduzcan a mantener las fortalezas, corregir las debilidades, afrontar las amenazas y explotar las oportunidades recogidas en la matriz CAME. Posteriormente, se completan con el DAFO cruzado.

Matriz CAME

	Análisis interno	Análisis externo
Factores negativos	Estrategias para **corregir debilidades.**	Estrategias para **afrontar amenazas.**
Factores positivos	Estrategias para **mantener fortalezas.**	Estrategias para **explotar las oportunidades.**

Matriz DAFO cruzado

	Amenazas	Oportunidades
Debilidades	**Estrategias de supervivencia** (debilidades + amenazas) Buscan una salida a una situación complicada, minimizando los daños.	**Estrategias de reorientación** (debilidades + oportunidades) Corrigen alguna debilidad mediante el aprovechamiento de una oportunidad.
Fortalezas	**Estrategias defensivas** (fortalezas + amenazas) Su objetivo es protegerse de posibles amenazas usando las fortalezas propias.	**Estrategias ofensivas** (fortalezas + oportunidades) Buscan obtener el máximo beneficio de una oportunidad usando una fortaleza.

Saber más

Amenaza en el sector del automóvil

El mercado automovilístico es un ejemplo de adaptación a las nuevas exigencias sociales del entorno. Están anticipándose a los problemas de suministro energético y potenciando su política de I+D+i (Investigación + Desarrollo + innovación) para así crear automóviles menos nocivos para el medioambiente.

Frases célebres

Las oportunidades pequeñas son el principio de las grandes empresas.

Demóstenes

El desarrollo práctico de la matriz se completa analizando de forma aislada cada cuadrante, lo que ayuda en la toma de decisiones y la elección de las estrategias más adecuadas que se deben seguir. Los diferentes tipos de estrategias que se podrán adoptar serán:

- **Estrategias de reorientación:** persiguen un cambio importante tanto en la estructura de la propia empresa como en el campo de actividad.

Ejemplo

El grupo El Corte Inglés lanzó «Estrena lo nuevo» a finales de 2013, una estrategia que buscaba reorientar el posicionamiento de la empresa en producto y en precio, para acercarlos a las necesidades reales de los consumidores en una época de crisis.

- **Estrategias de supervivencia:** las que se utilizan para encontrar una salida a un grave problema.

Ejemplo

Debido a la crisis del COVID-19 en 2020, muchas grandes cadenas de alimentación reforzaron su logística para poder realizar mas envíos a domicilio, evitando así la propagación de la pandemia, a la vez que amortiguaban el descenso de sus ventas.

Caso práctico inicial

Para Ikea, en un inicio, la protección del medioambiente se presentaba como una amenaza, dado el objeto de su actividad empresarial. Pero la empresa, aprovechando fortalezas internas –como su adecuada política medioambiental– ha utilizado diferentes estrategias defensivas, entre las que se encuentra la campaña de la Semana del Medio Ambiente.

- **Estrategias defensivas:** surgen con el objetivo de eliminar las debilidades de la empresa.

Ejemplo

Para hacer frente a la disminución de la venta de lácteos por la intolerancia a la lactosa de muchos consumidores, numerosas empresas del sector comercializan productos alternativos como leche de soja, de almendras, etc.

- **Estrategias ofensivas:** se orientan a la innovación y están muy relacionadas con el lanzamiento de nuevos productos.

Ejemplo

Apple aprovecha la utilización de las sinergias de todos sus productos iMac, iPhone y iPad para realizar campañas conjuntas que incluyen la posibilidad de compartir archivos mediante el uso de nubes de almacenamiento (iCloud).

Ejemplo

A modo de ejemplo vamos a realizar el análisis DAFO de una empresa real, El Paso del Noroeste. Esta empresa ofrece viajes de aventura por todo el mundo para grupos de personas muy reducidos. Puedes visitar su página web si quieres obtener más información: <www.pasonoroeste.com>.

- **Debilidades:** falta de contacto con turoperadores en destino. Destinos y actividades de elevado riesgo.
- **Amenazas:** productos sustitutivos de otras empresas que ofrecen viajes para solteros o viajes multiaventura para un tipo de cliente menos «mochilero».
- **Fortalezas:** concepto innovador, grupos reducidos, flexibilidad en la gestión del viaje (grupo de futuros amigos), perfil de cliente muy definido (que quiera viajar solo, pero no busque pareja), gran oferta de destinos. Utilización de la página web y los foros para que los viajeros se comuniquen durante la preparación y la gestión del propio viaje.
- **Oportunidades:** mercado amplio de viajeros que quieren viajar solos pero no se atreven a hacerlo a determinados destinos y que no buscan viajes muy planificados y masificados.

4. Objetivos, decisiones y estrategias empresariales

Una vez analizados el macroentorno y el microentorno de la empresa utilizando herramientas como la matriz DAFO, estudiaremos algunas de las estrategias que usan las empresas para implantarse con éxito en ellos. Pero, antes de determinar la estrategia que se va a adoptar, es necesario conocer los objetivos que la empresa pretende conseguir.

4.1. Objetivos de la empresa

Cuando nos referimos a la empresa actual no podemos hablar de un único objetivo, sino de un equilibrio de objetivos que satisfacen los intereses de los distintos grupos implicados en ella. Toda empresa se encamina a la consecución de una serie de **objetivos** generales.

A continuación analizamos una empresa que debe adaptarse a un entorno muy cambiante APPLE. Podemos agrupar sus objetivos en cuatro tipos:

Objetivos	Concreción
Económicos	APPLE cotiza en la Bolsa de Nueva York y busca maximizar su beneficio para los accionistas.
Técnicos	APPLE ofrece productos muy innovadores (iPad, iPhone 11...) gracias a los avances realizados por sus equipos de I+D+i.
Humanos	APPLE crea riqueza mediante una remuneración adecuada a sus trabajadores. Entre los asesores de sus tiendas (estudiantes de ingeniería, en su mayoría) se encuentran los futuros investigadores e innovadores de la empresa.
Sociales	APPLE ofrece en sus tiendas oficiales talleres gratuitos para que el cliente pueda conocer y utilizar correctamente todas las prestaciones de sus productos. También se encarga de la recogida y el reciclado de los dispositivos obsoletos y ofrece descuentos en las renovaciones de cualquiera de ellos.

A su vez, **cada empresa** debe especificar para su propia organización:

- Unos **objetivos generales**, sus fines a largo plazo. No son inamovibles, sino que pueden y deben variar según cambien el entorno y la propia estructura interna de la empresa. Conviene revisar regularmente los objetivos marcados para comprobar si siguen siendo válidos y de actualidad.
- Unos **objetivos operacionales**, que concretan, en el corto plazo, los objetivos generales. Definen, para cada sección de la empresa, las tareas que van a permitir conseguir los objetivos a largo plazo.

Anécdotas empresariales

Concreción de objetivos en MERCADONA

Una de las políticas de recursos humanos de MERCADONA es que todos sus trabajadores vivan a menos de 15 minutos caminando de su centro de trabajo, para que así dispongan de tiempo libre para su vida personal. Para conseguirlo, un departamento ayuda a sus trabajadores en el cambio de vivienda.

4.2. Tipos de decisiones que ha de tomar la empresa

Para alcanzar estos objetivos se deben adoptar decisiones en tres niveles:

Decisiones estratégicas

Tienen gran trascendencia para la organización, tanto por los recursos que involucran como por su duración (con efectos a largo plazo). Son adoptadas por los directivos de nivel jerárquico más alto e implican a la empresa de forma global.

Decisiones tácticas

Se toman en la línea media (directivos medios) y afectan generalmente a un área o departamento determinado. Persiguen la puesta en marcha de las decisiones estratégicas.

Decisiones operativas

Tienen por objeto la ejecución de tareas específicas de forma eficaz y eficiente para ayudar a las decisiones de nivel superior; son decisiones rutinarias.

Ejemplo

CARREFOUR está implementando los **hipermercados Carrefour,** en los que ha tomado los siguientes tipos de decisiones:

- **Estratégicas:** optimizar el funcionamiento de la línea de cajas mediante la instalación de terminales de autocobro, así como de un dispositivo distribuidor de todos los clientes por cajas de autocobro, denominado *línea de caja única*.
- **Tácticas:** fomentar el uso de las terminales de autocobro con la presencia de asistentes que ayudan en la gestión durante los primeros meses.
- **Operativas:** aumentar la velocidad de resolución de incidencias por atención al cliente por medio de asistentes que se trasladan en patines; así, la sensación del cliente es de agilidad.

Todo este sistema supone una elevada reducción de costes, puesto que implica que el cliente realiza parte del trabajo que antes efectuaba el personal de la empresa.

4.3. Estrategias empresariales

La **estrategia** consiste en un conjunto de acciones que permiten conseguir los objetivos de la empresa a largo plazo. Para tener éxito en el mercado es necesario desarrollar una estrategia competitiva que ofrezca alguna ventaja que permita destacar por encima de los competidores. Se puede obtener dicha ventaja competitiva a través de varias estrategias:

- **Liderazgo en costes.** Consiste en producir a un coste inferior al de las empresas competidoras, manteniendo el nivel de calidad. Esta ventaja en costes permite a la empresa reducir sus precios y aumentar así su cuota de mercado.

Ejemplo

Las compañías aéreas de bajo coste o *low cost* (RYANAIR, VUELING...) han revolucionado un mercado prácticamente monopolizado por las compañías tradicionales abaratando los costes (ahorro del cáterin en vuelo, facturación del equipaje, etc.).

En relación con el liderazgo en costes, hay que señalar la tendencia actual de las empresas a subcontratar ciertas áreas de su actividad *(outsourcing)*.

Ejemplo

En el sector textil, empresas como ZARA o BENETTON subcontratan muchas de sus actividades de fabricación. En el caso de BENETTON, llega hasta el 95 %. La empresa solo se ha reservado la compra de la materia prima, el corte y el tintado de las piezas, elementos clave para garantizar la calidad.

- **Diferenciación.** Mediante esta estrategia se pretende lograr que el bien o servicio ofrecido se perciba en el mercado como único y exclusivo, de modo que los clientes estén dispuestos a pagar un precio mayor.

Ejemplo

En el sector de la cosmética, principalmente gracias a su promoción, existen empresas muy bien posicionadas (DIOR, CHANEL, CALVIN KLEIN...), lo que les permite comercializar sus perfumes exclusivos a precios elevados.

- **Desarrollo de nuevos mercados** (nuevas áreas geográficas o nuevos clientes) **y de nuevos productos.**

Ejemplo

En los últimos años NESTLÉ y L'ORÉAL se han asociado para desarrollar Inneov Densilogy, un complemento alimenticio para evitar la caída del cabello asociada a los cambios estacionales.

Saber más

Objetivo no es lo mismo que estrategia

Ambos conceptos van unidos, pero son diferentes. La estrategia es el medio para conseguir unos objetivos.

Anécdotas empresariales

3M Estrategia y liderazgo en I+D+i

¿Qué tienen en común un pósit, la mopa o el estropajo de Scotch-Brite?

Los tres han sido diseñados por el departamento de I+D+i de los laboratorios 3M (Minnesota Mining and Manufacturing Co.). Esta empresa invierte un 6,5 % de sus ventas en I+D+i, casi el doble de la media de las empresas americanas.

5. La cultura empresarial

Los valores éticos asumidos por la empresa se integran en la **cultura empresarial**. La cultura empresarial es un marco ideológico (un conjunto de creencias, principios, valores y normas) asumido y compartido por todos los miembros de la organización. Podríamos decir que constituye el **espíritu personal de la empresa**.

Normalmente, es fruto de la historia de la entidad y de las formas de actuar y ver la realidad que tienen sus gestores. La cultura empresarial influye sobre la actuación de la dirección, el comportamiento del personal, la organización de la empresa, su imagen y su estilo.

Los tres elementos o factores fundamentales que componen la cultura corporativa son la **misión**, la **visión** y los **valores**.

5.1. La misión

La **misión** es la razón de existir de una empresa. Representa su identidad y personalidad en el momento presente.

La misión de la empresa debe ser conocida por todos los integrantes de la organización, ya que representa la filosofía de la misma y se mantiene en el tiempo a pesar de los pequeños cambios que pueda sufrir fruto de la dinámica empresarial.

5.2. La visión

La **visión** es una imagen del futuro deseado, que la empresa busca y quiere crear con sus esfuerzos y acciones.

La visión ha de tener las siguientes características:

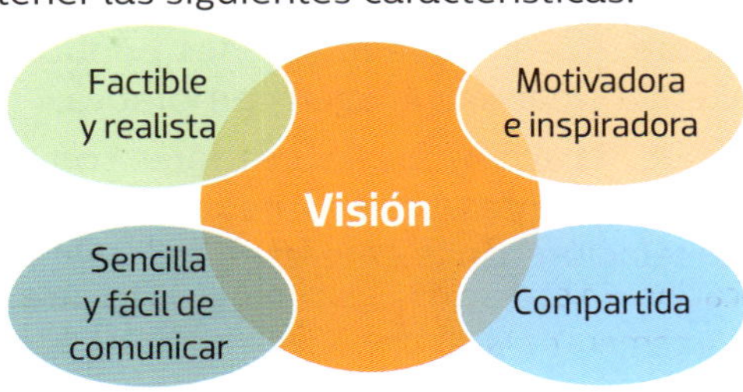

5.3. Los valores

Los **valores** son los principios asumidos y desarrollados por todos los integrantes de la empresa.

Han de tener las características resumidas en el esquema.

Ejemplo

Estos son algunos de los elementos de la cultura corporativa de la empresa FORD:

Nuestra misión: somos una familia global, diversa, con una herencia orgullosa, dedicada a proporcionar productos excepcionales y servicios.

Nuestra visión: convertirnos en la compañía principal del mundo de productos y servicios para el automóvil.

Nuestros valores: hacemos bien las cosas para nuestra gente, nuestro ambiente y nuestra sociedad, pero sobre todo, para nuestros clientes.

6. La imagen corporativa

Toda empresa realiza un intercambio de información con el exterior. En dicho intercambio de información la empresa, consciente o inconscientemente, transmite una determinada imagen corporativa.

Por tanto, podemos definir la **imagen corporativa** de una empresa como la representación mental que los agentes externos (accionistas, clientes, proveedores, etc.) se forman de ella, como consecuencia de las informaciones que reciben al respecto.

Existen signos identificativos de la empresa que tienen una gran influencia sobre la imagen corporativa, entre los que destacamos el nombre comercial, el logotipo y la marca. Estos signos sirven, en muchos casos, para reorientar la imagen de la empresa.

Ejemplo

Los productos de limpieza Don Limpio comenzaron su comercialización con el nombre de Mr. Proper, pero después decidieron traducirlo al castellano, para renovar su imagen y acercarlo más al público de habla hispana.

A veces, la imagen corporativa no coincide con la identidad real de la empresa y su cultura corporativa, por lo que será imprescindible realizar un plan de comunicación que permita adecuar lo que somos (misión) y lo que queremos ser (visión) con la imagen que ofrecemos.

Otras veces, sencillamente es necesario construir dicha imagen corporativa en una empresa de nueva creación o bien reforzarla o recordarla.

Las principales herramientas para implementar la imagen corporativa son:

- El **plan de promoción**, que incluye **relaciones públicas** y **campañas de comunicación**, ayuda a crear una imagen corporativa.
- La **comunicación externa**: todos los trabajadores son imagen de la empresa en el trato con los clientes, con proveedores o con cualquier tercera persona que tenga relación con la empresa.

Vocabulario

Nombre comercial

Es el signo o denominación que identifica a una empresa en el tráfico mercantil y que sirve para distinguirla de las demás empresas que desarrollan actividades idénticas o similares.

Marca

Es un título que concede el derecho exclusivo a la utilización de un signo para la identificación de un producto o un servicio en el mercado.

Ejemplo

La página web de la empresa Nestlé (<https://www.nestle.com.ve/aboutus/vision>) nos ofrece información detallada sobre la misión, la visión y los valores que conforman su cultura corporativa:

Nuestra misión

Exceder con servicios, productos y marcas las expectativas de nutrición, salud y bienestar de nuestros clientes y consumidores.

Nuestra visión

Evolucionar de una respetada y confiable compañía de alimentos a una respetada y confiable compañía de alimentos, nutrición, salud y bienestar.

Nuestros valores

- Fuerte compromiso con productos y marcas de calidad.
- Respeto de otras culturas y tradiciones.
- Relaciones personales basadas en la confianza y el respeto mutuo.
- Alto nivel de tolerancia frente a las ideas y opiniones de los demás.
- Enfoque más pragmático de los negocios.
- Apertura y curiosidad frente a futuras tendencias tecnológicas dinámicas.
- Orgullo de contribuir a la reputación y los resultados de la compañía.
- Lealtad a la compañía e identificación con ella.

7. Responsabilidad social corporativa

No existe unanimidad a la hora de buscar una definición de *responsabilidad social corporativa* (RSC), debido a la esencia subjetiva del concepto en sí mismo.

El **Libro Verde de la Comisión Europea** define la **RSC** como «la integración voluntaria por parte de las empresas de las preocupaciones sociales y medioambientales en sus operaciones comerciales y en las relaciones con su entorno».

Dentro de las ventajas de la existencia de una adecuada política de RSC en la empresa podemos destacar las siguientes:

- Mejora la imagen de la empresa.
- Incrementa el grado de compromiso de los empleados.
- Potencia la lealtad de los clientes.
- Establece unas relaciones más estables con los proveedores.
- Aumenta la credibilidad ante las instituciones y la sociedad, así como frente a los accionistas.

7.1. Ámbitos de aplicación de la RSC

El valor real de una entidad no viene dado exclusivamente por su patrimonio y beneficios, sino también por toda la actividad positiva que sea capaz de desplegar a favor del medioambiente y la colectividad humana.

Se considera que la RSC hace referencia a una triple dimensión:

- **Los aspectos económico-financieros y de gestión:** el objetivo último de cualquier organización empresarial es obtener el máximo beneficio económico. Sin embargo, para una empresa socialmente responsable el objetivo será la rentabilidad económica alcanzada de una forma sostenible y en armonía con el medio natural y social, así como una total transparencia informativa en su gestión.
- **Los aspectos medioambientales:** las empresas juegan un papel crucial tratando de reducir y limitar el efecto negativo de su proceso productivo sobre el medioambiente, desarrollando la actividad investigadora necesaria.
- **Los aspectos sociales:** esta última faceta de la RSC tiene por objeto que la empresa contribuya al desarrollo y el beneficio social del entorno en el que desarrolla su actividad. Desde este punto de vista, la empresa responsable ha de destinar parte de su esfuerzo a «devolver» a la sociedad un porcentaje del beneficio económico que ella misma obtiene.

  La empresa tiene un impacto sobre toda la sociedad en general, si bien todas las áreas no afectan por igual a todos los grupos de interés.

  Se considera **grupo de interés** o ***stakeholders*** a cualquier grupo o individuo que puede afectar o verse afectado por las actividades de la empresa.

  En realidad, se trata de una lista abierta, ya que las actividades empresariales afectan a accionistas, inversores, directivos, empleados, clientes y proveedores, pero también a las Administraciones públicas, la competencia, la comunidad local, nacional e internacional con sus distintos colectivos y grupos de interés (gobiernos, sindicatos, movimientos sociales, medios de comunicación, etc.).

Caso práctico inicial

Se pueden considerar como de RSC únicamente aquellas acciones que están vinculadas a la actividad básica de la empresa y tienen una vocación de permanencia. En el ejemplo de IKEA serían las medidas 3R y las del Plan de Ahorro Energético.

Recuerda

Lo que no es responsabilidad social corporativa

No debemos confundir la RSC con acciones de patrocinio, mecenazgo, donaciones o estrategias de una corporación tendentes a un lavado de imagen o de mejora de su reputación corporativa.

Por ejemplo, no es una acción de RSC el patrocinio de Rock in Río por parte de THE COCA-COLA COMPANY, pero sí serán una acción de RSC las campañas de 12 meses, 12 causas llevadas a cabo por MEDIASET ESPAÑA.

Vocabulario

Sostenibilidad

Consiste en satisfacer las necesidades de las generaciones presentes sin comprometer las necesidades de las del futuro, para atender sus propias necesidades.

Saber más

Clasificación de las mejores empresas para trabajar en España

La consultora estadounidense GREAT PLACE TO WORK INSTITUTE elabora todos los años una lista de las mejores empresas para trabajar en España y las publica en su página web, <www.greatplacetowork.es>.

En el año 2019, las tres mejores empresas que encabezaron dicha clasificación en España, según su categoría, fueron:

1. CISCO SYSTEMS (50 a 500 empleados).
2. LILLY (501 a 5 000 empleados).
3. MAPFRE (más de 5 000 empleados).

7.2. Indicadores de responsabilidad social corporativa

En los últimos años las empresas han realizado un especial esfuerzo, tanto humano como económico, para mejorar su responsabilidad social corporativa, pero existe el peligro de que las políticas queden en meros planes de «buenas intenciones» y no se produzca una implementación real en la empresa.

Para evitar esto se han creado una serie de índices que permiten realizar comparaciones entre las diferentes empresas, que se han convertido en una excelente fuente de información tanto para la propia empresa como para terceros.

Entre los principales indicadores desarrollados mundialmente que ayudan a medir la responsabilidad social corporativa de las diferentes empresas podemos destacar:

- GRI *(Global Reporting Initiative)*: es el indicador internacional más difundido y aceptado como criterio de referencia para la elaboración de balances de sostenibilidad.
- **Norma ISO 26000**: guía publicada en el año 2010, que establece las líneas de actuación en materia de responsabilidad social corporativa establecidas por la Organización Internacional para la Estandarización (ISO por las siglas de su nombre en inglés, *International Organization for Standardization*).
- **Índice Bursátil FTSE4Good**: recoge aquellas empresas que cotizan en Bolsa y cumplen estándares de RSC mundialmente reconocidos. En España, existe desde el año 2008, el FTSE4Good IBEX.

7.3. Modelos de balance social

Podemos definir el **balance social** o **informe de sostenibilidad** como un instrumento de gestión para planificar, organizar, dirigir, registrar, controlar y evaluar, en términos cuantitativos y cualitativos, la gestión de la responsabilidad social corporativa en una empresa, en un periodo determinado y frente a metas preestablecidas.

Un balance social deberá cumplir con una serie de requisitos: relevancia, veracidad, claridad, comparabilidad, regularidad y verificabilidad.

En la actualidad, uno de los principales retos que presenta la elaboración del balance social es la inexistencia de un modelo estandarizado.

El modelo internacionalmente más reconocido es el **Modelo del Instituto ETHOS**, basado en el modelo GRI.

Trabajo en equipo

5. Podemos definir la deslocalización como un movimiento que realizan algunas empresas, fundamentalmente multinacionales, que trasladan sus centros de trabajo en países desarrollados a países con menores costes para ellos, generalmente en vías de desarrollo.

   ¿Conoces algún sector de actividad económica en el que se esté produciendo este fenómeno? ¿A qué crees que puede ser debido? ¿Crees que empresas con un alto componente de I+D+i son susceptibles de sufrir este fenómeno? Justifica tus respuestas.

   Establece un debate en grupo con tus compañeros en el que señaléis las ventajas e inconvenientes de la deslocalización desde el punto de vista del beneficio empresarial y desde el punto de vista de la RSC.

GUÍA PARA LA ELABORACIÓN DEL BALANCE SOCIAL

A. Ámbito interno

A.1. Análisis de recursos humanos (RRHH)

1. Características de los recursos humanos:
   - Jornada
   - Tipo de contratación
   - Remuneración
   - Contratación de colectivos desfavorecidos
2. Políticas de igualdad y de conciliación de la vida personal y laboral:
   - Existencia de un plan de igualdad específico dentro de la empresa
   - Medidas de conciliación de la vida personal y laboral
3. Desarrollo de carrera:
   - Comparativa entre promoción interna y cobertura externa de vacantes
   - Planes de formación
   - Rotaciones formativas, movilidad horizontal
   - Ayudas al estudio
4. Otras medidas:
   - Incentivos sociales: existencia de guarderías, ayudas para el transporte, vivienda, ayudas para la alimentación
   - Adecuada política de seguridad e higiene (índices de siniestralidad laboral)

B. Ámbito externo

B.1. Relaciones con el microentorno

1. Clientes:
   - Adecuada política de atención al cliente
   - Existencia de un código ético de actuación con el cliente
2. Proveedores:
   - Medidas de selección de proveedores basadas en la excelencia y también en la adecuada RSC de los propios proveedores
3. Competidores:
   - Libre competencia basada en criterios éticos y en la búsqueda de un beneficio social
4. Accionistas:
   - Transparencia en la información y en la toma de decisiones

B.2. Relaciones con el macroentorno

1. Medioambiente:
   - Respeto de la normativa medioambiental
   - Medidas específicas de preservación del medioambiente dirigidas a terceros: clientes, proveedores, etc.
2. Comunidad local:
   - Acciones concretas en el entorno específico en el que se encuentra la empresa: cooperación con ONG, medidas de apoyo a diversas instituciones locales, etc.
   - Medidas específicas de desarrollo de la comunidad local dirigidas a terceros: clientes, proveedores, etc.
3. Sociedad:
   - Existencia de acciones sociales que se amplían más allá del entorno específico de la empresa
   - Medidas específicas de acción social dirigidas a terceros: clientes, proveedores, etc.
4. Medios de comunicación:
   - Transparencia en la relación con terceros, especialmente, con los medios de comunicación

ACTIVIDADES FINALES

1. Establece cuáles serán los *inputs* y cuáles los *outputs* del proceso productivo de las siguientes empresas:
   - Fábrica de automóviles.
   - Peluquería.
   - Carpintería.
   - Imprenta.
   - Gimnasio deportivo.
   - Fábrica de cemento.

2. César, Verónica, Carlos e Ismael han finalizado sus estudios de Técnico Superior en Automoción y se han organizado para abrir un taller mecánico en su ciudad, Ávila. Han contratado a cuatro trabajadores y han conseguido ser el servicio técnico oficial de una de las principales empresas del sector para la provincia de Ávila. Para montar el negocio, han utilizado sus ahorros, un préstamo de una entidad bancaria y una subvención de la Junta de Castilla y León. Clasifica la empresa utilizando todos los criterios de clasificación que conozcas.

3. Team Bank of America es una red de voluntariado mundial que reúne a empleados con inquietudes solidarias que trabajan en BANK OF AMERICA y abogan por la RSC. Trabajan en tres líneas solidarias: diversidad, medioambiente y comunidad; cada una está gestionada por un líder que, junto con recursos humanos y comunicación interna, participa activamente en eventos, oportunidades de ayuda, captación de voluntarios, etc.

   Durante los últimos años, más del 30 % de los empleados participaron en acciones propuestas por Team Bank of America. Estos empleados disponen de 4 horas al mes dentro del horario laboral que pueden dedicar a las acciones sociales. El objetivo es claro: ser una compañía solidaria, con empleados solidarios, y crear un buen clima laboral y de compromiso.

   Analiza qué impacto pueden tener este tipo de iniciativas, tanto en el ámbito externo (sociedad) como interno, vinculándolo, sobre todo, con el clima laboral.

4. La primera cadena de comida rápida en aplicar una estrategia eficaz frente a MCDONALD'S fue BURGER KING. La fuerza de MCDONALD'S era la hamburguesa, su uniformidad, su rápida preparación y su bajo coste. Su producto principal, el Big Mac, se servía en una fila que avanzaba rápidamente, ya que la línea de montaje había sido diseñada expresamente para este producto. ¿Cuál era el problema? Que si se deseaba algo especial, había que esperar en otra fila mucho más lenta, mientras un cocinero se hacía un lío en el interior para complacer a los «caprichosos» clientes que no querían el Big Mac.

   A principios de los años setenta, BURGER KING ideó una estrategia para explotar este aspecto. «Pídala a su gusto», decían los anuncios: «sin pepinillos, sin condimento o como usted desee». La publicidad de BURGER KING garantizaba que uno no sufriría un trato marginal si quería algo especial. Fue así como el incremento en las ventas de BURGER KING no se hizo esperar. La campaña «Pídala a su gusto» diferenció eficazmente a las dos cadenas.

   Realiza un completo análisis DAFO de la situación desde el punto de vista de BURGER KING. Puedes guiarte por las siguientes preguntas:
   - ¿Cuál era la fortaleza y al mismo tiempo la debilidad de MCDONALD'S?
   - En términos de análisis DAFO, ¿qué supuso esto para BURGER KING?
   - ¿Por qué no reaccionó MCDONALD'S cuando vio el éxito de BURGER KING?

5. En el sector textil conviven empresas de bajo coste, empresas de ropa exclusiva y empresas dirigidas a un público amplio, pero con líneas de ropa diferenciadas. Señala ejemplos. ¿Cuál es la estrategia competitiva de cada empresa y qué ventajas suponen?

6. Según la Organización Internacional para la Estandarización, a finales de 2019 existían en España cerca de 60 000 certificados del Sistema de Calidad ISO 9001 y 28 000 certificados de Gestión medioambiental ISO 14001.

   Señala tres ventajas, desde el punto de vista del macro y del microentorno, de la obtención por parte de las empresas de este tipo de certificaciones.

7. La empresa de transporte de paquetería MRW ha obtenido el «Certificado de Empresa Familiarmente Responsable», que avala la implantación de medidas que favorecen el equilibrio entre trabajo y familia por adoptar, entre otras, las siguientes medidas:

- Duplicar la media hora de lactancia al empezar o finalizar la jornada estipulada por ley.
- Ticque guardería para los empleados con hijos menores de 3 años.
- Jornada laboral continuada para el 56,66 % de la plantilla y el 75 % de los departamentos.
- Facilidad para la elección de horario en caso de reducción de jornada.
- Servicios como gimnasio con preparador físico, aparcamiento privado vigilado, biblioteca, sala de lectura, sala de ocio, solárium, sillones relax, comedores..., en su sede central.

Teniendo en cuenta la definición de RSC, contesta justificadamente a las siguientes cuestiones:

a) ¿Crees que estas acciones de la empresa MRW se pueden considerar de RSC?

b) ¿En qué ámbito de la RSC las incluirías?

c) Por último, visita la página web de la empresa <www.mrw.es>. ¿Realiza la empresa balance o memoria social anual? ¿Tiene algún tipo de acción de RSC, además de las ya mencionadas?

8. En los últimos años se han consolidado las denominadas *grandes superficies especializadas* (DECATHLON, TOYS 'R'US, IKEA, MEDIA MARKT, etc.) en polígonos industriales o comerciales con aparcamientos, situados en las afueras de las ciudades.

¿Cuáles son las razones para que estas empresas elijan esta localización? ¿Por qué se sitúan unas cerca de otras y, generalmente, cerca de un hipermercado (CARREFOUR, EROSKI, ALCAMPO...)?

9. En la primavera del año 2014 se inauguró en la calle Fuencarral (calle peatonal en el centro de Madrid) la primera tienda especializada de productos L'ORÉAL en Madrid. ¿Crees que es un emplazamiento adecuado? ¿Por qué no abrirías esta tienda en una gran superficie como las comentadas en la actividad anterior, teniendo en cuenta que el coste del local sería probablemente más económico?

Entra en internet

10. En internet puedes encontrar una serie de páginas que te ayudarán a buscar información sobre responsabilidad social corporativa en nuestro país:

- <www.corresponsables.com>
- <www.observatoriorsc.org>
- <www.pactomundial.org>

Estudia el decálogo que propone el Pacto Mundial de Naciones Unidas y realiza un debate con tus compañeros sobre la importancia de iniciativas de este tipo, tanto en el ámbito internacional como en el nacional. ¿Se trata de una tendencia pasajera, o pasará a ser parte integrante de la gestión de pymes y de grandes multinacionales?

11. Busca información sobre la política de responsabilidad social corporativa de las siguientes empresas: ADOLFO DOMÍNGUEZ, ZARA y CARREFOUR.

- <www.adolfodominguez.com>
- <www.zara.com>
- <www.carrefour.es>

12. ¿Sabes quiénes son los emprendedores sociales? ¿Cuál es su misión? Busca información, por ejemplo, en:

- <http://ashoka.es>
- <http://bit.ly/2g3f7Xd>

PRÁCTICA PROFESIONAL PROPUESTA

Responsabilidad social corporativa e imagen de la empresa

AFFINITY PETCARE, SA, es una empresa líder en el mercado español de alimentos para perros y gatos, especialmente sensibilizada ante la falta de reconocimiento por parte de nuestra sociedad de los derechos y valores de los animales. En diciembre de 1987 decidió asumir un papel activo y creó la Fundación Affinity (por entonces, Fundación Purina). La misión de esta entidad sin ánimo de lucro era y es promover el papel de los animales de compañía en la sociedad.

Su patronato está integrado por destacados veterinarios, médicos y profesionales de otros sectores (científicos, deportistas...), que inspiran las actuaciones de la Fundación y aprueban los presupuestos y los muchos proyectos que se llevan a cabo año tras año.

En 1988, la Fundación Purina lanzó la campaña «Él nunca lo haría. No lo abandones». Además de este cartel y sus correspondientes anuncios televisivos, facilitó gratuitamente guías de los hoteles en España que admiten perros y gatos y las residencias abiertas para animales de compañía.

La finalidad era sacar a la luz un importantísimo problema social: el abandono de perros y gatos que, en ese momento, alcanzaba la inquietante cifra de 100 000 perros sin hogar cada año. El objetivo era alertar a las Administraciones y a la población en general sobre esta realidad y que se reflexionara sobre sus causas y consecuencias, a fin de erradicar esta práctica.

Además, se pretendía que los propietarios de perros y gatos tomaran conciencia de su responsabilidad respecto a la «paternidad responsable» para impedir que sus mascotas tuvieran camadas no deseadas.

El impacto de esta campaña de concienciación fue enorme; de hecho, después de tantos años sigue siendo un referente y continúa presente en la memoria de todos los españoles la triste imagen del perro abandonado en la carretera.

Aunque las cifras han ido mejorando progresivamente, aún queda mucho trabajo de concienciación. En España, durante el año 2015, se recogieron un total de 104 501 perros y 33 330 gatos abandonados, lo que supuso un 1,68 % menos que en 2009.

Actividades

1. ¿Qué beneficios pudo obtener la empresa AFFINITY de esta campaña publicitaria de su Fundación? ¿Crees que revalorizó su producto en el mercado?
2. ¿Quiénes son los *stakeholders* de la empresa AFFINITY PETCARE, SA? ¿A qué grupos de interés va dirigida esta campaña?
3. ¿Recuerdas otras campañas similares de la misma Fundación?

EMPRENDEDORES EN EL CINE

Ficha técnica

Título original: *The Constant Gardener*

Dirección: Fernando Meirelles

Producción: Simon Channing Williams

Guion: Jeffrey Caine basado en la novela *The Constant Gardener*, de John Le Carré

Duración: 129 minutos

Nacionalidad: alemana y británica

Año de producción: 2005

Reparto: Ralph Fiennes, Rachel Weisz, Danny Huston, Bill Nighy, Pete Postlethwaite

Música: Alberto Iglesias

Fotografía: César Charlone

Género: drama

El jardinero fiel

Sinopsis

En un remoto lugar del norte de Kenia asesinan brutalmente a la activista Tessa Quayle (Rachel Weisz). Todo parece apuntar a un crimen pasional. Justin Quayle (Ralph Fiennes), el viudo de Tessa y miembro del Alto Comisionado británico, ha decidido limpiar el buen nombre de su mujer y acabar lo que esta empezó.

Para conseguirlo, debe aprender a marchas forzadas cómo funciona la industria farmacéutica, ya que Tessa estaba a punto de destapar un escándalo, y viajará por dos continentes en busca de la verdad. No tardará en darse cuenta de la existencia de una conspiración letal que se ha cobrado la vida de muchos inocentes y pondrá la suya en peligro.

Claves de trabajo

La compañía farmacéutica internacional KDH y su aliada en el país, Tres Abejas, han creado un fármaco que se empleará en el tratamiento de la tuberculosis multirresistente.

Tres Abejas realiza en Kenia las pruebas del medicamento, para lo que usa a pacientes que reciben el tratamiento de manera gratuita, pero coaccionados, ya que si se negasen a realizar las pruebas se les quitaría la prestación sanitaria.

Actividades

1. ¿Qué tipo de empresa es KDH? ¿Y Tres Abejas?
2. ¿Crees que los experimentos llevados a cabo con la dypraxa en Kenia están condicionados por el entorno? ¿Crees que la empresa se comportaría de la misma manera en Europa?
3. ¿Crees que este tipo de experimentos se realizan en África debido a que el entorno legal y administrativo puede ser más corrupto y obviar aspectos como el consentimiento informado de los pacientes? ¿Deberían estas empresas utilizar los mismos códigos éticos en sus países de origen que en los países en los que realizan los experimentos?
4. ¿Crees que la política de RSC de KDH y Tres Abejas es legal? ¿Es ética? La finalidad es conseguir un medicamento que se usará principalmente en África. ¿Crees que el fin justifica los medios?
5. Imagina las consecuencias que podría tener para KDH que se descubriesen las irregularidades cometidas en Kenia. ¿Saldría perjudicada su imagen de empresa? ¿Cómo crees que podría reaccionar la empresa?
6. Organiza un debate con tus compañeros sobre la doble moral de muchas empresas de países desarrollados en sus actuaciones en países del Tercer Mundo. Relaciónalo con los contenidos estudiados en el tema sobre responsabilidad social corporativa.

ACTUALIDAD EMPRESARIAL

Google, Premio Príncipe de Asturias de Comunicación y Humanidades 2008

El buscador más popular de internet, GOOGLE, fue reconocido con el Premio Príncipe de Asturias de Comunicación y Humanidades 2008.

GOOGLE ha conseguido una revolución cultural y ha propiciado el acceso generalizado al conocimiento. Pero lo que realmente ha conseguido esta compañía es simplificar internet y, lo que es más importante, ponérselo fácil al usuario.

Y eso no es todo. La segunda revolución que ha marcado la compañía estadounidense se enmarca dentro del mercado laboral.

La revista *Fortune* ha elaborado una lista de las mejores empresas para trabajar en Estados Unidos y GOOGLE está en su número uno. El buscador explica que trata a sus empleados como si fueran clientes, prioriza el trabajo en equipo y elogia los logros individuales, porque «contribuyen al éxito global de la empresa». Todas estas cualidades teóricas se vuelven reales en sus oficinas, cuyas imágenes circulan por internet como ejemplos del trabajo con el que sueña todo ser humano.

En su centro europeo de desarrollo de Zurich reina el color. Desde la misma recepción se aprecia el buen ambiente y los primeros juegos aparecen ya en las salas de espera. Otra peculiaridad la marcan las pizarras: cubren todas las estancias, pasillos incluidos; según explican, las buenas ideas pueden llegar en cualquier momento y lugar, y allí debe haber un sitio para apuntarlas. Los billares y los futbolines vuelven a aparecer en las zonas de descanso, que también incluyen neveras en las que siempre hay comida disponible. Pero si los empleados de GOOGLE quieren acceder al restaurante, donde sirven desayuno, comida y cena variada –todo ello gratis–, pueden llegar a él a través de un tobogán. Las reuniones se realizan en zonas cómodas, para que los *googlers* (nombre que reciben los trabajadores de la compañía) puedan desarrollar toda su creatividad.

Larry Page y Sergey Brin, fundadores de Google Inc., en 2003.

¿Y todo esto es necesario? Desde la empresa aseguran que su espíritu es totalmente innovador y este adjetivo no se refiere únicamente a las «lámparas de lava y las enormes pelotas de goma». Subrayan que el entorno que han creado potencia la comunicación e incrementa la productividad. Y han cumplido su objetivo de crear el motor de búsqueda perfecto que ha democratizado el acceso al conocimiento.

Fuente: adaptado de *La Voz de Galicia*

Trabajo a realizar

1. ¿Crees que la política de recursos humanos de GOOGLE es una medida de responsabilidad social corporativa?
2. ¿Mejorarán y aumentarán la productividad estas medidas? ¿Y la creatividad?
3. Este tipo de medidas, ¿son rentables para GOOGLE?
4. Busca por medio del buscador GOOGLE <www.google.es> alguna fotografía de sus centros de trabajo. ¿Es la imagen que esperas de una empresa multinacional? ¿Te gustaría trabajar en un entorno así? ¿Crees que GOOGLE está colaborando para modificar su macro y su microentorno?
5. Realiza un análisis DAFO sobre la empresa GOOGLE y su relación con el entorno.

EN RESUMEN

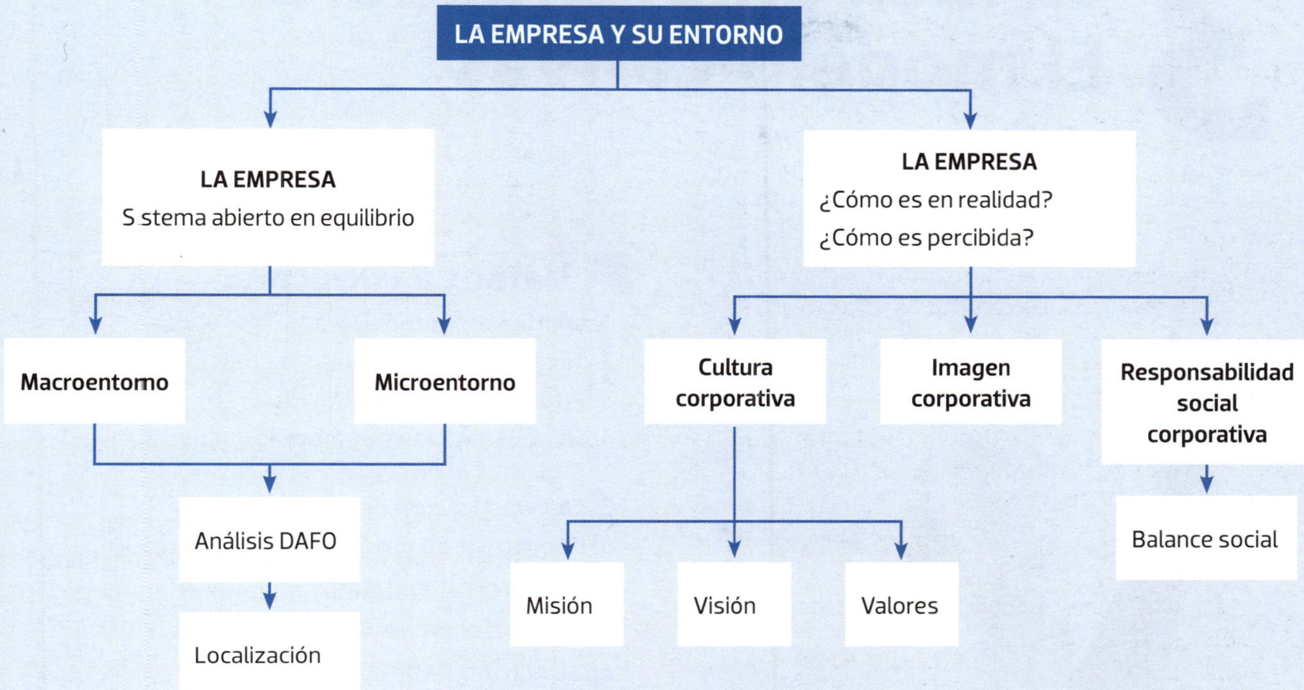

Evalúa tus conocimientos

RESUELVE EN TU CUADERNO O BLOC DE NOTAS

1. **Según la teoría general de sistemas, ¿cuál de las siguientes no es una característica de los sistemas?**
   a) Globalidad.
   b) Entropía.
   c) Filantropía.
   d) Homeostasis.
2. **Según la titularidad del capital social de las empresas, podemos clasificarlas como:**
   a) Microempresas o pymes.
   b) Privadas, públicas o mixtas.
   c) Individuales o societarias.
   d) Ninguna de las respuestas anteriores es correcta.
3. **¿Cómo se denominan los factores que afectan de forma específica a una empresa?**
   a) Microentorno.
   b) Responsabilidad social corporativa.
   c) Macroentorno.
   d) Imagen corporativa.
4. **¿Cuál de las siguientes es una variable significativa a la hora de elegir la localización para una empresa?**
   a) Buena accesibilidad.
   b) Existencia de mano de obra cualificada.
   c) Posibles ayudas o subvenciones.
   d) Todas las respuestas anteriores son correctas.
5. **¿Cómo se denominan los elementos internos de la empresa que constituyen una ventaja competitiva?**
   a) Responsabilidad social corporativa.
   b) Fortalezas.
   c) Debilidades.
   d) Oportunidades.
6. **¿Cuáles son los elementos que componen la cultura corporativa?**
   a) Misión, visión y valores.
   b) Debilidades, amenazas, fortalezas y oportunidades.
   c) Macroentorno y microentorno.
   d) Responsabilidad social corporativa e imagen corporativa.

3 La idea emprendedora. El modelo Canvas

Vamos a conocer...

1. La idea emprendedora
2. Técnicas para estimular la creación de ideas
3. Formula y comunica tu idea
4. La construcción del modelo de negocio: el modelo Canvas
5. La investigación de mercado
6. El proceso de investigación de mercado

PROYECTO DE EMPRESA

Incubando el proyecto de empresa

ACTUALIDAD EMPRESARIAL

Yo te bautizo... Consejos de experto

Y al finalizar esta unidad...

- Sabrás cómo generar ideas creativas.
- Distinguirás una idea emprendedora de otra que no lo es.
- Descubrirás el modelo Canvas.
- Conocerás el contenido de una investigación de mercado.
- Aprenderás a realizar una investigación de mercado.

Práctica profesional inicial

Situación de partida

José Barroso es un empresario español que desde los 16 años no ha parado de generar ideas emprendedoras a lo largo de su carrera profesional. Ha montado empresas como Don Algodón o Ekseption y Pep's Music, una discográfica que promociona cantantes de éxito, como Malú, quien consiguió el galardón de los Premios Amigo a la artista revelación de 1998.

Su primera idea emprendedora se plasmó en 1980, con la apertura de una tienda de ropa, centrada en la venta de camisetas. Tuvo la visión y la percepción de que en el mercado español de la época faltaba algo: la gente joven de entonces no tenía una marca que la identificara. España salía de una dictadura, de un momento histórico y de un estilo de vida concreto; la gente quería identificarse con Europa y los jóvenes que podían viajaban fuera para comprar ropa.

Entonces él pensó: «¿Por qué no podemos hacer aquí una marca diferente, con color, moderna?». Así surgió Don Algodón.

Tras el éxito, no se quedó parado, siguió renovándose. Él mismo ideó el perfume Don Algodón y realizó su propia investigación de mercado: se fue una semana a Estados Unidos en busca de esencias, donde encontró 25 muestras que testó en España con amigos y conocidos. De este primer estudio se seleccionaron tres esencias. Después, probó esas tres muestras con 25 mujeres de distintos estratos sociales, clase media alta, clase media y clase baja. La esencia que más gustó fue la que puso a la venta como colonia para mujer Don Algodón, fragancia que, en la actualidad, más de treinta años después, se sigue vendiendo en el mercado español.

Esta fue una apuesta personal y arriesgada, ya que hasta entonces nadie quería hacer productos de perfumería española; todos querían perfumes o colonias provenientes de París.

Ahora, esta tendencia ha cambiado y numerosas marcas de ropa también han lanzado sus propias colonias con éxito.

José Luis Dirube: *¡Quiero ser empresario!* (texto adaptado)

Estudio del caso

Antes de empezar a leer esta unidad de trabajo, contesta a las preguntas planteadas. Después, analiza cada punto del tema con el objetivo de comprobar si has contestado bien o de forma completa.

1. ¿Cómo crees que surgió la idea emprendedora de José Barroso? (Puede haber más de una respuesta correcta.)
   a) Avances científicos.
   b) Un cambio en la sociedad.
   c) Fruto de la observación.
   d) Creando una nueva necesidad.
   e) Copiando las prácticas de otros.
   f) Buscando nuevos usos a un producto.
   g) Adelantándose a lo que estaba por llegar.
2. ¿Por qué crees que José Barroso renueva constantemente sus negocios y entra en mercados diferentes?
3. Posteriormente, otras empresas han trabajado sobre sus mismas ideas (tanto en el sector textil como de perfumes). Es lo que se llama *copiar las prácticas de otros* y se hace cuando la empresa pionera no atiende totalmente al mercado. ¿Qué opinas de esta práctica?
4. ¿Quién tendrá el mayor porcentaje de ventas, la empresa que tuvo la idea inicial o las empresas que copian y pulen la idea?

Ideas innovadoras en el ámbito social:

- El balón gigante que salva vidas: <https://youtu.be/zejEPIrx9Ek>.
- En el sector público: <https://emprendedorsocial.org/bonos_impacto_social/> y <https://www.ted.com/talks/toby_eccles_invest_in_social_change>.

¡VE lo que todos los demás no han visto!

El emprendedor

¡HACE lo que nadie más ha hecho!

¡PIENSA lo que nadie más ha pensado!

1. La idea emprendedora

Para un emprendedor es clave la generación, formulación y puesta en marcha de una idea creativa, lo que se conoce con el nombre de *idea emprendedora*. Esta idea no tiene por qué ser un extraordinario hallazgo científico; en la mayoría de los casos, basta con observar las costumbres de nuestra sociedad, detectar las necesidades no cubiertas y ofrecer una respuesta innovadora y satisfactoria.

A la hora de abrir un negocio se debe reflexionar sobre el bien o servicio que se ofrece. No puede ser uno más del mercado, sino que debe diferenciarse de los demás para llamar la atención del consumidor.

El pensamiento creativo fortalece aquellas habilidades que nos permiten estar preparados para aprender de los errores y actuar con eficacia en las situaciones imprevistas.

Caso práctico inicial

José Barroso observó a los jóvenes españoles de finales de los años setenta y captó sus nuevas demandas.

¿Cómo podemos encontrar una idea novedosa?

Observando y analizando los cambios experimentados por nuestra sociedad para descubrir nuevas necesidades que aún no han sido cubiertas por el mercado.

Ejemplo

Surgimiento de nuevos negocios como centros de día, servicios a domicilio, turismo de salud, servicios culturales y de ocio dirigidos a la tercera edad.

Ampliando el público objetivo (a quién va destinado el producto).

Ejemplo

En un principio, el dónut era un producto para el público infantil (y hacia ellos se dirigían los anuncios en los años setenta), pero estos niños crecieron y la empresa decidió ampliar su cuota de mercado a los adultos, introduciendo el dónut en las cafeterías.

Cambiando el canal de distribución.

Ejemplo

La venta por internet de naranjas ecológicas y otros productos de la huerta.

Imaginando cómo ofrecer un bien o un servicio, ya conocido, de otra manera que pueda satisfacer más al cliente.

El elemento diferenciador de nuestra empresa no tiene por qué ser el bien o el servicio en sí.

Caso práctico inicial

En los años ochenta ya existían camisetas, pero sus diseños no atraían a los jóvenes hasta que surgió Don Algodón.

Ejemplo

Las papelerías Carlin o Folder ofrecen productos propios de una papelería tradicional, pero expuestos al público de una manera diferente; el cliente, como en un supermercado, coge lo que necesita y lo lleva a caja.

Creando nuevas soluciones.

Ejemplo

Los productos de alimento funcional (aquellos con ingredientes que ayudan a mejorar algún aspecto de la salud) están sustituyendo la necesidad básica de comer por la de reducir el colesterol, controlar la tensión, el peso, etc.

¿Cómo podemos fomentar nuestra creatividad empresarial?

El pensamiento creativo se puede aprender, no es espontáneo, por eso hay que trabajarlo con asiduidad. Se puede practicar siguiendo este procedimiento:

- **Fase de investigación y recopilación** de la mayor información posible sobre el entorno.
- **Fase de reelaboración, organización y valoración** de toda esa información.
- **Fase de incubación:** proceso en el que nuestra mente trabaja, de forma inconsciente, buscando una solución.
- **Fase de iluminación o inspiración,** en la que surge la idea genial.
- **Fase de configuración y creación del modelo de negocio:** se comprueba la validez de nuestra idea y se crea el modelo de negocio.

Frases célebres

Encontrar oportunidades de negocio es una cuestión de actitud, de buscar activamente en todos los momentos del día, desarrollando la curiosidad y, sobre todo, buscando nuevas formas de hacer las cosas y los negocios.

Eudald Doménech, fundador de Tech-Foundries

Trabajo en equipo

1. Estos son algunos cambios sociales que detectaron otros emprendedores y la respuesta global que han dado. Aún queda mucho por trabajar. Poned en marcha vuestra imaginación y añadid las mejoras que todavía se pueden introducir, bien porque no se ha cubierto del todo dicha necesidad, bien porque sea necesario un cambio de procedimiento:

Cambios en la sociedad	Nuevas ideas de negocio
Preocupación por el cuerpo y la estética	Proliferación de tiendas de ropa, cosméticos, centros de estética, gimnasios, clínicas de cirugía plástica, herbolarios, productos dietéticos…
Más tiempo para el ocio	Industrias culturales y creativas (videojuegos, libros, artes escénicas, pintura, escultura, fotografía, cine, TV, radio, museos y exposiciones); gimnasios; balnearios; empresas de turismo (guías, viajes organizados para mayores, para *singles*, turismo justo, rural, cultural, de aventura, slow…).
Mejoras en la vivienda e interés por la decoración funcional y el confort	Empresas constructoras, de diseño de interiores y de servicios auxiliares (calefacción, aire acondicionado, electrodomésticos inteligentes, persianas automatizadas, decoración especializada, muebles desmontables o convertibles, viviendas domóticas…).
Nuevas tecnologías	Empresas de programación, telecomunicaciones, videojuegos, internet, medios audiovisuales, teléfonos móviles, venta a través de internet…
Incorporación de la mujer al mercado laboral	Apertura de nuevas guarderías, centros de ocio infantil, servicio doméstico, comida preparada…
Aumento de la esperanza de vida	Proliferación de residencias y centros de día, servicios a domicilio, servicios culturales y de ocio.
Mayor soledad	Búsqueda de pareja por internet, redes sociales, asociaciones de ocio y tiempo libre…
Aumento de la adopción de mascotas en los hogares	Residencias y hospitales de mascotas, restaurantes, venta de productos de alimentación, juegos, clínicas veterinarias especializadas en animales exóticos, etc.
Creciente preocupación por la seguridad	Empresas de seguridad, alarmas, seguros, prevención de riesgos laborales…
Preocupación por el medioambiente	Empresas del sector ambiental: selvicultura, paisajismo y jardinería, descontaminación de suelos, agricultura ecológica, gestión de aguas, gestión de residuos, energías renovables, educación ambiental, ecoturismo, consultoría ambiental…
El tiempo, un valor en sí mismo	Tiendas con envío a domicilio, empresas de cáterin, organización de eventos, de limpieza, de lavado y planchado con recogida y entrega a domicilio, talleres de reparación de automóviles que recogen el coche y lo dejan en el garaje del cliente, negocios 24 horas.

Saber más

El método Delphi

Consiste en realizar consultas sucesivas e individuales a los miembros de un grupo sobre un problema, manteniendo el anonimato de los participantes. Después de la primera ronda de consultas se informa a cada participante de la opinión del resto. Habitualmente, al final de tres rondas, las ideas del equipo confluyen en una misma dirección, que apunta a una solución al problema propuesto.

Saber más

El pensamiento lateral

En términos empresariales, el pensamiento lateral nos dice que, en ocasiones, la solución no es hacerlo mejor, sino hacerlo de forma diferente.

Ejemplo

El pensamiento lateral se aplica en algunas adivinanzas en las que la solución no es la más esperada o la más lógica, sino que hay que buscar otra solución posible y más creativa.

- Sobre una mesa había una cesta con seis manzanas y seis chicas en la habitación. Cada chica cogió una manzana y, sin embargo, una manzana quedó en la cesta. ¿Cómo es posible?

  La última chica se lleva la cesta con la manzana.

- ¿Cómo es posible pinchar un globo sin permitir que se escape aire y sin que el globo haga ruido?

  El globo está desinflado.

2. Técnicas para estimular la creación de ideas

Existen varias técnicas o formas de pensar para generar nuevas ideas de negocio o proporcionar soluciones creativas a nuestros problemas.

2.1. La tormenta de ideas o *brainstorming*

Es una técnica muy utilizada para generar ideas. Consta de varias etapas:

- Se elige un tema sobre el que los participantes expresan libremente sus ideas y un coordinador se encarga de anotarlas a la vista de todos.
  - Toda crítica está prohibida.
  - Toda idea es bienvenida, aunque parezca descabellada.
  - Hay que experimentar con tantas ideas como sea posible.
  - Se recomienda construir, asociar y desarrollar sobre las ideas de los demás.
- Después, el coordinador selecciona las mejores ideas, al tiempo que canaliza el debate hacia la obtención de consensos sobre las mejores.
- Se trabajan las ideas hasta alcanzar un punto de decisión.

2.2. El pensamiento lateral

Normalmente, nuestro cerebro busca soluciones con un enfoque lógico y racional y se basa en la formulación de hipótesis y deducciones. La mente crea patrones y, una vez que los ha creado, adapta toda la información que le llega para que encaje en ese patrón. Este tipo de pensamiento limita la generación de soluciones creativas para problemas que necesitan enfoques nuevos. Edward de Bono acuñó el término *pensamiento lateral* para diferenciarlo del pensamiento lógico, al que llamó *pensamiento vertical*.

2.3. El listado de atributos

Es adecuado para la generación de nuevos productos o para mejorar servicios o productos ya existentes. Para poner en práctica esta técnica es conveniente elaborar una tabla con tres columnas: en la primera se indicarán los componentes del bien o servicio objeto de estudio; en la siguiente columna se anotarán los atributos de cada componente y, en la última columna, se escribirán nuevas ideas que permitirán cambiar o mejorar cada uno de esos atributos.

Actividades

2. Imagina que has decidido crear una empresa que se dedique a fabricar mermeladas, elaboradas de forma artesanal y con ingredientes ecológicos. Es un mercado en el que ya hay competidores, por lo que necesitas mejorar la calidad del producto. Elabora la tabla de la técnica del listado de atributos y complétala en tu cuaderno:

Componentes	Atributos	Ideas

CUADERNO

3. Formula y comunica tu idea

Una vez que has descubierto tu idea emprendedora, tienes que desarrollarla y explicarla de la forma más atractiva posible. ¡No dejes escapar ningún detalle del bien o servicio que ofreces!

Para comunicar de forma efectiva a los demás nuestra idea de negocio inicial podemos hacerlo contestando las siguientes preguntas:

- ¿Qué necesidades satisface? ¿Qué valor añadido aporta?
- ¿Qué recursos necesitamos para llevarlo a cabo? Sería conveniente describir brevemente el producto y las fases de producción. ¿Es viable?
- ¿A quién se dirige el producto (el público objetivo)? ¿Es un número representativo?
- ¿Hay otras empresas que cubren esta necesidad? ¿Contamos con alguna ventaja competitiva con respecto a la competencia?
- ¿A qué sector económico pertenece la idea? Este sector, ¿está en fase de desarrollo o de estancamiento? ¿Cómo se prevé su evolución?
- ¿Hay dificultades legales para poner en marcha el desarrollo de la idea?
- ¿La idea es realizable en el lugar y en el momento actual? En ocasiones, se han importado ideas de negocio de otro país sin éxito porque no se tuvieron en cuenta las características diferenciadoras del nuevo mercado.

3.1. El *storytelling*

Existen técnicas para narrar historias de forma visual y atractiva; todas ellas señalan como un aspecto importante empatizar con el cliente, es decir, ponerse en su lugar.

Una de estas técnicas es el ***storytelling*** o el «arte de contar historias», por lo que a través de una narración, un lenguaje y unos recursos visuales atractivos somos capaces de llegar directamente a los sentimientos de los oyentes, emocionarlos y comunicar de forma más efectiva con ellos.

Ejemplo

¿Conoces la historia del cuento de *Las mil y una noches*? Sherezade salvó la vida narrando historias que cada noche dejaba sin terminar, para que el sultán le permitiera vivir hasta el día siguiente y, así, hasta mil y una noches, cuando el sultán le perdonó la vida y comprendió que se había enamorado de ella.

Ejemplo

Cómo logra CAMPOFRÍO la conexión emocional con el público y muestra sus valores de marca: <https://bit.ly/Campofrío>.

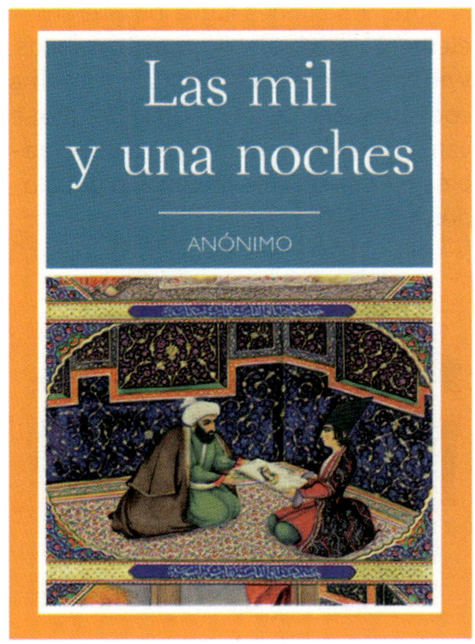

El *storytelling* se aplica en el ámbito empresarial para contar una historia relacionada con la compañía, sus fundadores o su producto, que genere una conexión emocional con los clientes, inversores o proveedores. El punto clave consiste en conectar con la audiencia, apelar a su lado emocional y dejar a un lado la manera fría de hablar de negocios, para lograr mayor empatía con los oyentes. Una historia no solo cuenta una realidad de manera diferente, sino que muestra un lado distinto, da a conocer aspectos desconocidos y genera confianza y, además, es fácil de recordar y de transmitir.

Puedes narrar tu historia a través de imágenes que ayuden a visualizarla: utiliza un vídeo, un *role playing* (una representación teatralizada), una presentación multimedia o cualquier otro medio que te haga llegar al corazón de tu público. Recuerda la frase de Maya Angelou:

«Sabemos que la gente olvidará lo que dijiste, olvidará lo que hiciste, pero nunca olvidará lo que les hiciste sentir».

4. La construcción del modelo de negocio: el modelo Canvas

Saber más

Alex Osterwalder e **Ives Pigneur** publicaron, en el año 2010, el libro *Generación de modelos de negocio*, donde introducen el **Business Model Canvas:** un «lienzo» que visualiza de una sola vez el modelo de negocio de forma global e inmediata. Es una herramienta muy versátil para diseñar nuestro modelo de negocio porque nos muestra, de forma clara, la lógica y las interconexiones entre los diferentes elementos, así como los posibles fallos, y nos permite trabajar en grupo de forma cooperativa e incorporar las ideas que se van generando, y modificar y corregir rápidamente aquellos elementos del modelo que no funcionan.

Una vez que has descubierto tu idea emprendedora y la has evaluado, a continuación deberás desarrollarla y construir un modelo de negocio viable.

El **modelo de negocio** es la forma en que una organización crea, entrega y captura valor, es decir, el modo que tiene una empresa de generar riqueza.

Esta fase es la más creativa del proceso emprendedor y constituye los cimientos sobre los cuales se elaborará el plan de empresa.

Existen muchas técnicas para diseñar un modelo de negocio. Una de las más sencillas y visuales es el **modelo Canvas,** creado por Alexander Osterwalder.

El **modelo Canvas** estructura el modelo de negocio en nueve módulos básicos, que reflejan la lógica que sigue una empresa para conseguir ingresos.

En la página siguiente puedes ver la plantilla del modelo Canvas dividida en nueve módulos agrupados en cuatro bloques diferenciados:

- ¿Qué?

  En el centro del lienzo especificaremos de forma clara y concisa qué beneficio o valor entregamos al cliente.

  1. **Propuesta de valor.** ¿Qué necesidades satisfacemos? ¿Por qué está dispuesto a pagar el cliente? ¿Qué nos diferencia de la competencia?

- ¿Para qué?

  A la derecha señalaremos la forma en la que haremos llegar nuestra propuesta de valor hasta nuestros clientes concretos:

  2. **Segmentos de clientes.** ¿Quiénes son los clientes concretos de la empresa? ¿A quién nos dirigimos?
  3. **Relaciones con clientes.** ¿Qué tipo de relación es más adecuada para comunicarnos con ellos?
  4. **Canales.** ¿Cuáles son los canales idóneos para llegar hasta ellos?

- ¿Con qué?

  A la izquierda del lienzo especificaremos los medios con que contamos para crear la propuesta de valor y hacerla llegar al cliente.

  5. **Socios clave.** ¿Quiénes son los socios, proveedores y alianzas estratégicas primordiales para nuestro negocio?
  6. **Actividades clave.** ¿Qué actividades son fundamentales en la empresa para nuestra propuesta de valor, clientes y fuentes de ingresos?
  7. **Recursos clave.** ¿Qué recursos (humanos o técnicos) son vitales en la empresa para la propuesta de valor, clientes y fuentes de ingresos?

- ¿Cuánto?

  En la parte inferior especificaremos de forma clara la relación y adecuación entre costes e ingresos.

  8. **Estructura de costes.** ¿Qué costes son inherentes al negocio?
  9. **Fuentes de ingresos.** ¿Cuáles son las principales fuentes de ingresos? ¿Cuándo, cómo y cuánto están dispuestos a pagar los clientes?

Diseña tu lienzo

A continuación te presentamos la plantilla del modelo Canvas, un mural sobre el que puedes trabajar, introduciendo en cada apartado de la plantilla uno o varios pósits con los puntos clave de tu proyecto. ¡Puedes escribir texto e incorporar imágenes que hagan más atractivo y visual tu negocio!

A partir de ahora, y a lo largo de todo el curso, este lienzo te servirá de base para diseñar tu modelo de negocio. Ten en cuenta que esto es solo el inicio de tu idea; lo más probable es que tengas que realizar varias modificaciones y añadir constantemente nuevas ideas a medida que avances con la investigación de mercado y, sobre todo, con la fase de experimentación (Lean Startup).

Idea → Modelo de negocio (Canvas) → Investigación de mercado → Experimentación (Lean Startup) → Validación del modelo de negocio → Proyecto de empresa

¿Con qué?

Socios clave

¿Quiénes son nuestros socios clave?

¿Quiénes son nuestros proveedores clave?

¿Puedo buscar alianzas estratégicas con otras empresas?

¿Quiénes son mis aliados?

¿Qué factores debo tener en cuenta para generar alianzas de éxito?

Actividades clave

¿Qué actividades clave requieren nuestra propuesta de valor, nuestros clientes y nuestras fuentes de ingresos?

Recursos clave

¿Qué recursos clave requieren nuestra propuesta de valor, nuestros clientes y nuestras fuentes de ingresos?

¿Qué?

Propuesta de valor

¿Qué valor entregamos a nuestros clientes?

¿Qué necesidades del cliente estamos satisfaciendo?

¿Qué problemas de nuestros clientes vamos a resolver?

¿Para qué?

Relaciones con clientes

¿Qué tipo de relación mantenemos con nuestros segmentos de clientes?

¿Qué tipo de relación esperan nuestros clientes que mantengamos con ellos?

Canales

¿A través de qué canales quieren ser contactados nuestros segmentos de clientes?

¿Qué canales son más eficientes?

Segmentos de clientes

¿Para quién estamos creando valor?

¿Quiénes son nuestros clientes más importantes?

¿Cuáles son los distintos segmentos?

¿Qué segmentos pueden ser los más rentables?

¿Cuánto?

Estructura de costes

¿Cuáles son los costes más importantes inherentes a nuestro modelo de negocio?

¿Qué recursos y actividades clave son los más costosos?

Fuentes de ingresos

¿Cuáles son nuestras principales fuentes de ingresos?

¿Por qué y cuánto están dispuestos a pagar nuestros clientes?

¿Qué recursos clave requieren nuestra propuesta de valor, nuestros clientes y nuestras fuentes de ingresos?

5. La investigación de mercado

Una vez que tenemos nuestro primer modelo Canvas, es fundamental conocer el mercado en el que nos vamos a desenvolver. Por ello, el siguiente paso será realizar el estudio de mercado.

La **investigación de mercado** consiste en la recopilación y análisis de toda la información posible sobre el mercado en el que va a operar la empresa.

Así, podremos comprobar la viabilidad de nuestra idea y diseñar las estrategias adecuadas para iniciar nuestro proyecto.

5.1. Conceptos básicos

En primer lugar, es preciso conocer y distinguir ciertos términos empresariales:

- **Mercado.** Se refiere a cualquier lugar o medio a través del cual se realiza un intercambio económico, es decir, en el que se interrelacionan un comprador (la demanda) y un vendedor (la oferta).
- **Mercado potencial de un producto.** Son los posibles compradores del producto de una empresa. Para conocer el mercado potencial es necesario realizar una segmentación de mercado.
- **Segmentación de mercado.** Consiste en dividir el mercado en grupos de compradores con características similares; cada uno de estos grupos se denomina *segmento de mercado*. De este modo, la empresa podrá profundizar, de forma más adecuada, en el conocimiento de cada grupo, con el objeto de adaptarse a los distintos requerimientos de cada segmento.

  Una empresa puede dirigir su oferta a uno o varios segmentos de mercado. En principio, debe dirigirse a los que pueda atender mejor y resulten más rentables. El segmento o segmentos a los que se dirija finalmente se denomina *mercado objetivo, público objetivo* o *target*.

  Los criterios de segmentación más utilizados son geográficos, demográficos, socioeconómicos, psicológicos, por edad, sexo o profesión.

Ejemplo

La consultora Node propone un nuevo criterio de segmentación que denomina *territorios mentales*. Consiste en agrupar los productos orientados a personas con una misma forma de pensar o de comportarse. Por ejemplo, las compañías de coches fabrican un producto muy contaminante. Sin embargo, para atraer a las personas con mentalidad ecológica, se han lanzado a la producción de coches ecológicos y lo utilizan como reclamo en sus campañas publicitarias.

- **Cuota de mercado de un producto.** Es la relación entre el mercado actual de una empresa y el mercado total de dicho producto, expresado en tantos por ciento.

$$\text{Cuota de mercado} = \frac{\text{Mercado actual empresa}}{\text{Mercado total productos}} \times 100$$

Puede ser interesante conocer el mercado total de un producto y la cuota de mercado de la competencia para estimar tu posible futura cuota de mercado y analizar si merece la pena seguir adelante con la idea emprendedora.

5.2. Contenido

La finalidad del estudio de mercado es obtener la información necesaria que permita tomar las decisiones adecuadas para el éxito del proyecto. Este estudio ha de contener un análisis del producto o productos de la empresa, los consumidores, la competencia, los proveedores y el entorno.

Vocabulario

Nicho de mercado

Segmento de mercado cuyas necesidades aún no están cubiertas por la oferta general del mercado (o, al menos, no totalmente).

Clientes potenciales

Son los posibles futuros clientes de una empresa.

Mercado de un producto

Desde el punto de vista de la demanda, es el conjunto de compradores reales o potenciales de un producto.

Caso práctico inicial

Don Algodón realizó una segmentación por edad.

5.2.1. El producto

Podemos definir el **producto** como cualquier bien o servicio (o la combinación de ambos) que se oferta con la finalidad de satisfacer los deseos del consumidor.

Existen **atributos** que son inherentes al producto como su calidad y diseño; otros son complementarios, pero pueden diferenciarnos de la competencia.

Ejemplo

La utilidad principal de un reloj es dar la hora; sin embargo, la mayoría de la gente cuando compra un reloj, ¿está más preocupada por su precisión y la calidad de la maquinaria, o por su aspecto externo?

Entre dichos atributos destacamos los siguientes:

- El **diseño** y el **envase**: tienen una importancia fundamental, ya que son directamente observables por el consumidor.

Ejemplo

Los envases de perfumes de mujer aluden a motivos florales, sus formas son redondeadas y se utilizan colores pastel, cromados y dorados, mientras que en los envases para fragancias masculinas predominan las formas simples y los colores azul y plata.

- La **marca**: es el nombre o signo que identifica al producto. Los consumidores tienen percepciones diferentes de los productos y las marcas. Hay que tener en cuenta no solo la calidad real del producto, sino la calidad percibida por el cliente. Un producto tiene una elevada calidad cuando el consumidor lo percibe como superior frente a los demás.

Ejemplo

En muchos casos, la marca alude a las características del producto. DON LIMPIO expresa la capacidad de limpieza y WIPP EXPRESS, su eficacia en el lavado rápido.

- **Servicios relacionados**: servicio posventa, garantía, asistencia técnica, instalación, entrega a domicilio, financiación, formación para usarlo, etc.
- También debemos tener en cuenta otra serie de productos que pueden afectar o interferir en las ventas del nuestro: los **productos sustitutivos** y los **productos complementarios**.

Philip Kotler y Gary Armstrong resumen en un gráfico los niveles del producto o componentes que le dan valor:

Son los atributos extrínsecos al producto que aumentan su utilidad y proporcionan un valor añadido: servicio posventa, garantía, financiación, entrega y servicio a domicilio, instalación, ventajas del producto respecto a la competencia...

Son las características del producto que permiten que cumpla su función básica: diseño, envase, imagen de marca, nivel de calidad...

Son los atributos esenciales del producto y la necesidad básica que satisface.

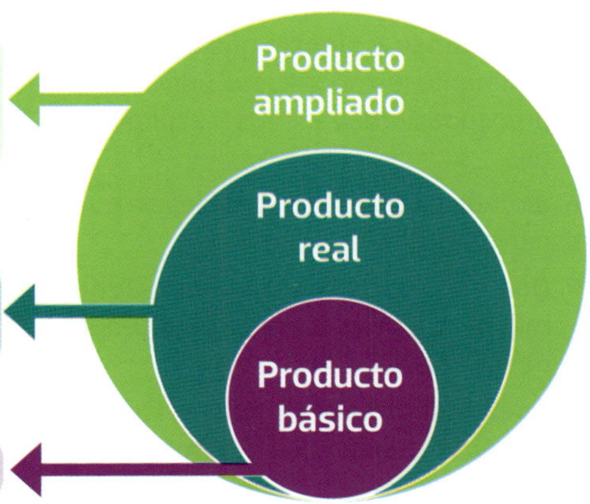

Caso práctico inicial

José Barroso, cuando ideó el perfume DON ALGODÓN, analizó:

- El producto (buscó fragancias en EE. UU.).
- Los consumidores españoles (mujeres jóvenes).
- La competencia (perfumes parisinos).

Caso práctico inicial

Las camisetas DON ALGODÓN fueron un producto cuyo diseño logró satisfacer a los adolescentes de los años ochenta.

DON ALGODÓN fue una marca identificativa de los jóvenes de una generación.

Anécdotas empresariales

Nombre de marca

El nombre DANONE no tiene que ver con las características del producto en sí, sino que responde a la forma en que familiarmente llamaban al hijo del fundador.

DANONE es una contracción de dos palabras: *Dan*, diminutivo de *Daniel*, y *one* ('uno' en inglés), ya que el pequeño Daniel fue el primogénito, el hijo número uno.

5.2.2. Los consumidores

Para realizar un buen análisis de los consumidores tendremos que hacer un estudio sociodemográfico que tenga en cuenta:

- **Los consumidores potenciales,** su número y distribución geográfica.
- **Las características de estos consumidores potenciales:** necesidades y expectativas, pautas de consumo (frecuencia y lugar de compra, influencia de las marcas, etc.), hábitos de compra, nivel de renta, etc. A veces resulta interesante preguntarnos, al margen del poder adquisitivo de nuestro futuro cliente, cuánto está dispuesto a pagar por nuestro bien o servicio.
- **La capacidad de nuestro producto** para cubrir satisfactoriamente un nicho de mercado o necesidades no cubiertas de nuestros consumidores potenciales.

El mapa de empatía

A la hora de realizar el análisis de los consumidores es importante conocer lo mejor posible a nuestros clientes potenciales para identificar qué les hace decidirse por nuestro producto en lugar de elegir el de la competencia. Para ello, utilizaremos el mapa de empatía.

El **mapa de empatía** es una herramienta que nos ayuda a «ponernos en el lugar de nuestra clientela». El objetivo es ofrecer un producto que se ajuste a las necesidades del cliente y por el que esté dispuesto a pagar un precio.

Utilizaremos una hoja de papel tamaño XXL y la dividiremos en seis partes. En el centro situaremos al cliente que vamos a analizar: le pondremos cara e identificaremos su nombre y sus características (sexo, edad, profesión, datos económicos...). Utilizaremos notas autoadhesivas para incluir en cada apartado las respuestas a las preguntas planteadas.

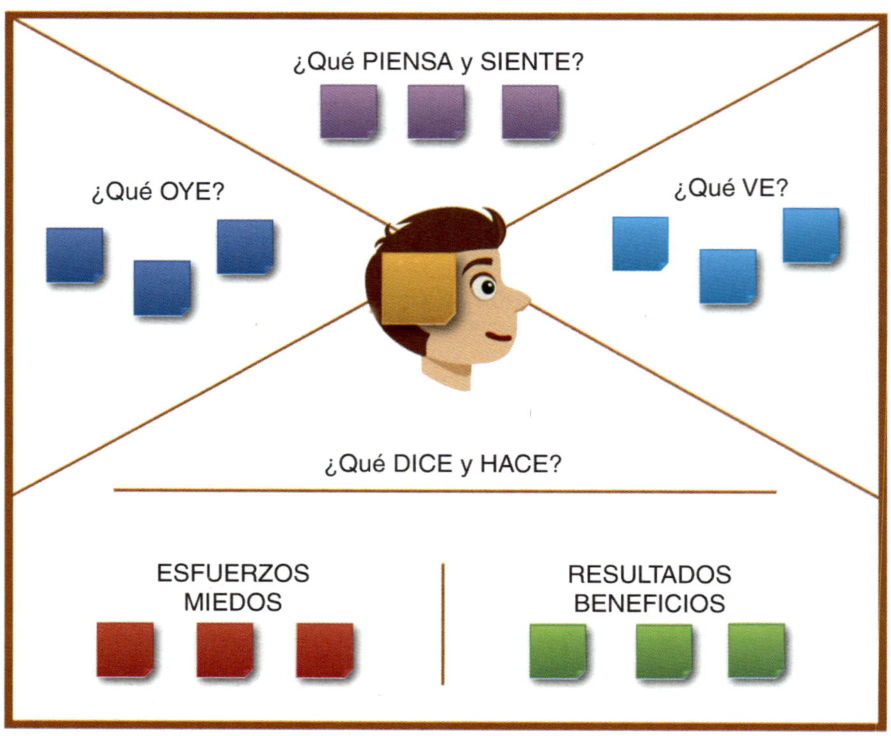

Caso práctico inicial

DON ALGODÓN se dirigía a un público joven, con poder adquisitivo medio o medio-alto, que deseaba identificarse con la «moderna Europa».

En aquella época había un nicho en el mercado de la ropa juvenil.

Recuerda

El mapa de empatía

Se trata de ponernos en el lugar de nuestro cliente para identificar:

- **Qué ve:** cuál y cómo es su entorno, qué amistades posee, qué propuestas le ofrece ya el mercado.
- **Qué dice y hace:** qué aspecto tiene, cómo se comporta.
- **Qué oye:** qué dicen (o le transmiten) sus amistades, su familia, su personal, sus jefes, las personas influyentes de su entorno; a través de qué canales multimedia le llega la información.
- **Qué piensa y siente:** qué es lo que realmente le importa, sus principales preocupaciones, sueños y aspiraciones.

A partir de estas cuatro variables se obtienen otras dos:

- **Qué esfuerzos realiza:** a qué tiene miedo, qué obstáculos encuentra, qué riesgos debe asumir.
- **Qué beneficios espera obtener:** cuáles son sus deseos reales; cómo mide el éxito.

5.2.3. La competencia

Los pasos que debemos dar para analizar las empresas competidoras son:

- **Identificar la competencia.** Aquellas empresas que fabrican o comercializan un mismo producto, parecido o sustitutivo. Al realizar el estudio de mercado, también hay que incluir a los competidores potenciales.
- **Analizar la competencia.** Las características de su producto, su cuota de mercado, política de precios, sistema de producción, promoción, distribución y atención al consumidor, antigüedad en el mercado y un estudio de sus clientes, que incluya las razones por las que compran sus productos. También es útil conocer sus estrategias y objetivos.
- **Realizar un análisis DAFO** (debilidades, amenazas, fortalezas y oportunidades), que nos ayudará a orientar nuestras acciones al compararlas con las de nuestros competidores.

Es interesante conocer la **cuota de mercado** de la competencia y estimar cuál podría ser la propia. Cuanta más información tengamos de los competidores, mejor podremos elegir la estrategia de penetración en el mercado. Una vez que la empresa esté consolidada, la cuota de mercado indicará si ganamos o perdemos terreno frente a la competencia, información que resultará muy útil para adoptar la siguiente estrategia.

5.2.4. Los proveedores

Análisis y valoración de los proveedores, la calidad de sus productos, el servicio al cliente, plazos de entrega, política de precios y formas de pago.

5.2.5. El entorno

Antes de poner en marcha el proyecto de empresa es imprescindible realizar un estudio de su entorno: político, legal, sociocultural, demográfico, económico, tecnológico, de infraestructuras...

Actividades

3. El mercado de las autocaravanas en España presenta las siguientes cifras de venta:

Marca	Número de unidades vendidas al año
Rimor	3 721
Moncayo	4 312
Benimar	6 723
Knauss	2 575

- Calcula la cuota de mercado de cada una de las marcas de autocaravanas.
- ¿Cuál será la empresa líder del mercado? ¿Cuál será la diferencia en cuota de mercado de la empresa líder respecto a la peor posicionada?

Películas como *Easy Rider*, dirigida por Dennis Hopper en 1969, hicieron de las Harley un icono cultural, que atrajo a muchos consumidores.

Ejemplo

El efecto de la competencia y cómo superarlo: el caso Harley-Davidson

¿Te has preguntado alguna vez por qué las motos Harley-Davidson evocan aventuras en la carretera, pandillas de motociclistas amantes de la libertad y con un sentimiento de hermandad?

William Harley y Arthur Davidson fundaron en 1903, con 21 y 20 años, respectivamente, la empresa Harley-Davidson Motor Company, en Milwaukee (EE. UU.).

Con el tiempo, la empresa se convirtió en una de las compañías líderes del mercado de motocicletas, lo que no impidió que notara el impacto de la competencia japonesa. Para hacer frente a esta amenaza cambió el sistema de producción y de marketing: asoció la marca a un estilo de vida y creó el Club Harley-Davidson (con inscripción gratuita por la compra de una moto). Este club organiza giras en moto, encuentros, informa de rutas, productos marca Harley-Davidson, etc. Así consiguió fidelizar a sus clientes.

Utilidad del proyecto de empresa

A partir de esta unidad comenzarás a elaborar tu proyecto de empresa, lo que te permitirá obtener mejores resultados y evitar fracasos, ya que podrás analizar y tomar decisiones de forma objetiva sobre tu negocio. Consulta la unidad 14 para conocer la utilidad del proyecto de empresa y cómo elaborarlo. A partir de ahora sería muy interesante que te dirigieras a esta unidad cada vez que vayas a trabajar en tu proyecto de empresa.

Caso práctico inicial

Para crear el perfume DON ALGODÓN, José Barroso utilizó fuentes de información primarias.

6. El proceso de investigación de mercado

Ya hemos visto que la investigación de mercado consiste en la recopilación y análisis de toda la información posible sobre el mercado en el que va a operar la empresa. Es un proceso organizado, sistemático y objetivo, cuya finalidad principal es favorecer la toma de decisiones, establecer objetivos y diseñar políticas de actuación. Toda investigación de mercado pasa por cuatro fases:

1. Establecer el objeto de la investigación.
2. Diseñar la investigación.
3. Obtener información, teniendo en cuenta que las fuentes de datos han de ser adecuadas por su grado de fiabilidad, su procedencia y actualidad.
4. Tratamiento y análisis de los datos. En esta fase:
   - Se analizan e interpretan los datos.
   - Se elabora el informe definitivo del estudio de mercado.

6.1. Fuentes de la información

Fuentes de información

Primaria: Es la información recopilada por la propia empresa mediante la realización de encuestas, entrevistas o reuniones de grupos de consumidores potenciales o expertos.

Secundaria: Es la información ya recogida en otros estudios e investigaciones por otras entidades. Puede ser útil para la futura empresa porque hay publicaciones sobre el mercado del bien o servicio que ofrece y su posible evolución. A continuación indicamos una serie de publicaciones de contenido fiable:

- Instituto Nacional de Estadística: <www.ine.es>.
- Centro de Investigaciones Sociológicas: <www.cis.es>.
- Eurostat: <http://europa.eu>.
- Agencia Española de Seguridad Alimentaria y Nutrición (AESAN): <www.aecosan.msssi.gob.es>.
- Informes sectoriales ICEX: <www.icex.es>.
- Información de las Cámaras de Comercio: <www.camaras.org>.
- Asociación de Cámaras de Comercio e Industria Europeas: <www.eurochambres.be>.
- Confederación Española de Organizaciones Empresariales: <www.ceoe.es>.
- Confederación Empresarial Española de la Economía Social: <www.cepes.es>.
- Informaciones puntuales de las diferentes comunidades autónomas.
- Anuarios de entidades de crédito.
- Asociaciones profesionales.

El estudio de mercado, cuando alcanza cierta dimensión, tiende a externalizarse, ya que existen empresas especializadas que se encargan de realizarlo ajustándose a las necesidades del cliente.

6.2. Tipos de investigación

6.2.1. La investigación cuantitativa

Persigue recoger información objetiva y medible que permita un tratamiento estadístico. El método de trabajo consiste en seleccionar a un grupo de personas, denominado ***muestra***, que sean representativas de la población que se quiere estudiar. A continuación, se realiza un estudio de la muestra, por ejemplo, a través de encuestas, y los resultados que se obtienen se consideran generalizables y extensibles a toda la población que representan.

La herramienta más común es la **encuesta**: personal, telefónica, en establecimientos, por vía postal o por medios electrónicos; realizada a través de entrevistas, cuestionarios, etc.

La investigación cuantitativa permite averiguar cuántas personas nos van a comprar, cuándo y a qué precio.

6.2.2. La investigación cualitativa

Se basa en la observación y el análisis de las motivaciones y deseos de las personas. Permite que la persona estudiada formule su opinión libremente, sin las limitaciones de un formulario cerrado. Sin embargo, los resultados que se obtienen son subjetivos y, por lo tanto, no son generalizables.

Este tipo de investigación nos interesa cuando queremos saber qué sensaciones despierta nuestro bien o servicio y las motivaciones que impulsan a una persona a aceptar o rechazar nuestra oferta.

Las herramientas más comunes son las siguientes:

- **La observación**: es una técnica de investigación basada en ver y estudiar los hechos y comportamientos de interés. El primer paso es realizar una planificación de cómo va a ser la observación: qué lugares observaremos, a qué horas, en qué nos fijaremos (precios, comportamiento de la clientela, atención al público...) y la forma de contabilizar, medir o recoger la información, para que esta sea comparable o útil para el estudio.
- **La experimentación**: consiste en intervenir en la realidad modificando algunas variables (precio, calidad, sabor...), y estudiar cómo afectan esas modificaciones a otras variables (ventas, grado de satisfacción...). Para ello, se realizan pruebas a pequeña escala sobre un grupo de gente.

  Esta técnica se emplea para testar nuevos productos, nuevos envases, acciones e impulsos de compra. Se utilizan los siguientes experimentos:

  - **Pruebas ciegas**: consisten en dar a probar a los participantes varios productos sin que puedan distinguirlos por la marca; de este modo se conseguirá que los valoren por las propiedades del producto en sí.
  - **Pruebas de envase**: consisten en enseñar a los participantes prototipos de envases para que opinen sobre su estética y su funcionalidad.
  - **Tiendas simuladas**: consiste en representar el escenario de una tienda y modificar ciertos elementos para ver cómo influyen estos cambios en el comportamiento de los consumidores.
- La **pseudocompra o cliente fantasma**: consiste en realizar una compra a la competencia para recoger información sobre el funcionamiento habitual de una empresa similar a la que queremos crear. La persona que investiga actúa como un cliente, en una situación real y sin la presencia condicionante de un investigador.

Ejemplo

Queremos poner un restaurante de comida casera en Madrid.

- Para decidirnos por un barrio concreto utilizaremos la **técnica de observación**, es decir, iremos a las calles que queremos investigar y observaremos cuántas personas salen a comer fuera y el tipo de sitio que escogen. Para ello, haremos una ficha por cada calle que incluya el nombre de la calle, la fecha en que se ha realizado el estudio, el número de personas que entran en cada restaurante y el tipo de restaurante (mexicano, oriental, de comida casera...).
- **Técnica de pseudocompra.** La ventaja competitiva del restaurante es que el sabor de la comida es realmente casero. Para comprobar si la clientela aprecia esta característica realizaremos un test ciego. Para ello se reunirá a un grupo de personas del perfil de la futura clientela y les ofreceremos diferentes platos (incluyendo los nuestros). Los participantes no saben la procedencia de ningún plato; solo deben probarlos y rellenar un cuestionario para evaluar el sabor, el aspecto, si lo asocian con lo casero, si lo consideran sano, etc.

ACTIVIDADES FINALES

1. Es importante que practiques las técnicas y formas de pensar para fomentar la creatividad que se han expuesto a lo largo del tema. Solo así lograrás desarrollar tu pensamiento creativo.

   Después de ver este vídeo (<https://bit.ly/pensamiento_lateral>), que puede resultar inspirador para desarrollar el pensamiento lateral, practica esta forma de pensar, alejada de los parámetros tradicionales, resolviendo los siguientes acertijos:

   - Un día de intensa lluvia un señor salió a la calle sin paraguas ni sombrero. Volvió a casa con la ropa empapada pero, a pesar de llevar la cabeza descubierta, no se mojó ni un pelo. ¿Cómo es posible?
   - Algunos meses tienen 31 días, otros solo 30. ¿Cuántos tienen 28 días?
   - Un malabarista tenía una taza de té llena hasta el borde; manteniendo la taza sobre su cabeza, la dejó caer al suelo, y se rompió en multitud de fragmentos pero sin derramar una simple gota de té. ¿Cómo pudo hacerlo?
   - Si cavas un hoyo de 2 metros de ancho por 3 metros de largo y 4 metros de profundidad, ¿cuánta tierra hay en el hoyo?
   - Un hombre tenía 20 años de edad en 1980 y cumplió 15 años en 1985. ¿Cómo es posible?
   - Una señora entra en una cafetería y pide un café con leche. Justo cuando se lo acerca a los labios descubre un mosquito flotando, pide otro café y, al probar el nuevo, descubre que es el mismo de antes. ¿Cómo es posible?
   - El perro está mirando al oeste. Haz que mire al este cambiando solamente la posición de dos cerillas (el rabo debe permanecer alzado).

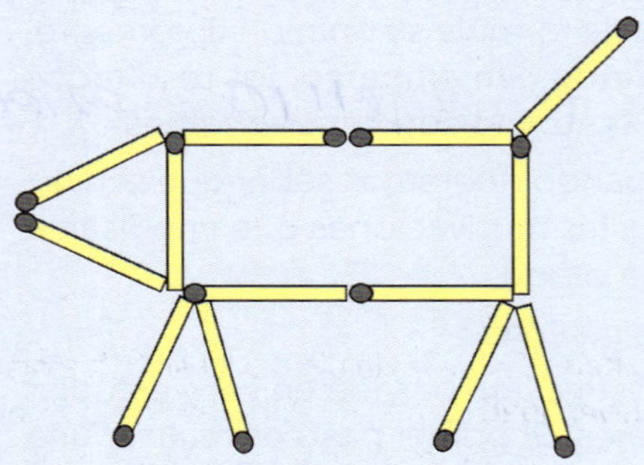

2. Vamos a analizar la idea empresarial de Amancio Ortega, el fundador de ZARA, junto con su ex esposa, Rosalía Mera. La idea innovadora de este empresario español consistió en diseñar, producir y distribuir una colección dos veces por semana, lo que permitía realizar cambios de diseños y colores muchas veces al año. Esta estrategia, combinada con el análisis semanal de los productos más y menos vendidos, permite dar una rápida respuesta al mercado, suministrando más modelos de los que se agotan y parando la producción de los que no se venden.

   ¿Qué elemento innovador introdujo en el mundo de la moda? ¿Cuál es la forma tradicional de diseñar en el mundo textil? ¿Esta forma de trabajo permite cambios rápidos de adaptación al mercado?

3. ¿Qué ideas innovadoras ha habido en tu sector profesional?

4. ¿Qué ha motivado el éxito de las siguientes marcas en el mercado español? VUELING, VITALINEA, WII, IMAGINARIUM y PRONOVIAS.

5. Imagina que un amigo te comenta que quiere crear una empresa con un estilo nuevo. Elige el tipo de iniciativa que más te motive, entre las que te proponemos a continuación, y aconséjale sobre el aspecto innovador que podría introducir en su empresa.

   - Una panadería/pastelería.
   - Una tienda de fotografía.
   - Una empresa dedicada al cuidado de mascotas.

   También puedes realizar esta actividad en equipo. Utiliza un lienzo tamaño XXL, ponlo en la pared para que sea visible a todos los componentes del equipo y podáis trabajar de forma interactiva y dinámica.

   Generad una lluvia de ideas y utilizad rotuladores y pósits de colores para añadir y cambiar cuanto queráis. Recuerda que el espíritu emprendedor se caracteriza por la creatividad y la capacidad para mirar las cosas de otra manera.

6. A continuación te proponemos una serie de negocios con tres niveles de progresión o estrategias de crecimiento:

- El nivel 1 representa los objetivos a corto plazo.
- El nivel 2, los objetivos a medio plazo.
- El nivel 3, los objetivos a largo plazo.

Nivel 1	Nivel 2	Nivel 3
Estampación de camisetas	Tienda de ropa	Fábrica de ropa
Servicio de guías turísticos	Agencia de viajes	Turoperador
Panadería	Pastelería	Cáterin
Cuidado de mascotas	Tienda de mascotas	Residencia de animales

¿Qué idea innovadora introducirías en cada proyecto? ¿Cómo lo diferenciarías del resto de negocios que se dedican a lo mismo? Puedes utilizar la técnica de la «tormenta de ideas».

7. Elige uno de los proyectos del ejercicio anterior y estudia cómo conseguir un producto o servicio de calidad mediante la técnica del «listado de atributos». Puedes emplear una tabla similar a esta (trabaja en tu cuaderno):

Componentes	Atributos	Ideas
....	....	....
....	....	....

8. El logotipo de NIKE, también denominado Swoosh ('la pipa' o 'el ala'), fue diseñado en 1971 por Carolyn Davidson, una estudiante de diseño gráfico de la Universidad Estatal de Portland. Recibió una remuneración total de 35 dólares por su trabajo, aunque en 1983, a modo de bonificación, recibió un anillo de oro y un paquete de acciones de la compañía.

¿Cuál crees que ha sido el secreto del éxito de este logotipo?

9. Los supermercados de una localidad alicantina presentan las siguientes cifras de venta:

Marca	Número de unidades vendidas al año
MERCADONA	350 000
EROSKI	262 500
DÍA	175 000
LIDL	87 500
Mercado total	**875 000**

Calcula la cuota de mercado de cada supermercado e indica cuál será la empresa líder. ¿Cuál es la diferencia en cuota de mercado de la empresa líder con respecto a la peor posicionada?

Entra en internet

10. LA CAIXA ha promovido el portal Emprendedor XXI, <www.emprendedorxxi.es>, que incluye una *Guía para la creación de empresas*.

Lee y anota todas las fuentes de las que surgen las ideas de negocio. Pueden ser muy útiles para tu proyecto de empresa.

Incubando el proyecto de empresa

1. La idea innovadora y cómo presentarla

Teniendo en cuenta las indicaciones propuestas en esta unidad para encontrar una idea novedosa, generad, en grupo, varias ideas emprendedoras mediante el uso de las técnicas estudiadas para fomentar la creatividad (como el *brainstorming*, el pensamiento lateral o el listado de atributos). Seleccionad las dos o tres que os parezcan más brillantes. Finalmente, tras un pequeño proceso de investigación, elegid la que consideréis mejor.

1.1. **Seleccionad la mejor idea** y redactadla por escrito.

Tened en cuenta que se debe responder a las siguientes cuestiones:

- ¿Qué bien o servicio voy a ofrecer al mercado? Describe sus características.
- ¿Qué necesidades satisface?
- ¿Qué valor añadido aporta, es decir, qué novedad incluye? ¿En qué se va a diferenciar de lo que ofrece la competencia?
- ¿A quién se dirige el producto?

1.2. Una vez que hayas seleccionado una idea emprendedora para tu proyecto, elabora un **mapa de empatía.** Te ayudará a conocer a tu futura clientela y saber si el producto que ofreces satisface sus necesidades.

Imprime en un papel grande (A3 o A2) el mapa de empatía y ponlo en la pared. Utiliza papel autoadhesivo y rotuladores de colores para ir cumplimentando cada uno de sus apartados.

Identifica a tu posible futura clientela y agrúpala basándote en aquellos atributos que sean comunes. Elige un cliente tipo, aquel que te parezca más representativo. Puedes incluso ponerle un nombre concreto y hasta una foto en el centro del mapa de empatía, para que te identifiques por completo con él.

Se trata de imaginar y comprender al cliente como persona, en su entorno social, económico y cultural, como alguien que se ve afectado por los que lo rodean y por su contexto en general. Esta tarea te resultará mucho más fácil si te imaginas con todo detalle a un posible cliente, qué aspecto tiene, cómo se comporta, cuáles son sus aspiraciones, preocupaciones, necesidades y frustraciones. Indica también dónde vive, en qué trabaja, etc.

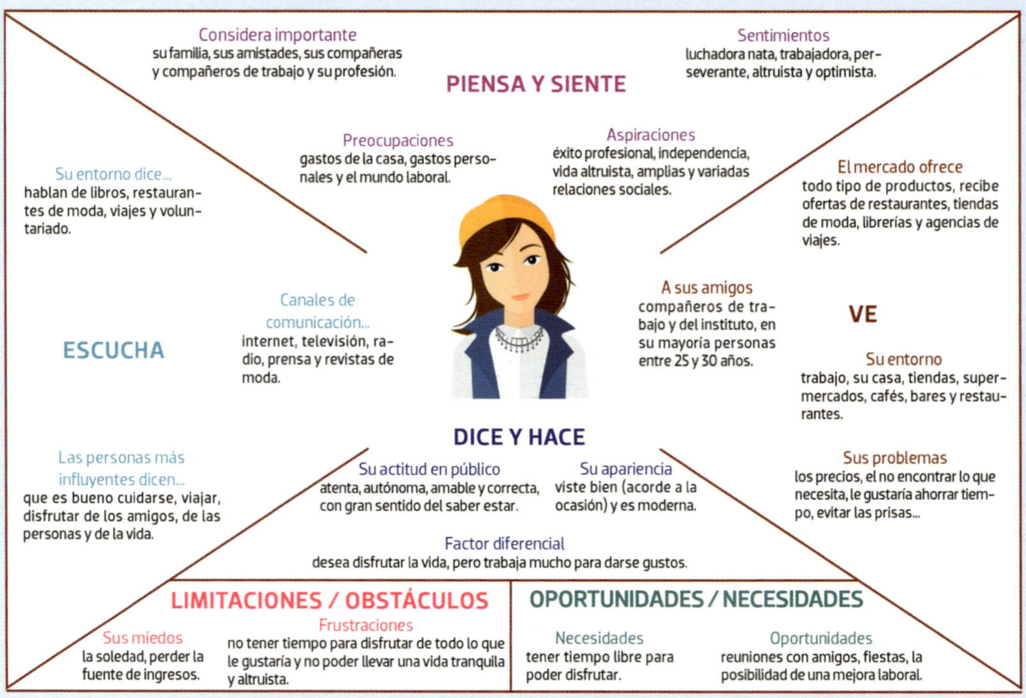

Solo si se conoce al cliente de esta forma se podrá construir una relación duradera y conseguir que sea fiel a tu producto.

Después de haber imaginado con detenimiento al cliente, responde a las preguntas que se plantean en el lienzo. Contesta basándote en el grado de conocimiento que tengas de dicho cliente y formulando hipótesis. Te servirá de punto de partida para trabajar.

Puedes dar un paso más y validar tus hipótesis sobre tu cliente tipo realizando un trabajo de campo: sal a la calle o contacta con las compañeras y compañeros del instituto (si son clientes potenciales) y pregúntales, mediante una encuesta o una entrevista, si todo lo que has anotado en el mapa de empatía concuerda con su realidad. Como verás, se trata de adaptar tu percepción a la realidad que te encuentras.

2. El modelo Canvas y cómo diseñarlo

Para diseñar vuestro primer Canvas seguid los pasos y la plantilla de las páginas 50-51. Recordad que este modelo es muy versátil y no es definitivo. A partir de este lienzo, vais a realizar muchos cambios a medida que avancéis con el proceso de investigación de mercado, de experimentación (Lean Startup) y con vuestro proyecto de empresa. De momento, comenzad respondiendo a los apartados «¿Qué?» y «¿Para qué?».

3. Guía para la investigación de mercado

Para realizar una investigación de mercado de vuestro futuro proyecto de empresa proponemos una serie de preguntas-guía. Recordad que podéis utilizar fuentes primarias, secundarias o ambas:

- Las fuentes secundarias deben ser fiables y estar actualizadas (podéis consultar las publicaciones propuestas en el punto 6.1. de esta unidad).
- Si vais a utilizar fuentes primarias, recurrid a las técnicas de investigación cuantitativa o cualitativa. Por ejemplo, podéis:
  - Realizar encuestas a vuestros compañeros de clase si creéis que pueden ser clientes potenciales y averiguar sus expectativas como consumidores y el precio que estarían dispuestos a pagar.
  - Utilizar la observación o la pseudocompra: acudid a una tienda de la competencia para observar sus características, el local, quiénes son los clientes, el trato que reciben, su política de precios, etc.

Nota: las siguientes preguntas tan solo pretenden ser una guía para que reflexionéis sobre cada uno de los elementos propuestos (consumidores, producto, etc.). No tenéis por qué responder a todas las cuestiones. Simplemente os ayudarán a profundizar y describir mejor vuestro proyecto de empresa.

1. Consumidores potenciales

- ¿Quiénes consumen bienes o servicios como el vuestro? ¿Se puede agrupar a vuestra clientela por segmentos? Describid cada grupo o segmento e indicad por qué y para qué compra cada grupo el bien o servicio. Valorad si atenderéis a todos los grupos o solo a algunos (¿quién será el público objetivo?). Pueden serviros de guía algunas de las variables de segmentación mencionadas en el punto 5.1. de esta unidad.
- ¿Qué necesidades y expectativas tiene el cliente?
- ¿Quién decide la compra? (Tened en cuenta que podría darse el caso de que el producto fuera consumido por menores de edad pero lo compraran los padres).
- ¿Con qué frecuencia se compra?
- ¿Cuánto está dispuesto a pagar el cliente por el producto?
- ¿Qué valoran los clientes respecto al lugar de compra?
- ¿Influyen las marcas a la hora de comprar este producto?
- Evolución y tendencia del mercado: ¿cuál será la evolución del consumo de vuestro bien o servicio?, ¿crecerá o disminuirá?, ¿se consume igual todo el año o es estacional?

PROYECTO DE EMPRESA continuación

2. Producto

- ¿Cuáles son los atributos esenciales de vuestro producto? Si hay productos complementarios al vuestro, ¿cuáles son sus características?
- ¿Hay productos sustitutivos o complementarios al vuestro?, ¿pueden influir sobre vuestro producto?, ¿cómo?

3. Competencia

- ¿Quiénes son vuestros principales competidores?, ¿son grandes o pequeñas empresas?, ¿cuál es su cuota de mercado?, ¿cuánto tiempo llevan en el mercado?
- ¿Qué características particulares destacan en los productos de la competencia: su calidad, su utilidad, su elegancia, su imagen de marca...?, ¿qué aportan a sus clientes?
- ¿Quiénes son sus principales consumidores? ¿Cuáles son las principales razones que inducen a los clientes a comprar los productos de la competencia?
- ¿Qué políticas de precios sigue la competencia? ¿Qué condiciones conceden: rebajas, descuentos «2x1», bonificaciones, promociones, garantías...?
- ¿Utilizan algún sistema de producción diferente, innovador o con patente propia?
- ¿Qué almacenes, oficinas de venta o puntos de asistencia al cliente tiene la competencia?
- ¿Qué puntos débiles muestra la competencia en relación con la calidad de los productos, plazos de entrega, asistencia, etc.?
- ¿Tienen un área de influencia determinada? ¿Se centran en una zona o grupo de clientes concreto?
- Podéis elaborar una matriz DAFO (repasad la unidad 2) de vuestra empresa utilizando los datos de este apartado.

4. Proveedores

- ¿Quiénes pueden ser vuestros proveedores? Buscad en internet empresas que vendan los productos que necesita vuestra empresa para funcionar. ¿Venden también a vuestros competidores?
- ¿Qué condiciones de pago ofrecen?

4. El entorno

Realizad un análisis de los elementos del entorno que podrían afectar a vuestra empresa: legal, económico, tecnológico, de infraestructuras, social, ideológico, etc.

5. Explicad y atraed con vuestra idea emprendedora

Como emprendedores, tendréis que explicar a diversos grupos de personas en qué consiste vuestro proyecto (bancos, posibles inversores, avalistas, clientes, proveedores, familia, etc.). No siempre es fácil, hay que convertir el modelo de negocio en una historia interesante y atractiva, adaptándola al público y al momento de desarrollo de vuestro proyecto.

Ha llegado el momento de que presentéis vuestra idea emprendedora a vuestros compañeros de clase. Tenéis que convencerlos de su éxito. ¡Utilizad la imaginación y entusiasmad a vuestro auditorio!

Os proponemos algunas ideas para narrar vuestra historia:

- Contad cómo surgió la idea emprendedora, por ejemplo, cómo descubristeis que no existía esa oferta en el mercado y cómo os decidisteis a ofrecerla. Cread una historia que explique de forma atractiva cómo modelasteis vuestra idea.
- ¿Qué os inspira? Tratad de comunicar la razón de ser de lo que hacéis y por qué lo hacéis; transmitid qué os mueve todos los días para ir a trabajar a vuestra empresa.
- Imaginad una historia en la que una persona tiene un problema y lo resuelve con éxito gracias a la compra de ese bien o servicio.

- El protagonista de la historia es un trabajador de la empresa que muestra la solución a un problema al utilizar el producto.

En la unidad hemos hablado del *storytelling* y la historia del cuento de *Las mil y una noches*. ¡Pueden servirte de inspiración!

Por otra parte, es muy probable que tengas que utilizar el *elevator pitch* en congresos, ferias o certámenes que organizan rondas de estos microdiscursos para poner en contacto potenciales inversores con emprendedores. Imagina que te vas a presentar a un congreso de este tipo para tratar de conseguir inversión. ¡Prepara un discurso que dure entre 2 y 4 minutos!

Cómo preparar un *elevator pitch:*

1. Ten en cuenta que el **objetivo final** es conseguir que el inversor o la inversora te vuelva a llamar para hablar con más detenimiento de tu proyecto y, así, decidir si invertirá en él.
2. Prepara tu discurso respondiendo a una serie de **preguntas** que te ayudarán a concretar lo que tienes que decir:

- ¿Quién eres?; ¿a qué te dedicas?
- ¿Cuál es tu modelo de negocio?; ¿qué producto (bien o servicio) ofreces?; ¿qué necesidades cubre?; ¿a quién se dirige?; ¿qué te diferencia del resto?
- ¿Quién es tu competencia?; ¿qué ventaja tienes sobre ella?
- ¿Por qué deberían apostar por ti?

3. Cómo estructurar un *elevator pitch:*
   - Comienza con una breve presentación.
   - Expón de qué trata el proyecto. Transmite la esencia y responde a todas estas preguntas de forma clara, ordenada y concisa.
   - Si puedes aportar cifras, mejor. Quien vaya a invertir se moverá por datos financieros.
   - Termina con una frase ingeniosa, que llame la atención y ayude a recordar tu proyecto. También puedes mencionar los éxitos ya logrados.
4. **Ensaya y repasa** el discurso una y otra vez, cronométralo y practica; pero ten en cuenta que no puede sonar a un discurso muy preparado, sino que debes exponerlo con naturalidad y soltura.

   Tu *elevator pitch* debe ser capaz de definir tu proyecto, diferenciarse del resto y despertar interés. Por eso es fundamental que consigas atrapar y retener la atención de quien te escuche. Se trata de una tarjeta de presentación exprés que debe transmitir la mejor imagen posible de tu negocio.

Ten en cuenta que el *elevator pitch* debe adaptarse a la persona a la que vaya dirigido, y por eso es necesario realizar diferentes versiones y destacar en cada caso lo que interese a nuestro interlocutor o interlocutora (inversores, socios, clientela, personas dentro de un jurado, etc.).

Debes condensar en escasos minutos los puntos clave de tu negocio: qué problema quieres solucionar, cuál es la propuesta y cómo la vas a llevar a cabo.

Ejemplos de *elevator pitch*

- EduCaixa: <https://bit.ly/elevatorpitch-EduCaixa>.
- Cómo hacer un *elevator pitch* para un inversor: <https://bit.ly/elevatorpitch-inversores>.

ACTUALIDAD EMPRESARIAL

Yo te bautizo... Consejos de experto

No todo el mundo tiene –ni tiene por qué tenerlas– capacidades creativas. Y, sin embargo, a la hora de montar una empresa no tienes más remedio que ponerle nombre. Hemos hablado con expertos en *naming* para tratar de darte algunos consejos. Para empezar, los creativos recomiendan coger lápiz y papel y seguir, uno a uno, los siguientes puntos:

¿A qué se dedica tu empresa? Comienza decidiendo qué es lo que quieres comunicar de tu empresa. En principio, se recomienda que el nombre de tu negocio refuerce todos o alguno de los elementos clave de tu empresa (rapidez, atención, respeto al medioambiente, etc.).

Define las cualidades que quieres que se identifiquen con tu negocio o producto. HIPOTECAFÁCIL.COM o CREDITSERVICES querían dejar claro, por ejemplo, a lo que se dedicaban, y qué mejor manera que empezar por su nombre.

Selecciona tu público. PRICEWATERHOUSECOOPERS puede funcionar para el mundo financiero, pero difícilmente para una panadería de barrio.

A la hora de poner el nombre, no puedes dejar de lado a tus clientes. Por ejemplo, no todos los consumidores necesitan que el nombre de un servicio sea descriptivo; determinados sectores valoran que sea corto y fácil de pronunciar; otros, que sea creativo, incluso divertido. PABLOSKY, por ejemplo, es el nombre de la cadena de calzado infantil de la empresa CALZADOS PABLO. Es un nombre gracioso pensado para niños, fácil de pronunciar.

Esas cosas que te hacen diferente. Aunque resulte obvio, una de las principales funciones de los nombres es diferenciarte de otros. Puede ayudarte analizar los nombres de la competencia y la percepción que tienen los clientes de estos nombres. Así te será más fácil diferenciarte a ti mismo.

Los restaurantes FAST GOOD son un buen ejemplo de diferenciación dentro del mercado de la comida rápida. Con un sencillo juego de palabras consiguen diferenciarse del resto de la oferta. Cambiar una «f» (*food* = comida) por una «g» (*good* = bueno) es toda una declaración de intenciones. [...]

Si no se te ocurre nada ante el papel «en blanco» prueba con estos trucos de profesional:

1. Dado que la mayoría de las lenguas occidentales provienen de una única fuente (indoeuropea), es posible construir nombres que tengan significados parecidos en varios países occidentales utilizando lenguas en desuso, como es el caso de LEGALITAS, en latín.
2. Si lo tuyo no es la imaginación, a veces basta con buscar nuevas formas de deletrear o escribir las palabras. Cambiar, por ejemplo, en *Comunica* una «i» por una «y» (*Comunyca*) puede darle un aire muy actual y original.
3. Para evitar asociaciones culturales indeseadas, las palabras inventadas y sin significado suelen ser una buena solución (SONY, KODAK). Además, los neologismos son más fáciles de registrar.
4. Si tienes un presupuesto reducido de publicidad y tienes que lanzarte a técnicas de «guerrilla», puedes probar con nombres que empiecen por A... Así saldrás antes en las guías telefónicas y en la mayoría de los directorios.
5. Elimina sonidos y símbolos que no sean comunes entre tus consumidores, es más fácil que superes las barreras lingüísticas. Busca palabras que suenen igual en distintos idiomas, como, por ejemplo, *Television*.
6. Puedes parecerte a un nombre sin usurparlo. Si tu empresa tiene que ver con la naturaleza, si introduces una «z» de más entremedias (*Naturalezza*) deja de ser una palabra para convertirse en una marca.
7. ¿Tiene alguien ya tu nombre registrado? Haz búsquedas en internet. Consulta con el registro de marcas y patentes.
8. Muchos productos y servicios se pueden nombrar conforme a jergas de la calle o profesionales. No está de más que hagas acopio de ellos. Por ejemplo, si tu negocio es la venta de coches a través de internet, puedes llamarlo *Buga.com*.

Fuente: Revista *Emprendedores*

Trabajo a realizar

1. Después de leer este artículo, cada grupo elegirá el nombre comercial, la marca y el logotipo para su empresa. Es importante que la decisión se tome por unanimidad para que todos los componentes se sientan identificados e implicados en el proyecto que van a comenzar y a realizar durante todo el curso.

EN RESUMEN

Evalúa tus conocimientos

RESUELVE EN TU CUADERNO O BLOC DE NOTAS

1. **Señala la respuesta correcta:**
   a) El pensamiento creativo busca soluciones con un enfoque lógico y basándose en la formulación de hipótesis y deducciones.
   b) El pensamiento vertical es intuitivo.
   c) El pensamiento lateral rompe nuestra tradicional forma de pensar, proponiendo soluciones diferentes y creativas.
   d) Todas las respuestas anteriores son correctas.
2. **Señala la respuesta correcta:**
   a) La tormenta de ideas funciona gracias a la asociación de ideas en torno a una palabra «fuera de contexto».
   b) El listado de atributos permite examinar el producto o servicio que se quiere ofrecer al mercado, negando o cancelando una característica del mismo.
   c) En la técnica Delphi toda crítica está prohibida y toda idea es bienvenida, por descabellada que parezca.
   d) Ninguna de las respuestas anteriores es correcta.
3. **Respecto a las etapas del pensamiento creativo:**
   a) En primer lugar, hay que recopilar toda la información que sea posible sobre nuestra idea o proyecto.
   b) Inmediatamente después de la recogida de información se llega a la fase de iluminación.
   c) Después de la fase de iluminación sigue un «proceso de incubación» en el que nuestra mente trabaja, de forma inconsciente, buscando una solución.
   d) En la fase de incubación surge la idea genial.
4. **Señala la respuesta correcta:**
   a) En la tormenta de ideas se recomienda construir sobre las ideas de los demás.
   b) Podemos encontrar una necesidad no cubierta por el mercado analizando los cambios ocurridos en nuestra sociedad en los últimos años.
   c) La segmentación de mercado consiste en dividir el mercado en grupos de compradores con características similares.
   d) Todas las respuestas anteriores son correctas.
5. **La investigación de mercado:**
   a) De tipo cuantitativo, persigue recoger información objetiva y medible, que permita un tratamiento estadístico.
   b) La investigación cualitativa se basa en la observación y el análisis de las motivaciones y deseos de las personas.
   c) Las fuentes de información pueden ser primarias y secundarias.
   d) Todas las respuestas anteriores son correctas.

4 Lean Startup y plan de marketing

Vamos a conocer...

1. El mercado
2. El método Lean Startup
3. Lean Canvas
4. El plan de marketing

PROYECTO DE EMPRESA

El plan de empresa

Y al finalizar esta unidad...

- Sabrás distinguir las principales variables que intervienen en un mercado.
- Distinguirás las diferentes herramientas que componen las 4 «P» del *marketing mix*.
- Conocerás las posibles estrategias que debes utilizar en el plan de marketing.
- Aprenderás a realizar un correcto diseño del plan de marketing para tu proyecto empresarial.

Práctica profesional inicial

Situación de partida

Probablemente el nombre de Xavier Gabriel te resulta desconocido. Sin embargo, es protagonista frecuente de reportajes y entrevistas en diferentes medios de comunicación. El lotero de Sort y dueño de LA BRUIXA D'OR (La Bruja de Oro) ha demostrado ser un auténtico genio del marketing y de la comunicación.

LA BRUIXA D'OR vendió en el año 2005 un total de 3 000 000 de décimos de lotería nacional, lo que supuso un total del 8 % de las ventas totales en toda España, con una cifra de facturación de 78 000 000 de euros.

En 1995 se constituyó como la primera administración de lotería en España que vendía décimos a través de internet. Actualmente su página web, <www.labruixador.es>, recibe más de 4 000 conexiones diarias y representa el 89 % de sus ventas.

La empresa de Xavier Gabriel ofrece también el primer servicio de venta de lotería a través de centralita telefónica, con 12 líneas que atienden más de 500 pedidos diarios.

Pero la administración de lotería del municipio leridano de Sort no solo reparte suerte, sino que parte de sus beneficios están destinados a la FUNDACIÓN LA BRUIXA D'OR, institución privada dirigida a personas menores de 21 años con síndrome de Down o con alguna enfermedad inusual de baja prevalencia (entendida como aquella patología que afecta a menos del 0,65-1‰ de habitantes y que haya ocasionado una discapacidad grave).

Su principal cometido es potenciar el desarrollo personal, las competencias sociales, las relaciones interpersonales y la autonomía personal de los niños y adolescentes de este colectivo, aportarles ilusión y ayudarlos a normalizar y mejorar su calidad de vida.

El logo de la empresa, la brujita dorada de la suerte, ayuda a reforzar el mensaje del nombre comercial: suerte, magia, oro.

Estudio del caso

Antes de empezar a leer esta unidad de trabajo, puedes contestar las dos primeras preguntas. Después, analiza cada punto del tema, con el objetivo de contestar al resto de las cuestiones de este caso práctico.

1. ¿Crees que el nombre elegido por Xavier Gabriel para su administración de lotería ha sido acertado?
2. ¿Aporta el nombre LA BRUIXA D'OR alguna información positiva sobre el producto que se comercializa?
3. Usando la matriz de la consultora THE BOSTON CONSULTING GROUP, determina qué tipo de producto son los décimos de lotería nacional.
4. ¿Es la distribución un factor determinante dentro del *marketing mix* desarrollado por LA BRUIXA D'OR?
5. ¿Qué tipo de acción de marketing se utiliza a través de la FUNDACIÓN LA BRUIXA D'OR? ¿Es una acción positiva para la imagen de la empresa?
6. ¿Cuál crees que ha sido la clave del éxito de esta aventura empresarial?

La página web: la mejor tarjeta de presentación

Visita la página web de LA BRUIXA D'OR (<www.labruixador.es>) y comprueba cómo esta no es únicamente la mejor tarjeta de presentación de la empresa, sino además uno de sus principales canales de distribución. Además, la empresa se adapta a los nuevos tiempos buscando canales de publicidad en redes sociales como Facebook.

1. El mercado

Saber más

La «mano invisible» de Adam Smith

El economista y filósofo escocés Adam Smith introduce en su libro *La riqueza de las naciones* (1776) el concepto de «mano invisible», como aquella fuerza natural que regula la interacción entre oferentes y demandantes en un mercado de competencia perfecta.

Un objetivo clave de nuestro proyecto es alcanzar la mayor rentabilidad posible. Para lograrlo, una de las estrategias consiste en maximizar las ventas estimulando la demanda por medio de varias técnicas que se agrupan bajo el nombre de **marketing** o **mercadotecnia**.

El término *mercado* se refiere a cualquier lugar o medio a través del cual se realiza un intercambio económico, es decir, en el que se interrelacionan un comprador y un vendedor.

1.1. Tipos de mercado

La competencia determina la forma de organización de los distintos mercados y afecta de manera decisiva a la determinación de los precios y las cantidades de equilibrio.

Estructuras de mercados según el número de participantes

Oferta \ Demanda	Muchos compradores	Pocos compradores	Un comprador
Muchos vendedores	Competencia perfecta o competencia monopolística*	Oligopolio de demanda	Monopsonio o monopolio de demanda (ej.: un concurso público)
Pocos vendedores	Oligopolio de oferta	Oligopolio bilateral	Monopolio limitado de demanda
Un vendedor	Monopolio de oferta	Monopolio limitado de oferta	Monopolio bilateral

* Competencia perfecta: producto homogéneo. Competencia monopolística: producto diferenciado.

1.2. La estrategia del océano azul

W. Chan Kim y Renée Mauborgne enunciaron en 2005 la **estrategia del océano azul**, en la que defienden la necesidad de que las empresas dejen de competir entre sí y, en su lugar, creen nuevos mercados por medio de la **innovación**.

Hasta ahora, todas las decisiones estratégicas se han centrado en la competencia destructiva entre las empresas, de la que dependía el éxito de las compañías. Sin embargo, existe una nueva estrategia que genera mejores resultados. Por eso, diferencian dos tipos de mercado o de «océanos»:

- Océano rojo: es un mercado de alta competencia. La única forma de conseguir espacio en él es compitiendo con los demás en precio o en calidad.
- Océano azul: se define como un nuevo mercado aún sin explorar, un espacio sin competencia, en el que se puede crear una nueva demanda mediante un modelo de negocio innovador que haga que la competencia sea irrelevante.

Estrategia del océano rojo

- Competir en el espacio de mercado existente
- Derrotar a la competencia
- Explotar la demanda existente
- Escoger entre valor y coste
- Alinear todo el sistema de la empresa con la elección estratégica entre la diferenciación o el bajo coste

Estrategia del océano azul

- Crear un espacio no explorado (sin competencia) en el mercado
- Conseguir que la competencia sea irrelevante
- Crear y captar nueva demanda
- Romper el dilema valor y coste
- Alinear todo el sistema de la empresa en la búsqueda de la diferenciación y el bajo coste

Caso práctico inicial

Xavier Gabriel, fundador de La Bruixa d'Or, detectó su propio océano azul mediante la venta *on-line* de sus décimos de lotería, por lo que alcanzó una demanda mucho más amplia de la que tenía en su pequeño pueblo de Sort y se convirtió en uno de los innovadores en la utilización de internet para la venta de su producto.

2. El método Lean Startup

En la unidad 3 creamos la idea emprendedora, investigamos el mercado y construimos un modelo de negocio a través de los nueve módulos del modelo Canvas. Pero si nos paramos a pensar, en este lienzo hemos escrito y dado por ciertas una serie de **hipótesis que no están probadas y que es prioritario validar en la realidad,** antes de invertir dinero, tiempo y talento en la puesta en marcha del proyecto.

Recuerda

No podemos elaborar y poner en marcha un plan de empresa basado en suposiciones o creencias no probadas de las cuales depende la supervivencia de la empresa.

Eric Ries y **Steve Blank,** basándose en su propia experiencia como emprendedores y en la de otras personas, proponen un método científico llamado *Lean Startup* para cambiar la forma en la que se construyen las empresas o se sacan nuevos productos al mercado.

El método está basado en la **experimentación** y el **aprendizaje validado,** y nos permite salir al exterior y probar cada una de las hipótesis de nuestro modelo de negocio. Una vez superado ese proceso, podremos elaborar e implementar con mayor posibilidad de éxito nuestro plan de empresa.

Consta de seis fases:

1. **Identificar las hipótesis** del modelo de negocio que hay que validar.
2. Diseñar el **experimento.**
3. Crear el **producto mínimo viable (PMV).**
4. Establecer **qué parámetros vamos a medir** y cómo.
5. **Analizar los datos** o resultados.
6. **Aprendizaje validado: pivotar o perseverar.**

Saber más

¿Cuándo podemos decir que hemos validado la hipótesis de nuestro modelo de negocio?

Cuando encontramos a clientes reales dispuestos a pagar por la propuesta de valor que hemos creado.

Saber más

El método Lean Startup

Este método se basa en el sistema de producción ágil (*lean*) y ajustada, desarrollada en los años ochenta por los fabricantes de coches japoneses aplicada a las *start-up*.

El método se dirige a proyectos que se encuentran en una fase inicial con incertidumbre o riesgo cliente/mercado. Pueden ser:

- Pequeños negocios.
- *Start-up* con posibilidades de crecer.
- Emprendedores sociales.
- Departamentos de innovación en empresas o en las Administraciones públicas.

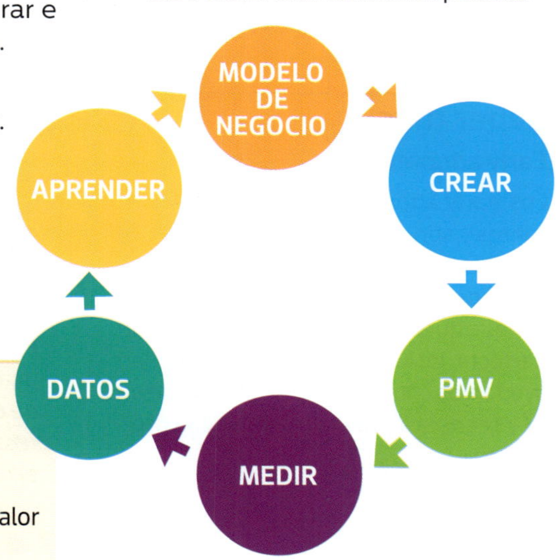

2.1. Identificación de las hipótesis del modelo de negocio y diseño del experimento

Se trata de diseñar un experimento que nos permita comprobar y validar en la realidad cada una de las hipótesis en que hemos basado nuestro modelo de negocio.

- El **primer paso** es **identificar las hipótesis**. Para ello, iremos a nuestro Canvas y haremos una lista, por orden de importancia, con todos los supuestos.
- El **segundo paso** consiste en diseñar el experimento que llevaremos a cabo donde se puedan poner a prueba todas las hipótesis y medir los resultados.

La primera hipótesis que debemos validar es que efectivamente **existe esa necesidad** o ese problema que las personas quieren solucionar. La segunda hipótesis será si nuestra **propuesta de valor** satisface esas necesidades. Y así vamos identificando y haciendo la relación de todos los supuestos recogidos en el Canvas.

Vocabulario

Start-up

Es una organización provisional creada para buscar un nuevo producto o servicio, es decir, tiene un componente innovador y, por tanto, se desarrolla en un contexto de incertidumbre o riesgo sobre su mercado.

2.2. Creación del producto mínimo viable (PMV)

Para realizar este experimento, es necesario crear un **producto mínimo viable (PMV),** es decir, aquella versión del producto que permite crear-medir-aprender con un coste mínimo de trabajo, tiempo y dinero.

Por ejemplo, una «página de aterrizaje» *(landing page)* en la que explicamos el problema detectado y anunciamos el desarrollo de una solución para él, aunque existen otros experimentos más originales, como el siguiente.

Ejemplo

La idea del fundador de ZAPPOS, Nick Swinmurn, era simple: vender zapatos *on-line*. Pero, antes de invertir mucho dinero en una tienda virtual y un almacén con stock suficiente, decidió experimentar y validar, sin apenas inversión, su hipótesis inicial: «Hay suficiente número de personas que quieren comprar zapatos *on-line*». Para ello habló con el dueño de una zapatería cercana, fotografió unos zapatos y los subió a su web. Cuando le llegaba un pedido, Nick iba a la zapatería, compraba los zapatos, los empaquetaba y los enviaba al cliente. A través de la información de los clientes y las mediciones que realizó, pudo modificar aspectos claves de su primitivo modelo de negocio, lo que le evitó fracasar y le condujo al éxito. ZAPPOS fue comprada por AMAZON en 2009 por 1,2 billones de dólares.

2.3. Qué parámetros debemos medir

El PMV se lanzará al mercado real de manera que obtengamos **información significativa** de nuestros primeros clientes o *early adopters*.

Para ello debemos confeccionar una lista con los **indicadores** que vamos a medir y decidir qué método vamos a utilizar para realizar esa medición, de manera que nos permita accionar y modificar el modelo de negocio.

Saber más

Early adopters

Los *early adopters*, o 'primeros adoptantes', son aquellos consumidores a quienes nuestra propuesta como marca les aporta una solución a un problema, aunque nuestra solución no sea del todo perfecta. Incluso es posible que puedan ayudarnos con un aporte de conocimiento y *feedback* para la mejora de la propuesta.

Ejemplo

Para verificar el éxito de nuestra propuesta de valor podemos comenzar invirtiendo una pequeña cantidad de dinero en una campaña en Google AdWords (con el objetivo de darnos a conocer) y un formulario en nuestra página de aterrizaje, donde los interesados puedan recibir información sobre el producto y, al mismo tiempo, expresar el grado de satisfacción o los cambios y mejoras que proponen introducir.

2.4. Aprendizaje validado: pivotar o perseverar

Interactuar con clientes reales, descubrir quiénes son y qué propuesta de valor necesitan, comprobar cómo reaccionan ante nuestro producto, si están dispuestos a pagar por él y qué precio, cómo llegar a ellos de forma efectiva..., son aspectos fundamentales que no pueden aprenderse a través de una investigación de mercado, sino a través del método **ensayo-error,** ciclos cortos reiterativos que nos llevarán bien a **perseverar** y seguir desarrollando lo que funciona de nuestro modelo de negocio; o bien a **pivotar,** es decir, abandonar los supuestos que no son válidos.

Saber más

Google AdWords

Google AdWords es el programa que utiliza GOOGLE para ofrecer publicidad. Se trata de su principal fuente de ingresos. Los anunciantes pagan solo por aquellos anuncios en los que se ha hecho clic. Los propietarios de las páginas web cobran en función del número de clics que los anuncios de su página hayan generado.

Ejemplo

GROUPON nació como una plataforma para organizar manifestaciones sociales, pero sus fundadores no conseguían obtener beneficio con este modelo de negocio. Un día, viendo un anuncio de pizza de 2 × 1 en la pizzería situada debajo de su oficina, decidieron hablar con los dueños y enviar la oferta a su base de datos, lo que generó un gran número de ventas. Todo este proceso de cambio de estrategia dio lugar a la plataforma de cupones y descuentos que es hoy en día.

3. Lean Canvas

El **Lean Canvas** es un método híbrido, creado por Ash Maurya, que combina el método Lean Startup con el modelo de negocio Canvas, para que las *start-up* puedan diseñar modelos de negocio.

En el modelo de negocio basado en la metodología Lean Startup se utilizan el Lean Canvas en vez del Business Model Canvas, porque este último va más dirigido a los modelos de negocio consolidados.

En el Lean Canvas el cambio más importante y principal es el enfoque.

En el lado derecho se representa el **mercado,** mientras que en el lado izquierdo aparecen los bloques de **producto,** lo cual resulta más real para una *start-up*. También cambia algún concepto y el orden que se debe seguir para realizarlo.

LIENZO LEAN CANVAS

PRODUCTO | **MERCADO**

Problema/s

2

Averiguar cuáles son los tres principales problemas de los clientes.

Solución/es

4

Definir tres características importantes del producto o servicio que ayudan a resolver los problemas.

Métricas clave

8

Definir tres o cuatro indicadores que medirán el modelo de negocio, qué actividades medir y cómo.

Proposición de valor única

3

Indicar de forma clara, simple, sencilla y en una sola frase (un *mini pitch*) qué te hace especial y cómo vas a ayudar a tus clientes a resolver su problema.

Ventaja especial

9

Recoger lo que nos hace especiales y diferentes, lo que favorece que los clientes sigan viniendo a por más.

Canales

5

Indicar cómo se va a hacer llegar la solución a los segmentos de clientes.

Segmentos de cliente

1

Identificar y conocer los segmentos de clientes sobre los que trabajar y, sobre todo, esforzarse en averiguar quiénes podrían ser los ***early adopters*** o usuarios visionarios con los que comenzar a trabajar.

Estructura de costes

7

Detallar todos aquellos elementos que cuestan dinero a la empresa, y que en la práctica indican el gasto aproximado que se tendrá mensualmente; al principio este gasto será el mínimo posible.

Flujos de ingresos

6

Reflexionar sobre las estrategias para obtener ingresos en la *start-up*, los márgenes, el valor del cliente, modelo de recurrencia, etc.

4. El plan de marketing

A partir de los datos del estudio de mercado y la retroalimentación obtenida del producto mínimo viable, la empresa ha de emprender una serie de acciones que agrupamos bajo la denominación de **marketing**.

Podemos definir el **marketing** como una estrategia de desarrollo de la empresa centrada en satisfacer las necesidades y los deseos del consumidor y proporcionar un beneficio a la empresa.

El *marketing mix* es el conjunto de herramientas que se interrelacionan entre sí para conseguir los objetivos especificados en el plan de marketing. Estas **herramientas** se agrupan habitualmente en las llamadas *4P del marketing*, por su denominación original en inglés:

- *Product* (producto).
- *Price* (precio).
- *Promotion* (promoción).
- *Place* (distribución).

El conjunto de decisiones adoptadas según las cuatro variables (producto, precio, promoción y distribución) se conoce como *marketing mix*.

En los últimos años se ha configurado una quinta «P», las **personas** *(people)*, aunque los autores aún no están de acuerdo en su denominación. Unos hablan de **socios** *(partners)*, lo que incluye a los clientes y a los colaboradores, y otros hablan de **servicio posventa** o atención al cliente *(post-sales service)*. En general, todos coinciden en la importancia de mantener la relación con los clientes y realizar un seguimiento para hacer que el cliente sienta un trato individualizado y que, a pesar de formar parte de la clientela, perciba que es importante por sí mismo.

Internet y las redes sociales han cambiado la filosofía de los negocios. Los consumidores no solo escogen los productos y servicios específicos que buscan, sino que también pueden personalizar y moldear estos productos. A través de internet y las redes sociales los clientes interactúan con las empresas. Por ejemplo, Coca-Cola tiene varias cuentas de Facebook y Twitter, y McDonald's, además, cuenta con un blog en el que se comunica interactivamente con sus clientes.

A continuación, vamos a desarrollar cada una de las cuatro herramientas del marketing.

4.1. El producto

Podemos definir el **producto** como cualquier bien o servicio (o la combinación de ambos) que se ofrece con la finalidad de satisfacer los deseos del consumidor.

En el momento de determinar las actividades ligadas al producto es conveniente definir claramente cuáles son sus atributos, las cualidades que lo caracterizan y que permiten que el consumidor pueda identificarlo; por ejemplo: diseño, envase, embalaje, marca...

Uno de los primeros pasos para realizar un correcto análisis de nuestro producto es establecer en qué fase de su **ciclo de vida** se encuentra.

Todos los productos tienen un ciclo de vida: aparecen en el mercado, se desarrollan de diversas formas hasta llegar a un punto de saturación y terminan desapareciendo, bien por cambios en los gustos del consumidor, bien por aparición de nuevos productos que satisfagan mejor las necesidades de los consumidores.

Saber más

Marketing social

El marketing social es un instrumento para lograr un cambio de conducta favorable en las personas que integran las sociedades.

Por ejemplo: una campaña de higiene bucal para niños realizada por una empresa que fabrica y comercializa pasta dentífrica.

Anécdotas empresariales

Consigue una Coca-Cola personalizada

A finales de 2013 Coca-Cola realizó una campaña para que todos sus clientes pudiesen tener un envase personalizado con su nombre. Si no lo encontraban en su tienda habitual les ofrecía la posibilidad de solicitarlo en su página web o bien en alguno de los eventos organizados en diversas ciudades españolas, donde se podía personalizar al momento. El éxito fue tal que repitió la campaña a finales de 2016.

Ciclo de vida de un producto

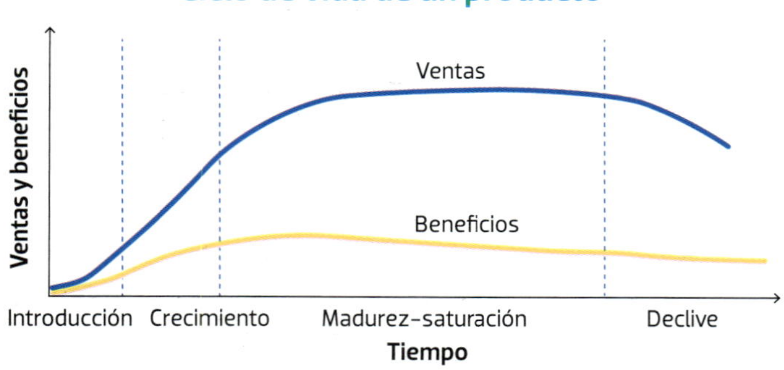

	Ciclo de vida del producto	Estrategia
Fase de introducción	Entrada del producto por primera vez en el mercado. Las ventas crecen muy lentamente, ya que el consumidor no conoce el producto.	Se utilizarán estrategias de penetración en el mercado: publicidad y promociones dirigidas a clientes y distribuidores para dar a conocer el producto.

Ejemplo: para la introducción de una nueva crema hidratante en el mercado se incluyen muestras gratuitas en diferentes revistas de moda junto a la publicidad de la crema.

	Ciclo de vida del producto	Estrategia
Fase de crecimiento	Una vez superada la fase de introducción el producto llega a la fase de desarrollo, en la que los consumidores lo identifican y consumen. Las ventas avanzan de manera rápida y los beneficios se incrementan, pero aparecen las empresas competidoras.	Es necesario convencer a los clientes de que compren nuestra marca. Las estrategias de la empresa se basarán en consolidar la posición mediante mejoras de calidad, incremento del esfuerzo en la publicidad, introducción en nuevos segmentos de mercado o nuevos canales de distribución.

Ejemplo: la consola Wii de NINTENDO sigue aumentando sus ventas. Sin embargo, la empresa continúa mejorando el producto introduciendo novedades, como la tabla de deporte Wii Fit, en las que sigue realizando un importante esfuerzo publicitario.

	Ciclo de vida del producto	Estrategia
Fase de madurez	Las ventas y los beneficios se estabilizan a un nivel determinado porque el producto ya ha conseguido la aceptación de los compradores potenciales. Sin embargo, a medida que pasa el tiempo, los beneficios se pueden ver reducidos porque la empresa necesita aumentar considerablemente las inversiones en publicidad para defender su cuota de mercado.	En esta fase, la competencia es intensa y los consumidores son particularmente sensibles al precio, lo que podría llevar a las empresas a competir en precios. Al mismo tiempo, se puede dar un fuerte proceso de segmentación y diferenciación de productos.

Ejemplo: COCA-COLA introdujo una variante de la Coca-Cola *Light*, Coca-Cola Zero, con un sabor más parecido al de la Coca-Cola original, para competir con la cantidad de refrescos *light* que habían surgido (diferenciación de productos).

	Ciclo de vida del producto	Estrategia
Fase de declive	La demanda del producto fabricado por la empresa disminuye.	Se retira el producto del mercado o se sustituye por otro. También puede darse el caso de una renovación total del antiguo producto.

Ejemplo: en el año 2006 la empresa NIKON anunció que dejaba de producir cámaras de fotos analógicas para centrarse en las digitales, al constituir este tipo de cámaras el 95 % de su cifra de negocio.

4.1.1. La matriz Boston Consulting Group (BCG)

Una vez estudiada la fase del ciclo de vida en la que se encuentra un producto nos podemos plantear una serie de estrategias que nos permitan prolongar dicho ciclo de vida en el tiempo. Para ello, la consultora de gestión empresarial THE BOSTON CONSULTING GROUP ha desarrollado una matriz, también llamada *de crecimiento-participación*, que permite clasificar los productos que comercializa una empresa en función de dos ejes.

Anécdotas empresariales

Tiritas de color

Earle Dickson trabajaba en JOHNSON & JOHNSON y un día se le ocurrió la manera de liberar a su esposa de los incómodos vendajes que se ponía en los cortes que se hacía cocinando. Aplicó un parche de gasa a un esparadrapo y así inventó las tiritas, que en 1971 registró como Band-aid®.

Sus tiritas eran del color de la piel blanca. No se sabe a quién se le ocurrió fabricarlas del color de la piel negra, pero el éxito fue rotundo.

Saber más

Ciclo de vida del producto

No todos los productos se ajustan a este modelo. Piensa, por ejemplo, en muchos de los artículos de primera necesidad (los alimentos) que muy difícilmente entrarán en la fase de declive.

Nuevos productos, como el *smartphone*, aceleran el declive de otros existentes en el mercado, como son los teléfonos móviles tradicionales.

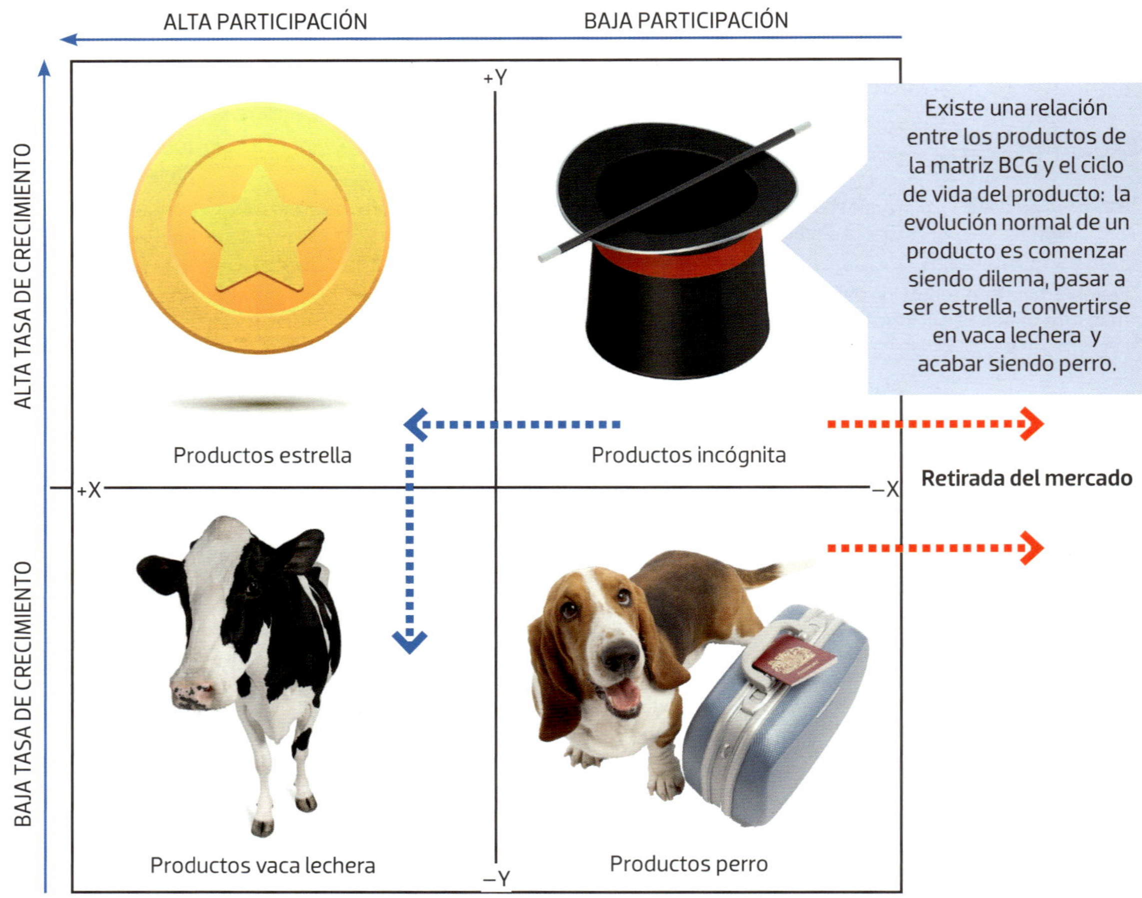

Matriz BCG. Eje X: cuota de mercado. Eje Y: tasa de crecimiento.

Ejemplo

Ejemplos de productos matriz BCG

- Estrella: tabletas (como el iPad).
- Incógnita: aplicaciones de domótica que está desarrollando APPLE con Siri o GOOGLE con Alexa.
- Vaca lechera: Coca-Cola.
- Perro: las cámaras digitales de bolsillo, sustituidas en su mayoría por los teléfonos móviles con cámara incluida.

Caso práctico inicial

En principio se podría considerar un décimo de lotería como un producto vaca lechera, pero gracias a los nuevos canales de distribución abiertos por la empresa de Xavier Gabriel y su adecuada combinación de las 4P del *marketing mix*, ha conseguido un producto estrella con tasas de crecimiento y una cuota de mercado muy elevadas.

En función de estas variables se definen cuatro tipos de productos:

- **Estrella:** su cuota de mercado es alta y la tasa de crecimiento elevada. Son productos con una posición competitiva fuerte y con expectativas de crecimiento. Generan ingresos, pero necesitan un esfuerzo moderado de inversiones en marketing para alcanzar los objetivos de incremento de ventas. El resultado neto es que son autosuficientes.
- **Dilema o incógnita:** el atractivo del sector del producto es importante, ya que la tasa de crecimiento es alta, pero la posición de la empresa en el mercado es débil (baja cuota de mercado). Son productos en los que es necesario estudiar el riesgo que conlleva un elevado esfuerzo en marketing, ya que aún no están suficientemente posicionados en el mercado. La empresa debe seleccionar los productos dilema con posibilidades de futuro e invertir en ellos para conseguir una mejor posición competitiva y convertirlos en productos estrella.
- **Vaca lechera:** su posición en el mercado es fuerte (cuota alta), por lo que genera buenos ingresos, pero las expectativas de crecimiento son bajas porque se trata de un producto ya afianzado. Con un mínimo esfuerzo de marketing generarán grandes ingresos, que pueden desviarse a otros productos necesitados de inversión.
- **Perro:** baja cuota de mercado y baja tasa de crecimiento. Son productos en los que para obtener ganancias habrá que disminuir la inversión y la empresa deberá plantearse prescindir de ellos si no son rentables.

4.2. El precio

De todos los componentes del *marketing mix*, el precio es probablemente el que tiene mayor influencia en las ventas y produce unos efectos más inmediatos.

La **estrategia de precios** de cualquier empresa está limitada por:

- El **coste del producto.** Hay empresas que fijan el precio añadiendo un margen de beneficio (fijo o porcentual) al coste de su producto. Por ejemplo, si fabricar un producto cuesta 30 € y se quiere obtener un beneficio de 10 € por producto, el producto se venderá a 40 €; si se quisiera obtener un beneficio del 20 % (6 €) sobre los costes, el precio sería de 36 €. Habitualmente, se utiliza esta estrategia cuando se conocen mejor los costes que la demanda.
- Las **políticas de precios de la competencia.**
- La **demanda.** La cantidad de un producto que los consumidores están dispuestos a adquirir varía en función de su precio. Por eso es interesante averiguar, mediante encuestas o pruebas piloto, la cantidad de producto que se puede llegar a vender para cada nivel de precio posible.

  Normalmente, la relación entre precio y cantidad demandada es inversa: cuanto mayor sea el precio, menor será la demanda y viceversa; no obstante, hay excepciones, como los bienes de lujo, en los que un incremento de precio puede hacer que aumente la demanda, ya que los usuarios de este tipo de productos asocian niveles de precio más altos con una mejor calidad.
- La **percepción del consumidor.** En ningún caso hay que olvidar la percepción psicológica de los consumidores sobre el valor real de nuestro producto, ya que los factores emocionales también influyen en las decisiones de compra.
- **Otros factores,** como los avances tecnológicos, la aparición de nuevos productos sustitutivos del nuestro, etc.

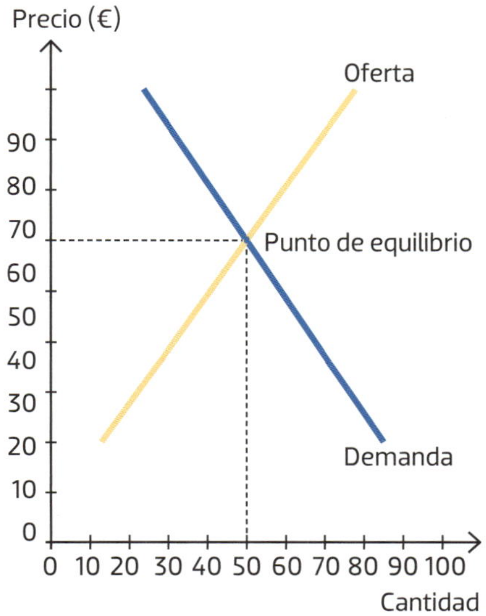

Ejemplo

Factores emocionales

Aunque existen estudios que indican que la mayor parte de los cosméticos tienen ingredientes similares, algunas marcas son capaces de cobrar un precio superior por sus productos gracias a la búsqueda de la emoción del consumidor (*marketing emocional*) a través de sus campañas publicitarias.

En la fase de **introducción,** quienes compran un producto innovador suelen ser más insensibles al precio, por lo que asumen **precios altos** (aunque también se pueden utilizar estrategias de penetración y descremación).

En la fase de **crecimiento,** las empresas compiten **reduciendo el precio** para ganar cuota de mercado.

En la fase de **madurez,** el precio se sitúa en un punto **medio** y estable.

En la fase de **declive,** para evitar pérdidas, las empresas reducen los precios y los márgenes de beneficio hasta llegar a un punto en el que deja de ser rentable ofrecer el producto.

Precios y ciclo de vida de un producto

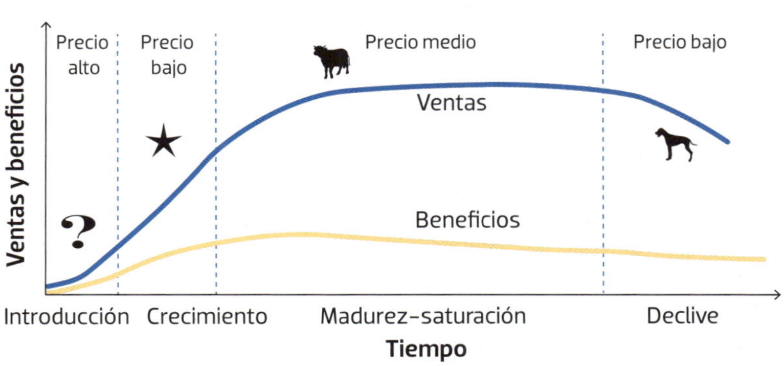

Estrategias de precios

Descuentos y promociones

Precios que pretenden facilitar la venta del producto en un momento determinado para captar nuevos consumidores.

- **Descuento por pronto pago:** por abonar las facturas con prontitud.
- **Descuento por volumen de compra** (*rappel*): por comprar una elevada cantidad de producto.
- **Descuentos periódicos o rebajas:** tienen lugar en determinados periodos del año, por lo que son conocidos y esperados por el consumidor.
- **Descuentos aleatorios u ofertas:** reducción del precio en determinados establecimientos o periodos del año sin que el comprador lo espere previamente (por ejemplo, ofertas 2 × 1).
- **Descuentos estacionales:** por adquirir productos en determinados periodos del año, normalmente épocas en las que baja su consumo. Por ejemplo, ofertas de helados en Navidad.

Precios psicológicos

Parten de la percepción que el consumidor tiene del precio.

- **Precio impar:** una cifra impar, como 29,99 se asocia con un precio menor (algo más de 20 €), por lo que es apropiado para productos en oferta o que intentan parecer ajustados al máximo.
- **Precios redondeados:** por ejemplo, 100 €, dan una impresión de prestigio o calidad.
- **Precios de prestigio:** si la empresa logra que el consumidor perciba sus productos como mejores que los de la competencia, podrá aplicar un precio superior sin reducir la demanda. En algunas ocasiones puede ser recomendable fijar un precio alto, ya que dicho precio se asociará a una imagen de prestigio y calidad.
- **Precios de referencia:** son precios estándar que los consumidores utilizan para comparar los precios de otros productos cuya compra están considerando. Por ejemplo, los consumidores de bebidas de cola utilizarán el precio de Coca-Cola o Pepsi como referencia para saber si otra bebida de cola es más o menos barata.

Estrategias para varias líneas de productos

Se utilizan cuando la empresa comercializa varios productos.

- **Líder en pérdidas:** consiste en mantener algún producto a precio reducido (aunque no dé beneficios) para que sirva de reclamo a los compradores. El objetivo es estimular la venta de otros productos que sí resultan rentables.
- **Precio paquete:** consiste en fijar un precio conjunto para dos o más productos (que se consuman, normalmente, de forma conjunta) inferior a la suma de los precios de cada uno de ellos.
- **Precios cautivos:** cuando un producto es indispensable para utilizar el producto principal, se puede poner un precio bajo al principal y compensar la diferencia con el precio del producto complementario. Es el caso de las impresoras y los cartuchos de tinta.

Precios para productos nuevos

- **Penetración:** consiste en vender el producto a un precio bajo para estimular la compra y, una vez que se consigue la cuota de mercado propuesta, se va subiendo el precio. Por ejemplo, en el lanzamiento de nuevas revistas especializadas (moda, deportes, salud y bienestar) se suelen utilizar precios bajos (1 €) en los primeros meses para que los clientes conozcan la revista e incrementar su precio posteriormente.
- **Descremación:** se vende el producto a un precio elevado para dar una imagen de prestigio y, una vez conseguido, se baja el precio para hacerlo asequible a más consumidores. Por ejemplo, cuando la empresa Sony introdujo en el mercado de las videoconsolas la PlayStation 3, lo hizo a un precio elevado que disparó los beneficios. Una vez superada la primera fase de introducción de la consola y debido a la fuerte competencia del sector, Sony redujo notablemente su precio.

Ejemplo

GRUPO LECHE PASCUAL: *La calidad y la salud, nuestra razón de ser*

Desde su puesta en marcha en 1969, esta compañía se precia de ofrecer productos alimenticios que se adaptan a los nuevos tiempos y satisfacen las necesidades de todos sus consumidores.

Sus principios se resumen en su eslogan: *La calidad y la salud, nuestra razón de ser*.

Sus consumidores están dispuestos a pagar más por una cuidada selección de materias primas que garanticen el sabor tradicional y unos controles exhaustivos que confirmen sus propiedades alimenticias.

No obstante, en la actualidad, debido a la crisis económica y a los cambios en los gustos de los consumidores, el GRUPO PASCUAL ofrece su leche en un envase diferente (botella) a un precio ligeramente inferior.

También está desarrollando una línea de productos de soja, Vivesoy, e introducirá más sabores y productos *light*.

Actividades

1. Indica en qué fase del ciclo de vida se encuentran los siguientes productos y la estrategia que están aplicando las empresas que los comercializan:
   a) La leche, cuyos productos están incorporando elementos que cuidan la salud: incorporación de vitaminas, reguladores del colesterol, triglicéridos...
   b) Los aparatos reproductores de DVD, cuyo precio ha disminuido considerablemente en los últimos años.
   c) Los *smartwatch* o relojes inteligentes.
   d) El detergente para lavar a mano, reformulado en un producto concentrado, en pastilla o en forma de detergente líquido.
2. Siguiendo la matriz de THE BOSTON CONSULTING GROUP (BCG), ¿cómo clasificarías los siguientes productos?
   a) Mermelada ecológica.
   b) Nescafé.
   c) Colchón de látex.
   d) Cápsulas de café: Nespresso, Tassimo, etc.
3. Sonia, técnico superior en Animación de Actividades Físicas y Deportivas, ha decidido montar un centro de yoga y pilates en su localidad, Córdoba.

   A la hora de fijar los precios duda entre qué precio elegir según el perfil de sus clientes potenciales.

   Para ello, tiene las siguientes alternativas:
   - Optar por un mayor número de clientes estableciendo clases colectivas, que prueben sus servicios y decidan quedarse por la buena relación calidad-precio.
   - Optar por un número menor de clientes ofreciendo un entrenamiento individual y ajustando el precio del servicio al nivel de calidad exigido por el cliente.

   ¿Qué tipo de estrategias de precios estará utilizando en cada uno de los casos anteriores?
4. Las grandes marcas de cosmética comercializan productos de alto precio y calidad.

   ¿Piensas que la percepción del consumidor cambiaría solo por el hecho de haber adquirido el cosmético a un precio más bajo?

Frases célebres

La innovación es lo que distingue a un líder de los demás.

Steve Jobs

4.3. La distribución

La **distribución** consiste en situar los productos de la empresa al alcance del consumidor en el lugar, momento y cantidad más adecuados para facilitar y estimular su consumo.

Los **canales de distribución** son el conjunto de intermediarios entre el productor y el consumidor final.

Los **intermediarios** pueden ser de dos tipos:

- **Mayoristas:** compran cantidades elevadas de productos al fabricante para vender a otros intermediarios, pero nunca al consumidor final.
- **Minoristas:** venden directamente al consumidor. Es el caso del mercado o los comercios tradicionales, el supermercado, las tiendas descuento, las grandes superficies, etc.

Todo emprendedor debe identificar los canales de distribución que existen para su producto y estudiar su funcionamiento. Después decidirá si el producto será distribuido directamente por la empresa o recurrirá a distribuidores. El canal elegido debe adaptarse bien a los cambios, ya que las formas de distribución evolucionan constantemente debido a las nuevas tecnologías, los costes, la segmentación del mercado y las exigencias de los consumidores.

La **estrategia de distribución** comprende las decisiones relacionadas con:

- Las **características de los canales de distribución**: la longitud del canal, que puede ser directo del fabricante al distribuidor, corto (con un máximo de dos intermediarios) o largo (con más de dos intermediarios); su localización; las características de los puntos de venta.
- Las **funciones** de cada uno de los integrantes del canal.
- Los **tipos de distribución**:
  - **Exclusiva:** supone la concesión a un intermediario de la exclusiva de venta en un determinado territorio o área de mercado. A cambio, el distribuidor se compromete, en general, a no vender productos de la competencia.
  - **Intensiva:** la empresa busca el mayor número de puntos de venta posible para asegurar la máxima cobertura del territorio de venta y una cifra de ventas elevada. Esta estrategia es apropiada para productos corrientes.
  - **Selectiva:** se produce cuando dentro de un área geográfica escogemos un número determinado de puntos de venta para nuestros productos. Puede considerarse intermedia entre la distribución intensiva y exclusiva.

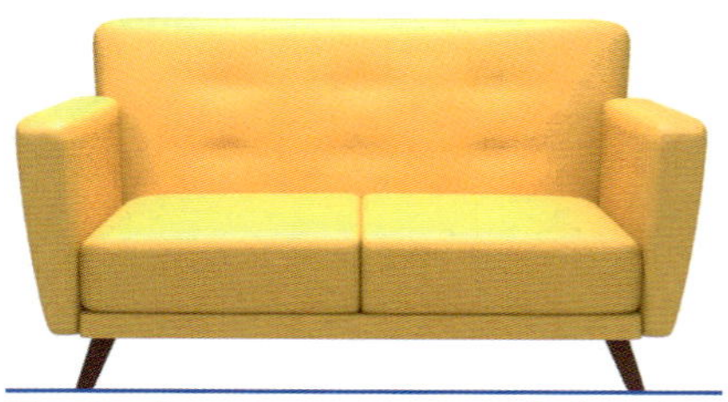

Anécdotas empresariales

La empresa IKEA, para estudiar posibles lugares de localización de sus tiendas, elabora una base de datos con los códigos postales de los clientes que acuden a sus tiendas y de los que solicitan su catálogo por correo.

4.3.1. La franquicia y sus elementos

Se trata de un sistema de colaboración entre dos o más empresas distintas y jurídicamente independientes, ligadas por un contrato de franquicia, mediante el cual una empresa (denominada *franquiciador*) cede a otra (el *franquiciado*) el derecho de explotación exclusiva de su sistema empresarial, de sus símbolos distintivos (marca y logotipo), así como de su imagen y de su *know-how* ('saber hacer').

Vocabulario

Know-how

Expresión anglosajona que puede traducirse por 'saber hacer'. Literalmente, significa 'saber cómo'.

Ejemplo

Franchise Direct, una publicación especializada en este tipo de compañías, ha elaborado una lista llamada *Top 100 Global Franchises*, en la que analiza las cien franquicias más exitosas del mundo. Entre ellas, se encuentran cinco españolas: DIA, NATURHOUSE, LIZARRÁN, NO+VELLO y 100 MONTADITOS.

Relaciones entre los actores de una franquicia

El franquiciador

Es la persona que inicia un proyecto de empresa. Una vez que se ha consolidado forma una red de franquicia, de la cual él es tutor permanente.

El franquiciador aporta:

- La marca y la imagen de marca.
- El nombre comercial.
- El producto o servicio.
- La publicidad genérica.
- El asesoramiento y la formación.
- El *know-how*.

El franquiciado

Es el individuo o la sociedad que explota la concesión. Para ser admitidos pasan por un proceso de selección que varía según el franquiciador.

Aporta:

- Un canon de entrada, es decir, un pago inicial para entrar en la cadena.
- El local.
- Los empleados.
- Un desembolso periódico o *royalties:* el pago de un porcentaje sobre las ventas que realice o unos derechos fijos mensuales.

El *know-how*

Se aplica al conjunto de conocimientos y actividades desarrollados por una empresa o persona, adquiridos a través de la experiencia e investigación, y que son difíciles de imitar por terceros.

El término *saber hacer* engloba varios aspectos:

- **El saber:** es un conocimiento exhaustivo sobre una determinada actividad.
- **El hacer:** es la capacidad para poner en práctica este saber.

Algunos franquiciadores también desarrollan un saber hacer negativo, que recoge todo aquello que nunca se debe hacer, normalmente fruto de la experiencia y de los fracasos experimentados.

Expofranquicia

IFEMA organiza en Madrid anualmente en el mes de abril la feria Expofranquicia, en la que los diferentes franquiciadores dan información a personas interesadas sobre las condiciones de su franquicia.

Para más información puedes visitar su página web: <www.ifema.es/expofranquicia_01>.

Saber más

La imagen de marca

En la franquicia no solo se cede la marca, también la imagen de marca.

La imagen de marca parte del hecho de que los consumidores tienen percepciones diferentes de los productos y las marcas. Esto hará que se formen distintas sensaciones o impresiones sobre el producto y la empresa en general. La notoriedad de la cadena juega un papel muy importante.

Por ejemplo, BENETTON o PRENATAL están fuertemente arraigadas en la mente de los consumidores.

Vocabulario

Canon de entrada

En algunas franquicias es necesario que, como contraprestación por la cesión de derechos de explotación, el franquiciado pague una cantidad al franquiciador, denominada *canon de entrada*.

Frases célebres

Nunca andes por el camino trazado, pues te conducirá únicamente hacia donde los otros fueron.

Graham Bell

Anécdotas empresariales

Logotipo de Chupa Chups

Es poco conocido que fue el propio Salvador Dalí quien dibujó el logotipo de Chupa Chups, con la característica nubecita que envuelve el nombre.

Desde entonces, este dibujo se ha convertido en un sello que ha ido desarrollándose, agregando nuevas texturas, pero manteniendo siempre los característicos colores llamativos referentes a cada gusto: limón, naranja, fresa, café con leche o incluso refresco de cola.

La marca

La franquicia se apoya en el valor de la marca. Esto supone que el cliente de la marca puede encontrar, en cualquiera de los establecimientos de la franquicia, productos y servicios con los mismos estándares de calidad.

Ejemplo

En cualquier establecimiento de la franquicia McDonald's se encuentran los mismos tipos de hamburguesas y con la misma calidad. Lo mismo ocurre en cualquier franquicia: bocadillos en Pans&Company, sándwiches en Rodilla, jamón serrano en el Mesón Cinco Jotas, etc.

Los *royalties*

Son un **pago periódico**, generalmente mensual, que se acuerda contractualmente, como contrapartida a los beneficios que obtiene el franquiciado por la utilización continuada del nombre y la marca del franquiciador y por todos sus servicios.

En la mayoría de los casos se establece el pago de un porcentaje sobre las ventas del franquiciado, ya que es un medio objetivo de valorar las ventajas reales que obtiene cada franquiciado.

En bastantes ocasiones no se exige el pago de *royalties*, especialmente en la franquicia de producto y distribución, ya que el franquiciador prefiere aplicar un sobreprecio en la venta de sus productos al franquiciado.

Es una fórmula adecuada para el emprendedor prudente porque permite progresar en una actividad propia sin correr demasiados riesgos; si bien, no hay que olvidar que el franquiciado es el responsable frente a terceros de todo aquello que realice en el marco de esta explotación.

4.3.2. Venta por internet

En los últimos años se ha extendido este tipo de venta, que permite:

- Eliminar intermediarios y reducir costes.
- Posibilitar el acceso a nuevos segmentos de mercado, por ejemplo, distantes geográficamente.

Este desarrollo de la venta por internet ha ido parejo con el crecimiento de los servicios de mensajería que permiten dar el valor añadido de acercar el producto al punto exacto en el que lo quiera el consumidor.

Caso práctico inicial

Uno de los factores clave del éxito de La Bruixa D´Or ha sido, sin duda, la comercialización vía internet, lo que le ha permitido el acceso a un mercado mucho más amplio.

Saber más

Venta por internet

En los últimos años se ha desarrollado un gran número de páginas especializadas en la venta por internet que utilizan métodos de pago como PayPal. Entre ellas, destacamos:

- <www.amazon.es>
- <www.ebay.es>
- <http://es.wallapop.com>

4.4. La promoción

La **promoción** es un conjunto de actividades de corta duración dirigidas a intermediarios y consumidores que tratan de estimular la demanda a corto plazo de un producto comunicando su existencia, sus características y las necesidades que satisface, motivando al consumidor para su adquisición.

Para realizar dicha promoción y, por tanto, incrementar la demanda a corto plazo del producto se utilizan principalmente las siguientes actividades:

- **Publicidad:** forma de comunicación que pretende incrementar el consumo de un producto a través de *spots* de televisión, cuñas de radio, *banners* en internet, anuncios en prensa, etc.

Ejemplo

Los grandes almacenes El Corte Inglés realizan una gran campaña publicitaria del comienzo de sus rebajas utilizando *spots* de televisión, cuñas radiofónicas, anuncios en prensa escrita, cartelería, etc.

- **Relaciones públicas:** conjunto de actividades que pretenden actuar sobre la relación de la empresa con determinados grupos de personas o entidades. En general, van destinadas a conseguir que la opinión pública sea favorable a la empresa: financiación de actos culturales, patrocinio de equipos deportivos, donaciones a organizaciones no gubernamentales (ONG), etc.

Ejemplo

La cadena de tiendas de juguetes IMAGINARIUM lanza, coincidiendo con las fechas navideñas, la campaña *Un regalo lleno de Navidad*, que convertirá a los niños que viven en los treinta países donde la compañía tiene tiendas en «amigos invisibles» de otros pequeños menos favorecidos.

La campaña consiste en que los niños preparen un regalo que quepa en una caja de zapatos, la decoren a su gusto y la entreguen en cualquiera de los establecimientos de IMAGINARIUM, que se encargará de enviar los paquetes para que niños sin recursos de otras partes del mundo puedan abrirlos por Navidad.

La iniciativa cuenta con el apoyo de distintos organismos locales, nacionales e internacionales, así como con la colaboración de la ONG MENSAJEROS DE LA PAZ.

- ***Merchandising:*** conjunto de técnicas que pretenden destacar el artículo en el punto de venta, de manera que pueda diferenciarse de los de la competencia, esté al alcance del consumidor y se facilite su compra.

  Comprende la situación del producto en el local, su localización en la estantería, el uso de música o elementos audiovisuales, el estudio de zonas frías y calientes...

Ejemplo

En una gran superficie los productos de primera necesidad son situados a distancia unos de otros, de manera que el cliente tenga que recorrer un espacio mayor de la tienda y aumente así su exposición a otros productos.

- **Fidelización:** comprende las acciones que pretenden conservar al cliente para que no cambie de marca o de establecimiento comercial; aunque la mejor fidelización se deriva del hecho de no defraudar las expectativas del cliente, se puede reforzar de diversas formas: vales descuento, puntos acumulables...

Ejemplo

La tarjeta de los establecimientos de restauración VIPS permite acumular cheques descuento para futuras compras; de forma muy similar funcionan las tarjetas de fidelización de cadenas de supermercados (CARREFOUR, DÍA, etc.).

- **Promoción de ventas:** es un conjunto de actividades de corta duración, tendentes a aumentar la efectividad del esfuerzo comercial.

  Pueden revestir diversas formas, como participación en concursos, la oferta de muestras gratuitas, regalos...

Ejemplo

Muchas agencias de viajes, en temporada baja, ofrecen paquetes de 2 × 1 para incrementar el volumen de ventas.

Caso práctico inicial

La FUNDACIÓN LA BRUIXA D´OR es una acción de marketing enclavada dentro de la responsabilidad social corporativa de la empresa como parte de la política de relaciones públicas de la misma.

La clave del éxito de esta empresa ha residido en la adecuada, creativa y arriesgada combinación de todos los elementos que configuran el *marketing mix*.

Saber más

Zonas frías y zonas calientes

Dentro de todo establecimiento comercial, especialmente en las grandes superficies, existirán unas zonas llamadas *calientes*, que serán aquellas con un potencial de venta mayor, y zonas *frías*, que serán aquellas en las que se realizará más difícilmente la venta.

Aumenta tu visibilidad, aumenta tus clientes, aumenta tus ventas.

4.5. Nuevas formas de hacer marketing

El futuro del marketing está sin duda en la utilización de las nuevas tecnologías y, en concreto, de las redes sociales, que nos permiten llegar a nuestro mercado objetivo minimizando el esfuerzo.

Pero, ¿cómo utilizar y cuáles pueden ser algunos ejemplos de estas nuevas formas de hacer marketing?

4.5.1. Proceso de utilización del marketing en internet

Como toda acción de marketing, la utilización de cualquier plataforma de internet como herramienta publicitaria necesita de un proceso lógico que se divide en las siguientes etapas:

- Análisis del mercado objetivo o *target:* dependiendo de su correcta definición, mejor se ajustarán las acciones que se van realizar y las plataformas necesarias.
- Establecimiento de los objetivos que se deben alcanzar.
- Elección de la plataforma y diseño de la táctica que se va a utilizar.
- Implementación y seguimiento del alcance, para obtener una rápida retroalimentación sobre el éxito de la acción de marketing y poder realizar modificaciones y mejoras.

4.5.2. Acciones de marketing en internet

Existen diferentes acciones que se pueden realizar en internet para mejorar las ventas de la empresa. Muchas de estas acciones se entrelazan y producen un claro ejemplo de sinergia, en el que unas potencian a otras y consiguen un mayor alcance sobre el mercado objetivo. A continuación, explicaremos algunas de ellas, sin olvidar que este mundo es especialmente dinámico y aparecen novedades a diario.

Página web

Elaboración de una **página web** atractiva y visual que permita acercar nuestro producto o servicio a nuestros clientes, eligiendo para ello el dominio disponible más adecuado. Es importante, entre otras cosas, que la página web aparezca en las primeras posiciones de los buscadores, que reciba el máximo número de visitas, que cuando nuestros potenciales clientes accedan permanezcan en ella, que nuestros productos y servicios se encuentren fácilmente y que puedan contactar con nosotros.

Perfiles en redes sociales

Creación de **perfiles** en diferentes **redes sociales** (Twitter, Facebook, Instagram...). Con ello conseguiremos alcanzar mayor número de clientes objetivo y podremos promocionar nuestras acciones de marketing.

Saber más

Herramientas para creación web

Existen diferentes herramientas que permiten la creación de una página web de manera gratuita. Entre ellas, podemos destacar las siguientes:

- Wix: <http://es.wix.com>
- Weebly: <http://weebly.com>
- 000webhost: <www.000webhost.com>
- Yola: <www.yola.com>

Saber más

Hashtags

Una **etiqueta o *hashtag*** (del inglés *hash* 'almohadilla' y *tag* 'etiqueta') es una cadena de caracteres formada por una o varias palabras concatenadas y precedidas por una almohadilla (#). Se usa en servicios web como Facebook y Twitter, principalmente, para el envío de mensajes.

Dentro de este tipo de acción es importante resaltar el papel del ***community manager***, que se define como el profesional responsable de construir, gestionar y administrar la comunidad *on-line* alrededor de una marca en internet, creando y manteniendo relaciones estables y duraderas con sus clientes, sus seguidores y, en general, cualquier usuario interesado en la marca.

Entre las funciones del *community manager* se encuentra utilizar diferentes herramientas, como *posts* (Facebook) o *hashtags* (Twitter), que fomenten la participación y vinculación de los clientes con la empresa. También suele encargarse de gestionar el blog corporativo y crear contenidos atractivos y de calidad.

Vídeos publicitarios

Realización de pequeños **vídeos publicitarios** que se pueden colgar en plataformas como Vimeo o YouTube y que, a su vez, podemos utilizar y promocionar en las diferentes redes sociales.

Posicionamiento en la web

Posicionamiento de la empresa en los **principales buscadores,** también conocido como SEO por sus siglas en inglés *(Search Engine Optimization)*. La meta principal del posicionamiento en internet es hacer que el resultado de la web aparezca en la primera página de resultados cuando un cliente potencial de la empresa escriba en el campo de búsqueda la descripción de un producto o servicio relacionado con ella.

Para ello pueden utilizarse diferentes técnicas: usar el máximo número de palabras clave posible para optimizar los criterios de búsqueda, Google AdWords, etc.

Banners

Utilización de *banners*. Esta forma de publicidad *on-line* consiste en incluir una pieza publicitaria dentro de una página web con el objetivo de atraer tráfico hacia el sitio web del anunciante, que paga por su inclusión.

Blog

Elaboración de un blog y conexión con los diferentes blogueros mediante gestiones del *community manager*, de manera que aumente la presencia de la empresa en las páginas de los principales creadores de tendencia.

E-mailings

Realización de *e-mailings*. Es un método de marketing directo que utiliza el correo electrónico como medio de comunicación comercial para mejorar la relación, fidelizar o ganar nuevos clientes.

Hay que señalar que, desde el punto de vista legal, el remitente debe estar autorizado por el destinatario para enviarle correos electrónicos, de lo contrario se consideraría correo no deseado *(spam)* y se podría estar violando la legislación del país de residencia del receptor. Es común conseguir suscripciones voluntarias mediante formularios de captura en las páginas web, principalmente, en campañas de fidelización o promoción.

Ejemplo

Vídeo promocional de FRU&MIX

Compañeros vuestros crearon, dentro de su plan de marketing, diferentes perfiles en redes sociales y utilizaron un vídeo promocional para dar a conocer sus productos. Podéis ver el vídeo en el siguiente enlace de YouTube: <http://bit.ly/2mEYHqZ>.

Puedes ver el proyecto de empresa completo en los recursos adicionales de este libro. Recuerda que puedes acceder a ellos registrándote en nuestra web: <www.editex.es>.

Saber más

Buscadores en internet

Los tres principales buscadores en internet en España durante el año 2020 fueron, en orden jerárquico: Google, Bing y Yahoo.

ACTIVIDADES FINALES

1. La producción de petróleo está controlada por la Organización de Países Productores de Petróleo (OPEP). ¿Qué tipo de mercado constituyen dichos países en función de la competencia? Establece la relación existente entre la oferta y la demanda del petróleo y su precio en el mercado.

2. En 2006 The Coca-Cola Company lanzó una nueva línea de refrescos Zero: Coca-Cola Zero y Fanta Zero. Teniendo en cuenta el ciclo de vida del producto y la matriz The Boston Consulting Group, contesta a las siguientes cuestiones:
   a) ¿En qué fase del ciclo de vida se encuentran la Coca-Cola *Light* y la Coca-Cola normal? ¿Y en la clasificación de la matriz de The Boston Consulting Group?
   b) ¿Crees que era una buena oportunidad de negocio lanzar la línea Zero?

3. La empresa Coca-Cola realizó una importante campaña de marketing para posicionar los productos Zero. Entre las acciones emprendidas destacan las siguientes:
   - Spot de televisión con el eslogan *Todo el sabor – Zero calorías.*
   - Sorteo de viajes a Nueva Zelanda para cuatro amigos con una edad entre 18 y 30 años.
   - Patrocinio de eventos deportivos y culturales (Rock in Río) especialmente dirigidos a los jóvenes.

   a) Clasifica cada una de estas acciones según el tipo de estrategia de promoción utilizada.
   b) ¿Cuál era el mensaje que se quería transmitir? ¿Y el público objetivo?
   c) ¿Por qué crees que se utilizaron simultáneamente diferentes acciones de marketing?

4. Podemos observar que la publicidad en la televisión o en la prensa se ajusta en muchos casos a un espacio temporal concreto:

   ¿Qué tipo de productos se anuncian en Navidad?, ¿y antes del verano?, ¿y antes de un Mundial de Fútbol?, ¿y qué tipo de productos se anuncian durante todo el año?

   Elige un producto de cada uno de estos tipos y elabora un pequeño resumen de qué estrategia de promoción diseñarías para ellos y en qué meses la lanzarías.

5. Enumera las ventajas y desventajas de elegir ser un emprendedor bajo la fórmula de la franquicia.

6. Errores de marketing y estrategias para solucionarlos:

La publicidad puede ser un peligro

Gillette lanzó su maquinilla Sensor con un gran despliegue de medios y una agresiva campaña de publicidad, *Lo mejor para el hombre*. Se trataba de un producto más caro que los convencionales.

Las previsiones de la compañía apuntaban hacia unas ventas de 18 millones de maquinillas durante la campaña y 200 millones durante el año.

Pero ocurrió algo inesperado: de entrada, se vendieron 27 millones de maquinillas y, por tanto, las previsiones para el año se dispararon hasta los 350 millones. El problema: Gillette no contaba con medios para hacer frente a un aumento de la demanda tan rápido y espectacular.

¿Qué hizo Gillette para solucionarlo? Parar en seco la campaña publicitaria a fin de no generar una situación en la que no pudiesen abastecer el mercado y el producto perdiese prestigio entre los clientes. De esta forma, se atenuó la demanda y Gillette contó con un margen de tiempo mayor para reconducir la situación.

Errores de distribución

Kellogg's aceptó en febrero de 2000, por primera vez en su larga historia, un contrato por el cual se comprometía a fabricar durante un año cereales para la marca blanca de Aldi, una cadena alemana de supermercados.

Al cabo de seis meses, Kellogg's rompió el pacto con Aldi, alegando que el contrato le había provocado más problemas que beneficios. ¿Qué había pasado? Pues que gran parte de los clientes de Kellogg's se habían sentido molestos con la iniciativa de la multinacional, al considerar que desprestigiaba la marca.

¿Qué hizo Kellogg's para solucionarlo? Desde la ruptura con Aldi, Kellogg's se ha dedicado a lo que debió hacer desde mucho antes: buscar nuevas estrategias para mejorar la imagen de sus marcas frente al reto que suponen las económicas marcas blancas. Y ello, mediante la inversión en I + D y una extremada atención a la calidad de sus productos.

Después de leer los textos anteriores, extraídos de la revista *Emprendedores*, reflexionad y debatid acerca de:

a) ¿Es posible controlar el impacto de una campaña publicitaria exitosa?

b) ¿Creéis que GILLETTE hizo bien en parar en seco la campaña publicitaria?

c) ¿Qué tipo de producto es el que comercializa KELLOGG'S?

d) Los cereales KELLOGG'S tienen un precio superior al de las marcas blancas. ¿Es una estrategia de marketing? ¿Cuál será su objetivo?

7. Estas son algunas de las técnicas de *merchandising* que se utilizan actualmente en grandes superficies:

- **Música ambiental:** la estancia media en un hipermercado es de 55 minutos. Las técnicas de *merchandising* alargan o reducen el tiempo mediante el uso de música. Los ritmos rápidos hacen circular a la gente con más celeridad. Los suaves incitan a la permanencia en el establecimiento.
- **Carritos de la compra que se desvían «estratégicamente»:** muchos de los carritos se desvían ligeramente hacia la izquierda. Esto obliga a sujetarlos con la mano izquierda, con lo cual la derecha queda libre para alcanzar cómodamente los productos.
- **Colocación de los productos en las estanterías:** las estanterías se dividen en tres niveles. El primero está a ras del suelo; el segundo, a la altura de las manos; y el tercero se localiza a nivel de los ojos. Es en estos dos últimos donde las ventas son superiores, al estar ubicados en lugares de fácil visualización y poder coger los productos con mucha comodidad. Si el estante está a ras de suelo, las ventas son menores al tener que agacharse para alcanzar el artículo. Según esta distribución, los artículos de venta obligada estarán a nivel del suelo y el resto en los otros dos niveles para provocar su compra.

a) Explica con tus propias palabras qué es el *merchandising* y qué son las zonas frías y las zonas calientes.

b) ¿Crees que todos estos factores influyen realmente en el comportamiento del consumidor en unos grandes almacenes?

8. La película o el musical *Kinky Boots* muestra varios conceptos que hemos visto en esta unidad. Puedes ver el tráiler en <https://bit.ly/trailer-KinkyBoots>, y, si te animas a ver la película, contesta a las siguientes preguntas:

- ¿Qué nicho de mercado descubre el protagonista?
- ¿Qué aspectos de la investigación de mercado se reflejan en la película? ¿Cómo se va modelando, poco a poco, el nuevo producto? ¿A qué fuentes de información recurre Charlie Price: primarias o secundarias? ¿Cómo calificarías la investigación que realiza: cuantitativa o cualitativa?
- ¿Es Charlie el primero en comercializar botas para *drag queens*? ¿En qué etapa de su ciclo de vida se encuentra el producto?
- ¿Qué forma de comunicación utiliza Charlie para lanzar su producto al mercado? ¿Qué imagen de marca pretende dar?

Entra en internet

9. Cada vez está más de moda el *running*. Como consecuencia de ello, se celebran diferentes macroeventos con carreras de 10 km, media maratón y maratón completa. A continuación, te mostramos los enlaces de dos de estas carreras:

- San Silvestre Vallecana: <www.sansilvestrevallecana.com>.
- Carrera de la Mujer: <www.carreradelamujer.com>.

Explica qué tipo de acciones de marketing se están utilizando en relación con el *target* o mercado objetivo que se quiere alcanzar con cada una de ellas.

10. En internet existen páginas web que nos ayudarán a obtener información sobre franquiciadores que buscan franquiciados en nuestro país ofreciéndonos detalles como canon de entrada, *royalties*...

- <www.infofranquicias.com>
- <www.quefranquicia.com>
- <www.emprendedores.es/franquicias>

Utilizando las páginas web que se indican, busca información sobre tres franquicias basándote en los siguientes criterios:

- Canon de entrada asequible.
- Alta rentabilidad.
- Idea innovadora.

Elabora una ficha informativa que incluya todos los aspectos que consideres relevantes sobre cada franquicia.

El plan de empresa

A partir de ahora vas a comenzar a preparar el proyecto de empresa, trabajando y analizando cada uno de sus puntos según los temas tratados en cada unidad.

De momento, puedes ir elaborando un borrador de los puntos que proponemos a continuación. A lo largo del curso podrás retocarlo, mejorarlo y ampliarlo. **La unidad 14 está dedicada íntegramente al proyecto de empresa.** Conviene que empieces ya a consultarla; en ella descubrirás la importancia de **elaborar y evaluar** un proyecto de empresa, sus **características básicas** (presentación, fondo, forma, apartados imprescindibles, etc.) y encontrarás una propuesta de guion completo para su confección.

Puedes crear tu **producto mínimo viable** (Lean Startup) y mostrárselo a tus compañeros; quizá podrían ser tus *early adopters*. Preparad una encuesta y planteadla al terminar la exposición. La finalidad es ayudaros a comprobar la viabilidad de vuestro producto, si tenéis que pivotar o perseverar.

Idea de negocio (unidad 3)

Formula tu idea emprendedora. Para ello, deberás describir el producto de la empresa, explicando la innovación o mejora que aporta, los motivos por los que crees que tendrá aceptación y las necesidades que cubre.

Objetivos de la empresa (unidades 1, 2 y 3)

Señala los objetivos de tu empresa a corto y largo plazo.

Cultura empresarial y responsabilidad social corporativa (unidad 2)

Teniendo en cuenta que tu empresa ha de poseer una adecuada política de responsabilidad social corporativa, elabora los tres elementos que conformarán la cultura empresarial: misión, visión y valores.

Nombre comercial, marca y logotipo (unidades 3 y 4)

Indica el nombre comercial, la marca y el logotipo de la empresa.

Para su creación necesitas una buena dosis de creatividad e imaginación. Utiliza las técnicas descritas en la unidad 3 y otras dinámicas de grupo que conozcas o se expliquen en clase. De este modo, todos los miembros del proyecto elegiréis un nombre, una marca y un logotipo significativo para vuestro negocio.

Para realizar este punto, te recomendamos que vuelvas a leer el artículo de prensa de la unidad 3, «Yo te bautizo...».

Presentación de los promotores (unidad 4)

Uno de los primeros puntos del plan de empresa es la presentación, a modo de *curriculum vitae*, de los promotores, su formación, su experiencia y su valía empresarial. Es importante cuidar este apartado porque os interesa demostrar que los socios estáis capacitados para realizar este proyecto; especialmente, debéis transmitir esta idea a los bancos y a vuestros posibles financiadores.

Presentación de los promotores (unidad 4)

Una buena presentación desarrolla los siguientes puntos para cada uno de los socios:

- Nombre y apellidos.
- Formación.
- Experiencia profesional, incluidas prácticas, becas, éxitos profesionales...
- Rasgos de la personalidad que muestren habilidades emprendedoras (repasa la primera unidad de este libro). Cuando una persona es muy joven y prácticamente carece de experiencia laboral es importante que destaque todo aquello que muestre sus habilidades emprendedoras: creatividad, organización, liderazgo, capacidad de trabajo, resistencia a la frustración, madurez, participación en asociaciones estudiantiles, culturales o juveniles; haber sido delegado o subdelegado de curso; publicaciones, premios, viajes culturales, etc.
- Grado y tipo de implicación y responsabilidad en el desarrollo del proyecto: si la dedicación será exclusiva o se compaginará con un trabajo por cuenta ajena; si la aportación será solo dineraria o se contribuirá con dinero y trabajo.

  Ten en cuenta que el grado de implicación lleva aparejado también un mayor o menor grado de responsabilidad.
- Funciones y tareas que desarrollará en el proyecto, tanto directivas como de producción.
- Objetivo profesional.

Plan de marketing (unidad 4)

1. El producto

Describe la gama de productos que ofrece tu empresa indicando:

- Características principales: aspectos técnicos, diseño, envase, calidad, nombre de marca...
- Servicios relacionados con el producto: posventa, garantía, instalación, entrega a domicilio, financiación...
- Diferenciación de los productos competidores, potencialidad de mejora. Análisis de los posibles productos sustitutivos y complementarios.
- Estimación de su coste (puedes utilizar información de tus competidores).

2. Estrategia de precios

Detalla el precio de toda la gama de tus productos y explica cómo lo has fijado; indica las estrategias de precios que vas a seguir (descremación, penetración, descuentos, etc.).

Compara tu precio con los de la competencia. Si tu precio es superior al de tus competidores explica las razones (mayor calidad en el producto, mejor servicio posventa, etc.).

3. La distribución

Tendrás que analizar:

- Los canales de distribución que vas a utilizar y la política de incentivos a intermediarios.
- La composición del equipo de ventas.
- Los servicios de posventa y garantía de la empresa.

4. Estrategias de promoción

Incluye un plan de promoción y publicidad que te ayude tanto a aumentar las ventas del producto como a proyectar una adecuada imagen corporativa o de empresa. Para ello, puede servirte la guía que se presenta a continuación.

PROYECTO DE EMPRESA

continuación

Una vez analizada esta unidad, vuelve sobre tu lienzo Canvas, puedes aportar más información al apartado «¿Para qué?» y al de «Socios clave».

Plan de promoción y publicidad

a) Fase de investigación

- ¿Cuál es mi mercado objetivo?
- ¿Cuál es la imagen corporativa que quiero transmitir de mi empresa?
- ¿Cuáles son mis limitaciones presupuestarias?
- ¿Qué actividades promocionales puedo realizar?

Publicidad: ¿qué soportes publicitarios (radio, televisión, prensa, internet, revistas, *mailing*, publicidad exterior) tengo a mi disposición? Para un correcto estudio deberás tener en cuenta la amplitud de la población a la que quieres llegar y tu presupuesto.

Ejemplo: si tu empresa vende productos para recién nacidos será más rentable utilizar soportes especializados, como las revistas *Ser Padres* o *Crecer feliz*, que otro tipo de prensa más general.

Merchandising: ¿puedo realizar algún tipo de acción en el punto de venta?

Ejemplo: si tu empresa comercializa refrescos puede ofrecer unas neveras-expositores a los distribuidores, que permitan mantener los refrescos fríos frente a las altas temperaturas veraniegas, lo cual es un reclamo publicitario para los clientes.

Fidelización: ¿puedo crear algún sistema de incentivos para clientes habituales?

Ejemplo: si tu empresa es una tintorería podría ofrecer a los clientes habituales una tarjeta que se sellará en cada compra; al completar todos los sellos se regalará al cliente la limpieza de una prenda.

Promoción de ventas: ¿qué puedo hacer, especialmente en el momento inicial, para aumentar mis ventas?

Ejemplos: concursos, descuentos, regalos, oferta de cantidad extra del producto, extensión de la garantía en servicios...

Relaciones públicas: ¿qué tipo de acciones que supongan un beneficio social o medioambiental podría realizar mi empresa? ¿Qué medios voy a utilizar para transmitir mi imagen corporativa?

b) Elaboración del plan de promoción

En esta fase tendrás que elegir unas actividades promocionales concretas y especificar:

- Recursos necesarios para su realización. Indica si se va a contratar a un tercero o las va a realizar la empresa.
- Costes de cada una de las actividades promocionales que se van a realizar.
- Calendario de implantación (puesta en marcha) de cada una de las actividades.

c) Fase de evaluación y control

En esta fase deberás establecer unos criterios de evaluación de las actividades publicitarias:

- Aumento de la cuota de mercado.
- Aumento de las ventas totales.
- Entrada en nuevos mercados.

Dicha evaluación servirá para cuantificar la efectividad y rentabilidad de las acciones publicitarias.

Nota. No olvides que existen en el mercado agencias de publicidad especializadas en asesorar a las pequeñas y medianas empresas en la elaboración e implantación de su plan de promoción.

EN RESUMEN

Evalúa tus **conocimientos**

RESUELVE EN TU CUADERNO O BLOC DE NOTAS

1. **¿Qué ocurrirá si aumenta el precio de un producto en el mercado y permanecen el resto de las variables constantes?**
   a) La cantidad ofertada disminuirá.
   b) La cantidad demandada aumentará.
   c) La cantidad demandada disminuirá.
   d) Ninguna de las respuestas anteriores es correcta.

2. **¿Cuál de los siguientes no es un elemento del *marketing mix*?**
   a) Precio.
   b) *Merchandising*.
   c) Distribución.
   d) Promoción.

3. **¿En qué fase o fases de la vida del producto no se produce generalmente un aumento de las ventas?**
   a) Introducción y crecimiento.
   b) Crecimiento y madurez.
   c) Madurez.
   d) Madurez y declive.

4. **¿Cuál de los siguientes es un criterio para la correcta estimación del precio de un producto?**
   a) Basado en los costes.
   b) Basado en la percepción del consumidor.
   c) Basado en la competencia.
   d) Todas las respuestas anteriores son correctas.

5. **¿Cómo se denomina el conjunto de técnicas que pretenden destacar el artículo en el punto de venta?**
   a) Publicidad.
   b) Promoción.
   c) *Merchandising*.
   d) Marketing.

6. **¿Cómo se denomina la estrategia consistente en fijar precios altos, normalmente al introducir un producto, para obtener unos beneficios rápidos, a costa de atraer a la competencia?**
   a) Estrategia de precios de penetración.
   b) Estrategia de precios de descremación.
   c) Estrategia de precios psicológicos.
   d) Estrategia de precios de prestigio.

5 La forma jurídica de la empresa

Vamos a conocer...

1. La forma jurídica de la empresa
2. La figura del autónomo
3. Las sociedades
4. Las sociedades personalistas
5. Las sociedades de capital
6. La sociedad laboral y la cooperativa
7. Protección jurídica

PROYECTO DE EMPRESA

Área jurídica del plan de empresa

Y al finalizar esta unidad...

- Distinguirás entre persona física y persona jurídica.
- Conocerás los criterios que se deben considerar a la hora de elegir una forma jurídica para tu empresa y descubrirás las consecuencias de elegir una u otra.
- Analizarás las formas jurídicas más importantes.
- Descubrirás que la actividad a la que se dedique tu empresa tiene ciertas implicaciones jurídicas.
- Aprenderás a proteger tus ideas, procesos, productos y marca.

Práctica profesional inicial

Situación de partida

Jorge, Mireya, Lucía y Carlos son antiguos compañeros de un CF de Animación de Actividades Físicas y Deportivas, que han seguido manteniendo un estrecho contacto. Dejaron el instituto hace siete años y, desde entonces, han pasado por varias experiencias laborales que les han permitido tener un amplio conocimiento del funcionamiento de los gimnasios y polideportivos.

Mireya es autónoma, trabaja como entrenadora personal para todo aquel que requiera sus servicios, y atiende tanto a deportistas profesionales como a personas que han sufrido una lesión muscular grave y tienen que recuperarse.

Lucía se ha especializado en reeducación postural y terapéutica a través de la danza y ejercicios sencillos. Ha desarrollado un método nuevo y personal que está teniendo mucho éxito, tanto que le preocupa que lo copien.

Carlos y Jorge trabajan juntos como monitores en un gimnasio de reconocido prestigio.

Los cuatro han decidido abrir un gimnasio con un carácter innovador, en el que se ofrezcan actividades deportivas de todo tipo (entrenamiento personal, clases colectivas de tonificación, cardiovasculares, acuáticas, etc.) y terapéuticas (cuidado de la espalda, reeducación postural, respiración y relajación, etc.).

Han hecho cuentas sobre el dinero que pueden aportar: Jorge y Carlos pueden contribuir con 6000 € cada uno, Lucía con 2500 y Mireya no puede aportar nada por ahora, ya que tiene pendiente el pago de tres meses de alquiler del local en el que trabajaba como autónoma; está muy preocupada porque le han dicho que, si no paga pronto, le van a embargar el coche (su único bien en propiedad).

Como se conocen desde hace muchos años, deciden que todos los socios serán oídos en la toma de decisiones. Quieren mantener siempre el control de la sociedad y no aceptar un nuevo socio sin que los cuatro lo conozcan bien. Además, quieren dejar a salvo su patrimonio personal para evitar que les pase lo mismo que a Mireya.

Estudio del caso

A la hora de constituir una empresa, hay que elegir una forma jurídica (sociedad anónima, limitada, cooperativa, etc.). La elección repercutirá en aspectos tan importantes como la responsabilidad de los socios, su participación en la gestión, el capital inicial necesario, etc.

Antes de empezar a leer esta unidad de trabajo, puedes contestar las dos primeras preguntas. Después, analiza cada punto del tema, con el objetivo de contestar al resto de las cuestiones de este caso práctico.

1. ¿Qué formas jurídicas conoces? Cita ejemplos de empresas reales y su forma jurídica.
2. ¿Cómo puede proteger Lucía su método terapéutico contra la copia?
3. Algunas formas jurídicas exigen un capital mínimo para su constitución. ¿Qué tipo de sociedad pueden constituir estos amigos con el capital que tienen?
4. Según dicen, Mireya debe hacer frente a las deudas de la empresa no solo con el dinero obtenido de sus negocios, sino con su patrimonio personal. ¿Es cierto? ¿Cómo se llama este tipo de responsabilidad?
5. ¿Cómo pueden los socios dejar a salvo su patrimonio personal?
6. ¿Puede Mireya formar parte de la sociedad a pesar de no aportar capital al inicio de la actividad empresarial?
7. ¿Qué formas jurídicas permiten mantener el control de la sociedad y conocer a todos los socios?
8. ¿Qué forma jurídica te parece más adecuada para la empresa que quieren montar los cuatro amigos?

Las distintas formas jurídicas se regulan en las siguientes normas:

Ley 20/2007, de 11 de julio, del Estatuto del Trabajo Autónomo.

Real Decreto Legislativo 1/2010, de 2 de julio, por el que se aprueba el texto refundido de la Ley de Sociedades de Capital.

Ley 7/2003, de 1 de abril, de la Sociedad Limitada Nueva Empresa.

Ley 27/1999, de 16 de julio, de Cooperativas, y las leyes autonómicas de Cooperativas.

Ley 44/2015, de 14 de octubre, de Sociedades Laborales y Participadas.

Ley 14/2013, de 27 de septiembre, de apoyo a los emprendedores y su internacionalización.

Código de Comercio de 1885.

Vocabulario

Persona física

Para el Derecho, cada uno de nosotros somos una persona física, tenemos derechos y obligaciones y podemos ser propietarios.

1. La forma jurídica de la empresa

Cuando una persona decide trabajar por cuenta propia, puede hacerlo:

- Constituyendo una **sociedad** con personalidad jurídica propia (sociedad anónima, limitada, cooperativa, etc.). Una persona jurídica es una asociación de persona/s física/s a quienes la ley concede una personalidad propia, distinta e independiente de la personalidad de cada uno de sus miembros. La persona jurídica es sujeto de derechos y obligaciones y puede tener propiedades.
- Como trabajador **autónomo** (persona física), en cuyo caso existen dos figuras diferenciadas que se rigen por la Ley 20/2007, de 11 de julio, del Estatuto del Trabajo Autónomo: el autónomo y el autónomo económicamente dependiente.

La Ley 14/2013, de 27 de septiembre, de apoyo a los emprendedores y su internacionalización, recoge en su artículo 3 una **definición** muy amplia de **emprendedores:** «Aquellas personas, independientemente de su condición de persona física o jurídica, que desarrollen una actividad económica empresarial o profesional, en los términos establecidos en esta ley».

Lo primero que debes considerar a la hora de escoger una forma jurídica para tu empresa es **cómo se regulan los siguientes aspectos**:

Responsabilidad de los socios

- **Ilimitada**: Los socios responden con sus propios bienes frente a las deudas de la empresa. Esto significa que podrían embargar sus bienes para pagar las deudas contraídas por la sociedad.
- **Limitada**: Los socios solo responden de las deudas de la empresa por el importe del capital que aportaron para crear la compañía. De esta forma, sus bienes permanecen al margen.
- **Subsidiaria**: El patrimonio de la sociedad se hace cargo de las deudas de la empresa; cuando este no es suficiente, se paga el resto de la deuda con las aportaciones de los socios.
- **Solidaria**: Pueden ser exigidas las deudas a todos y a cada uno de los socios, es decir, los deudores tienen dos opciones:
  - Pedir a cada socio su parte proporcional.
  - Pedir el importe total de la deuda a uno de ellos, quien, posteriormente, podrá exigir al resto que le reintegre la parte que aportó por ellos.

- El **número** mínimo y máximo de **socios** que debe componer la empresa.
- El **capital** mínimo necesario para constituir la empresa.
- El pago de **impuestos** (se analizará en profundidad en la unidad 12):
  - Los **autónomos** pagan el impuesto sobre la renta de las personas físicas **(IRPF),** cuyo porcentaje varía en función de los ingresos obtenidos.
  - Las **sociedades** pagan el impuesto sobre sociedades **(IS),** que grava los beneficios de la empresa con un tipo general del 25%. Hay que destacar que se conceden reducciones e incentivos fiscales a las entidades de nueva creación (que tributarán al 15%) y a las cooperativas fiscalmente protegidas (20%).

Caso práctico inicial

Los cuatro amigos están buscando un tipo de sociedad con responsabilidad limitada.

Saber más

Otros incentivos fiscales en el pago del impuesto sobre sociedades

En la unidad 12 analizarás los impuestos en mayor profundidad.

2. La figura del autónomo

Existen dos figuras diferenciadas de trabajador autónomo:

- El **autónomo** es una persona física que realiza una actividad económica o profesional a título lucrativo, de forma habitual y directa, y por cuenta propia. Su actuación se realiza fuera del ámbito de dirección y organización de otra persona, es decir, él es su propio jefe. Si lo desea, puede contratar trabajadores a su cargo.
- El **autónomo económicamente dependiente** es aquel que trabaja de forma habitual, personal, directa y predominante para un cliente, del que depende económicamente por percibir de él al menos el 75 % de sus ingresos. La contraprestación económica o remuneración se percibe en función de los resultados de su trabajo y, siempre, según lo pactado con el cliente.

  El autónomo económicamente dependiente organiza él mismo su actividad (sin perjuicio de las indicaciones técnicas que le den sus clientes) y ha de contar con infraestructura y material propios para poder realizar su trabajo. No puede tener a su cargo trabajadores por cuenta ajena ni contratar o subcontratar total ni parcialmente la actividad con terceros. Como todo empresario, asume el riesgo y la ventura de la operación.

Aspectos comunes sobre los autónomos

Quién puede ser autónomo	■ Los mayores de 18 años. ■ Los menores emancipados y los menores con libre disposición de bienes.
Responsabilidad	Ilimitada y subsidiaria (salvo el emprendedor de responsabilidad limitada).
Capital social	No se exige un capital mínimo para empezar.
Denominación	El nombre comercial es libre (no es obligatoria la inscripción en el Registro Mercantil).
Impuestos	IRPF: se realiza una liquidación por trimestre y una liquidación anual. IVA: se realizan pagos trimestrales y se presenta un resumen anual. IAE (impuesto sobre actividades económicas): los empresarios individuales están exentos de su pago; no obstante, es obligatorio darse de alta en el impuesto.
Seguridad Social	Los autónomos deben darse de alta en el régimen especial de trabajadores autónomos (RETA) y pagar mensualmente las cuotas correspondientes a la Seguridad Social. Pueden disfrutar de bonificaciones en las cuotas que pagan a la Seguridad Social en determinados casos.
Trámites de constitución	Son sencillos: solo hay que darse de alta en el régimen especial de trabajadores autónomos de la Seguridad Social (RETA) y en Hacienda.
No pueden ejercer como autónomos	■ Las personas declaradas en concurso de acreedores. ■ Los magistrados, jueces, fiscales y empleados en la recaudación y administración de fondos del Estado, en aquellos lugares donde desempeñen sus funciones. ■ Personas con cargo público sometidas a un régimen de incompatibilidades que no les permita desarrollar ciertas actividades económicas.

Saber más

La acción protectora de la Seguridad Social en el régimen especial de autónomos

Los autónomos disfrutan de:

- Permisos remunerados para la conciliación de la vida familiar y laboral (nacimiento y cuidado de menor, adopción o acogimiento, riesgo durante el embarazo o lactancia).
- Incapacidad temporal (con sus particularidades).
- Jubilación (con sus particularidades).
- Muerte y supervivencia.
- Prestaciones por hijo a cargo.
- Prestación por cese de actividad o desempleo.

Caso práctico inicial

La responsabilidad de Mireya como autónoma es ilimitada; por eso responde con su patrimonio personal frente a las deudas de la empresa.

2.1. El emprendedor de responsabilidad limitada

La Ley 14/2013, de 27 de septiembre, de apoyo a los emprendedores y su internacionalización, creó la figura del emprendedor de responsabilidad limitada, que permite al autónomo limitar su responsabilidad al capital aportado.

El emprendedor, persona física, cualquiera que sea su actividad, podrá limitar su responsabilidad por las deudas que traigan causa del ejercicio de dicha actividad empresarial o profesional mediante la asunción de la condición de «Emprendedor de Responsabilidad Limitada».

2.1.1. Características de la responsabilidad limitada

La responsabilidad limitada del emprendedor, persona física, tiene unos límites o características especiales:

- Esta limitación **solo afectará a la vivienda habitual del deudor** siempre que su **valor no supere los 300 000 €** (en el caso de viviendas situadas en una población de más de un millón de habitantes se aplicará un coeficiente del 1,5, es decir, 300 000 × 1,5). Para calcular el valor de la vivienda se tendrán en cuenta las reglas del impuesto sobre transmisiones patrimoniales en el momento de la inscripción en el Registro Mercantil.
- Para que la vivienda habitual del emprendedor quede exenta de responsabilidad es obligatoria su **inscripción y publicidad a través del Registro Mercantil y el Registro de la Propiedad.** En la inscripción del emprendedor en el Registro Mercantil correspondiente a su domicilio se indicará el bien inmueble, propio o común, que quedará exento de responsabilidad.

  Los trámites para la inscripción registral se podrán realizar telemáticamente y se fijan los **aranceles registrales** para las inscripciones en 40 € el Registro Mercantil y 24 € el Registro de la Propiedad.
- No podrá beneficiarse de la limitación de responsabilidad el deudor que hubiera actuado con **fraude o negligencia grave,** si consta acreditado por sentencia firme o en concurso declarado culpable.
- Se exceptúan de la limitación de responsabilidad las deudas de derecho público.

2.1.2. Publicidad mercantil del emprendedor de responsabilidad limitada

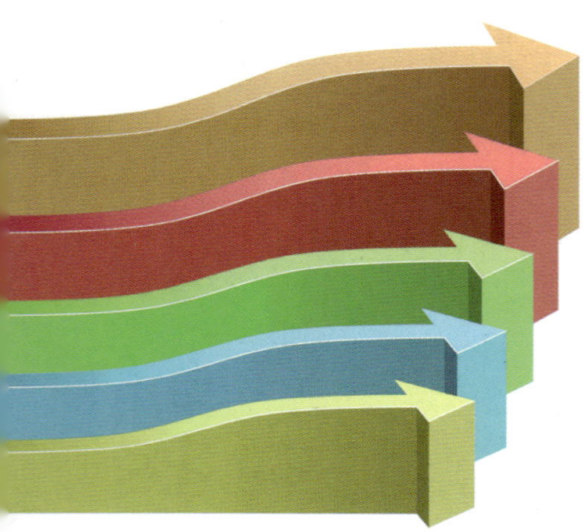

El emprendedor de responsabilidad limitada debe dar publicidad a esta situación, para que sea conocida por todos los que trabajan con él:

- El emprendedor inscrito deberá **hacer constar** en toda su documentación **su condición** de «Emprendedor de Responsabilidad Limitada» o añadiendo a su nombre, apellidos y datos de identificación fiscal las siglas ERL.
- Salvo que los acreedores presten su consentimiento expresamente, subsistirá la responsabilidad del deudor por las **deudas contraídas antes** de registrarse como emprendedor individual de responsabilidad limitada en el Registro Mercantil.
- El Colegio de Registradores, bajo la supervisión del Ministerio de Justicia, mantendrá un **portal público** de libre acceso en el que se divulgarán sin coste para el usuario los datos relativos a los emprendedores de responsabilidad limitada registrados.

3. Las sociedades

Ahora que ya conoces cuáles serían tus condiciones como autónomo, debes analizar cómo te afectarían esas mismas cuestiones si formaras una sociedad.

Las sociedades se constituyen como **personas jurídicas** y pueden adoptar distintas formas. Cada forma jurídica presenta unas diferencias que debes tener en cuenta a la hora de escoger una u otra para tu empresa. A continuación, te presentamos un cuadro con los primeros elementos que debes valorar. En los siguientes puntos, estudiarás en mayor profundidad cada forma jurídica, para que termines de tomar una decisión:

Forma jurídica	Responsabilidad	Capital social (constituido por las aportaciones de los socios)	N.º de socios
Sociedad limitada	Limitada, solidaria y subsidiaria	Mínimo: 3 000 € (salvo la sociedad limitada de formación sucesiva, que puede constituirse con menos capital)	Mínimo: 1
Sociedad limitada nueva empresa	Limitada, solidaria y subsidiaria	Mínimo: 3 000 € Máximo: 120 000 €	Mínimo: 1 Máximo: 5 en el momento de la constitución. Solo pueden ser socios las personas físicas.
Sociedad anónima	Limitada, solidaria y subsidiaria	Mínimo: 60 000 € Se permite desembolsar solo un 25 % (15 000 €) hasta un plazo máximo de 5 años.	Mínimo: 1
Sociedad laboral Sociedad limitada laboral	Limitada, solidaria y subsidiaria	Mínimo: 3 000 €	En el momento de la constitución y durante 3 años, podrán ser 2 socios trabajadores, con un reparto del capital al 50 %. Después ninguno será titular de más de un tercio del capital social.
Sociedad anónima laboral	Limitada, solidaria y subsidiaria	Mínimo: 60 000 € Se puede aportar solo un 25 % (15 000 €) hasta un plazo máximo de 5 años.	
Entre todos, los socios trabajadores deben poseer más del 50 % del capital social. Ningún socio debe poseer más de un tercio del capital social.			
Sociedad colectiva	Socios colectivos: ilimitada Socios industriales: no tienen responsabilidad	No se exige un capital mínimo para iniciar la actividad empresarial.	2 socios.
Sociedad comanditaria	Socios colectivos: ilimitada, solidaria y subsidiaria Socios comanditarios: limitada, solidaria y subsidiaria	No se exige capital mínimo, salvo en la comanditaria por acciones que se pide, al menos, 60 000 € (el desembolso inicial puede ser del 25 %).	2 socios. 3 socios en la comanditaria por acciones.
Cooperativa	Limitada, solidaria y subsidiaria	Cada socio no debe poseer más de un tercio del capital social.	3 (las de primer grado). 2 (las de segundo grado).

Saber más

Los estatutos de las sociedades

Al constituir una sociedad es obligatorio redactar sus estatutos, donde se incluyen las normas que regirán la vida de la empresa (véase la unidad 11).

La redacción de los estatutos varía en función de la forma jurídica de la empresa.

En los recursos adicionales encontrarás un modelo de estatuto para cada una de las formas jurídicas.

Vocabulario

Capital social

Está constituido por las aportaciones con valor económico (monetario o en especie) que realicen los socios a la empresa, sin derecho a devolución.

Se trata de una cifra estable, cuya aportación es necesaria para la constitución de la sociedad.

Caso práctico inicial

Atendiendo al capital social mínimo que se necesita para constituir una empresa y teniendo en cuenta las aportaciones de los cuatro socios, podrían montar cualquier tipo de empresa, salvo una sociedad anónima o una sociedad anónima laboral.

4. Las sociedades personalistas

Las sociedades personalistas (sociedad colectiva y comanditaria) se caracterizan por la importancia de la persona de los socios y su relación de confianza:

Sociedad colectiva

Socios

- **Socios colectivos**
  - Aportan trabajo y capital.
  - Participan en la gestión de la sociedad.
  - Responsabilidad ilimitada.
- **Socios industriales**
  - Aportan trabajo.
  - No participan en la gestión de la sociedad.

Nombre o razón social de la empresa (Recuerda que el nombre comercial puede ser diferente)

El nombre de la empresa será uno de los siguientes:

- Nombre y apellidos de un socio colectivo y la expresión y *Compañía* o y *Cía*.
- Nombres y apellidos de algunos socios colectivos y la expresión y *Compañía* o y *Cía*.
- Nombre y apellidos de todos los socios colectivos.

Si se incluye el nombre de una persona que no pertenece a la sociedad, este se convertirá en responsable solidario de las deudas sociales.

Seguridad Social

Todos los socios deben darse de alta en el régimen especial de autónomos.

Transmisión de la participación

Para transmitir o vender la participación en la sociedad, se necesita el consentimiento de los demás socios.

Sociedad comanditaria

Socios

- **Socios colectivos**
  - Aportan trabajo y capital.
  - Participan en la gestión de la sociedad.
  - Responsabilidad ilimitada.
- **Socios comanditarios**
  - Aportan capital.
  - No participan en la gestión de la sociedad.
  - Responsabilidad limitada al capital aportado.

Capital social mínimo (Constituido por las aportaciones de los socios)

Comanditaria simple: no se exige un capital mínimo.
Comanditaria por acciones: el capital social se divide en acciones (en realidad se trata de una sociedad de capital). Se exige un capital mínimo inicial de 60 000 € (en el momento de la constitución se permite un desembolso del 25 %, como en las SA).

Nombre o razón social de la empresa (Recuerda que el nombre comercial puede ser diferente)

- Nombre y apellidos de un socio colectivo y la expresión y *Compañía* o y *Cía*.
- Nombres y apellidos de algunos socios colectivos y la expresión y *Compañía* o y *Cía*.
- Nombre y apellidos de todos los socios colectivos y la expresión *Sociedad en comandita*.

Si se incluye el nombre de un socio comanditario, su responsabilidad se convierte en ilimitada.
Si se trata de una **comanditaria por acciones,** se añade *Sociedad comanditaria por acciones* o *S. Com. por A*.

Seguridad Social

Socios colectivos: régimen especial de autónomos.
Socios comanditarios: si no trabajan no deben darse de alta en ningún régimen.

Transmisión de la participación

Los socios colectivos necesitan el consentimiento de los demás socios para vender su participación en la sociedad.
Los socios comanditarios tienen libertad.

Caso práctico inicial

Mireya solo aporta trabajo, como los socios industriales.

Saber más

Sociedad colectiva

La sociedad colectiva es una de las formas societarias más antiguas. Nace en la Edad Media, fruto de la evolución de las comunidades hereditarias familiares.

Surge como una comunidad de trabajo entre personas ligadas por vínculos de sangre, aunque, posteriormente, pase a admitir a personas ajenas al círculo familiar, con las que se mantiene una relación especial de confianza.

Saber más

Reparto de beneficios

Los socios participan de los beneficios de la sociedad en función de lo acordado en los estatutos, normalmente, según la aportación de cada uno.

5. Las sociedades de capital

Las sociedades personalistas presentan un importante inconveniente: los socios responden de forma ilimitada ante las deudas de la empresa, poniendo en peligro su propio patrimonio.

Las sociedades que estudiarás a continuación evitan este problema, dado que en ellas la responsabilidad de los socios es limitada, solo responden por el importe del capital que aportan inicialmente para crear la compañía.

Son sociedades de capital la sociedad de responsabilidad limitada, en sus distintas formas, la sociedad anónima y la sociedad comanditaria por acciones (que ya hemos estudiado).

Las aportaciones de los socios a la empresa constituyen el **capital social.** Estas aportaciones pueden ser monetarias o en especie, siempre que tengan un valor económico.

Hemos de distinguir lo siguiente:

- En la **sociedad de responsabilidad limitada,** el capital social se divide en participaciones.
- En la **sociedad anónima** y en la **comanditaria por acciones,** el capital social se divide en acciones.

Una **acción** (propia de las sociedades anónimas) y una **participación** (propia de las sociedades de responsabilidad limitada) es una parte alícuota (igual y proporcional), indivisible y acumulable del capital social. A cada socio se le entrega un número concreto de acciones o de participaciones en función del capital aportado. Por lo tanto, poseer acciones de una sociedad anónima o tener participaciones de una sociedad limitada significa participar de su **propiedad** en una parte proporcional; esta es la razón por la cual otorgan:

- Derecho a **participar en el reparto de beneficios** de la empresa en proporción al número de acciones o participaciones que se tengan. Es el denominado *reparto de dividendos.*
- Derecho a **asistir y votar** en las juntas generales y a impugnar los acuerdos sociales. De este modo, se puede participar en la dirección de la sociedad; normalmente una acción o una participación supone un voto, por tanto, cuantas más acciones se posean, mayor control se detenta de la sociedad.
- Derecho de **adquisición preferente** cuando se emitan nuevas acciones o participaciones.
- Derecho a participar en el **reparto del patrimonio** de la empresa **en caso de disolución** de la sociedad.
- Derecho de **información.**

El valor de cada acción o participación se denomina *valor nominal,* e indica la parte de capital social que representa cada una. No se debe confundir con el valor de mercado, que es el precio de compra y venta de la acción.

Trabajo en equipo

1. Pensad, en primer lugar, qué es más adecuado para vuestra idea empresarial, constituir una sociedad o emprender el camino solos, como trabajadores autónomos. Elaborad un listado de ventajas e inconvenientes.

Saber más

Sociedad unipersonal

Es aquella sociedad limitada o anónima:

a) Constituida por un único socio, ya sea persona natural o jurídica.

b) Constituida por dos o más socios cuando todas las participaciones o las acciones hayan pasado a ser propiedad de un único socio.

La condición de unipersonal se hará constar en escritura pública (indicando necesariamente la identidad del socio) y se inscribirá en el Registro Mercantil. La condición de unipersonal también aparecerá en toda la documentación de la empresa, facturas, etc.

Ejemplo: TELEFÓNICA MÓVILES ESPAÑA, SAU.

Saber más

Participaciones sociales y acciones

Las participaciones sociales y las acciones pueden otorgar derechos diferentes. Por ejemplo, puede haber acciones o participaciones que no conceden derecho de voto.

5.1. La sociedad limitada

Caso práctico inicial

Los cuatro compañeros quieren conocer y controlar siempre a los posibles nuevos socios.

Sociedad de responsabilidad limitada

Socios	■ Es obligatorio inscribir en el libro de registro de socios el nombre y los apellidos de cada socio y su número de participaciones. ■ Número mínimo de socios que se exige para poder constituir una sociedad limitada: 1.
Capital social	El capital social se divide en **participaciones** sociales, que nunca podrán convertirse en acciones. El mínimo necesario son 3 000 €, totalmente suscritos y desembolsados. Mientras no se alcance, la sociedad estará sujeta al régimen de **formación sucesiva.**
Denominación	El nombre de la futura empresa es libre, pero es obligatorio añadir al final la denominación de *Sociedad Limitada* (o las siglas *SL*) o *Sociedad de Responsabilidad Limitada* (o las siglas *SRL*).
Transmisión de las participaciones	Salvo que los estatutos de la sociedad dispongan otra cosa, la venta solo es libre entre los socios, entre un socio y su cónyuge, ascendientes o descendientes o en favor de sociedades del mismo grupo empresarial. Para la venta a terceras personas, ajenas a la empresa, es necesario comunicarlo al resto de los socios y seguir el procedimiento que establezcan los estatutos de la sociedad.
Seguridad Social (arts. 136 y 305.2.b LGSS)	**Socios que trabajan en la empresa:** si poseen el control directo o indirecto de la sociedad, se darán de alta como autónomos. En caso contrario, pueden darse de alta en el régimen general de la Seguridad Social. **El administrador:** debe darse de alta como autónomo si es un socio que posee el control directo o indirecto de la sociedad. Si no lo tiene, será asimilado a trabajador por cuenta ajena, es decir, con exclusión de la protección por desempleo y del FOGASA. Se tiene el **control directo o indirecto de la sociedad** (art. 305.2.b) cuando: ■ El socio-administrador posee la mitad del capital social. ■ Al menos la mitad del capital social está distribuido entre socios, con los que convive el socio-administrador y a quienes se encuentra unido por vínculo conyugal o de parentesco por consanguinidad, afinidad o adopción, hasta el segundo grado. ■ El socio-administrador posee un tercio o más del capital social. ■ La participación del socio-administrador en el capital social es igual o superior a la cuarta parte del mismo y tiene atribuidas funciones de dirección y gerencia de la sociedad.
Órganos de gobierno de la sociedad	■ **Junta general:** compuesta por el conjunto de socios. Rige la vida de la sociedad. ■ **El órgano de administración:** gestiona y representa a la sociedad en todos los actos que así determinen los estatutos.

Saber más

Constitución por medios telemáticos

La normativa que regula las sociedades limitadas ofrece la posibilidad de realizar los trámites de constitución y puesta en marcha de esta forma jurídica por medios telemáticos.

Actividades

2. Dos antiguos alumnos de un CF de Cocina y Gastronomía quieren abrir un bar de tapas. Sabiendo que cada uno puede aportar 6 000 € y que no quieren arriesgar su patrimonio personal, ¿qué forma jurídica les aconsejas?

3. Tres estudiantes de un CF de Estética quieren abrir un salón de belleza. Cada uno aportará 4 100 €, no quieren poner en peligro sus bienes personales y no les interesa que se incorporen nuevos socios sin discutirlo antes entre ellos. ¿Qué formas jurídicas les aconsejas? Razona la respuesta.

5.2. La sociedad limitada nueva empresa (SLNE)

La SLNE se concibió con la idea de reducir los largos trámites que se exigen para crear una empresa. Se pensó en una constitución por medios telemáticos, a través del documento único electrónico (DUE), que estudiarás en la unidad 11. Finalmente, el DUE se hizo extensible a otras formas jurídicas, de modo que ya no es exclusivo de la SLNE.

Esta sociedad se regula como una especialidad de la sociedad de responsabilidad limitada. Sus principales particularidades son las siguientes:

Características específicas de la sociedad limitada nueva empresa

Socios	No es necesario llevar un libro de registro de socios. Solo pueden ser socios las personas físicas. Número de socios en el momento de constitución de la sociedad: – Número mínimo de socios: 1 – Número máximo: 5
Capital social	El capital social solo estará constituido por aportaciones dinerarias. Se exige un cifra mínima y máxima de capital social: – Mínimo: 3 000 € – Máximo: 120 000 €
Denominación	El nombre o razón social de la empresa estará compuesto por los dos apellidos y el nombre de uno de los socios fundadores + un código alfanumérico + la expresión *Sociedad Limitada Nueva Empresa* o las siglas SLNE.
Transmisión de las participaciones	Como consecuencia de la transmisión de las participaciones, podrá superarse el número de 5 socios. La venta solo podrá hacerse a favor de personas físicas. Si las participaciones fueran adquiridas por personas jurídicas, deberán venderse a personas físicas en el plazo de 3 meses; en otro caso la SLNE pasará a ser una SL.
Ventajas fiscales y financieras	Aplazamiento en el pago (sin necesidad de ofrecer garantías) de varios impuestos (impuesto sobre sociedades, retenciones a cuenta del IRPF).

Saber más

Sociedad limitada nueva empresa unipersonal

No se permite que el socio único de una SLNE unipersonal ostente la condición de socio único de otra SLNE.

Este requisito no se exige para el socio único de una sociedad limitada.

5.3. La sociedad limitada de formación sucesiva

La sociedad limitada de formación sucesiva (SLFS) **puede constituirse con un capital social inferior al mínimo exigido para la SRL.** Esta sociedad, mientras no alcance la cifra de capital social mínimo fijada para la SRL, estará sujeta al **régimen de formación sucesiva,** conforme a las siguientes reglas:

- Destinar a reserva legal al menos el 20 % del beneficio del ejercicio, sin límite de cuantía.
- No se pueden distribuir dividendos hasta que el valor del patrimonio neto no sea, o no resulte tras el reparto, inferior al 60 % del capital legal mínimo (3 000 € × 60 % = 1 800 €).
- La suma anual de las retribuciones satisfechas a los socios y administradores durante esos ejercicios por el desempeño de tales cargos no podrá exceder del 20 % del patrimonio neto del correspondiente ejercicio, sin perjuicio de otras retribuciones que pudieran corresponderles por otros conceptos (trabajo por cuenta ajena o servicios profesionales).
- En caso de liquidación, los socios y administradores responderán solidariamente del desembolso del capital mínimo requerido para las sociedades de responsabilidad limitada (3 000 €) si el patrimonio fuera insuficiente para atender el pago de las obligaciones.
- No es necesario acreditar la realidad de las aportaciones dinerarias en la constitución. Los fundadores y quienes adquieran participaciones asumidas en la constitución responderán solidariamente frente a la sociedad y frente a los acreedores sociales de dicha realidad.
- Los estatutos contendrán una expresa declaración de sujeción de la sociedad al régimen de formación sucesiva.

5.4. La sociedad anónima

La sociedad limitada había superado el problema de la responsabilidad ilimitada de los socios, pero las restricciones a la hora de transmitir las participaciones y la necesidad de registrar a los socios hacían difícil reunir un gran número de socios y, por consiguiente, acumular grandes sumas de dinero. La sociedad anónima resolvió este problema permitiendo la libre transmisión de las acciones de la sociedad y eliminando la necesidad de un libro de registro de socios. Esto permitió emprender proyectos que necesitaban acumular grandes sumas de dinero.

Sociedad anónima

Socios	Los socios pueden guardar su anonimato si así lo desean. No es necesario llevar un libro de registro de socios. Número mínimo de socios que se exige para poder constituir una sociedad anónima: 1.
Capital social	El capital social se divide obligatoriamente en acciones. El capital social mínimo es de 60 000 €. En el momento de la constitución de la SA puede estar desembolsado solo un 25 % (15 000 €). El accionista deberá aportar a la sociedad la porción de capital que hubiera quedado pendiente de desembolso en la forma y dentro del plazo previsto por los estatutos sociales. El plazo de desembolso de las aportaciones no dinerarias no podrá exceder de 5 años desde la constitución de la sociedad.
Denominación	Nombre libre, añadiendo al final *Sociedad Anónima* (o las siglas SA).
Transmisión de las participaciones	Las acciones se pueden vender libremente. Es más, si la sociedad reúne unos requisitos determinados puede cotizar en Bolsa, lo que significa que sus acciones se podrán negociar y vender públicamente en el mercado secundario oficial de valores (la Bolsa). Sin embargo, las participaciones de una sociedad limitada jamás podrán cotizar en Bolsa.
Seguridad Social	Igual que en el caso de la sociedad limitada.
Órganos de gobierno de la sociedad	■ **Junta general:** compuesta por el conjunto de socios. Es el máximo órgano de gobierno, en el que los socios deciden por mayoría los acuerdos que son de su competencia. ■ **Órgano de administración:** gestiona y representa a la sociedad en todos los actos que así determinen los estatutos.

Actividades

4. María Hernández posee varias participaciones en una sociedad limitada que decide vender para comprarse un coche. Explica si existe alguna limitación para esta venta.

5. Siete compañeros informáticos deciden montar una empresa de venta y reparación de productos informáticos y elaboración de páginas web. Aportarán al capital social 18 000 € cada uno y quieren correr los menores riesgos posibles en su patrimonio. ¿Qué formas jurídicas les aconsejas? Razona la respuesta.

Anécdotas empresariales

Aló, Majestad

TELEFÓNICA nació como COMPAÑÍA TELEFÓNICA NACIONAL DE ESPAÑA y se constituyó como sociedad anónima el 19 de abril de 1924. Reinaba Alfonso XIII y España llevaba un año bajo la dictadura de Primo de Rivera. El rey fue precisamente quien tuvo el honor de hacer la primera llamada. Cuentan que aquella vez el teléfono no comunicó.

Saber más

Sociedades con dimensión europea

Existe una regulación específica para las SA europeas y para los trabajadores de las SA y cooperativas europeas:

- Ley 31/2006, de 18 de octubre, sobre implicación de los trabajadores en las sociedades anónimas y cooperativas europeas.
- Ley 19/2005, de 14 de noviembre, sobre la sociedad anónima europea domiciliada en España (implícitamente derogada por el texto refundido de la Ley de Sociedades de Capital).

6. La sociedad laboral y la cooperativa

La sociedad laboral y la cooperativa se caracterizan por la participación de los trabajadores en la propiedad de la empresa, es decir, la mayoría de los socios trabajan en la compañía (aportan capital y trabajo). Para contribuir a su promoción y desarrollo se conceden unas bonificaciones fiscales a este tipo de sociedades.

6.1. La sociedad laboral

Las sociedades anónimas o limitadas en las que la mayoría del capital social sea propiedad de los trabajadores con una relación laboral indefinida podrán solicitar la calificación de *Sociedad Laboral* al Ministerio de Trabajo o a los organismos competentes de las comunidades autónomas.

Podemos encontrar:

- **Socios trabajadores** (aportan capital y trabajo): su relación laboral es indefinida y poseen la mayoría del capital social, pero ningún socio, individualmente, puede tener acciones o participaciones que representen más de la tercera parte del capital social (salvo las Administraciones públicas, en cuyo caso puede superarse sin alcanzar el 50 %, o en el supuesto de constitución inicial por dos socios trabajadores con contrato indefinido, que aportarán el 50 %).
- **Socios no trabajadores**: solo aportan capital.
- **Trabajadores indefinidos** (no socios): no podrán superar el 49 % del cómputo global de horas-año trabajadas en la sociedad laboral por el conjunto de los socios trabajadores (no computa para este cálculo el trabajo de empleados con discapacidad de cualquier clase en grado igual o superior al 33 %).

Saber más

Publicidad de sociedad laboral

La denominación de *sociedad laboral* debe constar en toda la documentación, facturas, correspondencia y cartas de pedido de la empresa.

Caso práctico inicial

Control limitado de nuevos socios.

Sociedad laboral

Socios	Mínimo: inicialmente 2 socios trabajadores con contrato indefinido.	
Responsabilidad	**Socios trabajadores y no trabajadores** Limitada al capital aportado, subsidiaria y solidaria.	**Asalariados** Ninguna responsabilidad.
Capital social	SAL: igual que la SA.	SLL: igual que la SL.
Denominación	Nombre libre + la denominación SAL o SRLL o SLL. (Denominación completa o en siglas)	
Transmisión de las participaciones	Si un socio trabajador transmite a un socio no trabajador sus acciones o participaciones, tiene que comunicarlo a la sociedad, para que estas se ofrezcan también a los trabajadores no socios (con contrato indefinido), con derecho de adquisición preferente. Si nadie ejercita este derecho, se ofrecerán a los socios trabajadores y, si ninguno las adquiere, se ofrecerán a los trabajadores no indefinidos y a los socios no trabajadores.	
Seguridad Social	**Socios trabajadores,** que no poseen el control directo de la sociedad (art. 305.2.b LGSS), **y asalariados:** régimen general de la Seguridad Social. **Socios trabajadores con una participación en el capital social** (junto con la de su cónyuge y parientes por consanguinidad, afinidad o adopción hasta el segundo grado, con los que convivan), **de al menos el 50 %,** salvo que acrediten que el ejercicio del control efectivo de la sociedad requiere el concurso de personas ajenas: régimen especial de autónomos. **El administrador:** régimen especial de autónomos. Salvo los administradores que sean socios trabajadores, con funciones de dirección y gerencia, pero no posean el control directo de la sociedad: serán asimilados a trabajadores por cuenta ajena (excluidos de la protección por desempleo y del Fondo de Garantía Salarial), a menos que el número total de socios no supere los 25.	
Órganos de gobierno	SAL: los mismos que los de una SA. SRLL/SLL: los mismos que los de una SL.	

Saber más

Cooperativas españolas

MONDRAGÓN es el primer grupo empresarial del País Vasco.

Puedes consultar más información en su página web:

<www.mondragon-corporation.com>.

Caso práctico inicial

Mireya solo aporta trabajo, como los socios asalariados.

Saber más

Clases de cooperativas de primer grado

- De trabajo asociado.
- De consumidores y usuarios.
- De viviendas.
- Agroalimentarias.
- De explotación comunitaria de la tierra.
- De servicios.
- Del mar.
- De transportistas.
- De seguros.
- Sanitarias.
- De enseñanza.
- De crédito.

Caso práctico inicial

La cooperativa supone una propiedad conjunta y democrática de la sociedad, lo que permite el control de nuevos socios.

6.2. La cooperativa

Los socios de una cooperativa pueden ser:

- **Socios cooperativistas:** aportan capital y trabajo. Cada socio no debe poseer más de un tercio del capital social (en la Comunidad Autónoma de Madrid no deben poseer más del 45 %).
- **Socios adheridos o colaboradores:**
  - Aportan dinero. Sus aportaciones, como máximo, serán del 45 % de las aportaciones totales de los socios cooperativistas.
  - El conjunto de votos que corresponde a los socios adheridos no podrá superar el 30 % de los votos (35 % en la Comunidad de Madrid).
  - Pueden ser personas físicas o jurídicas.
- **Asalariados (no son socios):**
  - No pueden ser más del 10 % del total de los socios cooperativistas.
  - No pueden trabajar más del 30 % de las horas al año que trabajan los socios trabajadores.

Cooperativa

Tipos de cooperativas y n.º mínimo de socios	Cooperativas de **primer grado:** integradas por personas físicas. Mínimo: 3 socios. Cooperativas de **segundo grado:** integradas por personas jurídicas; en realidad, son una asociación de cooperativas. Mínimo: 2 socios (cooperativas).
Responsabilidad	**Socios cooperativistas** y **socios adheridos:** responsabilidad limitada, subsidiaria y solidaria. Responden por las deudas sociales durante 5 años desde la pérdida de su condición de socio por las obligaciones contraídas por la cooperativa antes de su baja. **Asalariados:** no tienen ninguna responsabilidad.
Capital social	Los estatutos de cada cooperativa fijarán el capital social mínimo.
Denominación	Libre + la denominación *Sociedad Cooperativa* o la abreviatura S. Coop.
Seguridad Social	Los socios cooperativistas pueden elegir entre el régimen general y el régimen de autónomos.
Órganos de gobierno de la sociedad	**Asamblea general:** compuesta por el conjunto de socios. Es el órgano supremo de expresión de la voluntad de los socios, quienes deciden por mayoría los acuerdos que son de su competencia. **Consejo rector:** órgano colegiado que gobierna y representa a la cooperativa. **Interventor:** órgano de fiscalización de la cooperativa. Pueden existir otros órganos de carácter consultivo.
Transmisión de las acciones	El socio tiene derecho a darse de baja voluntariamente en cualquier momento. Solo tiene que dar el preaviso al consejo rector en el plazo correspondiente (que como máximo puede ser de 1 año). La admisión de nuevos socios se tiene que solicitar por escrito al consejo rector.

7. Protección jurídica

El emprendedor deberá considerar si le interesa proteger jurídicamente su idea frente a posibles copias o imitaciones. Para ello, cuenta con los siguientes instrumentos:

7.1. Marca

Es todo signo susceptible de representación gráfica que sirve para distinguir en el mercado los productos o servicios de una empresa de los de otras. Tales signos pueden ser palabras, letras, cifras o combinaciones de estos elementos. Pueden hacer referencia a nombres de personas, imágenes, figuras, símbolos, dibujos, formas tridimensionales, sonidos, etc.

7.2. Nombre comercial

Se protege (al igual que la marca) por la Ley 17/2001, de 7 de diciembre, de Marcas. Signo susceptible de representación gráfica que identifica a una empresa y la diferencia de otras que desarrollan actividades idénticas o similares. Podrán utilizarse como nombre comercial los patronímicos, las razones sociales y las denominaciones de personas jurídicas, los anagramas y logotipos, las imágenes, figuras, dibujos, las denominaciones de fantasía, las alusivas al objeto de la actividad empresarial y cualquier combinación de los signos anteriores.

La solicitud de registro de una marca o un nombre comercial se presenta ante el órgano competente de la comunidad autónoma donde el solicitante tenga su domicilio y se otorga por diez años, pudiéndose renovar por periodos sucesivos de diez años.

7.3. Patente

Es el derecho a explotar en exclusiva un invento susceptible de aplicación industrial o un procedimiento de fabricación, aun cuando utilice o esté compuesto de materia biológica. Se regula por la Ley 24/2015, de 24 de julio, de Patentes. La patente se solicita ante el Registro de Patentes y su duración es de veinte años improrrogables.

El registro de una patente, marca o nombre comercial confiere a su titular el derecho exclusivo de utilización y, en el caso de que otro la usara, podrá pedir una indemnización por daños y perjuicios.

Oficina Española de Patentes y Marcas

Saber más

Marcas de ámbito superior al nacional

También existen marcas internacionales (Registro Internacional de Marcas) y marcas comunitarias. La solicitud de marca comunitaria se presenta ante la Oficina Española de Patentes y Marcas, que la transmite a la Oficina de Propiedad Intelectual de la Unión Europea (EUIPO), antes conocida como OAMI (Oficina de Armonización del Mercado Interior).

Saber más

Seguros

El empresario tiene la posibilidad de cubrir determinados riesgos a través de la contratación de un seguro. Las principales modalidades son el seguro de vida, seguro de robo, seguro multirriesgo de comercio y oficinas, seguro de accidentes, seguro de incendios, seguro de cambio de moneda extranjera, etc.

Es conveniente estudiar detenidamente qué seguros es más adecuado contratar para reducir riesgos.

Ejemplo

El invento del pósit (Post-it®) es consecuencia de un hallazgo innovador que resultó un error

En 1968, el científico Spencer Silver, de los Laboratorios 3M, investigaba para conseguir un adhesivo fuerte, pero dio con la fórmula de una sustancia reposicionable que se adhería ligeramente a los objetos pero que también podía ser retirada fácilmente, por lo que fue rechazado.

Por otra parte, Art Fry, un químico de 3M, cantaba los domingos en el coro de su iglesia. Para separar las páginas del libro de salmos utilizaba pedacitos de papel que, al abrir el libro, siempre acababan por el suelo. Un día le llegó la inspiración. Se acordó del pegamento que había inventado su compañero, fácil de despegar y que no dañaba el papel ni dejaba restos. Fry comenzó a experimentar para aplicarlo a sus papelitos separadores y hacerlos autoadhesivos. El invento era ideal para separar las páginas de salmos y escribir notas.

La protección de esta primera invención a través de una patente permitió a la multinacional 3M Innovative Properties Co. reinvertir el resultado del esfuerzo innovador en la consecución de innumerables perfeccionamientos posteriores entre los cuales están las notas Post-it® en versión digital.

ACTIVIDADES FINALES

1. Carmen y Rafa cuentan con 16 000 € para montar una empresa. Quieren abrir un restaurante en una zona de la costa, pero no desean correr el riesgo de perder más que su aportación al negocio. ¿Qué tipo de sociedad les aconsejas constituir? ¿Por qué?

2. Siete compañeros de clase de un ciclo formativo de Peluquería deciden constituir una sociedad anónima laboral. Daniel acepta ser socio trabajador, con la condición de ser él quien posea el 50 % del capital. ¿Es posible? ¿Por qué?

3. María Luisa es socia de una cooperativa a la que aportó 16 000 €. Su patrimonio personal supera cinco veces su aportación. ¿Con qué cantidad responde de las deudas de la cooperativa?, ¿durante cuánto tiempo?, ¿de qué depende su responsabilidad?

4. Se quiere constituir una sociedad limitada laboral con un capital de 140 000 €, de los que 80 000 € serían aportados por un socio que no trabajará en ella. El resto del capital lo aportarán tres socios trabajadores a partes iguales. También proyectan contratar otros cuatro trabajadores que no tengan la condición de socios. Realiza un comentario sobre este proyecto.

5. Javier realiza diseños gráficos para una empresa de nueva implantación y es tal el volumen de trabajo encargado que, prácticamente, solo diseña para ellos de forma habitual, ya que este cliente supone un 90 % de sus ingresos. Aunque le costó cara la compra del material necesario para trabajar, Javier está muy contento con su profesión, ya que él mismo organiza su actividad y percibe una remuneración en función de los resultados de su trabajo, lo que le motiva a superarse. ¿Bajo qué forma jurídica actúa Javier, sabiendo que no le exigieron una aportación mínima inicial?

6. Varios amigos quieren constituir una sociedad y piensan repartirse las tareas de la siguiente manera: tres socios se encargarán de la gestión y de la actividad productiva de la empresa, además de realizar una pequeña aportación dineraria, y los otros dos socios aportarán capital (un 70 % del capital social entre ambos). Asesora a estos amigos sobre qué sociedad les conviene formar, razonando la respuesta.

7. Un grupo de personas quiere constituir una sociedad anónima laboral, con un capital de 200 000 €, de los que 120 000 € estarán en poder de socios no trabajadores. Argumenta si es posible llevar a cabo este proyecto.

8. Julián Marín está pensando abrir una imprenta, de la que será el único propietario. Quiere aportar 6 000 € para su constitución, no desea arriesgar su patrimonio personal en la actividad empresarial y quiere crear la empresa lo más rápidamente posible. ¿Qué forma jurídica le aconsejas? Razona la respuesta.

9. Elena se dio de alta como autónoma para trabajar como electricista por cuenta propia. Tiene pendiente de pago una elevada deuda con unos proveedores. ¿Podrían llegar a embargar su vivienda para saldar dicha deuda? ¿Y los bienes de su marido, con quien está casada en régimen de gananciales?

10. Isabel está considerando la posibilidad de crear su propia empresa. Empezaría trabajando ella sola, pero con el tiempo contrataría alguna persona más. Piensa que, de momento, el volumen de negocio no será muy elevado, por lo que le compensaría pagar el impuesto sobre la renta de las personas físicas y no el impuesto sobre sociedades. ¿Qué le aconsejas? Razona la respuesta.

11. Varios amigos quieren constituir una sociedad y piensan repartirse las tareas de la siguiente manera: tres socios se encargarán de la actividad productiva de la empresa al aportar su trabajo, pero no realizarán ninguna aportación dineraria, y los otros dos socios aportarán capital, uno de ellos el 25 % y el otro el 75 %. Asesora a estos amigos sobre qué sociedad les conviene formar, razonando la respuesta.

12. Un socio administrador de una sociedad anónima es administrador y posee la mitad del capital social. ¿En qué régimen de la Seguridad Social se encuadrará?

13. Un socio trabajador de una sociedad limitada es también administrador de esta. Su participación en el capital social es de una quinta parte. ¿En qué régimen de la Seguridad Social se encuadrará?

■ **14.** Claudia y Nerea deciden poner en marcha una empresa. Quieren constituir una sociedad que no les exija un capital mínimo para empezar. Claudia, que es quien ha tenido la idea emprendedora, estará al frente del negocio, mientras que Nerea tan solo aportará el capital necesario para que el proyecto de Claudia, que tanto le gusta, salga adelante, pero no quiere intervenir en la gestión de la empresa ni poner en riesgo su patrimonio personal, se conforma con responder con el dinero invertido. ¿Qué forma jurídica les aconsejas? Razona la respuesta.

■ **15.** Jaime es maquetador, él mismo organiza su actividad. Su principal cliente es una editorial de reconocido prestigio, de quien recibe el 80 % de los ingresos. El resto de sus ganancias proviene de pequeños trabajos que realiza para editoriales menores, revistas o academias. Todos sus clientes le pagan en función de los resultados de su trabajo. ¿Bajo qué modalidad jurídica actúa Jaime?

Últimamente tiene mucho trabajo, ¿podría contratar a un trabajador para que le ayude, manteniendo la citada modalidad jurídica?

■ **16.** ¿Quién es el propietario de TELEFÓNICA, un ama de casa que posee acciones de la misma o una ejecutiva asalariada que trabaja en la empresa?

■ **17.** Copia y completa el siguiente cuadro sobre las características de cada una de las formas jurídicas estudiadas:

Forma jurídica	Responsabilidad de los socios	Capital mínimo	N.º de socios y aportaciones	Seguridad Social		Tipo de impuesto y bonificaciones	Gestión de la sociedad	Libertad en la venta de participaciones
				RETA	Rg. Gral.			
Trabajador autónomo	Ilimitada	No se exige	1	X		IRPF		
Sociedad limitada								
Sociedad limitada nueva empresa								
Sociedad anónima								
Sociedad laboral ■ Sociedad limitada laboral								
■ Sociedad anónima laboral								
Sociedad colectiva								En manos de los socios colectivos
Sociedad comanditaria								
Cooperativa								

Una vez rellenada la tabla, subraya aquellos apartados que sean vitales para tu empresa y elige la forma jurídica más adecuada para ella, en función de la modalidad que mayores ventajas te ofrezca para cada una de las cuestiones que has considerado importantes.

Entra en internet

■ **18.** Entra en la página web de la Oficina Española de Patentes y Marcas: <www.oepm.es>.

Averigua cuánto puede costar registrar una marca nacional.

■ **19.** Busca modelos de estatutos de sociedades en páginas web fiables, por ejemplo, la de NotariosyRegistradores.com: <https://www.notariosyregistradores.com/web/>.

PROYECTO DE EMPRESA

Área jurídica del plan de empresa

Puedes continuar con la elaboración del plan de empresa que iniciaste en la unidad anterior. Recuerda que puedes consultar la unidad 14 a lo largo de todo el curso como referente constante para la elaboración de tu proyecto de empresa. Además, en esa unidad encontrarás una propuesta de guion completo para el mismo.

Forma jurídica de la empresa (unidad 5)

- Elige la forma jurídica de tu empresa y justifica tu elección. Indica las ventajas y los inconvenientes de la forma elegida y explica cómo se pueden minimizar las desventajas.
- Detalla el número de socios que componen la empresa e indica sus nombres y apellidos y la participación de cada uno en el capital social.
- Anota los órganos de gobierno de la sociedad y quién integrará cada uno de ellos.
- Puedes empezar a redactar los estatutos de tu sociedad. Recuerda que reúnen las normas que regirán la vida de tu empresa, por lo que es importante que les prestes atención. A continuación, te proponemos un modelo muy básico, que puede servirte de guía:

Artículo 1.º *Denominación social.*

La denominación de la sociedad es *(indicar el nombre de la empresa)*. Se constituye una sociedad *(indicar la forma jurídica escogida para la empresa)* que se regirá por las normas legales y por los presentes estatutos.

Artículo 2.º *Objeto social.*

La sociedad tiene por objeto el desarrollo de las actividades correspondientes a:

Actividad principal: *(explicar la actividad que realiza la empresa).*

[Otras actividades: *(explicar si la empresa realiza otras actividades secundarias)*]*

Artículo 3.º *Duración.*

La duración de la sociedad será *(indicar la duración, lo normal es que sea indefinida)* [y dará comienzo a sus operaciones el día *(fecha de inicio de la actividad)*].

El ejercicio social termina, cada año, el día *(fecha de cierre del ejercicio, habitualmente 31 de diciembre).*

Artículo 4.º *Domicilio social y web corporativa.*

El domicilio social se fija en *(indicar el domicilio social)* y la página web de la sociedad será *(indicar la página web de la sociedad).*

Artículo 5.º *Capital social.*

El capital de la sociedad es de *(indicar el capital social)* euros, dividido en *(número de participaciones o de acciones)* participaciones sociales/acciones de *(indicar el valor en euros de cada participación o acción)* euros de valor nominal cada una, numeradas correlativamente a partir del uno.

Ejemplo

Beatriz y Rocío van a crear una sociedad limitada aportando cada una 1500 €. El capital social inicial de la empresa será de 3000 €, dividido en 100 acciones, cuyo valor nominal será de 30 € por acción:

100 acciones x 30 € = 3000 €.

Cada socia poseerá 15 acciones: 15 acciones x 100 € = 1500 € (su aportación inicial).

* Lo indicado entre corchetes es opcional.

Artículo 6.º *Organización de la administración de la sociedad.*

La Junta General podrá optar por cualquiera de los siguientes modos de organizar la administración de la sociedad, sin necesidad de modificación estatutaria: un administrador único, de dos a cinco administradores solidarios o dos administradores mancomunados.

Artículo 7.º *Nombramiento, duración y prohibición de competencia.*

Solo las personas físicas podrán ser nombradas administradores. El desempeño del cargo de administrador será por tiempo indefinido.

Respecto de los demás requisitos de nombramiento, incompatibilidades y prohibiciones para ser administrador, se aplicará lo dispuesto en la Ley de Sociedades de Capital.

El cargo de administrador será *(indicar la retribución del administrador).*

Artículo 8.º *Modo de deliberar y adoptar acuerdos los órganos colegiados.*

La sociedad se regirá por lo dispuesto al efecto para la sociedad de responsabilidad limitada en la Ley de Sociedades de Capital.

La Junta General será dirigida por su presidente, que concederá el uso de la palabra, determinará el tiempo y el final de las intervenciones y someterá a votación los proyectos de acuerdos.

La Junta General será convocada mediante anuncio publicado en la página web de la sociedad si esta hubiera sido creada, inscrita y publicada en los términos previstos en la ley. Mientras la sociedad no cuente con tal página web, la convocatoria se realizará por cualquier procedimiento de comunicación individual y escrita, que asegure la recepción del anuncio por todos los socios en el domicilio designado al efecto o en el que conste en la documentación de la sociedad.

[Artículo 9.º *Sociedad de responsabilidad limitada unipersonal.*

A la sociedad de responsabilidad limitada unipersonal se le aplicarán las especialidades de régimen previstas en la Ley de Sociedades de Capital aprobada por el Real Decreto Legislativo 1/2010, de 2 de julio.] (La S.R.L. unipersonal es aquella que está constituida por un único socio).

Texto extraído de los estatutos-tipo en formato estandarizado para sociedades de responsabilidad limitada con capital social no inferior a 3000 € o de formación sucesiva (SLFS)

Localización (unidad 2)

- ¿Dónde se ubicará tu empresa? Indícalo y adjunta un plano real de la zona.
- Explica por qué has escogido ese lugar. Describe las ventajas y los inconvenientes del sitio elegido (está cerca de los proveedores, de las materias primas, de los clientes, el precio del local es bajo, etc.).
- Averigua el precio aproximado de un local en la zona escogida.

EN RESUMEN

LA FORMA JURÍDICA DE LA EMPRESA

- **Forma jurídica**
  - **Persona física**
    - El trabajador autónomo
    - El autónomo económicamente dependiente
    - El emprendedor de responsabilidad limitada
  - **Persona jurídica**
    - **Las sociedades personalistas**
      - La sociedad colectiva
      - La sociedad comanditaria
    - **Las sociedades de capital**
      - La sociedad de responsabilidad limitada
        - La sociedad limitada nueva empresa
        - La sociedad limitada de formación sucesiva
      - La sociedad anónima
      - La sociedad comanditaria por acciones
    - La sociedad laboral
    - La cooperativa
- **Protección jurídica**
  - Patentes
  - Marcas
  - Nombres comerciales

Evalúa tus conocimientos

RESUELVE EN TU CUADERNO O BLOC DE NOTAS

1. Respecto a los tipos de responsabilidades:

a) *Subsidiaria* significa que primero responde la empresa de sus deudas y, en segundo término, los socios.

b) *Solidaria* significa que pueden exigirse las deudas a cada uno de los socios o a uno de ellos individualmente.

c) *Ilimitada* significa que los socios han de responder con sus bienes presentes y futuros.

d) Todas son correctas.

2. En la sociedad colectiva:

a) Los socios colectivos e industriales deben darse de alta en el régimen de autónomos.

b) Los socios colectivos no participan en la gestión.

c) El nombre debe incluir las siglas S. en C. o S. Com.

d) Ninguna es correcta.

3. Señala la respuesta correcta:

a) La sociedad colectiva no necesita un capital mínimo para su constitución.

b) Los socios colectivos tienen una responsabilidad ilimitada.

c) Las sociedades laborales pueden constituirse inicialmente por dos socios trabajadores con contrato indefinido.

d) Todas son correctas.

4. La sociedad anónima necesita para su constitución:

a) Un mínimo de 60 000 € en acciones desde el primer año de su puesta en funcionamiento.

b) Al menos dos socios.

c) Un mínimo de 15 000 € totalmente desembolsados.

d) Un mínimo de 16 000 € totalmente desembolsados.

5. La sociedad limitada necesita para su constitución:

a) 3 000 € en acciones totalmente desembolsadas.

b) 60 000 € en acciones, desembolsado un 25 %.

c) 3 000 € en participaciones nominales e individuales y totalmente desembolsadas.

d) Todas son correctas.

6. Señala la respuesta correcta:

a) Las cooperativas de primer grado están formadas por personas jurídicas.

b) Se requiere un número mínimo de dos socios para formar una cooperativa de primer grado.

c) Las sociedades laborales están compuestas por socios trabajadores e industriales.

d) Ninguna es correcta.

6 Plan de recursos humanos

Vamos a conocer...

1. El plan de recursos humanos
2. Análisis de los puestos de trabajo
3. Régimen de la Seguridad Social
4. El régimen especial del trabajador autónomo
5. El coste del trabajador por cuenta ajena
6. La organización de la empresa
7. Selección y formación del personal

PROYECTO DE EMPRESA

El plan de recursos humanos

EMPRENDEDORES EN EL CINE

La camioneta

Y al finalizar esta unidad...

- Aprenderás cómo se organiza una pequeña empresa.
- Distinguirás las diferentes formas de organizar una empresa.
- Descubrirás que existe una organización informal, que afecta a la productividad de la empresa.
- Analizarás y diseñarás los puestos de trabajo de tu futura empresa y el perfil profesional que requieren.
- Aprenderás a calcular el coste de un trabajador.
- Sabrás cómo se organiza un proceso de selección, contratación y formación de personal.

Práctica profesional inicial

Situación de partida

Amancio Ortega Gaona nació el 28 de marzo de 1936 en Busdongo de Arbas (León). Es el fundador de ZARA, junto con su exesposa, Rosalía Mera, y presidió el grupo textil INDITEX (INDUSTRIAS DE DISEÑO TEXTIL, SA) hasta el año 2011, en el que decidió dejar el cargo. Los orígenes del grupo se remontan a 1963, en La Coruña; en la actualidad está presente en los cinco continentes.

En ZARA el diseño se concibe como un proceso estrechamente ligado al público. Se analizan, semanalmente, los productos más y menos vendidos; las tiendas informan al equipo de creadores sobre las inquietudes y demandas del cliente. El objetivo es captar, de forma instantánea, los gustos del mercado para dar una rápida respuesta, suministrando más modelos de los que se agotan y parando la producción de los que no se venden.

Este sistema de análisis llevó a la empresa a diseñar, producir y distribuir una colección dos veces por semana, lo que permite realizar cambios de diseños y colores muchas veces al año. Para conseguir el grado de eficiencia y agilidad necesario para actuar con tanta rapidez, INDITEX emplea la tecnología del «justo a tiempo» *(just-in-time)* que desarrolló FIOS, una de sus sociedades de fabricación, especializada en camisería. De este modo, se utiliza la tecnología para abaratar costes, sin dejar de ofrecer calidad.

El grupo INDITEX goza de una estructura organizativa plana. En ZARA, las encargadas de tienda (jóvenes, en su mayoría) tienen línea directa con el presidente de la compañía y actúan como auténticas directoras de empresa dentro de la parcela de su tienda; deciden todo sobre su plantilla y escogen las prendas que quieren recibir de la central.

Se combina la segmentación por productos y zonas geográficas con la división por áreas funcionales. Los operarios de FIOS realizan un seguimiento de las distintas etapas de manufactura hasta el producto final. La observación del proceso completo permite la detección y corrección inmediata de eventuales errores.

Según indican en su página web, su cultura corporativa se basa en el trabajo en equipo, la comunicación abierta y un alto grado de exigencia. Estos principios son la base del compromiso personal. INDITEX ofrece a sus empleados un entorno dinámico e internacional donde se valoran las ideas y se apuesta por la promoción interna, la estabilidad en el empleo y la formación (una encargada de tienda puede recibir un curso inicial de hasta seis meses de formación). Escuchan las ideas de sus empleados, consideran que sus iniciativas son el motor del grupo y confían en el talento de diseñadores jóvenes, desconocidos y, mayoritariamente, mujeres.

Junto a sus ofertas de empleo *on-line*, publican esta frase: «Nuestros éxitos dependen de ti. Ven donde las oportunidades no se acaban, porque nos gusta verte crecer».

Estudio del caso

Antes de empezar a leer esta unidad de trabajo, puedes contestar las cuatro primeras preguntas y la última. Después, analiza cada punto del tema, con el objetivo de contestar al resto de las cuestiones.

1. ¿Cuál es la idea innovadora del grupo INDITEX?
2. ¿Se ha adaptado la estructura organizativa de la empresa a su tamaño y crecimiento, al cliente o a los trabajadores?
3. ¿Crees que las escalas jerárquicas están claras y bien diferenciadas en el grupo? ¿Qué implica esto?
4. ¿Qué deja traslucir el texto sobre la cultura corporativa de INDITEX y sobre cómo considera a sus trabajadores?
5. ¿En qué consiste el método *just-in-time*?
6. Elabora el organigrama de INDITEX, combinando la agrupación por mercados y por funciones.
7. Un contrato indefinido, ¿supone un mayor coste por trabajador? ¿Qué variables entran en juego a la hora de valorar el coste de un trabajador?
8. Los trabajadores deben estar afiliados y de alta en la Seguridad Social, ¿quién tiene la obligación de hacerlo?, ¿qué diferencia hay entre estar afiliado y de alta?
9. ¿Crees que es importante para una empresa la formación de sus trabajadores?

Puedes encontrar más información sobre el grupo INDITEX en su página web, <www.inditex.com/es>, y en el vídeo «Planeta Zara» (en YouTube puedes ver un extracto del mismo, a través del siguiente enlace: <www.youtube.com/watch?v=jT49y0TWboQ>.

A lo largo de este tema, serán de utilidad las siguientes páginas web: <www.sepe.es> y <http://www.mitramiss.gob.es/es/organizacion/mites/index.htm>.

1. El plan de recursos humanos

El plan de recursos humanos describe todos los elementos relativos a la política de personal de la empresa. Sus principales apartados son:

- **Descripción de los puestos de trabajo:** se realiza un análisis y una descripción de los puestos de trabajo necesarios en la empresa.
- **Retribuciones y condiciones laborales:** se decide sobre los niveles salariales de los trabajadores, las modalidades contractuales y otras variables relevantes.
- **El coste de personal:** cuantificación de los costes de personal previstos.
- **La estructura organizativa de los recursos humanos de la empresa,** que se plasmará en un organigrama o esquema gráfico de la organización de la empresa.
- **Selección y formación de personal:** forma de reclutar, seleccionar y contratar al futuro personal de la empresa.

2. Análisis de los puestos de trabajo

Para realizar el análisis de cada uno de los puestos de trabajo de tu empresa vamos a seguir los pasos que nos señala el siguiente guion:

- ¿Qué **puestos de trabajo** son necesarios para poner en funcionamiento nuestra empresa?
- ¿Qué **funciones, tareas y responsabilidades** tendrá cada puesto?
- ¿Qué **perfil personal y profesional** deben reunir las personas que ocupen cada puesto de trabajo? ¿Qué **formación y experiencia** requieren?

Normalmente, al iniciar un negocio, los socios cubren la mayoría de los puestos, por lo que tienen que analizar si poseen la formación y experiencia adecuadas o deben realizar algún curso de formación. En especial, en los inicios de una pequeña empresa, la dirección suele ser desempeñada por los propios socios. Este papel requiere, además de conocimientos técnicos del sector, otras cualidades como liderazgo, asertividad, iniciativa, dominio de habilidades sociales y comunicativas, capacidad negociadora, etc.

Trabajo en **equipo**

1. Confecciona una tabla similar a esta para responder las preguntas que se formulan al principio de este punto en referencia a tu proyecto de empresa. Se incluye un ejemplo que te puede servir de guía.

Recursos humanos			
Puesto de trabajo	**Funciones, tareas y responsabilidad**	**Formación y perfil profesional**	**Persona encargada**
Contable financiero.	■ Llevar la contabilidad de la empresa. ■ Pago de impuestos. ■ Búsqueda de subvenciones.	Técnico Superior en Administración y Finanzas. Una persona analítica, resolutiva y atenta al detalle.	Nombre y apellidos del socio o persona contratada que ocupará este puesto de trabajo.

Utiliza una fila por cada puesto de trabajo y añade tantas filas como puestos de trabajo consideres necesarios para que tu empresa empiece a funcionar. Ten en cuenta que se trata de los inicios de una empresa, por lo que es posible que una persona tenga que asumir tareas variadas.

Una vez definidos los puestos de trabajo, hay que realizar un estudio sobre:

- El **régimen de la Seguridad Social** de los socios trabajadores: régimen general o régimen especial de trabajadores autónomos.
- ¿**Cuántas personas** hacen falta para poner en funcionamiento nuestra empresa? ¿Es necesario contratar personal o es suficiente con los socios?
- Análisis del **coste** de los **trabajadores.**
- El **tipo de contrato laboral** que se podría formalizar con los socios trabajadores incluidos en el régimen general de la Seguridad Social y con el resto de los trabajadores.

En la página web del SEPE, <www. sepe.es>, se encuentran las diferentes modalidades contractuales y sus correspondientes bonificaciones.

A lo largo de los siguientes puntos daremos respuesta a estas cuestiones.

Caso práctico inicial

Estudio de la situación laboral de los socios trabajadores.

3. Régimen de la Seguridad Social

La empresa debe dar de alta en el régimen general de la Seguridad Social a todos los trabajadores antes de que inicien su actividad laboral.

Si los socios van a trabajar en la empresa, deberán considerar su inclusión en el régimen general de la Seguridad Social o en el régimen especial de trabajadores autónomos (RETA). En ocasiones, la ley obliga a inscribirse en uno u otro, pero en algunos casos se puede elegir:

Saber más

Seguridad Social

En la unidad 11 se detallan los trámites que hay que efectuar ante la Seguridad Social. Puedes ampliar información en <www.seg-social.es>.

Régimen de la Seguridad Social según la forma jurídica elegida para la empresa

Forma jurídica	Régimen
Autónomo	Inclusión en el régimen especial de trabajadores autónomos.
Sociedad limitada Sociedad limitada nueva empresa Sociedad anónima	**Socios que trabajan en la empresa:** si poseen el control directo o indirecto de la sociedad, se darán de alta como autónomos. En caso contrario, pueden darse de alta en el régimen general de la Seguridad Social. **El administrador:** debe darse de alta como autónomo si es un socio que posee el control directo o indirecto de la sociedad. Si no lo tiene, será asimilado a trabajador por cuenta ajena, es decir, con exclusión de la protección por desempleo y del FOGASA. Se tiene el **control directo o indirecto de la sociedad** (art. 305.2.b LGSS) cuando: ■ El socio-administrador posee la mitad del capital social. ■ Al menos la mitad del capital social está distribuido entre socios, con los que convive el socio-administrador y a quienes se encuentra unido por vínculo conyugal o de parentesco por consanguinidad, afinidad o adopción, hasta el segundo grado. ■ El socio-administrador posee un tercio o más del capital social. ■ La participación del socio-administrador en el capital social es igual o superior a la cuarta parte del mismo y tiene atribuidas funciones de dirección y gerencia de la sociedad.
Sociedad laboral	**Socios trabajadores,** que no poseen el control directo de la sociedad (art. 305.2.b LGSS), **y asalariados:** régimen general de la Seguridad Social. **Socios trabajadores con una participación en el capital social de al menos el 50 %** (junto con la de su cónyuge y parientes por consanguinidad, afinidad o adopción hasta el segundo grado, con los que convivan),salvo que acrediten que el ejercicio del control efectivo de la sociedad requiere el concurso de personas ajenas: régimen especial de autónomos. **El administrador:** régimen especial de autónomos. Salvo los administradores que sean socios trabajadores, con funciones de dirección y gerencia, pero no posean el control directo de la sociedad: serán asimilados a trabajadores por cuenta ajena (excluidos de la protección por desempleo y del Fondo de Garantía Salarial), a menos que el número total de socios no supere los 25.
Sociedad colectiva	Todos los socios deben darse de alta en el RETA.
Sociedad comanditaria	■ **Socios colectivos:** régimen especial de autónomos. ■ **Socios comanditarios:** si no trabajan no deben darse de alta en ningún régimen.
Cooperativa	Los socios cooperativistas pueden elegir entre el régimen general y el régimen de autónomos, según lo establecido en sus estatutos.

4. El régimen especial del trabajador autónomo

Vamos a analizar el régimen especial del trabajador autónomo para quien haya elegido esta modalidad y para aquellos socios que deben darse de alta en este régimen.

La acción protectora del régimen especial de Seguridad Social de los trabajadores por cuenta propia o autónomos comprende:

- La asistencia sanitaria en los casos de nacimiento y cuidado de menor, enfermedad común o profesional y accidentes comunes o de trabajo (incluidos los *in itinere*).
- Las prestaciones económicas en las situaciones de incapacidad temporal, riesgo durante el embarazo, nacimiento y cuidado de menor, riesgo durante la lactancia, incapacidad permanente, jubilación, muerte y supervivencia y prestaciones familiares por hijo a cargo.
- La prestación económica por cese de actividad.

La cuota que se debe pagar se calcula aplicando un porcentaje sobre la base de cotización. La base de cotización será la elegida por el trabajador autónomo entre las bases mínima y máxima que establece el Gobierno cada año. Los porcentajes o tipos de cotización se incrementarán de forma paulatina durante los próximos años: en 2020 corresponde el 30,3 %, en 2021, el 30,6 % y en 2022, el 30,9 %. Estos porcentajes se desglosan del siguiente modo:

Cotizaciones	2020	2021	2022
Contingencias comunes	28,30 %	28,30 %	28,30 %
Contingencias profesionales	1,1 %	1,3 %	El tipo de cotización será el que se establezca con carácter definitivo para ambos regímenes especiales en la respectiva Ley de Presupuestos Generales del Estado.
Cese de actividad	0,8 %	0,9 %	
FP	0,1 %	0,1 %	0,1 %
Total	**30,3 %**	**30,6 %**	**30,9 %**

La tarifa plana del autónomo consiste en el pago de una cuota mensual reducida a la Seguridad Social, que se corresponde con las siguientes cuantías:

- 60 € si se elige la base mínima de cotización durante los primeros 12 meses de alta como autónomo, lo que supone una reducción del 80 % sobre la base inicial. Durante los 12 meses siguientes (del mes 13 al 18), la mensualidad se verá reducida al 50 % y al 30 % del mes 19 al 24.
- Si se elige una base superior a la mínima, durante el primer año se bonificará la cuota de autónomos al 80 %. Durante los 12 meses siguientes (del mes 13 al 18), la mensualidad se verá reducida al 50 % y al 30 % del mes 19 al 24.

Además, existen otros supuestos particulares en los que el autónomo se puede beneficiar de determinados descuentos en el pago de las cuotas de la Seguridad Social, como es el caso de ingreso posterior a la baja por nacimiento, discapacidad, víctima de violencia de género, víctima de terrorismo, según la edad, etc. Asimismo, algunas comunidades autónomas conceden más bonificaciones.

En caso de ser **autónomo societario**, las bases de cotización son más elevadas, por lo que cotizan una cuantía mayor.

Saber más

Obligaciones del autónomo con Hacienda

El autónomo también tiene unas obligaciones con Hacienda, el pago de los siguientes impuestos:

- IRPF (impuesto sobre la renta de las personas físicas): se realiza una liquidación trimestral y otra anual.
- IVA (impuesto sobre el valor añadido): se realizan pagos trimestrales y se presenta un resumen anual.

Lo estudiarás con mayor profundidad en la unidad 12.

Saber más

Prestación por cese de actividad

La cuantía de la prestación será del 70 % de la base reguladora, calculada según el promedio de las bases por las que el trabajador haya cotizado durante los 12 meses continuados e inmediatamente anteriores a la situación legal de cese de actividad.

La duración de la prestación depende del tiempo cotizado y oscila entre los 4 y los 24 meses.

5. El coste del trabajador por cuenta ajena

Uno de los elementos que influyen a la hora de contratar a un trabajador es su coste, que viene determinado por:

1. La **cuantía del salario,** que se regula en el convenio colectivo del sector y no debe ser nunca inferior al salario mínimo interprofesional que fija anualmente el Gobierno.
2. Las **cotizaciones en el régimen general de la Seguridad Social:** la empresa debe afiliar y dar de alta al trabajador antes del inicio de la actividad laboral. Además, tiene la obligación de pagar mensualmente unas cuotas a la Seguridad Social por cada trabajador contratado.
3. Al salario bruto anual y a las cotizaciones de la Seguridad Social se podrían añadir unos **costes adicionales por cada puesto,** que van del 10 al 15 %, a elección del emprendedor. Este incremento se realiza para compensar los efectos que tienen sobre la productividad los gastos por las vacaciones anuales pagadas, seguros por accidente laboral, reconocimientos médicos y sistemas de protección individual o posibles situaciones como la incapacidad, muerte o indemnización por extinción del contrato.

Caso práctico inicial

Variables que entran en juego a la hora de valorar el coste de un trabajador.

Vocabulario

Afiliación y alta

Afiliación: acto administrativo por el que se incorpora al trabajador por primera vez a la Seguridad Social.

Alta: acto administrativo de inclusión del trabajador en un régimen concreto de la Seguridad Social que indica que está trabajando. Cuando deje de trabajar, se le dará de baja y, cuando retome otro trabajo, se le volverá a dar de alta, pero no a afiliar (este acto se realiza una sola vez en su vida laboral).

Cálculo de las bases de cotización

1. Primero se hallan las **bases de cotización,** teniendo en cuenta si el trabajador es de retribución mensual o diaria. Según su categoría profesional, cada trabajador pertenece a un grupo de cotización. Del grupo 1 al 7 son de remuneración mensual, y del 8 al 11 de remuneración diaria.

   a) Base de cotización por contingencias comunes (BCCC)

   Percepciones mensuales cotizables sin horas extras + **Exceso legal de conceptos no cotizables** + **Prorrata de pagas extraordinarias**

   El resultado de las sumas anteriores es la BCCC, que debe estar entre los límites máximo y mínimo del grupo de cotización al que pertenece el trabajador.

   b) Base de cotización por contingencias profesionales (BCCP)

   Se calcula del mismo modo que la BCCC, añadiendo las horas extraordinarias.

   La BCCP no debe superar los topes máximo y mínimo de su grupo de cotización.

2. Una vez halladas las bases de cotización se aplica sobre ellas un **porcentaje** por cada uno de los conceptos por los que es necesario cotizar:

Cotizaciones empresariales	Base de cotización	%
Por contingencias comunes	Contingencias comunes.	23,60 %
Por desempleo. Depende del tipo de contrato: ■ Indefinido, para la formación, en prácticas, de relevo, interinidad o con personas con discapacidad. ■ Contrato temporal, a tiempo completo y a tiempo parcial.	Base de cotización por contingencias profesionales.	 5,50 % 6,70 %
Por formación profesional	Contingencias profesionales.	0,60 %
Fondo de Garantía Salarial (FOGASA)	Contingencias profesionales.	0,20 %
Por la realización de horas extras: ■ Fuerza mayor. ■ Resto horas extras.	Valor de las horas extras.	 12,00 % 23,60 %
Cotización por AT y EP: ■ Incapacidad temporal (IT). ■ Invalidez, muerte y supervivencia (IMS).	Contingencias profesionales.	Depende del tipo de actividad de la empresa (ver clasificación CNAE).

Ejemplo

Una empresa ha contratado a una trabajadora con categoría profesional de auxiliar administrativa, perteneciente al grupo 7 de cotización a la Seguridad Social (retribución mensual), mediante un contrato indefinido.

Según el convenio colectivo aplicable, le corresponden las siguientes retribuciones:

- Salario base: 1 500 €/mes.
- Antigüedad (complemento salarial): 30 €/mes.
- Y un plus de transporte (complemento no salarial): 50 €/mes.
- Además tiene derecho a recibir dos pagas extraordinarias al año, que comprenden el salario base más la antigüedad.

La cotización de AT/EP será de 1,50 %, al tratarse de Actividades jurídicas y de contabilidad (epígrafe 69 de la CNAE).

Salario bruto

(1 500 + 30 + 50) × 12 = 18 960) + (PPEE: 1 530 × 2 = 3 060) = **22 020 €**

Seguridad Social anual

BCCC/año: en este caso coincide con el salario bruto anual: **22 020 €**

BCCP/año: como no hay HHEE, la BCCP coincide con la BCCC: **22 020 €**

Cálculo de las cuotas que la empresa ingresará por esta trabajadora a favor de la Seguridad Social:

- Por contingencias comunes: 22 020 € × 23,60 % = 5 196,72 €
- Por desempleo: 22 020 € × 5,50 % = 1 211,10 €
- Por formación profesional: 22 020 € × 0,60 % = 132,12 €
- Por FOGASA: 22 020 € × 0,20 % = 44,04 €
- Por AT/EP: 22 020 € × 1,50 % = 330,30 €

Total aportaciones Seguridad Social = 6 914,28 €

Gastos imprevistos anuales

22 020 € × 12 % = **2 642,40 €**

Coste total anual de la trabajadora

22 020 + 6 914,28 + 2 642,40 = **31 576,68 €**

Actividades

2. Calcula el coste anual de un trabajador con categoría profesional de oficial administrativo (grupo 5 de cotización) a la Seguridad Social, con un contrato indefinido a tiempo completo. Según su convenio colectivo, le corresponden las siguientes retribuciones:

- Salario base: 1 300 €/mes.
- Plus de convenio (complemento salarial): 100 €/mes.
- Plus de transporte (complemento no salarial): 80 €/mes.

Además, tiene derecho a recibir dos pagas extraordinarias al año del mismo valor que el salario base y el plus de convenio.

La actividad del profesional contratado se encuentra dentro del epígrafe 69 (Actividades jurídicas y de contabilidad) de la clasificación CNAE. Los tipos de cotización por accidente de trabajo y enfermedad profesional que le corresponden son de 0,80 % por IT y 0,70 % por IMS (total 1,50 %).

6. La organización de la empresa

Según Herbert Simon, la organización consiste en **ordenar los recursos disponibles para alcanzar los fines deseados.** Para organizar una empresa lo primero que debe hacer el emprendedor es analizar sus recursos y estudiar cómo puede combinarlos para que funcionen de forma eficiente. Después de estudiar los puestos de trabajo necesarios en la empresa y su perfil profesional, ha llegado el momento de considerar la organización formal de la empresa.

La estructura organizativa de la empresa es importante porque afecta a las relaciones individuales y grupales de sus miembros, al sistema de comunicación en la empresa, al estilo de liderazgo y a la cultura empresarial.

Vocabulario

Eficiencia no es lo mismo que _eficacia_

La **eficiencia** consiste en alcanzar los objetivos con el mínimo esfuerzo y consumo de recursos.

Eficacia significa cumplir con los objetivos previstos, con independencia de los costes en que se incurra.

6.1. La organización formal

Los modelos organizativos clásicos son:

- **Modelo lineal o jerárquico:** se basa en la autoridad directa del jefe sobre el subordinado, que da lugar a diferentes niveles jerárquicos en forma piramidal.

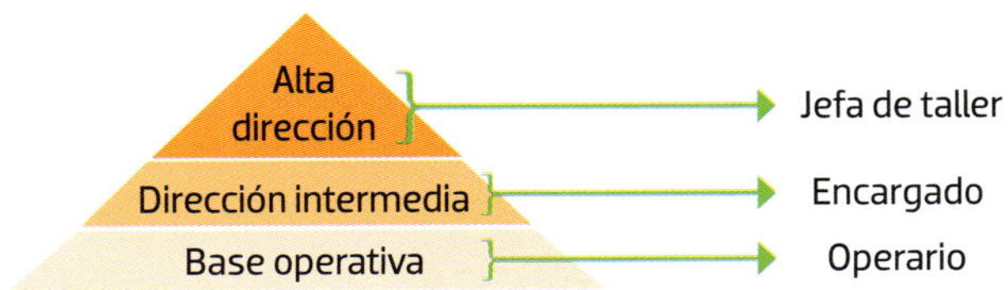

Caso práctico inicial

La estructura organizativa de INDITEX es plana, no lineal. Las encargadas de tienda tienen línea directa con la alta dirección.

- **Modelo divisional o de segmentación:** consiste en dividir la empresa en unidades organizativas que faciliten la toma de decisiones. Existen diversos criterios para realizar estas divisiones:

Caso práctico inicial

El grupo INDITEX combina la agrupación por productos y zonas geográficas con la segmentación por funciones.

Criterios	Modelos de división
Por áreas funcionales Se crea un departamento por cada una de las funciones que realice la empresa	■ **Dirección:** establece los objetivos de la empresa y las líneas de actuación. ■ **Producción:** se encarga de transformar las materias primas en el producto final. ■ **Marketing:** realiza la investigación de mercado, estudia a los clientes potenciales, da a conocer los productos de la empresa y se encarga de su distribución y difusión entre el público. ■ **Aprovisionamiento:** compra y contrata todos los materiales y servicios que necesita la empresa para realizar su labor. ■ **Recursos humanos:** gestiona la organización del personal, el diseño de los puestos de trabajo, el proceso de selección e inserción en la empresa, el plan de formación, formaliza los contratos y las nóminas... ■ **Financiación:** se ocupa de buscar y seleccionar las fuentes que aportarán dinero a la empresa, su distribución interna y el estudio de la marcha económica y financiera de la empresa.
Por procesos de producción	Consiste en crear un departamento por cada una de las fases de fabricación del producto. Por ejemplo, una empresa dedicada a la confección de ropa de moda podría contar con un departamento de diseño y patronaje, otro de corte y otro de confección.
Por productos	Cada departamento se ocupa de un grupo de productos relacionados entre sí. Es propio de los supermercados, que se dividen en: congelados, pescadería, carnicería y charcutería, frutas y hortalizas, etc.
Por clientes	Se crean distintas unidades atendiendo a las características diferenciales de cada grupo de clientes. Muchas tiendas de ropa dividen sus secciones en caballeros, señoras, jóvenes, niños, etc.
Por el ámbito geográfico	Se realiza la división por criterios geográficos para atender mejor a las peculiaridades de cada zona. Por ejemplo, algunas empresas multinacionales se dividen en función del país en el que operan.

Organigrama funcional en círculos concéntricos

La representación gráfica de la organización de la empresa se realiza a través del **organigrama**, que nos permite conocer de un solo golpe de vista las áreas y los departamentos que la componen, las relaciones jerárquicas entre ellos y los responsables de cada unidad.

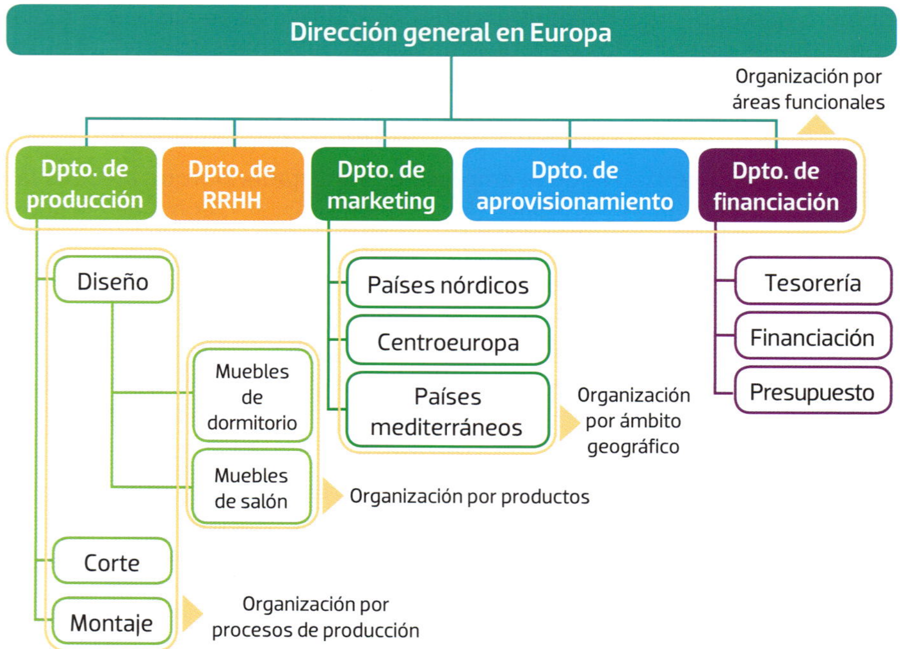

A medida que la empresa crece, precisa de **estructuras organizativas** más **complejas** y flexibles que no afectan solo al personal. Aparecen así nuevos modelos de organización:

- La **estructura en trébol** permite a la empresa adaptarse con mucha facilidad a los cambios que se producen en su entorno competitivo:

Núcleo profesional

La primera hoja del trébol, denominada **núcleo profesional,** está integrada por todos los directivos y empleados que realizan las actividades que han resultado ser básicas según el análisis realizado por la empresa.

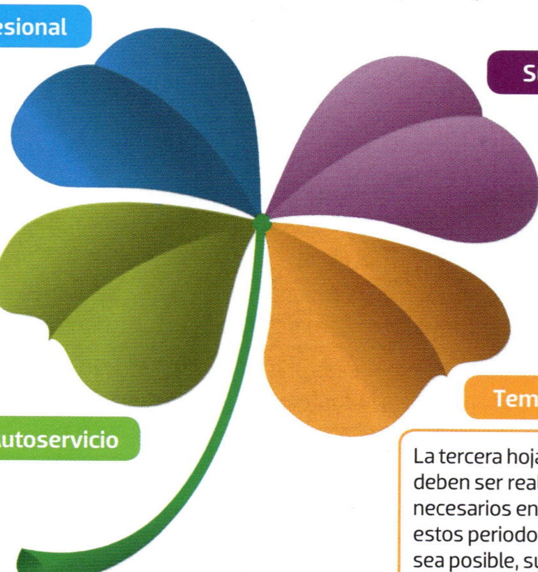

Subcontratación

La segunda hoja, llamada **subcontratación,** incluye aquellas actividades que la empresa ha decidido encomendar a otras empresas (externalización de servicios). Por ejemplo, se pueden subcontratar la seguridad, la limpieza, el mantenimiento, los estudios de mercado, el cáterin, etc.

Temporales

La tercera hoja, **temporales,** hace referencia a las actividades que deben ser realizadas por empleados de la empresa que solo son necesarios en temporada alta, por lo que, una vez que finalizan estos periodos, deben ser fácilmente prescindibles. Para que esto sea posible, sus condiciones laborales serán distintas a las de los empleados del núcleo profesional.

Autoservicio

La cuarta hoja del trébol es el **autoservicio,** que integrará todas aquellas actividades que pueden ser realizadas por los propios clientes sin menoscabo del servicio (las relacionadas con la información y la venta).

Tallo: la alta dirección

El tallo del trébol une las cuatro hojas y está integrado por la **alta dirección.**

El problema de esta estructura es que el tallo es un nexo de unión débil y puede provocar que quienes integran la hoja de subcontratación y la de temporales no se sientan miembros de la empresa y no se impliquen lo suficiente.

- El **modelo en red o en estrella** trata de resolver los inconvenientes de la estructura en trébol potenciando las relaciones, la cooperación y las alianzas entre todos los componentes de cada una de las hojas del trébol, haciendo que se sientan partícipes del proyecto empresarial y, por tanto, se involucren y lo apoyen.

- El modelo ***just-in-time* (JIT)** o **justo a tiempo** es una filosofía empresarial que surgió en la empresa Toyota. Su objetivo es minimizar los costes totales de la empresa sin dejar de proporcionar la máxima satisfacción al cliente. Para lograrlo, eliminan todo lo «innecesario», como puede ser el almacén o buena parte del mismo.

  Para reducir los gastos de almacén, Toyota llegó a un acuerdo con sus proveedores para que trajeran los componentes (amortiguadores, ruedas, etc.) en el preciso momento en el que la empresa los introducía en la cadena de montaje (en el proceso productivo) y justo en la cantidad que necesitaban. Gracias a este sistema de trabajo, no requería grandes almacenes ni todo el personal y trabajo que conllevan. Además, le permitía cambiar los componentes con mayor rapidez y flexibilidad, ya que solo tenía que variar el pedido.

  Ahora bien, para que este sistema tenga éxito, la empresa debe llevar un control riguroso de su proceso de producción y contar con unos proveedores fiables, exactos y puntuales. Esto supone un compromiso total de calidad, que debe ser asumido por los trabajadores de todos los niveles jerárquicos.

6.2. La organización informal

Se llama ***organización informal*** a las relaciones interpersonales y de amistad que se desarrollan espontáneamente, fruto de la necesidad de socialización del individuo. En estas relaciones, las personas adoptan unos roles que estructuran y conforman el grupo de una determinada manera, surgen líderes que motivan y conducen al grupo, y se establecen jerarquías y formas de relacionarse.

Es importante conocer la estructura de las relaciones informales para conseguir que se integren en la cultura de la empresa, ya que pueden llegar a tener gran influencia en el **clima de trabajo.** Lo ideal es conseguir que los líderes de la organización informal asuman los principios y objetivos de la empresa y así lograr que se genere una dinámica positiva. Una forma de favorecer y conocer las relaciones informales de una empresa es organizando cenas periódicas, convenciones o eventos deportivos entre el personal (por ejemplo, un partido de fútbol).

Saber más

Organización

En las empresas de reciente creación, los socios suelen compartir la dirección y ser polivalentes (una misma persona desempeña diferentes tareas).

Frases célebres

Para Herbert Simon, Premio Nobel de Economía en 1978, la función organizativa es «el arte de conseguir que se hagan las cosas».

Recuerda

La cultura empresarial

La organización formal y la informal deben ir en consonancia con la cultura empresarial adoptada por la empresa (recuerda lo estudiado en la unidad 2).

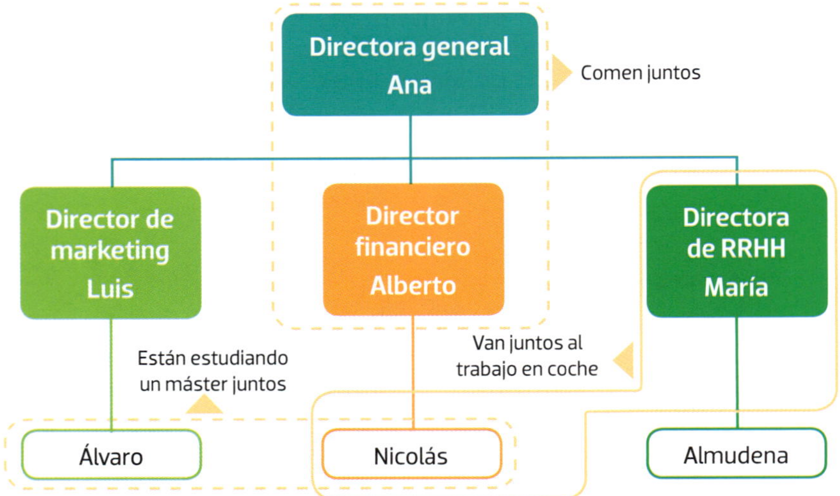

Saber más

La organización informal

Al principio, la organización informal fue considerada como un elemento perturbador que hacía perder tiempo y productividad.

Otros modelos de organización empresarial mas antiguos, como los de Taylor y Ford, trataban de aprovechar al máximo cada movimiento que ejecutaba el operario, eliminando los procesos innecesarios y adiestrando al personal para que ejecutara a un ritmo adecuado y constante los movimientos eficaces. Se pretendía aprovechar cada segundo sin dejar tiempo para las relaciones informales y sin adaptarse al ciclo de cansancio de las personas.

Anécdotas empresariales

Amancio Ortega

Amancio Ortega tiene una pertinaz obsesión por el anonimato. Solo accedió a dar a conocer su imagen en 1999, con una foto en la memoria de la junta de ese año, de cara a la salida a Bolsa de INDITEX. Pero sus trabajadores le tienen muy visto. Almuerza con ellos en el comedor de la empresa y recoge su plato. Su despacho es una mesa de formica que comparte con diseñadores y patronistas.

Ejemplo

En la década de los años treinta del pasado siglo, Elton Mayo dirigió el **experimento Hawthorne.** Tuvo lugar en una fábrica de la compañía WESTERN ELECTRIC, situada en el barrio de Hawthorne, Chicago. Querían encontrar la relación entre la intensidad de la iluminación y la eficiencia de los obreros en la producción.

Seis jóvenes fueron seleccionadas para trabajar separadas del resto. Se les pidió que realizaran su trabajo habitual a un ritmo normal y a gusto, explicándoles los objetivos de la investigación, informándolas de su nivel de producción y de las modificaciones que se iban introduciendo, no sin antes someter dichos cambios a su aprobación.

Se comparó el nivel de producción del grupo de las seis jóvenes (cuyas condiciones de trabajo cambiaban por exigencias del experimento) con el del grupo de control (compuesto por el resto del departamento), que trabajaba en las mismas condiciones de siempre. El grupo experimental contaba con un observador que ordenaba el trabajo y se encargaba de mantener el espíritu de cooperación de las jóvenes.

A lo largo de la investigación se variaron periodos de descanso, el momento y la duración del refrigerio, el horario de trabajo, etc., para observar cuáles eran las condiciones de rendimiento más satisfactorias. Las jóvenes manifestaron que les gustaba trabajar en la sala de pruebas, se habían hecho amigas y mantenían la relación incluso fuera del trabajo; se preocupaban las unas por las otras, lo que aceleraba su producción cuando alguna compañera estaba cansada. Se constató que constituían un equipo con unos objetivos comunes, sabían que participaban en un experimento interesante y que debían producir resultados para que redundara en beneficio de todos. Por otra parte, la supervisión era menos rígida, aunque no menos intensa, que en la sala de montaje, lo que les permitía trabajar con más libertad y menos ansiedad.

La **conclusión** fue que la producción de las jóvenes aumentaba al margen de los cambios en las condiciones de trabajo. En realidad, el nivel de producción aumentó porque carecían de presión y tenían más libertad, lo que les permitió realizar vida social y llegar a formar un grupo cohesionado capaz de trabajar en equipo.

En otra fase del experimento, y con otro grupo de trabajadores, se detectó que en las organizaciones informales se ejercía un liderazgo informal. Se observó que existía un nivel de producción determinado que ningún obrero sobrepasaba porque estaba «mal visto» entre sus compañeros. Si algún trabajador lo superaba, el resto lo «penalizaba» de alguna manera informal, por considerarle un saboteador.

7. Selección y formación del personal

Si se decide contratar personal, es necesario abrir un proceso de selección. En primer lugar, habrá que elegir los medios en los que se publicará el anuncio: prensa (general y especializada), revistas profesionales, páginas web de busqueda de empleo, radio, televisión, guías profesionales, bolsas de empleo de institutos de FP, de oficinas de empleo, de agencias de empleo municipales, de colegios profesionales, gremios, sindicatos, etc. También se puede acudir a empresas de trabajo temporal o a agencias de colocación.

Las herramientas más utilizadas en los procesos de selección son:

- En primer lugar, se pide el *curriculum vitae* para ver la formación del candidato y hacer una primera selección. Normalmente se adjunta una carta de presentación.
- Después, se puede hacer pasar a los candidatos por una serie de **pruebas** que proporcionen información sobre sus **habilidades**: test psicotécnicos, test de personalidad, pruebas profesionales, pruebas de cultura general, etc.
- Algunas empresas proponen a los candidatos **dinámicas de grupo** en las que se plantea una situación, generalmente problemática, que puede estar relacionada o no con el puesto de trabajo vacante. La finalidad es observar cómo los candidatos interactúan, debaten, escuchan a los demás y cómo llegan a tomar una decisión en torno al problema.
- **Entrevistas,** en las que se pretende obtener del candidato toda aquella información que no se ha podido averiguar en las pruebas anteriores y que permite decidir, definitivamente, si la persona se adecua al puesto vacante y a la empresa.

  Antes de realizar una entrevista hay que preparar bien todas las preguntas que interesa hacer al candidato y la forma adecuada de plantearlas. Durante la misma se informa al candidato sobre la empresa y las funciones que tendría en su futuro puesto de trabajo.

7.1. El plan de formación

Cada socio debe reflexionar sobre los conocimientos que no tiene y necesita para llevar a cabo con éxito la actividad empresarial. Una vez detectadas estas carencias, buscará y realizará los cursos más adecuados.

Las personas son uno de los principales elementos de valor de una empresa, por lo que es conveniente potenciar al máximo sus habilidades. Todos los trabajadores (sean socios o no) han de tener unos conocimientos técnicos determinados y unas habilidades sociales (capacidad para trabajar en equipo, asertividad, empatía, autonomía, etc.). Si van a tratar directamente con los clientes, deben comportarse conforme al espíritu personal definido para la empresa (compromiso, diligencia, seguridad, rapidez, amabilidad, etc.).

Para que esto sea posible deberán tener una preparación adecuada, que la empresa puede proporcionar si traza un buen plan de formación. No hay que tener reparos a la hora de invertir en formación y motivación, ya que así se consigue que los empleados trabajen con ganas y se sientan vinculados a la empresa.

Saber más

Webs dedicadas a la búsqueda de empleo

<www.infojobs.net>

<www.trabajos.com>

<www.infoempleo.com>

<www.canaltrabajo.com>

<www.monster.es>

<www.empleo.com>

<www.trabajo.org>

<http://acciontrabajo.com>

<www.oficinaempleo.com>

<www.xing.com>

<www.computrabajo.es>

Saber más

Empresas de trabajo temporal

Se puede contactar vía internet:

- ASEMPLEO (Asociación de agencias privadas de empleo)
  <www.asempleo.com>
- ADECCO
  <www.adecco.es>
- MANPOWERGROUP
  <www.manpowergroup.es>
- RANDSTAD
  <www.randstad.es>

Caso práctico inicial

En INDITEX una encargada de tienda puede recibir un curso inicial de hasta seis meses de formación.

ACTIVIDADES FINALES

1. Calcula el coste anual de un trabajador con categoría profesional de ayudante no titulado, perteneciente al grupo 4 de cotización a la Seguridad Social, contratado mediante un contrato de obra o servicio a tiempo completo. Según su convenio colectivo, le corresponden las siguientes retribuciones:
   - Salario base: 1200 €/mes.
   - Plus de toxicidad (complemento salarial): 200 €/mes.
   - Plus de transporte (complemento no salarial): 50 €/mes.

   Además, tiene derecho a recibir dos pagas extraordinarias al año del mismo valor que el salario base.

   La actividad del profesional contratado se encuentra dentro del epígrafe 43 (Actividades de construcción especializada) de la clasificación CNAE. Los tipos de cotización por accidente de trabajo y enfermedad profesional que le corresponden son de 3,35 % por IT y 3,35 % por IMS (total 6,70 %).

2. Redacta un anuncio solicitando un empleado para tu empresa, teniendo en cuenta que debe contener los siguientes apartados:

Apartados	Contenido
Datos de la empresa	■ Nombre, localización geográfica, tipo de empresa, sector profesional...
Datos del puesto de trabajo	■ Título o nombre del puesto ■ Funciones del puesto ■ Posición dentro del organigrama de la empresa ■ Tipo de contrato ■ Retribución ■ Ventajas especiales
Perfil del candidato idóneo	■ Formación académica, formación complementaria, idiomas, informática... ■ Experiencia ■ Edad y sexo ■ Rasgos de personalidad
Forma de contacto	■ Correo, correo electrónico, teléfono, fax, visita personal...

3. Indica el tipo de división que se sigue en un hospital donde los profesionales se agrupan por especialidad: cardiología, ginecología, radiología, etc.

Entra en internet

4. Busca el convenio colectivo aplicable a tu sector profesional y a tu futura empresa en la página web del Ministerio de Trabajo, <http://www.mitramiss.gob.es/es/organizacion/mites/index.htm>.
5. Busca en internet el salario mínimo interprofesional para este año.
6. Busca en las páginas web del Servicio Público de Empleo (<www.sepe.es>) o del Ministerio de Trabajo, (<http://www.mitramiss.gob.es/es/organizacion/mites/index.htm>) los modelos oficiales de contratos. Fíjate que junto a cada modelo contractual hay un resumen de los aspectos teóricos más relevantes de cada modalidad.

   El portal del SEPE tiene un asistente de contratos, que ayuda a encontrar la modalidad más adecuada: <http://www.sepe.es/HomeSepe/empresas/Contratos-de-trabajo/modelos-contrato.html>.

   También puedes encontrar las bonificaciones que se conceden a las empresas por cada trabajador contratado.
7. ¿En qué consiste la tarifa plana para los nuevos autónomos? ¿Cuál crees que es su finalidad? ¿Consideras que ha tenido algún impacto en la generación de autoempleo en nuestro país?

PROYECTO DE EMPRESA

El plan de recursos humanos

Elabora un borrador de los siguientes puntos:

Los recursos humanos de la empresa (unidad 6)

Describe cada uno de los **puestos de trabajo,** detallando:

- Las funciones, tareas y responsabilidades que tendrán asignadas.
- La formación y experiencia que requiere cada puesto de trabajo (perfil profesional).
- Quién estará al frente de cada puesto.

Estatus de los socios trabajadores:

- Cuando sea posible, cada socio elegirá su inclusión en el régimen general o en el régimen especial de autónomos.
- Escoge el modelo contractual que se formalizará con los socios trabajadores incluidos en el régimen general de la Seguridad Social. Puedes consultar la página web del SEPE (<www.sepe.es>) o la del Ministerio de Trabajo, (<http://www.mitramiss.gob.es/es/organizacion/mites/index.htm>).

Contratación y coste de personal. Se tomarán las siguientes decisiones:

- ¿Es necesario contratar personal? Realiza un análisis del coste de los posibles trabajadores y decide el número de personas que se han de contratar y su perfil profesional.
- Descripción del proceso de selección que se llevará a cabo.
- Elección del tipo de contrato laboral que se formalizará con ellos.

A modo de resumen y como exposición gráfica de este apartado, completa un cuadro como el siguiente para cada puesto de trabajo:

Puesto de trabajo 1: denominación del puesto de trabajo	
Nombre del socio o del trabajador contratado:	▪▪▪▪▪▪▪
Categoría profesional (ver el convenio colectivo):	▪▪▪▪▪▪▪
Modalidad contractual:	▪▪▪▪▪▪▪
Funciones del puesto: – ▪▪▪▪▪▪▪	Formación y perfil profesional: – ▪▪▪▪▪▪▪

Coste del trabajador	
	Coste anual
Salario	▪▪▪▪▪▪▪
Seguridad Social	▪▪▪▪▪▪▪
Coste total (salario + Seguridad Social)	▪▪▪▪▪▪▪

Estructura organizativa de la empresa (unidad 6)

Para concluir, elabora el organigrama de la empresa y especifica los departamentos que la componen, quién estará al frente de cada uno de ellos y el número de trabajadores que los integran (incluidos los socios, si van a trabajar en ella).

Recuerda que puedes consultar la **unidad 14** a lo largo de todo el curso como referente constante para la elaboración de tu **proyecto de empresa.**

PROYECTO DE EMPRESA
continuación

Ejemplo

Alejandro, Miguel y Carlota han decidido abrir una panadería-pastelería. Esperan ampliar el negocio a medio plazo instalando una cafetería en el local contiguo, que ofrezca los mejores desayunos y meriendas. A largo plazo, se plantean ofrecer un servicio de cáterin.

Para comenzar con el negocio de la panadería-pastelería, diseñan los siguientes puestos de trabajo:

Una persona encargada de elaborar todos los productos de panadería y bollería que se venderán a diario en la tienda

Será responsable de la producción diaria del sector de panadería y bollería. Su perfil requiere conocimientos técnicos en la elaboración y presentación de productos de panadería y bollería, además de saber dirigir las operaciones de producción, composición y decoración. Tiene que conocer la legislación vigente de higiene y seguridad alimentaria, de protección ambiental y de prevención de riesgos laborales.

La formación de esta persona será la propia de un técnico en Panadería, repostería y confitería, titulación que se obtiene cursando un ciclo formativo de Formación Profesional de grado medio de 2 000 horas. Alejandro tiene esta titulación, por lo que deciden que él se ocupará de esta sección.

Una persona encargada de la elaboración de los productos de pastelería y repostería de venta diaria

Será el responsable de la producción diaria del sector de pastelería y repostería. Su perfil requiere conocimientos técnicos en la elaboración y presentación de productos de pastelería y repostería, y dirigirá las operaciones de producción, composición y decoración. Ha de conocer la legislación vigente de higiene y seguridad alimentaria, de protección ambiental y de prevención de riesgos laborales.

La formación necesaria es la propia de un técnico en Panadería, repostería y confitería, titulación que se obtiene cursando un ciclo formativo de Formación Profesional de grado medio de 2 000 horas. Miguel tiene esta titulación, por lo que deciden que él se ocupará de esta sección.

continúa >

> continuación

Una persona encargada de atender a los clientes

Tendrá que despachar los productos y cobrar; abrir y cerrar la tienda; organizar y realizar los pedidos de materias primas; gestionar el pago del alquiler del local, los recibos del agua, electricidad, gas y teléfono, y llamar a los técnicos en caso de avería.

Será responsable de la gestión y dirección de la tienda y de la atención al cliente. El perfil adecuado es el de una persona con capacidad para organizar y supervisar los aprovisionamientos, la realización y conservación de productos de pastelería y panadería; prestar asistencia técnica y operativa; con conocimientos de marketing (ventas y escaparatismo), dotes de liderazgo, capacidad para el trabajo en equipo y habilidades comunicativas.

La formación de esta persona será la propia de un técnico superior en Dirección de Servicios de Restauración, que se obtiene cursando un ciclo formativo de Formación Profesional de grado superior de 2 000 horas. Carlota tiene esta titulación, por lo que ocupará este puesto de trabajo.

Una persona que se ocupe de la limpieza del local

Será responsable de que el local esté limpio y en condiciones higiénicas adecuadas a diario. No es necesaria formación ni experiencia previa.

Durante los primeros meses la limpieza del local la realizarán los tres socios, por turnos semanales rotatorios. En un plazo de seis meses esperan contratar, mediante un contrato indefinido, a una persona de confianza, el vecino de Carlota, mayor de 45 años e inscrito como desempleado en la oficina de empleo. Estas circunstancias permitirán a la empresa obtener bonificaciones en las cuotas que pagarán a la Seguridad Social por el limpiador. Para asegurar que les interesa contratar a esta persona, pactarán un periodo de prueba de 3 meses de duración.

Dirección general: Carlota

- **Panadería Bollería**: Alejandro
- **Pastelería Repostería**: Miguel
- **Limpieza**: Alejandro, Miguel y Carlota

EMPRENDEDORES EN EL CINE

Ficha técnica

Título original: *The Van*

Dirección: Stephen Frears

Producción: Lynda Myles

Guion: Roddy Doyle

Duración: 95 minutos

Nacionalidad: británica

Año de producción: 1996

Reparto: Eoin Chaney, Neili Conroy, Jill Doyle, Laurie Morton, Caroline Rothwell, Moses Rowen, Stuart Dunne, Frank O'Sullivan, Ger Ryan, Marie Mullen

Música: Eric Clapton, Richard Hartley

Fotografía: Oliver Stapleton

Género: comedia/drama

La camioneta

Sinopsis

Bimbo, un panadero de Barrytown, es despedido. Para sobrevivir y poder mantener a su mujer y a sus tres hijos, decide comprar una camioneta con el dinero de su despido y convertirla en un negocio ambulante: venderá hamburguesas y cualquier plato que pueda cocinar y lo distribuirá por todas partes con ayuda del vehículo.

Está entusiasmado con la idea de ser su propio jefe y de iniciar el negocio junto a Larry, su mejor amigo. Pero, a medida que prospera el negocio, la amistad entre ambos amigos se va deteriorando poco a poco.

De fondo aparece el Campeonato de Europa de Fútbol de 1998, en el que el equipo irlandés sorprendió a Europa.

Claves de trabajo

Con motivo de su despido, Bimbo decide emprender un negocio. Para conseguir su sueño no duda en invertir la indemnización en la compra de una camioneta que le permitirá llevar a cabo su idea innovadora: vender comida preparada allí donde se encuentre el cliente. Ya no será el comprador quien busque un sitio de comida rápida y se desplace hasta él, sino que será su empresa quien recorra las calles y se acerque hasta los potenciales compradores.

En un principio, la relación entre Bimbo y Larry es de amistad y, por tanto, de igualdad; pero, poco a poco, se convierte en una relación mal avenida entre jefe y empleado.

Actividades

1. ¿Qué puestos de trabajo hay en esta empresa? Describe sus funciones, tareas y responsabilidades.
2. ¿Están bien diferenciados el papel de Bimbo y el de Larry?
3. ¿Se ha explicitado algún tipo de filosofía en este negocio? ¿Observas si se ha ido generando alguna ideología o visión del negocio, a medida que pasa el tiempo?
4. ¿Crees que antes de montar la empresa se hizo un buen estudio del plan de recursos humanos? ¿Por qué?

EN RESUMEN

PLAN DE RECURSOS HUMANOS

Recursos humanos

- Análisis de los puestos de trabajo:
  - Funciones y tareas
  - Formación y perfil profesional
  - Régimen de la Seguridad Social
  - Modalidad de contrato de trabajo
- Régimen de la Seguridad Social
- RETA
- El coste del trabajador por cuenta ajena (régimen general de la Seguridad Social)
- Selección y formación de personal

El proceso de organización de la empresa

Organización formal

Modelos de organización

Clásicos

- Lineal o jerárquico
- Divisional o de segmentación

Modernos

- Estructura en trébol
- En red o en estrella
- *Just-in-time*

Organización informal

Evalúa tus conocimientos

RESUELVE EN TU CUADERNO O BLOC DE NOTAS

1. Los criterios divisionales o de segmentación pueden ser:

a) Por procesos de producción: organiza los departamentos por cada una de las fases de fabricación del producto.

b) Por productos: cada sección se ocupa de un grupo de clientes.

c) Funcional: crea distintas unidades atendiendo a las características diferenciales de cada zona geográfica.

d) Ninguna respuesta es correcta.

2. Señala la respuesta correcta:

a) El trabajador autónomo no tiene derecho a prestación por desempleo, en ningún caso.

b) El autónomo debe pagar unas cuotas mensuales a la Seguridad Social.

c) El trabajador tiene la obligación de darse de alta en la Seguridad Social antes de empezar a trabajar.

d) Ninguna respuesta es correcta.

3. Señala la respuesta correcta:

a) El coste de un trabajador se halla sumando el salario y las horas extras que realiza.

b) La base de cotización por contingencias comunes se calcula sumando las horas extras a la base de cotización por contingencias profesionales.

c) Los socios colectivos deben darse de alta en el régimen especial de autónomos.

d) Ninguna respuesta es correcta.

4. Señala la respuesta correcta:

a) Una empresa que siga un modelo lineal busca personal especializado en las funciones principales de la empresa para incrementar su productividad.

b) Las empresas deben pagar a la Seguridad Social las cotizaciones correspondientes por cada trabajador contratado.

c) La estructura en trébol potencia la cooperación y las alianzas entre los componentes de cada una de sus «hojas».

d) Ninguna respuesta es correcta.

7 Producción y análisis de costes

Vamos a conocer...

1. La función de producción
2. Análisis de costes

PROYECTO DE EMPRESA

El plan de producción

Análisis de costes

ACTUALIDAD EMPRESARIAL

García Baquero: las claves del crecimiento económico de la empresa líder del mercado de los quesos en España

Y al finalizar esta unidad...

- Conocerás las distintas funciones del área de producción dentro de la empresa.
- Identificarás y clasificarás los diferentes tipos de costes.
- Definirás y calcularás el punto muerto o umbral de rentabilidad de un producto.
- Diseñarás un adecuado plan de producción para tu proyecto empresarial.
- Realizarás un detallado análisis de costes para tu proyecto empresarial.
- Valorarás la importancia en términos de ahorro de costes de un adecuado diseño del plan de producción de la empresa.

Práctica profesional inicial

Situación de partida

En 1908 apareció un nuevo automóvil: el modelo T de FORD. Cinco años más tarde, las ventas del T se habían disparado hasta los 248 307 automóviles anuales. ¿Cuál fue el secreto de Henry Ford, el creador del automóvil más vendido del mundo?

Ford diseñó una nueva organización de la producción, basada en una organización científica del trabajo que permitía producir muchos vehículos en el menor tiempo posible y con un coste muy reducido.

Esta forma de producción era la cadena de montaje, que proporcionaba una parcelación precisa de las tareas y una asignación rigurosa de tiempos para cada una de ellas. Estas innovaciones se tradujeron en un importante aumento de la producción. En 1909, el tiempo necesario para fabricar un Ford T era de 14 horas, y su precio aproximado 1 500 dólares. Quince años más tarde se tardaban 1,33 horas en fabricarlo y se vendía a 600 dólares.

Esto fue acompañado por una nueva consideración de las relaciones entre la empresa y los trabajadores. El salario mínimo de los trabajadores norteamericanos en aquella época era de 2,34 dólares por 9 horas diarias. Ford decidió pagar la suma de 5 dólares por 8 horas de trabajo diario, con lo que a su vez los convirtió en potenciales clientes con capacidad económica suficiente para adquirir un Ford T. Los obreros que tenían menos de 6 meses de antigüedad, los menores de 21 años de edad y las mujeres no cobraban la doble tarifa.

Pero no solo se trataba de mantener satisfechos a los obreros. Era necesaria también una estricta subordinación de los trabajadores a la línea de montaje. «Nuestra organización es tan especializada que todas sus partes dependen unas de otras. Sin la más rigurosa disciplina llegaríamos a la confusión más extrema», eran comentarios habituales de Henry Ford.

Él creía que su éxito como fabricante de automóviles dependía de la ampliación del mercado. Para ello, además de incrementar los salarios de sus trabajadores, estableció una tupida red de concesionarios a escala nacional y fomentó otro sistema de pago revolucionario: la compra del coche a plazos.

Si en 1919 había 6 771 000 automóviles en uso en los Estados Unidos, en 1929, solo diez años después, había no menos de 23 121 000. Sin duda, Henry Ford había conseguido su objetivo.

Estudio del caso

Antes de empezar a leer esta unidad de trabajo, puedes contestar las cuatro primeras preguntas y la última. Después, analiza cada punto del tema, con el objetivo de contestar al resto de las cuestiones.

1. ¿En qué consistieron las innovaciones de Henry Ford en la fabricación del modelo T?
2. ¿Cuáles crees que fueron las claves del éxito en la reducción de tiempos y costes en la fabricación de este vehículo?
3. Para introducir cambios en el sistema de producción, ¿crees que es conveniente motivar a los trabajadores? ¿Qué efecto tendrá este tipo de medidas motivadoras sobre la eficiencia y la reducción de costes?
4. Ford discriminaba a los trabajadores jóvenes, a los inexpertos y a las mujeres. ¿Se podría dar esta situación en nuestro país en la actualidad?
5. ¿Por qué crees que la disciplina y la subordinación son importantes en un sistema de producción en masa? ¿Qué inconvenientes puede plantear este tipo de producción desde el punto de vista del trabajador?
6. ¿Cómo consiguió Henry Ford incrementar la demanda de su modelo T? ¿Cuáles crees que fueron los factores clave de su éxito empresarial?

Henry Ford, su biografía

Si quieres profundizar más en la biografía del empresario que fundó una de las industrias más importantes del siglo XX, puedes consultar el siguiente enlace de internet: <http://es.wikipedia.org/wiki/Henry_Ford>.

Allí verás diferentes aspectos relevantes sobre la vida de Henry Ford, como sus disputas con los sindicatos en los años treinta, que derivaron en el desarrollo de otras corrientes de organización del trabajo, como el movimiento de las relaciones humanas (Elton Mayo).

1. La función de producción

A la hora de crear una empresa es muy importante tener una idea de negocio asociada a un nicho de mercado suficiente, que garantice el éxito en ventas de nuestro producto, ya sea un bien o un servicio.

1.1. Transformar una idea en un producto real

El éxito en ventas, si bien es indispensable, no garantiza el éxito de nuestra aventura empresarial. Es necesario saber cuánto va a costar el producto, porque será un factor determinante del precio y, por tanto, del volumen de ventas.

Para calcular el coste del producto debemos partir de una serie de preguntas previas:

- ¿Cómo se va a realizar la producción?
- ¿Quién va a realizar dicha producción? ¿Qué recursos se van a utilizar?
- ¿Cuál va a ser el volumen de producción?
- ¿Cuál va a ser el coste final de mi producto?
- ¿A qué precio voy a vender mi producto?

En esta unidad de trabajo vamos a contestar todas estas preguntas absolutamente imprescindibles a la hora de elaborar un adecuado plan de empresa, independientemente de que el producto que comercialice nuestra empresa sea un bien o un servicio.

Caso práctico inicial

La principal innovación de Henry Ford en la fabricación del Ford T fue la producción basada en la cadena de montaje, que permitía una parcelación precisa de las tareas y una asignación rigurosa de tiempos a cada una de ellas.

1.2. La función de producción

La función productiva de la empresa se relaciona con el empleo de factores humanos y materiales para la producción de bienes y servicios.

Es, por consiguiente, un proceso en el que una serie de entradas (factores o *inputs*) se transforman en salidas (productos u *outputs*).

Anécdotas empresariales

REEBOK, una idea que cambió la manera de correr

La empresa de material deportivo REEBOK, que hoy en día pertenece al grupo ADIDAS, nació de una idea de Joseph William Foster, que introdujo clavos en las zapatillas de los atletas para que estos corrieran más rápido.

El **área de producción** cumple con algunas de las funciones más importantes dentro de la empresa.

En dicha área se toman decisiones de carácter estratégico, prioritariamente en los siguientes aspectos:

- **Diseño de bienes y servicios:** el punto de arranque tradicional del proceso de producción es el diseño del bien o servicio. El producto ha de estar diseñado para atraer a los clientes pero, además, ha de tener un coste razonable, puesto que, en caso contrario, el precio final no será atractivo para el público.

  Las decisiones relacionadas con el diseño incluirán las características del producto, el nivel deseado de calidad, los materiales que se van a utilizar y el coste de producción resultante.

- **Planificación del proceso de producción:** una vez definido el producto, el siguiente paso será diseñar y construir el proceso físico que producirá el bien o prestará el servicio. Esta etapa incluye la adquisición de los materiales, los equipos y la tecnología precisos para elaborar el producto, así como contratar el personal necesario y gestionar el proceso.

  También se debe evaluar la posibilidad de externalizar alguna fase del proceso productivo o algún servicio complementario, teniendo siempre en cuenta criterios de ahorro de costes y de calidad.

Caso práctico inicial

Las claves del éxito en la reducción de tiempos y costes en la fabricación del Ford T fueron el sistema de producción en cadena y la motivación de los trabajadores.

- **Diseño de las instalaciones:** el proceso de producción diseñado debe estar alojado físicamente en una instalación y organizado espacialmente de una manera efectiva, de modo que el producto pueda elaborarse de la manera más eficiente posible.

  Se decidirá cuál es el lugar más adecuado para ubicar cada una de las fases del proceso de producción, con el fin de garantizar que discurra de un modo fluido y con el espacio necesario.

  También habrá que asegurarse de que se cumplan todos los requisitos necesarios para una correcta prevención de riesgos laborales.

- **Diseño de puestos y de trabajo:** es necesario delimitar las tareas de cada puesto de trabajo, de manera que queden cubiertas todas las necesidades del proceso productivo.

  Se han de delimitar específicamente las tareas y los tiempos empleados por cada trabajador.

  Con este diseño y estos análisis se pretende verificar si se cumplen los requerimientos del proceso de producción de la forma más eficiente posible y también se verifica si los puestos de trabajo cumplen todos los requisitos en lo referente a la prevención de riesgos laborales.

- **Planificación y programación de la producción:** una vez que se conoce la cantidad de producto necesaria para satisfacer la demanda, se diseñan programas de producción que implican múltiples decisiones.

  Estas decisiones incluyen cuánto material o componentes hay que encargar, cuándo encargarlos, cuántos trabajadores contratar y cómo deben estar organizados estos empleados.

  En el caso de los servicios, se deberá establecer el número de personas necesario para atender a los clientes en un tiempo adecuado.

1.3. Gestión de inventarios y función de producción

Para que el proceso de producción no sufra ningún retraso, será necesario que todos los materiales precisos estén siempre disponibles.

Para evitar problemas y que se produzca una rotura de *stock*, la empresa debe realizar una adecuada gestión de inventarios.

> La **rotura de *stock*** es una interrupción en el proceso de producción de una empresa debida a la falta de materiales de repuesto necesarios.

Los objetivos de una adecuada gestión de inventarios se pueden resumir en dos:

- Obtener una seguridad máxima frente a posibles roturas de *stock*.
- Minimizar los costes de mantenimiento de los inventarios.

Para que la gestión de los inventarios sea correcta, se deberán estudiar aspectos como:

- Demanda interna de cada uno de los materiales y de sus repuestos.
- Importancia de dicho repuesto dentro del proceso productivo.
- *Stock* de seguridad: volumen de existencias que se tienen en el almacén, por encima de lo que normalmente se espera necesitar, para hacer frente a las fluctuaciones en exceso de demanda o a retrasos imprevistos en la entrega de los pedidos.
- Tiempo de reposición por parte del proveedor.

Caso práctico inicial

El Estatuto de los Trabajadores nos indica en su artículo 4.2 que ningún trabajador podrá ser discriminado por razones de sexo o edad dentro de los límites marcados por la ley, entre otras causas.

Caso práctico inicial

Cuando se realiza un cambio importante en la producción, es totalmente necesario motivar a los trabajadores para que adopten el cambio positivamente, lo que llevará a que este se realice rápidamente y sin errores. De esta manera, aumentará la eficiencia y disminuirán los costes.

Vocabulario

Stock

Son las existencias que la empresa tiene en el almacén.

Saber más

IKEA y el sistema de empaquetado *Flat Pack*

¿Sabías que uno de los mayores factores de ahorro de costes de IKEA es el empaquetado? Utiliza el sistema *Flat Pack*, un empaquetado plano, fácil de embalar y de transportar, que ocupa menos espacio en las furgonetas y en el almacén, lo que permite ahorrar dinero en almacenamiento y transporte.

Todos estos parámetros nos permitirán calcular, por un lado, el pedido óptimo, que será el que minimice los costes de realizar el pedido y los de almacenaje, además de asegurar que no se produzcan roturas de *stock*; por otro lado, conoceremos qué número de pedidos habremos de realizar en el año, así como el denominado *punto de pedido*, que permite saber cuándo debe realizar el pedido la empresa para mantenerse siempre por encima de su *stock* de seguridad.

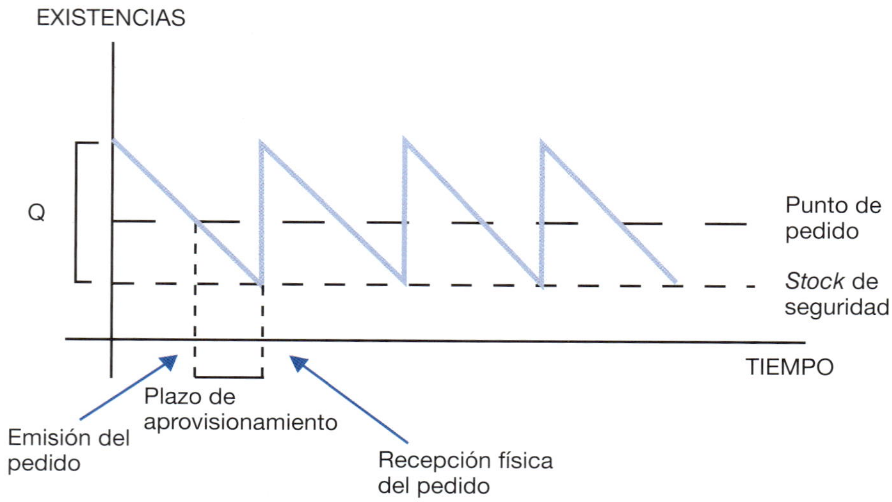

1.4. La calidad y la función de producción

La **calidad** se suele definir como el cumplimiento de los requisitos, ya sean explícitos o implícitos, para la satisfacción de un cliente. Diferentes clientes pueden tener distintos conjuntos y niveles de requisitos respecto de una misma categoría de productos o servicios.

Por ello, la definición de *requisitos* debe ser específica para cada cliente o conjunto de clientes. Y, para ello, antes de definir los requisitos de un producto, debe necesariamente definirse el cliente al que va destinado.

En el mundo empresarial, ha surgido en los últimos años una gran preocupación por la calidad como elemento diferenciador de un producto frente a los de la competencia.

Para la mejora de la calidad, en todo el proceso productivo existen en la actualidad dos vías fundamentales:

- **Certificación europea vía normas ISO 9001,** establecidas para que las empresas creen sus propios sistemas de gestión de calidad. Su cumplimiento permite obtener un certificado otorgado por entidades como AENOR.
- **Calidad total:** es un conjunto de estrategias diseñadas para optimizar los recursos, reducir los costes y mejorar los resultados de forma continuada.

  En nuestro país, el modelo más desarrollado es el de la Fundación Europea para la Gestión de Calidad, conocido también por las siglas inglesas EFQM *(European Foundation for Quality Management)*.

AENOR
Empresa Registrada
UNE-EN ISO 9001

Recuerda

Just-in-time **(justo a tiempo)**

Sistema de producción de origen japonés por el que se fabrican solamente las unidades necesarias de un producto en el momento preciso y al menor coste posible, con lo que se trabaja sobre pedido y con un *stock* de seguridad cero.

Caso práctico inicial

En un proceso de producción en cadena es imprescindible la exacta organización de las tareas, lo que implica una gran disciplina. Para el trabajador esto puede suponer monotonía, que a su vez puede derivar en falta de motivación.

Caso práctico inicial

Henry Ford consiguió aumentar la demanda del modelo T, por una parte, incrementando el salario de sus trabajadores, convirtiéndolos así en potenciales clientes; y, por otra, fomentando un novedoso sistema de pago: la compra a plazos.

El factor clave del éxito de Henry Ford fue el nuevo diseño de la producción en cadena, acompañado de otra serie de medidas que estimularon la demanda para así ajustarla a sus niveles de producción.

2. Análisis de costes

Una vez definido el plan de producción para nuestro producto, será necesario que estimemos sus costes para poder fijar su precio de venta. Para realizar este cálculo utilizaremos la denominada ***contabilidad analítica*** o ***de costes***.

En el ámbito empresarial, existen dos tipos de contabilidad independientes, pero complementarias entre sí:

- **Contabilidad externa o financiera:** es la contabilidad que se encarga de reflejar la imagen fiel del patrimonio y los resultados globales de la actividad empresarial. Esta contabilidad está sometida a un proceso de normalización y regulada legalmente por el Plan General Contable.
- **Contabilidad interna o analítica:** es la contabilidad que se encarga, entre otras cosas, de calcular los costes en los que incurre la empresa para obtener su producto. La contabilidad analítica la determina cada empresario en función de sus características y necesidades de información.

2.1. Concepto de coste

El **coste** se puede definir como la expresión del valor monetario de los bienes y servicios consumidos por la empresa en el desarrollo de su actividad.

A diferencia del concepto de **gasto** (únicamente utilizado en la contabilidad financiera), el **coste** (únicamente utilizado en la contabilidad analítica) no se produce hasta que tiene lugar el consumo.

Cuando hay que elegir entre varias opciones, aparece el concepto del **coste de oportunidad,** que se puede definir como el valor de la mejor de las alternativas rechazadas.

Es evidente la importancia de la reducción del coste como arma competitiva de la empresa. Por un lado, es un factor determinante a la hora de fijar el precio de venta del producto. Por otra parte, si la empresa consigue reducir costes y mantener el mismo nivel de precios, probablemente aumentarán sus beneficios.

Existen dos formas de aumentar el beneficio de una empresa manteniendo constante el volumen de ventas:

- Elevar el precio, lo que solo es posible en una marca muy bien posicionada.
- Minimizar los costes, en el caso de los productos de marca blanca.

La importancia de la variable costes requiere el desarrollo de una correcta planificación y control de los mismos.

En primer lugar, será preciso llevar a cabo una estimación *a priori*, antes de que se produzcan, en virtud de una serie de hipótesis de partida.

Después será necesario un cálculo de los costes *a posteriori*, es decir, una vez efectuado el consumo de los factores, lo que nos proporcionará los resultados reales obtenidos.

Al comparar los costes previstos *a priori* y los que finalmente se han producido, se analizará si ha habido una desviación significativa y por qué. Es importante conocer las causas que han motivado la diferencia entre lo previsto y lo real para poder eliminarlas.

Hay dos vías fundamentales para reducir costes:

- Mejorar el aprovechamiento de los recursos existentes.
- Realizar inversiones que mejoren la tecnología empleada y, por tanto, la productividad.

Saber más

«Toyotismo»

Sistema de producción surgido en Japón a partir de la crisis del petróleo de los años setenta basado en el trabajo flexible, el aumento de la productividad a través de la gestión y la organización y el método *just-in-time*.

Frases célebres

Nunca emprenderíamos nada si quisiéramos asegurar por anticipado el éxito de nuestra empresa.

Napoleón Bonaparte

2.2. Clasificación de los costes

Los costes se pueden clasificar según diferentes criterios. Resumimos los más comunes en el siguiente esquema:

- **Dependiendo del volumen de producción**
  - **Fijos**: Son aquellos que permanecen constantes ante variaciones en el volumen de producción dentro de un periodo de tiempo determinado. Por ejemplo, el precio de alquiler del local donde se desarrolla la actividad, los gastos de limpieza, los salarios de los trabajadores o el precio de los seguros son los mismos, con independencia de que la empresa fabrique 10 000 o 20 000 unidades de producto.
  - **Variables**: Varían en función del nivel de producción. Ejemplo: el coste de las materias primas aumenta si lo hace el número de unidades producidas.
  - **Mixtos**: Tienen una parte de costes fijos y otra de costes variables.
- **Según estén vinculados a un único objeto de coste o a varios**
  - **Directos**: Son aquellos que se pueden asignar con certeza a una unidad de producto (bien o servicio) y en una cuantía concreta y objetiva, por existir una medida individualizada de dicho consumo. Ejemplo: una fábrica de coches produce 10 000 automóviles diarios; la empresa conoce la cantidad exacta de componentes o materias primas que necesita para elaborar cada uno de ellos, por lo tanto, el coste de las materias primas con las que se elabora este producto es un coste directo.
  - **Indirectos**: Son aquellos que corresponden a dos o más objetos de coste, por lo que separar cuánto consume cada uno es difícil. Para resolver qué cantidad de coste se imputa a cada unidad de producto se recurre a criterios subjetivos. Ejemplo: es muy difícil saber qué parte de lo que cuesta el seguro o el servicio de limpieza corresponde a una unidad de producto.
- **Atendiendo a la certeza en el cálculo de su coste de oportunidad**
  - **Explícitos**: Factores que se contratan con el exterior, cuyo coste de oportunidad es el precio pagado por ellos.
  - **Implícitos**: Factores propiedad de la empresa cuyo coste de oportunidad viene dado por el precio de mercado que se podría obtener de ellos.

Actividades

1. Clasifica de manera razonada los siguientes costes, según los dos primeros criterios estudiados en el esquema anterior:
   - Materias primas.
   - Material de oficina.
   - Alquiler de local.
   - Alquiler de maquinaria para la fabricación de unos pedidos extra del producto.
   - Servicio de seguridad y vigilancia.
   - Mano de obra, personal administrativo.
   - Consumibles de oficina (tinta, papel...).
   - Servicio de mantenimiento de la maquinaria.
2. ¿En qué se diferencian un coste y un gasto?

2.3. Determinación del coste total como suma del coste fijo y el coste variable

Podemos definir el coste total (C_t) como la suma de los costes fijos (C_f) y los costes variables (C_v).

$$\text{Coste total} = \text{costes fijos} + \text{costes variables}$$

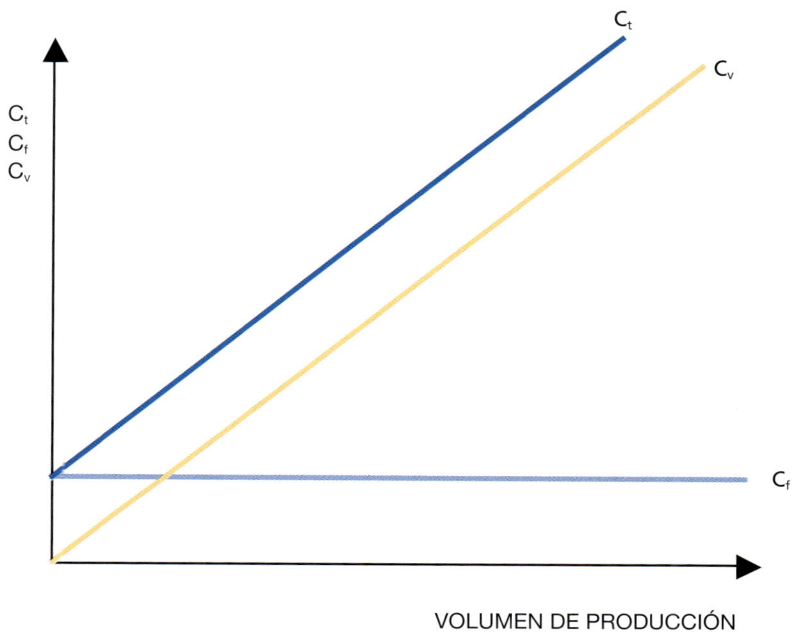

Como vemos en el gráfico, los costes fijos no varían con el volumen de producción, por lo que se representan paralelos al eje de abscisas. Los costes variables parten de cero, pero se incrementan proporcionalmente al volumen de producción.

El coste medio o unitario para un volumen de producción determinado se obtendrá dividiendo el coste total entre el número de unidades obtenidas.

$$C_t \text{ medio} = \frac{\text{Coste total}}{\text{N.° de unidades producidas}}$$

2.4. Fijación del precio de venta

Una correcta estimación de los costes de nuestro producto nos permite fijar con mayor fiabilidad su precio de venta.

Este precio de venta del producto tiene una gran relevancia, por los siguientes motivos:

- Es un instrumento con efecto a corto plazo sobre las ventas y los beneficios.
- Es un poderoso instrumento competitivo.
- Es el único elemento del *marketing mix* que proporciona ingresos.
- Como hemos visto al estudiar las variables que componen el *marketing mix*, el precio tiene importantes repercusiones psicológicas sobre el consumidor a la hora de decidir la compra del producto.

Recuerda

El eje de abscisas, X, es el eje horizontal.
El eje de ordenadas, Y, es el eje vertical.

Saber más

Siempre precios bajos

La exitosa política de precios de esta cadena de supermercados consiste en no ofrecer ofertas puntuales, sino siempre precios bajos (SPB). Este ahorro de costes lo consigue a través de acuerdos estratégicos con los que denomina *interproveedores*, que son unos 120 proveedores que fabrican las marcas propias que MERCADONA distribuye, en su gran mayoría productos de origen y elaboración española. Con ellos ha firmado un contrato, en el que MERCADONA les asegura unas ventas a cambio de un fuerte compromiso con la compañía, un control sobre el proceso de producción y unos elevados estándares de calidad.

MERCADONA
SUPERMERCADOS DE CONFIANZA

Saber más

Dumping

El ***dumping*** es una práctica de comercio en la que una empresa fija un precio inferior para los bienes exportados que para esos mismos bienes vendidos en el país, incluso por debajo de su coste.

Este tipo de prácticas está prohibido por la OMC (Organización Mundial del Comercio).

Anécdotas empresariales

La aceituna de American Airlines

Abrocharse el cinturón no es lo mismo que apretárselo, aunque suene parecido. En su obsesiva necesidad de reducir costes, American Airlines decidió eliminar una aceituna en cada ensalada de los menús que servían en primera clase. En un año ahorraron 40 000 dólares.

Existen tres criterios fundamentales para fijar el precio de un producto:

- **Precio basado en los costes,** es decir, añadiendo al coste un margen de beneficio que se puede obtener sobre él.

Precio = coste total + margen

- **Precio basado en la percepción del comprador:** es un método que da buenos resultados desde la perspectiva de posicionamiento del producto. Para una correcta aplicación de este método, será necesario realizar una investigación de mercado para verificar la efectiva percepción del precio por parte del comprador y las variaciones de la demanda en función de la variación del precio.
- **Precio basado en la competencia:** los precios se fijan atendiendo a los fijados por los competidores. Se utiliza en industrias con costes difíciles de medir o con una respuesta incierta por parte de los competidores (por ejemplo, las gasolineras).

Para estimar el precio de un producto se deberán utilizar simultáneamente, siempre que sea posible, los tres criterios: el precio deberá cubrir los costes y permitir obtener un beneficio, a la vez que ser competitivo y resultar atractivo al consumidor.

2.5. Cálculo del umbral de rentabilidad o punto muerto

El **umbral de rentabilidad, punto muerto** o **punto de cobertura** viene dado por el volumen de producción y ventas necesario para el que el beneficio de la empresa sea igual a cero, es decir, es el nivel de ventas en el que los ingresos de la empresa cubren todos los costes (fijos y variables), pero sin dar aún beneficios.

> Por tanto, el **punto muerto** o **umbral de rentabilidad** se puede definir como aquel punto en el que los ingresos igualan a los costes:

Punto muerto: ingresos = costes totales

Si en una empresa el volumen de ventas se sitúa por debajo de dicho punto, esta tendrá pérdidas, por lo que habrá que tomar medidas inmediatas e intentar reducir los costes o, en caso de no ser esto posible, incrementar los precios.

Si en una empresa el volumen de ventas se sitúa por encima de dicho punto, tendrá ganancias.

La comparación del punto muerto con el volumen de ventas proporciona información sobre el nivel de riesgo económico que asume la empresa:

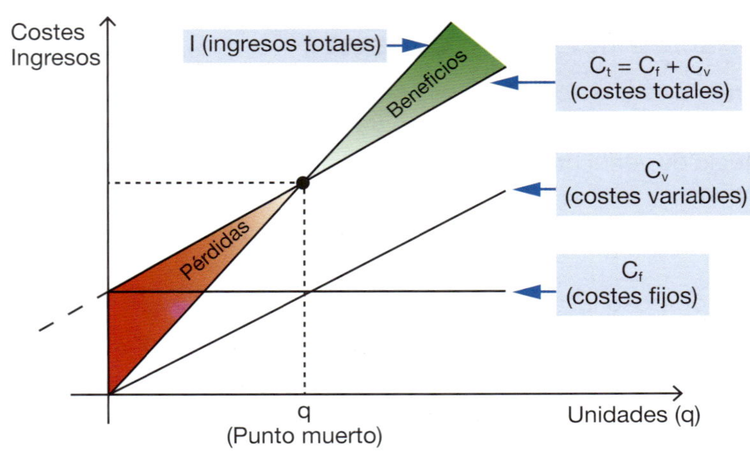

Cálculo matemático del umbral de rentabilidad o punto muerto

En el punto muerto el beneficio es nulo, es decir, los ingresos totales son iguales a los costes totales:

$$I_t = C_t$$

Los ingresos totales se pueden expresar como el producto del precio de venta, *p*, por la cantidad de producto, *q*:

$$I_t = p \cdot q \qquad [1]$$

El coste total es igual a la suma del coste fijo total más el coste variable total:

$$C_t = C_{f\,total} + C_{v\,total} \qquad [2]$$

A su vez, el coste variable total se podrá expresar como el producto del coste variable unitario por la cantidad, *q*:

$$C_{v\,total} = C_{v\,unit} \cdot q \qquad [3]$$

Si sustituimos los valores de [1], [2] y [3] en $I_t = C_t$, obtendremos:

$$p \cdot q = C_{f\,total} + (C_{v\,unit} \cdot q)$$

Pasamos al primer miembro los valores con *q*:

$$p \cdot q - (C_{v\,unit} \cdot q) = C_{f\,total}$$

Sacamos factor común de *q*:

$$q\,(p - C_{v\,unit}) = C_{f\,total}$$

Y despejamos la cantidad *q* de producto:

$$q = \frac{C_{f\,total}}{(p - C_{v\,unitario})}$$

Saber más

El low cost ('bajo coste')

El fenómeno del *low cost* comenzó a finales de los años noventa, cuando algunas compañías aéreas, como RYANAIR o VUELING, entraron en un mercado hasta entonces caro y monopolizado por las compañías aéreas tradicionales.

El sector textil también se ha visto afectado por este fenómeno con la entrada de empresas como KIABI o PRIMARK.

Ejemplo

La empresa AUSTRALKYTE, SL, dedicada a la fabricación y venta de cometas, se está planteando la posibilidad de producir por sí misma un determinado modelo de cometa que hasta ahora estaba comprando a su proveedor habitual a un precio de 35 € la unidad. Los costes fijos que supondría fabricar dicho tipo de cometa serían de 2 500 € anuales y el coste variable unitario de cada cometa de 15 €. Utilizando el concepto de punto muerto, indica a partir de qué número de cometas comenzará a ser rentable su fabricación.

$C_{f\,totales} = 2500$ € $C_{v\,unit} = 15$ € $p = 35$ €

Punto muerto en cantidad $q = \dfrac{C_{f\,total}}{p - C_{v\,unitario}}$

$q = \dfrac{2500}{(35 - 15)} = 125$ cometas (punto muerto)

Para una producción anual inferior a 125 cometas, a la empresa le será más rentable comprarlas a su proveedor habitual al precio establecido de 35 €; sin embargo, para una producción superior a 125 cometas anuales, será más rentable que las produzca AUSTRALKYTE por sí misma.

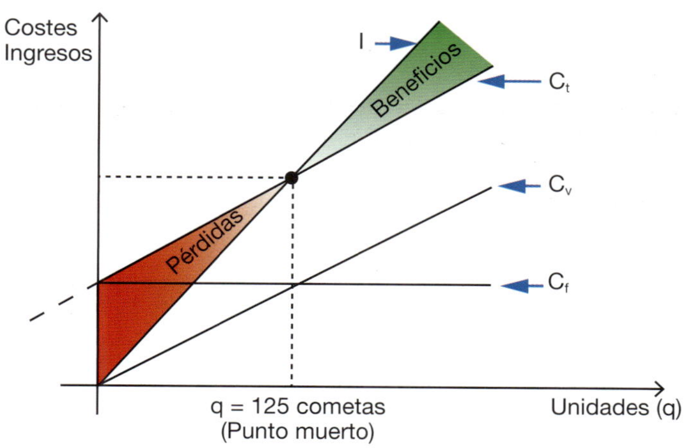

ACTIVIDADES FINALES

1. Rubén y Lourdes, tras finalizar un ciclo formativo de técnico superior en Dirección de Servicios de Restauración, se están planteando la posibilidad de crear una empresa que comercialice *smoothies* (batidos de frutas naturales con helado bajo en grasa). Una vez que tienen definida su idea, se plantean qué tipo de decisiones será necesario tomar desde el punto de vista de la producción. Asesóralos, enumerando dichas decisiones y explicando en qué consiste cada una de ellas.

2. Define los siguientes conceptos relacionados con la gestión de stocks:
   - Rotura de stock.
   - Stock de seguridad.
   - Punto de pedido.
   - *Just-in-time*.

3. Explica, utilizando un gráfico, el proceso de aprovisionamiento en un almacén. Dicho gráfico deberá incluir: stock de seguridad, plazo de aprovisionamiento y punto de pedido.

4. ¿Cuáles son las dos vías fundamentales para la mejora de la calidad en el proceso productivo?

5. ¿Cuál es la diferencia entre la contabilidad financiera y la contabilidad de costes? ¿Qué objetivos tiene cada una de ellas?

6. Clasifica de manera razonada los siguientes costes:
   - Alquiler de local.
   - Alquiler de vehículo.
   - Compra de maquinaria para la fabricación.
   - Mano de obra (personal de fabricación).
   - Servicio de limpieza externo.
   - Compra de materias primas.

7. La empresa GLORIA, SL, que se dedica a la elaboración de dulces navideños, tiene los siguientes costes anuales:
   - Alquiler del local: 60 000 €.
   - Materias primas: 200 000 €.
   - Personal general de administración: 10 000 €.
   - Personal de producción: 260 000 €.

   Sabiendo que la producción anual de GLORIA, SL, es de 140 000 kg de dulces:

   a) Calcula sus costes fijos, variables y totales, así como los unitarios.

   b) Represéntalo gráficamente.

8. La empresa SIROP, SL, se dedica a la elaboración de siropes de sabores.

   Sus costes anuales son los siguientes:
   - Alquiler de la nave: 40 000 €.
   - Amortización de la maquinaria: 10 000 €.
   - Personal general de administración: 25 000 €.
   - Electricidad y agua (contrato mínimo): 600 €.
   - Electricidad y agua (consumo): 3 000 €.
   - Materias primas: 150 000 €.
   - Personal de producción: 200 000 €.

   Sabiendo que la producción anual de SIROP, SL, es de 50 000 l de sirope:

   a) Calcula sus costes fijos, variables y totales, así como los unitarios.

   b) Represéntalo gráficamente.

- **9.** Se compran a una misma empresa dos productos: 1 000 unidades del producto A y 700 del producto B.
  - Precio de A: 215 €/ud.
  - Precio de B: 300 €/ud.
  - Descuento por volumen de compras de A: 20 €/ud (incluido).
  - Gastos de transporte de las 1 700 unidades: 3 000 €.

  Los gastos de transporte se distribuirán en función del valor total de cada uno de los productos. Calcula el coste de cada unidad de producto A y de producto B.

- **10.** Una empresa de yogures compra para sus productos los siguientes kilogramos de fruta en un mismo pedido:
  - Manzanas: 20 kg a 2 €/kg.
  - Melocotones: 15 kg a 2,3 €/kg.
  - Plátanos: 12 kg a 1,5 €/kg.

  Los gastos de transporte, que ascienden a 25 €, se distribuirán en función de la cantidad en kilogramos de cada tipo de producto. Calcula el coste de cada kilogramo de producto: manzanas, melocotones y plátanos.

- **11.** El laboratorio clínico UNILAB, especializado en análisis de sangre, se está planteando cuántos necesitará realizar el próximo año para obtener beneficios, sabiendo que los costes fijos que tiene son de 60 000 € anuales y los variables de 12 €/análisis, y que UNILAB factura estos análisis a un precio de 20 €/ud a las aseguradoras. Representa gráficamente los resultados obtenidos.

- **12.** ESTAMPACIÓN, SA, dedicada a la fabricación y venta de camisetas estampadas, está realizando actualmente la estampación de todas las camisetas que vende. Los costes fijos de dicha estampación son de 10 000 €, y los costes variables, de 4 €/camiseta. Una empresa textil de su ciudad les ha ofrecido la posibilidad de estampar las camisetas a un precio de 6 €. ¿Hasta qué número de camisetas compensará encargar las camisetas a los proveedores? Representa gráficamente los resultados obtenidos.

- **13.** La guardería infantil ARCO IRIS está elaborando actualmente en sus propias instalaciones la comida para los niños. Los costes fijos que supone realizar las comidas ascienden a 4 000 € anuales, y los costes variables, a 3 €/comida. Un servicio de cáterin de la localidad ha ofrecido a ARCO IRIS la posibilidad de contratarles a ellos directamente las comidas a un precio de 5 €/ud. ¿Hasta qué número de comidas anuales compensará el contratar a la empresa de cáterin? Representa gráficamente los resultados obtenidos.

- **14.** La empresa de instalación de toldos SINSOL, SL, se está planteando qué cantidad de toldos necesitará instalar el próximo año para empezar a obtener beneficios, sabiendo que los costes fijos que tiene son de 3 000 € anuales y los variables de 60 €/instalación. El precio de venta de los toldos es de 120 €/ud. Representa gráficamente los resultados obtenidos.

Entra en internet

- **15.** MERCADONA posee en la localidad madrileña de Ciempozuelos una de las plataformas de distribución más modernas del mundo.

  La clave de su éxito está en haber conseguido automatizar todo el proceso con un nuevo *software* capaz de despaletizar los envíos de los fabricantes y organizar los pedidos para las tiendas en palés multirreferencia sin necesidad de que los empleados tengan que estar cargando con ellos. Esto ha conseguido que sus 692 empleados (de los que 182 son mujeres) no tengan que ser «levantadores de pesas», lo que elimina esfuerzos y reduce, además, el riesgo de accidentes laborales.

  Entra en internet y busca información sobre el funcionamiento del corazón logístico de MERCADONA. Puedes encontrar artículos de interés en revistas como *El Economista*: <www.eleconomista.es>. También puedes buscar vídeos sobre su funcionamiento en YouTube.

PROYECTO DE EMPRESA

El plan de producción

Ha llegado el momento de aplicar todo lo que has aprendido a tu plan de empresa. Ten en cuenta que el diseño del plan de producción y la estimación de los costes son las partes más específicas del plan de empresa y, sin duda, la exactitud de los cálculos en ellas reviste una gran importancia.

Recuerda que no existen dos planes de empresa iguales en este aspecto, por lo que será muy importante no solo tu labor de investigación y análisis, sino también la retroalimentación por parte de tu profesor o profesora.

Una vez delimitadas y especificadas las características de vuestro producto, tendréis que planteaos una serie de cuestiones.

Ten en cuenta que el plan de producción de una empresa comercial no será el mismo que el de una empresa industrial. La empresa comercial tendrá, en principio, un plan de producción menos complejo que el de la industrial.

También variará sustancialmente el plan de producción en función de lo que comercialice la empresa: un bien tangible, un bien intangible o un servicio.

Por último, te recordamos que puedes consultar la **unidad 14** a lo largo de todo el curso como referente constante para la elaboración de tu **proyecto de empresa.**

Actividades

1. ¿Qué pasos o secuencias son necesarios para producir nuestro bien o servicio?
2. ¿Qué secuenciación lógica y en tiempos llevará dicho proceso?
3. ¿Qué recursos se necesitarán, tanto en bienes de equipo como en personal?
4. ¿Qué capacidad productiva mínima y máxima podrá tener nuestra empresa a lo largo de un ejercicio económico?
5. Dicha capacidad productiva, ¿se ajusta a la demanda estimada en el estudio de mercado?
6. ¿Poseemos el espacio físico necesario para producir nuestro bien o servicio? ¿Necesita adecuación: reformas, mobiliario...?
7. ¿Qué funciones complementarias (por ejemplo, limpieza) necesitará nuestra empresa? ¿Es posible o rentable externalizarlas?
8. ¿Existen diferentes proveedores que puedan cubrir las principales necesidades de materias primas y/o repuestos? ¿Cuál elegiremos como proveedor principal? ¿Por qué? ¿Cuál seleccionaremos como segunda opción?
9. ¿Hemos elegido una localización adecuada respecto a la cercanía, tanto a los proveedores como a los clientes?

Debéis analizar todos estos puntos en detalle y reflejar la información en vuestro plan de empresa, para diseñar un adecuado y completo plan de producción.

PROYECTO DE EMPRESA

Análisis de costes

En este apartado, en primer lugar, se tendrán que estimar los costes fijos y variables. A modo de guía, puedes utilizar una tabla como la siguiente:

Estimación de costes	
Costes fijos	**Costes variables**
Personal (sueldos y cuotas de la Seguridad Social)	Suministros
Terrenos y edificaciones (alquiler o compra del local, obras de acondicionamiento, etc.)	Materias primas
Maquinaria	Envases y embalajes
Equipos informáticos	Combustibles
Suministros (electricidad, agua, gas, etc.)	
Publicidad	
Vehículos	
Seguros	

Teniendo en cuenta las capacidades mínima y máxima estimadas, así como los costes fijos y variables estimados, se fijará el precio de venta de acuerdo con los diferentes criterios estudiados en el tema:

- Basado en los costes.
- Basado en la percepción del comprador.
- Basado en la competencia.

Una vez fijado el precio de venta, realiza un análisis con su correspondiente gráfico del umbral de rentabilidad o punto muerto, para saber cuál será el volumen de producción a partir del cual empezarás a obtener ganancias. Recuerda que el umbral de rentabilidad se calcula para un único producto. En el caso de que tu empresa sea multiproducto, bastará con calcular el volumen de ventas totales que te permita entrar en zona de beneficios.

No olvides que cuanto mejor estimes los costes, más se ajustará tu proyecto a la realidad. No dudes en utilizar diferentes herramientas de investigación:

- Páginas web.
- Envía correos electrónicos a proveedores solicitando catálogos de productos con precios.
- Visitas a los proveedores *in situ*.

Y no olvides trabajar siempre con proveedores de la máxima calidad y fiabilidad.

ACTUALIDAD EMPRESARIAL

GARCÍA BAQUERO: las claves del crecimiento económico de la empresa líder del mercado de los quesos en España

Con menos de un millón de pesetas (6 000 €) los hermanos Hersilio y Herminio García Baquero pusieron en marcha LÁCTEAS GARCÍA BAQUERO en 1962, que producía entre 2 y 3 quesos al día. En 1975, la producción era de 1500 quesos diarios.

Desde los inicios, Hersilio García Baquero, en su obsesión por la innovación, luchó por mantener su empresa en los mejores niveles tecnológicos: visitó fábricas en Holanda, Alemania, Francia y Dinamarca y se trajo lo mejor de los procesos de esos países.

En 1996, Hersilio compró su parte de la empresa a su hermano Herminio y se propuso un reto: duplicar el tamaño de la compañía en solo 5 años.

Para ello, sin abandonar la tradición, GARCÍA BAQUERO ha dado un giro a su gama de productos. Ha pasado de los quesos curados y semicurados «de toda la vida» a los frescos, bio y bífidus, pensados para el consumidor del nuevo milenio.

Para asumir este cambio de estrategia, a finales del año 2004 trasladó el 50 % de su producción a la nueva fábrica en Toro (Zamora), una operación que ha supuesto una inversión de 52 millones de euros.

La elección de Toro como centro de desarrollo estratégico no fue casual: en Castilla y León se recoge el 80 % de la leche de oveja utilizada por la empresa.

Las instalaciones de Toro han permitido a la empresa producir todo tipo de quesos e incrementar la producción de 30 000 toneladas de la planta de Alcázar de San Juan en 20 000 toneladas más. Toro es una planta con unos procesos desarrollados en exclusiva por GARCÍA BAQUERO.

«El proceso de elaboración del producto estará automatizado para controlar la calidad de la leche, y el proceso de maduración del queso es tan innovador que se han interesado por él muchas fábricas del mundo», explica GARCÍA BAQUERO, quien reconoce que «con su puesta en marcha, pretendemos competir con las grandes multinacionales europeas».

Por último, debemos señalar uno de los factores clave del éxito de la empresa, el control de costes, con unas plantas modernas, una plantilla no demasiado extensa y una buena diversificación de instalaciones. Sus procesos productivos, que le permiten fabricar todos los tipos de quesos en la misma planta, suponen una ventaja competitiva frente a sus rivales, que deben mantener una planta para cada tipo de queso.

Fuente: Revista *Emprendedores*

Trabajo a realizar

1. ¿Qué medidas ha tomado GARCÍA BAQUERO para adaptarse a los nuevos nichos de su mercado y así poder expandirse?
2. La diversificación de productos ha sido uno de los factores claves del éxito de la compañía. ¿Cómo crees que puede haber afectado dicha diversificación al proceso productivo de GARCÍA BAQUERO?
3. En su proceso de expansión, GARCÍA BAQUERO decidió abrir una nueva planta de producción en Toro. ¿En qué factores crees que se ha basado dicha decisión estratégica? Para argumentar la respuesta, entre otros factores, ten en cuenta la ubicación geográfica de Alcázar de San Juan (Ciudad Real) y Toro (Zamora).
4. ¿Cuáles crees que han sido los factores del éxito y la expansión de los quesos GARCÍA BAQUERO?

EN RESUMEN

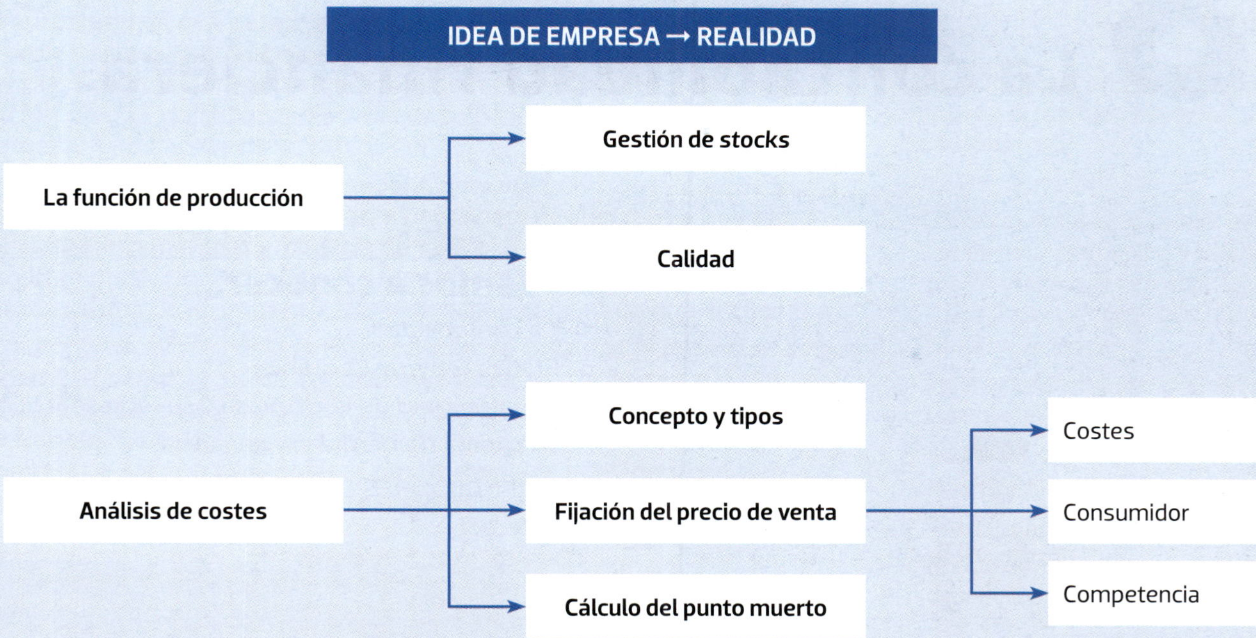

Evalúa tus conocimientos

RESUELVE EN TU CUADERNO O BLOC DE NOTAS

1. **¿Quién introdujo la idea de que la motivación del trabajador afectaba a la productividad?**
   a) El «toyotismo».
   b) Elton Mayo.
   c) Adam Smith.
   d) F. W. Taylor.
2. **Los costes, atendiendo a la certeza de su imputación, se dividen en:**
   a) Directos e indirectos.
   b) Explícitos e implícitos.
   c) Fijos y variables.
   d) Estándares y reales.
3. **¿Cómo se denomina la contabilidad que se encarga de calcular los costes en los que incurre la empresa para obtener su producto?**
   a) Contabilidad externa.
   b) Contabilidad financiera.
   c) Contabilidad analítica.
   d) Todas las respuestas anteriores son incorrectas.
4. **¿Cuál de los siguientes es un criterio para la fijación del precio de venta de un producto?**
   a) Basado en los costes.
   b) Basado en la percepción del consumidor.
   c) Basado en la competencia.
   d) Todas las respuestas anteriores son correctas.
5. **¿Cómo se denomina la interrupción en el proceso de producción de una empresa debida a la falta de materiales de repuesto necesarios para dicho proceso?**
   a) Rotura de stock.
   b) Interrupción de stock.
   c) Stock de seguridad.
   d) Todas las respuestas anteriores son incorrectas.
6. **¿Cómo se denomina el punto en el que los ingresos de la empresa igualan a los costes?**
   a) Punto de beneficio.
   b) Punto muerto.
   c) Umbral de pérdida.
   d) Punto rentable.

8 La contabilidad financiera

Vamos a conocer...

1. La contabilidad
2. El Plan General Contable
3. El patrimonio de la empresa y su representación
4. La cuenta de pérdidas y ganancias

EMPRENDEDORES EN EL CINE

Wall Street

Y al finalizar esta unidad...

- Definirás qué es una pyme según los criterios establecidos por el PGC 2007 para pymes.
- Conocerás los principios contables establecidos por el PGC 2007.
- Enumerarás las cuentas anuales obligatorias tanto para pymes como para el resto de empresas.
- Distinguirás los elementos patrimoniales de una empresa.
- Elaborarás correctamente, en función de la operación, tanto el balance de situación como la cuenta de resultados de una empresa.
- Confeccionarás el balance previsional y la cuenta de resultados previsional de tu proyecto empresarial.
- Valorarás la necesidad de llevar una adecuada contabilidad que sea reflejo fiel del patrimonio de la empresa y de sus resultados.
- Comprenderás la importancia de elaborar un balance y una cuenta de resultados previsionales en un proyecto de empresa.

Práctica profesional inicial

Situación de partida

Juan Roig Alfonso (Valencia, 1949) es el presidente de MERCADONA, seleccionada como una de las mejores empresas para trabajar. ¿Cuáles son las características que definen los éxitos logrados por el empresario valenciano?

1. Cuida tu equipo. Tener a tus empleados contentos es básico para lograr su mejor rendimiento. Por un lado, los sueldos son buenos (todos los trabajadores ganan un mínimo de 1260 € al mes desde que entran). Y por otro, los empleados están a gusto en la compañía. Este dato se ve reflejado en las cifras de absentismo, un 0,78 %, muy por debajo de la media española, que es del 6 %. Recordemos que el absentismo provoca pérdidas por valor de 18 000 millones de euros al año, en España.

2. Autocrítica. Hay que buscar la mejora constante, ser conscientes de nuestros fallos y no conformarse con los éxitos que hemos alcanzado. Juan Roig señala que su empresa aún «puede mejorar un 70 %».

Siguen el modelo de **«calidad total»** que le ha permitido convertirse en el proveedor de cerca de cinco millones de familias españolas.

3. Aprende de la competencia. Hay que fijarse en lo que hacen nuestros rivales. Roig pone como ejemplo el caso de los bazares chinos, con los que compite en diversos productos. En concreto, explica el caso de los cubos de plástico, que en los bazares chinos se vendían a mitad de precio que en MERCADONA. Notaron que había un punto en el que podían mejorar para igualar esos precios, y poco después MERCADONA modificó su fase de producción, lo que les permitió reducir sus precios a la mitad y competir así con los bazares.

4. Humildad. No te fijes solo en tu competencia directa, sino en todas las empresas que puedan compartir algún nicho de negocio contigo. Para ello es importante tener perspicacia y, sobre todo, humildad. MERCADONA no se comparó solo con otros supermercados, sino que llegó hasta los pequeños bazares de los barrios.

5. Refuerza el sector. MERCADONA ha generado una red de proveedores que fabrican los famosos productos Hacendado, Deliplus, Bosque Verde, etc., y que gozan de contratos vitalicios siempre que cumplan con los estándares de calidad que exige la compañía. De la misma manera, MERCADONA trabaja con 2 000 proveedores y compra productos y servicios de otras 20 000 pymes, la mayoría de origen español.

6. Responsabilidad social y cultura del esfuerzo. Tu ética lo es todo. Valorar a la gente por encima de los resultados da beneficios más significativos, sobre todo en cuanto a reputación. «Hemos llegado a cerrar tiendas que eran muy rentables para el capital, pero molestas para los vecinos», explica Roig.

7. Escuchar a los clientes, saber cómo piensan, lo que quieren y lo que necesitan. «Si nos vamos a Bélgica, seremos como los belgas; y si nos vamos a Francia seremos como los franceses, pero siempre implantando el modelo de MERCADONA», explica Roig.

Fuente: adaptado de *El Economista* y *ABC*

Estudio del caso

Antes de empezar a leer esta unidad de trabajo, contesta a las preguntas planteadas. Después, analiza cada punto del tema con el objetivo de comprobar si has contestado bien o de forma completa.

1. ¿Para qué sirve la contabilidad? ¿Qué utilidad tiene para las empresas? ¿Se regula por alguna norma jurídica?
2. Las pymes pueden utilizar un plan general contable (PGC) específico para pymes, más sencillo y simplificado. ¿Crees que MERCADONA es una pyme y, en consecuencia, podría utilizar este PGC? ¿Qué requisitos se necesitan para poder acogerse al PGC para pymes?
3. ¿La contabilidad registra los productos que MERCADONA tiene en el almacén? ¿Cómo? ¿Con qué finalidad?
4. ¿Cuáles son los documentos contables obligatorios?
5. ¿Qué es el patrimonio de una empresa? En 2016 MERCADONA tuvo ventas por un importe de 21 623 millones de euros y un beneficio neto de 636 millones de euros. ¿Eso es su patrimonio? ¿En qué documento contable se reflejan el beneficio y las ventas?

Las cuentas anuales. Información pública

Algunas empresas (en especial si son públicas), en un ejercicio de transparencia, tienen publicadas las cuentas anuales en su página web, por ejemplo, NAVANTIA (empresa pública española referente en el diseño y construcción de buques militares y buques civiles de alta tecnología):

<https://www.navantia.es/es/transparencia/economica/cuentas-anuales/>

1. La contabilidad

Retrato de Luca Pacioli, monje toscano autor de los primeros libros contables de la historia.

Caso práctico inicial

Una de las finalidades de la contabilidad es facilitar información a un amplio público.

Frases célebres

Un banquero es un señor que nos presta un paraguas cuando hace sol y nos lo exige cuando empieza a llover.

Mark Twain

Vocabulario

Elementos patrimoniales

Son las diferentes partidas que conforman el patrimonio de la empresa: bienes, derechos y obligaciones.

Eficiencia

En Economía, este término relaciona los resultados obtenidos con los recursos utilizados. Consiste en el logro de un resultado con el mínimo empleo de recursos.

La actividad contable surge cuando el hombre siente la necesidad de registrar las operaciones económicas que realiza. Los primeros libros de contabilidad que conocemos datan del año 1340 y se formalizaron en la ciudad italiana de Génova.

1.1. La contabilidad como sistema de información

Aunque en un principio la contabilidad aparece como un sistema de rendición de cuentas, en la actualidad se considera un sistema de **registro** de las operaciones mercantiles que realiza la empresa, cuya misión principal es **facilitar información** económico-financiera de la entidad y ayudar a la dirección a tomar decisiones y actuar en consecuencia.

La información que proporciona la contabilidad es útil para un público muy variado:

- Los **gestores** de la sociedad, a quienes ayuda a tomar decisiones adecuadas. La dirección convierte la información en acción, y este proceso de conversión se denomina *toma de decisiones*. Por ello, el éxito de la gerencia depende, en buena medida, de la información disponible, que, en gran parte, se obtiene gracias a la contabilidad.
- Los **socios** de la empresa, para conocer el rendimiento del capital invertido y poder evaluar la labor de gestión de la empresa.
- Los **trabajadores,** para conocer la situación económica de la empresa en la que trabajan.
- Los **inversores,** para saber si van a realizar una buena inversión.
- Las **entidades financieras** (bancos y cajas), a quienes permite analizar la solvencia de una empresa antes de concederle un préstamo o realizar otra operación financiera.
- Los **acreedores** de la empresa, para asegurarse el cobro de las cantidades que adeuda la empresa.
- **Otras empresas** con las que mantenga relación, o pueda llegar a hacerlo, como proveedores, clientes, etc.
- El **Estado,** para la recaudación de impuestos, etc.

1.2. Tipos de contabilidad

En el ámbito empresarial existen dos tipos de contabilidad independientes, pero complementarias entre sí:

- **Contabilidad externa o financiera:** registra las operaciones que implican variaciones de los elementos patrimoniales de la empresa, indicando si el resultado del ejercicio económico es positivo (beneficios) o negativo (pérdidas). La información que proporciona está pensada para usuarios externos a la entidad.
- **Contabilidad interna, analítica o de costes:** en un principio, se encargaba de calcular los costes en los que incurría la empresa para obtener su producto, pero la evolución de las organizaciones empresariales hacia la descentralización, ha exigido que también informe sobre la eficiencia de cada sección o departamento de la empresa. Suministra la información necesaria para facilitar el análisis, la planificación y el control de la gestión empresarial; por lo tanto, se destina a usuarios internos de la empresa, y es básicamente subjetiva e interpretativa.

En esta unidad nos centraremos en el análisis y la interpretación de la contabilidad financiera, cuyo objetivo es mostrar la imagen fiel del patrimonio de la empresa, de su situación financiera y de sus resultados.

La **contabilidad financiera** registra las operaciones que se producen entre la empresa y el mundo exterior (**flujos externos** de valores), como la compra de materias primas, la venta de productos terminados y cualquier otra operación con terceros. Por el contrario, la **contabilidad analítica** registra los movimientos que se producen dentro de la empresa (**flujos internos** de valores), por ejemplo, la entrada de factores de producción en el proceso de transformación, la entrada de los productos terminados en el almacén, el envío del producto a los canales de distribución, etc. Podemos apreciarlo analizando el ciclo de explotación de la empresa:

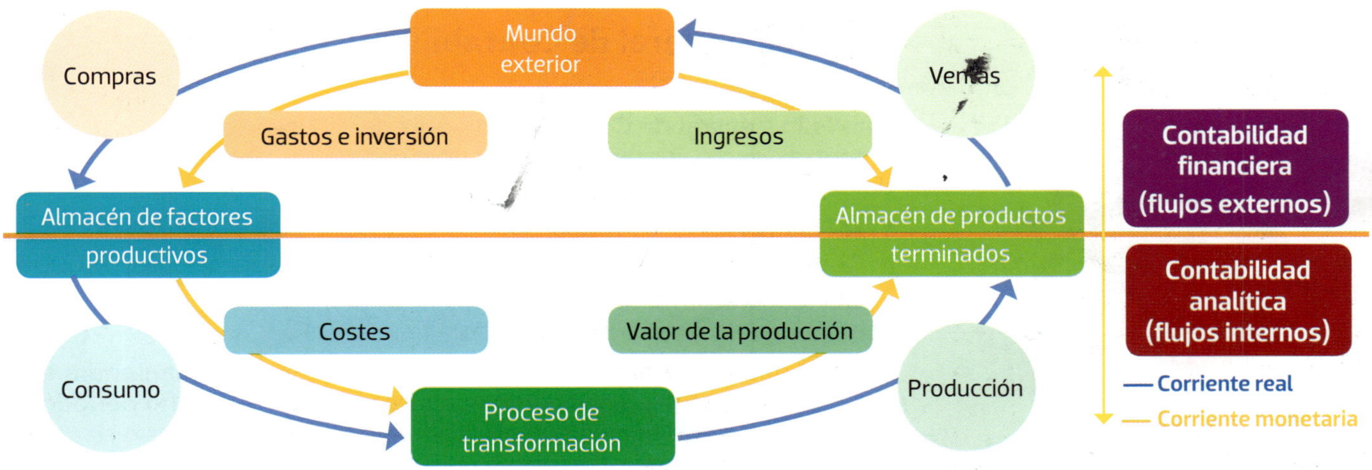

La empresa adquiere mercaderías para venderlas, en caso de ser comercial; si es industrial, adquiere materias primas que, por medio del proceso productivo, transforma en un nuevo producto, que finalmente es vendido a otras empresas o particulares. Esta actividad forma parte de la **corriente real.**

Por otra parte, tiene lugar una **corriente monetaria,** que se produce cuando el dinero que tiene la empresa se transforma en materiales (mercaderías o materias primas), ya que se efectúa una compra y se paga. Después tiene lugar la transformación inversa de los materiales (mercaderías o productos terminados) en dinero, cuando se efectúa una venta y se cobra.

El **ciclo normal de explotación** es el periodo de tiempo que transcurre entre la adquisición de los activos que se incorporan al proceso productivo (materias primas, materiales consumibles, etc.) y la venta y cobro del precio de los productos terminados, obtenidos a partir de dicho proceso productivo.

Cuando la duración del ciclo de explotación es difícil de determinar en una empresa, que suele ser lo habitual, se entiende que es de **un año.**

1.3. Características de la contabilidad

La contabilidad debe reunir una serie de condiciones:

- Ser ordenada.
- Adecuarse a la actividad de la empresa.
- Permitir un seguimiento cronológico de todas sus operaciones.
- Permitir la elaboración periódica de balances e inventarios.

Vocabulario

Imagen fiel

Es la representación veraz del patrimonio de la empresa, es decir, la representación fidedigna de su estructura económica y financiera.

Recuerda

Coste ≠ gasto

La diferencia puede llegar a ser puramente formal, ya que supone dos enfoques distintos de un mismo hecho.

El **coste** es un término propio de la contabilidad de costes y no se produce hasta que tiene lugar el consumo.

El **gasto** es un término propio de la contabilidad financiera y, en principio, es previo al consumo.

Por ejemplo, cuando se compran materias primas, la contabilidad financiera registra el precio pagado y se contabiliza como un gasto. Cuando las materias primas entran en el proceso de producción (se consumen), la contabilidad de costes lo registra como un coste necesario para obtener el producto de la empresa.

2. El Plan General Contable

El Plan General Contable (PGC) reúne un conjunto de normas que fijan los procedimientos y métodos que se deben seguir en contabilidad. Su utilización es de carácter obligatorio para todas las empresas españolas, con independencia de que operen en España o en mercados exteriores.

Caso práctico inicial

Normativa vigente que regula el Plan General de Contabilidad.

Desde el 1 de enero de 2008, están en vigor:

- El PGC, aprobado por el Real Decreto 1514/2007, de 16 de noviembre.
- El PGC para pymes y los criterios contables específicos para microempresas, aprobado por el Real Decreto 1515/2007, de 16 de noviembre, que permite a estas empresas utilizar un régimen contable simplificado.

2.1. Plan General de Contabilidad para pymes

Este Plan General de Contabilidad podrá ser utilizado por todas aquellas empresas que cumplan con, al menos, dos de los tres límites siguientes durante dos ejercicios consecutivos:

- Que el total de las partidas de activo no supere los 4 000 000 €.
- Que el importe neto de su cifra anual de negocios no supere los 8 000 000 €.
- Que el número medio de sus empleados durante el ejercicio sea igual o menor de 50 trabajadores.

Una vez que se haya optado por el PGC para pymes, se mantendrá esta elección durante tres años como mínimo, salvo que en dicho periodo se superen dos de los límites durante dos ejercicios consecutivos o se dieran las circunstancias previstas para la utilización obligatoria del PGC.

Caso práctico inicial

Una de las grandes novedades del PGC 2007 fue la introducción de un PGC específico para pymes y microempresas, donde se indican las condiciones que se han de cumplir para incluirse en este régimen contable simplificado.

Criterios específicos para microempresas

Adicionalmente, las microempresas podrán beneficiarse con la aplicación de unos criterios contables específicos si en el momento de cierre, durante dos ejercicios consecutivos, no superan, al menos, dos de los siguientes límites:

- Que el total de las partidas del activo no supere el millón de euros.
- Que el importe neto de su cifra anual de negocios no supere los 2 000 000 €.
- Que el número medio de sus empleados durante el ejercicio sea igual o menor de 10 trabajadores.

Las microempresas que opten por aplicar estos criterios contables específicos deberán mantenerlos durante un mínimo de tres años consecutivos, salvo que durante dicho periodo se superen dos de los límites anteriormente señalados.

PGC pymes y criterios específicos para microempresas (resumen)			
	Activo	Cifra de negocio	N.° de trabajadores
Pymes	< 4 000 000 €	< 8 000 000 €	≤ 50 trabajadores
Microempresas	< 1 000 000 €	< 2 000 000 €	≤ 10 trabajadores

Las empresas que no cumplan los requisitos para utilizar el PGC para pymes, utilizarán el PGC no simplificado.

Saber más

Instituto de Contabilidad y Auditoría de Cuentas (ICAC)

El ICAC interpreta y aclara el PGC en sus resoluciones. Puedes visitar su página web, <www.icac.meh.es>, donde encontrarás más información sobre las funciones de este organismo.

2.2. Los principios contables

La contabilidad se desarrolla aplicando obligatoriamente los siguientes principios:

Principios contables

Empresa en funcionamiento — Se considera, salvo prueba en contrario, que la gestión de la empresa continuará en un futuro previsible.

Devengo — La imputación de ingresos y gastos se realizará en función de la corriente real de bienes y servicios, e independientemente del momento en que se produzca la corriente financiera o monetaria que se deriva (los cobros y los pagos).

Por ejemplo, en el momento en que la empresa realiza una venta, se genera el derecho al cobro, por lo que en ese mismo momento se registra la venta, independientemente de cuándo se vaya a cobrar (se puede permitir a los clientes retrasar el pago 30, 60 días...).

Uniformidad — El criterio que se adopte (cuando se permitan varias alternativas) deberá mantenerse y aplicarse de manera uniforme, siempre que no se alteren los supuestos que motivaron su elección.

Prudencia — Se deberá ser prudente en las estimaciones y valoraciones que se van a realizar en condiciones de incertidumbre (aunque la prudencia no justifica que la valoración de los elementos patrimoniales no responda a la imagen fiel).

Por ejemplo, una empresa tiene un derecho de cobro sobre un cliente, pero le llega la noticia de que su cliente podría ser insolvente y no atender al pago cuando llegue el vencimiento. Se trata de una pérdida potencial (se podría producir, pero no se ha confirmado). Basándonos en el principio de prudencia, tenemos que contabilizar la pérdida, aunque hay que dejar constancia de que «no es definitiva».

No compensación — No podrán compensarse las partidas del activo y del pasivo, o las de gastos e ingresos. Se valorarán separadamente los elementos integrantes de las cuentas anuales.

Por ejemplo, la empresa HOMETAINER, SA, tiene una deuda (obligación de pago) con una empresa holandesa, por valor de 10 000 €. A su vez, esta empresa debe a HOMETAINER 15 000 €. Aunque en términos reales y netos esta situación equivale a que la empresa holandesa debe a HOMETAINER 5 000 € (15 000 – 10 000 = 5 000), en aplicación de este principio NO se pueden compensar ambos importes, y en consecuencia, se deben incluir en el activo los 15 000 € que la empresa adeuda a HOMETAINER, y en el pasivo los 10 000 € que HOMETAINER adeuda.

Importancia relativa — Se admitirá la no aplicación estricta de alguno de los principios y criterios contables cuando ello no altere la expresión de la imagen fiel.

Por ejemplo, si el activo total de HOMETAINER asciende a 121 700 €, el importe de la deuda de la empresa holandesa (15 000 €) es un importe relativo muy pequeño (escasamente un 1 %). Al ser tan insignificante, la empresa podría optar por «compensar» los importes de ambas deudas, y dejar de aplicar el principio de no compensación, y en consecuencia incluir únicamente un derecho de cobro sobre la empresa holandesa por importe de 5 000 €.

2.3. Las cuentas anuales

Tal y como hemos destacado en el apartado anterior, la finalidad última de la contabilidad es facilitar información sobre la realidad económica y patrimonial de la empresa. Dicha información se concreta en las cuentas anuales.

Las **cuentas anuales** son unos estados financieros o estados contables cuyo objetivo es mostrar la imagen fiel del patrimonio, de la situación financiera y de los resultados de la empresa. Por ello, el PGC pide que la información incluida en las cuentas anuales sea relevante, fiable, íntegra, comparable y clara.

Saber más

En caso de conflicto entre los diferentes principios contables prevalecerá aquel que mejor conduzca a que las cuentas anuales expresen la imagen fiel del patrimonio, de la situación financiera y de los resultados de la empresa.

Caso práctico inicial

Los documentos contables según el PGC 2007 y su obligatoriedad.

Las cuentas anuales deben redactarse con claridad, para que la información sea comprensible y útil a los usuarios al tomar sus decisiones económicas.

Las cuentas anuales

Balance: Representa la situación económica y financiera de la empresa en un momento determinado, es decir, ofrece una visión estática del patrimonio de la empresa.

Cuenta de pérdidas y ganancias (PyG): Es un estado contable que tiene como objetivo calcular el resultado que una empresa ha obtenido durante un ejercicio económico (beneficios o pérdidas). Además, explicita la composición del resultado y las operaciones que se han tenido que hacer para llegar a este resultado.

La cuenta de PyG es un estado dinámico, ya que refleja los flujos económicos a lo largo del ejercicio.

Estado de cambios en el patrimonio neto: Este estado contable informa sobre los cambios o variaciones habidos en el patrimonio neto, desde el principio hasta el final del ejercicio. El estado de cambios en el patrimonio neto tiene dos partes:

a) Estado de ingresos y gastos reconocidos.

b) Estado total de cambios en el patrimonio neto.

Estado de flujos de efectivo: Relaciona los ingresos y pagos de efectivo realizados en un periodo contable. Y proporciona información sobre las actividades de inversión y financiación. El estado de flujos de efectivo no es obligatorio para pymes, pero sí para el resto de empresas.

Este documento informa sobre el origen y la utilización de los activos monetarios representativos de efectivo y otros activos líquidos equivalentes, y clasifica los movimientos por actividades e indica la variación neta de dicha magnitud en el ejercicio.

El estado de flujos de efectivo sustituye en el nuevo PGC al antiguo estado de origen y aplicación de fondos, que se incluía en la Memoria.

Memoria: Es un documento que completa, amplía y comenta la información contenida en las otras cuentas anuales.

El modelo normalizado que recoge el nuevo PGC es de mínimos, es decir, enumera la información mínima que la empresa puede aportar en la Memoria.

A las cuentas anuales consolidadas se unirá el **informe de gestión consolidado** que incluirá, cuando proceda, el estado de información no financiera.

Las cuentas anuales deben ser aprobadas por la junta general de socios y se presentarán para su **depósito y publicidad** en el Registro Mercantil del domicilio de la sociedad, dentro del mes siguiente a su aprobación.

El empresario (en el caso de empresas individuales) o los administradores (en el caso de sociedades) deberán elaborar las cuentas anuales en el plazo máximo de tres meses desde el cierre del ejercicio contable, y son **responsables** de su contenido y veracidad.

Las cuentas anuales deberán ser revisadas por un auditor de cuentas. Se exceptúa de esta obligación a las sociedades que durante dos ejercicios consecutivos reúnan, a la fecha de cierre, al menos dos de las circunstancias siguientes:

- Que el total de las partidas del activo no supere los 2 850 000 €.
- Que el importe neto de su cifra anual de negocios no supere los 5 700 000 €.
- Que el número medio de trabajadores empleados durante el ejercicio no sea superior a 50.

Saber más

Contenido de la Memoria

- Actividades de la empresa.
- Bases de presentación de las cuentas anuales.
- Aplicación de resultados.
- Normas de registro y valoración.
- Inmovilizado material, intangible e inversiones inmobiliarias.
- Activos y pasivos financieros.
- Existencias.
- Situación fiscal.
- Ingresos y gastos.
- Subvenciones, donaciones y legados.
- Operaciones con partes vinculadas.
- Otra información.

3. El patrimonio de la empresa y su representación

3.1. El patrimonio de la empresa

El **patrimonio de la empresa** se define como el conjunto de bienes, derechos y obligaciones de una empresa, susceptibles de valoración económica y, a través de los cuales, puede desarrollar su actividad productiva.

Bienes → Son el conjunto de factores de producción, propiedad de la empresa que destina al uso, transformación o venta.

Ejemplos: elementos de transporte, maquinaria, equipos informáticos, locales, materias primas, productos terminados, etc.

Derechos → Son situaciones jurídicas que confieren a la empresa el beneficio de poder disponer de algo o de cobrar un determinado importe en el futuro.

Ejemplos: derechos de cobro frente a clientes, depósitos en bancos, etc.

Obligaciones → Son situaciones jurídicas por las cuales la empresa ha adquirido una serie de compromisos que la convierten en deudora de otra persona o entidad.

Ejemplos: deudas con proveedores, con entidades de crédito, etc.

Los bienes y derechos representan valores a favor de la empresa, y en consecuencia tienen un valor positivo, mientras que las obligaciones tienen una connotación negativa. Siguiendo esta idea, podemos representar el patrimonio de la empresa a través de la siguiente ecuación:

Patrimonio = bienes + derechos – obligaciones

Caso práctico inicial

El patrimonio de la empresa

La cifra de ventas y el beneficio neto de MERCADONA no es el patrimonio de la empresa

3.2. El balance

El patrimonio se representa a través del balance, un documento contable que muestra la situación de la empresa en un momento dado. Está formado por dos bloques integrados por dos masas patrimoniales distintas:

- Activo.
- Patrimonio neto y pasivo.

La terminología contable utiliza el término ***activo*** para identificar el conjunto de bienes y derechos, y ***pasivo*** para referirse al conjunto de obligaciones.

Patrimonio = bienes + derechos – obligaciones

(bienes + derechos → Activo; obligaciones → Pasivo)

Caso práctico inicial

El balance es uno de los documentos obligatorios que forma parte de las cuentas anuales de la empresa.

Vocabulario

Masa patrimonial

Es una agrupación de elementos patrimoniales que tienen la misma funcionalidad económica o financiera, es decir, son homogéneos.

Saber más

Amortización

La amortización representa la pérdida de valor del inmovilizado, por su uso u obsolescencia.

Por ejemplo, no vale lo mismo una máquina recién comprada, que incorpora la más reciente tecnología, que otra que ya lleva muchos años funcionando.

Se representa en el activo no corriente con signo negativo, es decir, restando valor al inmovilizado.

Por lo tanto, podemos distinguir tres grandes masas patrimoniales:

Activo	Agrupa aquellos elementos patrimoniales que representan bienes y derechos propiedad de la empresa, de los que se espera obtener rendimientos económicos en el futuro.
Pasivo o pasivo exigible (recursos ajenos)	Se compone de las deudas u obligaciones pendientes de pago que tiene la empresa.
Patrimonio neto (recursos propios o financiación propia)	Está formado por: ■ Las aportaciones (monetarias o no) de los socios a la empresa. ■ Los beneficios generados por la empresa que no son distribuidos entre los propietarios, sino que permanecen en la empresa. Se denominan reservas.

3.2.1. Activo

El activo se divide en **activo no corriente** y **activo corriente**. Para determinar si un elemento patrimonial debe estar adscrito a uno u otro, se tienen en cuenta:

- Un **criterio temporal** vinculado al ciclo normal de explotación de la empresa. Cuando la duración del ciclo normal de explotación no resulte claramente identificable (suele ser lo habitual), se asume que es de un año.
- La **funcionalidad de los activos** (para qué sirven), el uso o destino que se dé al elemento.

El **activo no corriente** está compuesto por los elementos que formen parte del patrimonio durante más de un ciclo de explotación (normalmente, durante más de un año).

Inmovilizado intangible	Son bienes inmateriales que pueden ser valorados económicamente.	Patentes, marcas, licencias, aplicaciones informáticas...
Inmovilizado material	Son bienes tangibles que no serán objeto de venta o transformación en la actividad productiva de la empresa.	Mobiliario, maquinaria, elementos de transporte, herramientas, ordenadores, locales, etc.
Inversiones inmobiliarias	Inmuebles que posea la empresa para obtener rentas o plusvalías y que no se destinen al proceso de producción de la empresa.	Locales, pisos, edificios o terrenos en los que no opera la empresa, sino que destina al alquiler o a la venta.
Inversiones en empresas del grupo y asociadas a largo plazo	Son las inversiones a largo plazo que realiza la empresa en otras empresas de su grupo o asociadas.	Acciones, participaciones u obligaciones que adquiera la empresa de otras del grupo o asociadas, para obtener unas rentas o plusvalías.
Inversiones financieras a largo plazo	Inversiones o dinero que la empresa no destina al proceso de producción, sino a generar rentas o plusvalías, y que requieren una inmovilización superior a un año.	Compra de acciones, participaciones u obligaciones de empresas ajenas.
Activos por impuestos diferidos	Son créditos por el derecho a compensar en ejercicios posteriores las bases imponibles negativas pendientes de compensación y deducción en el impuesto sobre beneficios.	

El **activo corriente** incluye los activos que se espera consumir o vender en el transcurso del ciclo normal de explotación (normalmente, un año).

Existencias	Son los bienes que la empresa va a destinar a la venta en el curso normal de la explotación, o bien va a utilizar en el proceso de producción para obtener otros productos o en la prestación de servicios.	Materias primas, mercaderías, productos acabados, etc.
Deudores comerciales y otras cuentas a cobrar (realizable)	Incluye los derechos de cobro que nacen de las ventas de la empresa, que no cobra al contado y que serán liquidadas en un periodo inferior al ciclo normal de la empresa (inferior a un año).	Ventas pendientes de cobro.
Inversiones financieras a corto plazo	Los derechos que surjan como consecuencia de operaciones financieras de duración inferior a un año.	Compra de acciones y préstamos concedidos de vencimiento inferior a un año.
Efectivo y otros activos equivalentes (disponible)	Incluye el dinero disponible en cuentas bancarias y el que tenga la empresa en efectivo.	Dinero en caja y en cuentas o depósitos a la vista.

3.2.2. Patrimonio neto

El **patrimonio neto** representa los recursos propios de la empresa (aquellos que la empresa no tiene que devolver por no ser exigibles).

Se compone del capital aportado por los socios, las subvenciones y donaciones y los beneficios obtenidos por la empresa, que no ha distribuido entre los socios; estos últimos constituyen las reservas (legales, voluntarias o especiales).

3.2.3. Pasivo

El **pasivo,** también llamado *financiación ajena,* recoge el conjunto de recursos financieros puestos a disposición de la empresa por terceros, que dan lugar al nacimiento de unas obligaciones de pago o deudas.

- **Pasivo no corriente** o pasivo a largo plazo: incluye las deudas y obligaciones de la empresa con un periodo de vencimiento superior a un año.
- **Pasivo corriente** o pasivo a corto plazo: está formado por las deudas y obligaciones contraídas por la empresa con un periodo de vencimiento inferior a un año. Por ejemplo, deudas con proveedores de tres meses de duración, préstamos o créditos provenientes de entidades de crédito a corto plazo, etc.

3.2.4. ¿Cómo se representa un balance?

El balance se representa gráficamente en dos columnas paralelas: una representa el activo, y la otra, la suma del neto patrimonial y el pasivo.

Los elementos de cada una de estas masas patrimoniales se ordenan en el balance del siguiente modo:

- El activo se ordena de menor a mayor liquidez.
- El pasivo se ordena de menor a mayor exigibilidad. La exigibilidad está relacionada con el vencimiento de la deuda, de manera que cuanto más largo sea el periodo de vencimiento, menor será su exigibilidad.

Anécdotas empresariales

El traje de Santa Claus

¿Sabes que gracias a Coca-Cola hemos puesto cara a Santa Claus? Un abuelo afable y gordinflón, con pantalón y casaca rojos y blancos, que salió de la imaginación del dibujante Haddon Sundblom por encargo de la firma. La condición era que vistiera los colores corporativos.

Vocabulario

Liquidez

Cualidad de los activos para ser convertidos en dinero efectivo de forma inmediata sin pérdida significativa de su valor.

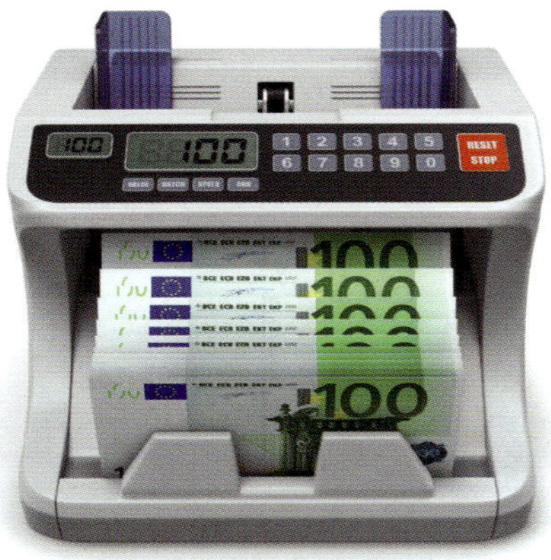

Saber más

La estructura económica y financiera de la empresa

En la unidad 10 profundizarás en el análisis de ambas estructuras.

Activo	Patrimonio neto y pasivo
No corriente	Patrimonio neto
	Pasivo no corriente
Corriente	Pasivo corriente
Inversiones	**Fuentes de financiación**

Activo	Pasivo y neto
Activo no corriente (locales, maquinaria)	**Neto** (capital aportado por los socios)
Activo corriente (mercaderías, derechos de cobro, dinero en caja)	**Pasivo no corriente** (deudas de duración superior a un año)
	Pasivo corriente (deudas de duración inferior a un año)
De menor a mayor liquidez	De menor a mayor exigibilidad.

3.3. La estructura económica y financiera de la empresa

El activo, por un lado, y el conjunto del pasivo y el neto, por otro, no son más que clasificaciones diferentes de una misma cantidad:

- El activo indica el valor de los bienes y derechos de la empresa.
- El pasivo y el neto reflejan cómo se han financiado esos bienes y derechos.

Esto implica el cumplimiento de un principio fundamental de la contabilidad:

Activo = patrimonio neto + pasivo

Por un lado, el **activo** tiene una clara naturaleza económica, es decir, está integrado por el conjunto de **inversiones** realizadas por la empresa para desarrollar su actividad. Por ello, se conoce también como la **estructura económica** de la empresa.

Por el contrario, el **pasivo** y el **patrimonio neto** representan las **fuentes de financiación** que posibilitan la adquisición de los activos. Tanto el pasivo (financiación ajena) como el patrimonio neto (financiación propia) componen la **estructura financiera** de la empresa.

3.4. El cuadro de cuentas

Cada uno de los elementos que componen las masas patrimoniales está representado por una cuenta específica. Toda cuenta debe reflejar la situación del elemento patrimonial, así como los incrementos o disminuciones de valor que se han producido en dicho elemento a lo largo del ejercicio económico.

El PGC propone un cuadro de cuentas que se estructura en un código numérico de tres o más dígitos:

La estructura del cuadro de cuentas

Grupo	Se identifica con 1 dígito. El PGC propone 9 grupos.
Subgrupo	Se identifica con 2 dígitos. El primero es el n.º del grupo al que pertenece y el segundo representa el subgrupo.
Cuenta	Desarrolla el subgrupo al que pertenece. Se identifica con 3 dígitos. El tercer dígito corresponde a la cuenta.
Subcuenta	Solo existen para algunas cuentas. Se representa con 4 dígitos; el cuarto identifica a la subcuenta.

Ejemplo

Extracto del grupo 4 del cuadro de cuentas que se recoge en el PGC:

Grupo:	4. Acreedores y deudores por operaciones comerciales
Subgrupo:	40. Proveedores
Cuenta:	400. Proveedores
Subcuentas:	4000. Proveedores (euros)
	4004. Proveedores (moneda extranjera)

3.5. Balance abreviado

Los modelos de cuentas anuales, cuya presentación es obligatoria, se establecen en el Plan General Contable.

El PGC permite formular un balance abreviado (y también una memoria abreviada) a aquellas sociedades que durante dos ejercicios consecutivos reúnan, a la fecha de cierre de cada uno de ellos, al menos dos de las circunstancias siguientes:

- Las partidas del activo no son superiores a 4 000 000 €.
- El importe neto de su cifra de negocios no es superior a 8 000 000 €.
- El número medio de trabajadores empleados en el ejercicio no es superior a 50.

Saber más

Balance de situación

Según el PGC, en el balance de situación tienen que constar los datos contables del año en que se cierra el ejercicio y los del ejercicio anterior.

ACTIVO	Año 200X	Año 200X-1	PATRIMONIO NETO Y PASIVO	Año 200X	Año 200X-1
A) ACTIVO NO CORRIENTE			**A) PATRIMONIO NETO**		
I. Inmovilizado intangible			A-1) Fondos propios		
II. Inmovilizado material			I. Capital		
III. Inversiones inmobiliarias			II. Prima de emisión		
IV. Inversiones en empresas del grupo y asociadas a l/p			III. Reservas		
V. Inversiones financieras a l/p			IV. (Acciones y participaciones en patrimonio propio)		
VI. Activos por impuesto diferido			V. Resultados de ejercicios anteriores		
			VI. Otras aportaciones de socios		
			VII. Resultado del ejercicio		
			VIII. (Dividendo a cuenta)		
			A-2) Subvenciones, donaciones y legados recibidos		
B) ACTIVO CORRIENTE					
I. Existencias			**B) PASIVO NO CORRIENTE**		
II. Deudores comerciales y otras cuentas a cobrar			I. Provisiones a largo plazo		
III. Inversiones en empresas del grupo y asociadas a c/p			II. Deudas a largo plazo		
IV. Inversiones financieras a c/p			III. Deudas con empresas del grupo y asociadas a l/p		
V. Periodificaciones a c/p			IV. Pasivos por impuesto diferido		
VI. Efectivo y otros activos líquidos equivalentes			V. Periodificaciones a l/p		
			C) PASIVO CORRIENTE		
			I. Provisiones a corto plazo		
			II. Deudas a corto plazo		
			III. Deudas con empresas del grupo y asociadas a c/p		
			IV. Acreedores comerciales y otras cuentas a pagar		
			V. Periodificaciones a c/p		
TOTAL ACTIVO (A+B)			**TOTAL PATRIMONIO NETO Y PASIVO (A+B+C)**		

Ejemplo

Es conveniente elaborar un balance de previsión antes de iniciar la actividad empresarial en el que se muestren los valores económicos que se esperan obtener al cierre del primer ejercicio económico y que permita ver si la empresa tiene una estructura financiera equilibrada.

La sociedad HOMETAINER, SA, ha elaborado este balance de previsión:

ACTIVO		PATRIMONIO NETO Y PASIVO	
A) ACTIVO NO CORRIENTE	**106 500**	**A) PATRIMONIO NETO**	**42 100**
I. Inmovilizado intangible		**A-1) Fondos propios**	
(206) Aplicaciones informáticas	12 000	I. Capital	
II. Inmovilizado material		(101) Capital social	30 000
(210) Terrenos y bienes naturales	60 000	**II. Prima de emisión**	
(213) Maquinaria	10 000	**III. Reservas**	
(216) Mobiliario	9 500	(112) Reserva legal	12 100
(218) Elementos de transporte	24 000	**IV. (Acciones y participaciones en patrimonio propio)**	
(281) Amortización acumulada del inmovilizado material	(–9 000)	**V. Resultados de ejercicios anteriores**	
III. Inversiones inmobiliarias		**VI. Otras aportaciones de socios**	
IV. Inversiones en empresas del grupo y asociadas a largo plazo		**VII. Resultado del ejercicio**	
V. Inversiones financieras a l/p		**VIII. (Dividendo a cuenta)**	
VI. Activos por impuesto diferido		**A-2) Subvenciones, donaciones y legados recibidos**	
		B) PASIVO NO CORRIENTE	**78 000**
B) ACTIVO CORRIENTE	**15 200**	**I. Provisiones a largo plazo**	
I. Existencias		**II. Deudas a largo plazo**	
(300) Mercaderías	6 000	(170) Deudas a largo plazo con entidades de crédito	78 000
II. Deudores comerciales y otras cuentas a cobrar		**III. Deudas con empresas del grupo y asociadas a l/p**	
(430) Clientes	1 200	**IV. Pasivos por impuesto diferido**	
III. Inversiones en empresas del grupo y asociadas a corto plazo		**V. Periodificaciones a largo plazo**	
IV. Inversiones financieras a corto plazo		**C) PASIVO CORRIENTE**	**1 600**
V. Periodificaciones a corto plazo		**I. Provisiones a corto plazo**	
VI. Efectivo y otros activos líquidos equivalentes		**II. Deudas a corto plazo**	
(572) Bancos	6 000	(400) Proveedores	1 000
(570) Caja, €	2 000	**III. Deudas con empresas del grupo y asociadas a corto plazo**	
		IV. Acreedores comerciales y otras cuentas a pagar	
		(475) H. Pública acreedora por conceptos fiscales	600
		V. Periodificaciones a corto plazo	
TOTAL ACTIVO (A + B)	**121 700**	**TOTAL PATRIMONIO NETO Y PASIVO (A + B + C)**	**121 700**

Como podemos observar se cumple la ecuación fundamental de la contabilidad:

Activo (121 700) = patrimonio neto + pasivo (121 700)

3.6. La mecánica contable

Es importante para un empresario saber leer e interpretar la contabilidad de su empresa, ya que en función de la misma tomará decisiones de gran trascendencia, además de ser el responsable de la veracidad de lo expresado en las cuentas. Por este motivo es importante conocer, entre los que contempla la normativa, dos libros clave en contabilidad y cómo funcionan, para saber interpretarlos:

- **El libro Diario**: es obligatorio, en él se registran los hechos contables siguiendo un orden estrictamente cronológico y anotando la fecha.
- **El libro Mayor**: no es obligatorio. En él se registran las variaciones de cada elemento patrimonial de forma individualizada.

3.6.1. Una aproximación al principio de partida doble

Dado que la ecuación fundamental del patrimonio (activo = patrimonio neto + pasivo) siempre ha de cumplirse, no es posible que se produzca una alteración en un solo elemento patrimonial sin que haya al menos una alteración en otro, de modo que la balanza quede equilibrada. Por ello, todo hecho contable implicará una variación en dos o más cuentas.

Esa misma idea puede verse desde otro enfoque: en todo hecho económico hay, por una parte, un origen o financiación (que, como veremos más adelante, ha de registrarse en el haber de una o más cuentas) y, por otra parte, una aplicación o materialización de dicha financiación, que debe registrarse en el debe de una o más cuentas.

Desde un punto de vista jurídico, el postulado fundamental de la partida doble se enunciaría diciendo que «no hay deudor sin acreedor, ni acreedor sin deudor». Es decir, toda deuda o préstamo tiene una doble implicación contable, según quién sea el deudor y quién el acreedor.

Desde el punto de vista económico, el fundamento de la partida doble radica en la separación de los bienes y derechos, por un lado, y las obligaciones y recursos propios, por otro.

Ejemplo

ACTIVO	PATRIMONIO NETO Y PASIVO	
La empresa tiene en bancos **10 000 €**	Los socios aportaron	6 500 €
	Préstamo bancario de	3 500 €
		10 000 €

Saber más

Los libros contables

Los libros contables se pueden llevar en soporte digital y ser presentados para su legalización y control administrativo por vía telemática.

3.6.2. El registro contable

Las anotaciones o registros en el libro Diario se denominan *asientos contables*. Un **asiento** o **apunte contable** consiste en registrar en un libro de contabilidad las variaciones patrimoniales que se derivan de un hecho económico que afecta al patrimonio de la empresa.

En un asiento se realiza una anotación en el debe y otra en el haber, del siguiente modo:

Reglas de cargo y abono	
Si la cuenta es de activo	■ Los incrementos patrimoniales se anotan en el debe. ■ Las disminuciones patrimoniales se anotan en el haber.
Si la cuenta es de pasivo	■ Los incrementos patrimoniales se anotan en el haber. ■ Las disminuciones patrimoniales se anotan en el debe.

Ejemplo

El 27 de marzo, la empresa HOMETAINER, SA, compra una furgoneta para el transporte de sus productos por valor de 60 000 €. Financia el pago mediante un préstamo bancario a tres años vista.

Para registrar este hecho contable, seguiremos los siguientes pasos:

1) Primer paso: interpretar el hecho económico. Para ello, será necesario determinar qué elementos patrimoniales intervienen en la operación y las cuentas que los representan:

- La compra de una furgoneta supone que la empresa recibe un bien, se produce un incremento patrimonial de un medio de transporte, que se representa a través de la cuenta (218) Elementos de transporte.
- Por otra parte, la empresa contrae una deuda a largo plazo con una entidad financiera para pagar la furgoneta. Se produce un aumento de las obligaciones contraídas por la empresa, que se representa a través de la cuenta (170) Deudas a largo plazo con entidades de crédito.

2) Segundo paso: determinar las masas patrimoniales. Localizaremos las masas patrimoniales (activo, pasivo, neto patrimonial) a las que pertenecen las cuentas que intervienen en la operación:

- La furgoneta, representada a través de la cuenta (218) Elementos de transporte, pertenece al activo no corriente (inmovilizado material). Se ha producido un aumento del activo no corriente.
- Una deuda a largo plazo, representada a través de la cuenta (170) Deudas a largo plazo con entidades de crédito, pertenece al pasivo no corriente. Se ha producido un aumento del pasivo no corriente.

3) Tercer paso: analizar si se produce un aumento o disminución de cada elemento patrimonial para aplicar las reglas de cargo y abono en función de la masa patrimonial a la que pertenezca cada cuenta:

- (218) Elementos de transporte (activo): los incrementos de una cuenta de activo se anotan en el debe.
- (170) Deudas a l/p con entidades de crédito (pasivo): los incrementos de una cuenta de pasivo se anotan en el haber.

4) Cuarto paso: registro de la operación:

- **En el libro Diario:**

DEBE	FECHA: 27 de marzo	HABER
60 000,00	(218) Elementos de transporte	
	a	
	(170) Deudas a l/p con entidades de crédito	60 000,00

- **En el libro Mayor:** una vez registrados los hechos contables en el libro Diario, se transcriben los asientos al libro Mayor por orden cronológico. Para ello, es necesario abrir una cuenta representativa de cada elemento patrimonial.

D	(218) Elementos de transporte	H
60 000		

Saldo deudor: 60 000

D	(170) Deudas a l/p con entidades de crédito	H
		60 000

Saldo acreedor: 60 000

Cada una de las cuentas del libro Mayor tiene un tipo de saldo:

- Saldo deudor: cuando la suma del debe es mayor que la suma del haber: D > H
- Saldo acreedor: cuando la suma del haber es mayor que la del debe: H > D

Actividades

1. Realiza la anotación contable que corresponde al siguiente hecho contable, siguiendo los cuatro pasos marcados en el ejemplo:
   Una empresa se constituye con un capital inicial de 15 000 €, que se ingresan en una cuenta bancaria.

4. La cuenta de pérdidas y ganancias

La **cuenta de pérdidas y ganancias (PyG)**, también denominada ***cuenta de resultados***, es un documento contable cuyo objetivo es conocer el resultado económico del ejercicio (beneficios o pérdidas), que se obtendrá hallando la diferencia entre los ingresos y los gastos del periodo.

Los **elementos** que se registran en la cuenta de pérdidas y ganancias son:

- **Ingresos**. Son los **incrementos del patrimonio neto** de la empresa durante el ejercicio económico. Estos incrementos pueden deberse a dos motivos:
  - Un aumento del valor de los elementos del activo o la adquisición de nuevos elementos de activo, o
  - Una disminución del valor de los elementos del pasivo, siempre que no tengan su origen en aportaciones (monetarias o no) de los socios o propietarios.
- **Gastos**. Son los **decrementos en el patrimonio neto** de la empresa durante el ejercicio económico. Pueden ser de dos tipos:
  - Una disminución del valor de los elementos del activo o elementos del activo que dejan de pertenecer a la empresa.
  - Un aumento del valor de los pasivos, siempre que no tengan su origen en distribuciones (monetarias o no) a los socios o propietarios en su condición de tales.

Patrimonio neto = activo – pasivo

Ingreso = Δ patrimonio neto	**Gasto = ∇ patrimonio neto**
Δ Patrimonio neto = Δ activo – pasivo	∇ Patrimonio neto = ∇ activo –pasivo
Δ Patrimonio neto = activo – ∇ pasivo	∇ Patrimonio neto = activo – Δ pasivo

Los **resultados** que puede ofrecer la cuenta de PyG son:

- **Beneficio:** representa el incremento de valor neto que ha experimentado la empresa como consecuencia de las operaciones realizadas durante el ejercicio. Estas operaciones han permitido a la empresa compensar los gastos incurridos y, además, han generado un excedente que aumenta el valor de la inversión realizada al inicio de la actividad.
- **Pérdida:** representa una disminución del valor de la empresa. En las operaciones de la empresa no se ha podido recuperar el gasto producido a lo largo del ejercicio y, por tanto, al finalizar este, el valor de la empresa es menor que la inversión realizada al iniciar el ejercicio.

La cuenta de pérdidas y ganancias no solo proporciona información sobre el resultado de la empresa, sino también sobre las causas de este resultado.

Es importante señalar que **el resultado de la cuenta de PyG es relativo** (los ingresos y gastos se valoran, en ocasiones, realizando estimaciones) y representa una magnitud **temporal** (referida a un ejercicio económico). El cálculo del resultado de cada ejercicio se realiza sin tener en cuenta todo lo referente a resultados anteriores y posteriores. Por eso es bueno comparar los importes de las partidas correspondientes a ejercicios consecutivos.

Caso práctico inicial

La cuenta de pérdidas y ganancias es otro documento obligatorio que forma parte de las cuentas anuales de la empresa. Muestra la cifra de ventas y el beneficio (o pérdidas) de la empresa.

Saber más

PGC: grupos 6 y 7

El cuadro de cuentas del PGC incluye:

- El grupo 7, que representa las ventas e ingresos.
- El grupo 6, que representa los gastos y las compras que realiza la empresa.

El resultado de la cuenta de PyG modifica el valor patrimonial de la empresa, que aumentará en caso de beneficio y disminuirá si hay pérdidas.

Saber más

Ubicación en el balance de la cuenta de PyG

El resultado de la cuenta de PyG se ubica dentro del patrimonio neto del balance con signo positivo, si hay beneficios, y con signo negativo o entre paréntesis si hay pérdidas.

Saber más

La mecánica de la cuenta de PyG

A todas las partidas les corresponderá un importe (aunque sea cero).

Su estructura no se podrá modificar de un ejercicio a otro, salvo casos excepcionales, que se indicarán en la Memoria.

Se podrán añadir nuevas partidas si su contenido no aparece en los modelos oficiales, y también establecer subdivisiones más detalladas de las mismas o agrupaciones si representan importes poco relevantes.

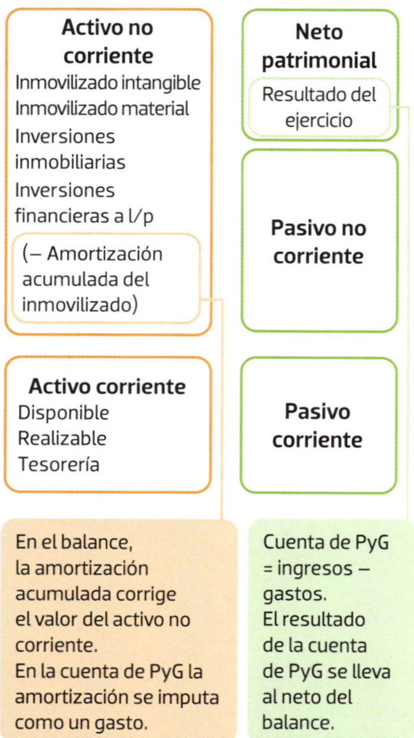

El PGC presenta un modelo de cuenta de PyG abreviada que se utiliza también como modelo para las pequeñas y medianas empresas en el PGC para pymes. Este modelo puede ser utilizado por las pymes y por aquellas sociedades en las que a la fecha de cierre del ejercicio concurran, al menos, dos de las circunstancias siguientes:

- Que el total de las partidas del activo no supere los 11 400 000 €.
- Que el importe neto de su cifra anual de negocios no supere los 22 800 000 €.
- Que el número medio de trabajadores empleados durante el ejercicio no sea superior a 250.

Este modelo comprende los siguientes apartados:

- **Resultado de explotación.** Se obtiene al comparar los ingresos y los gastos generados por la actividad habitual de la empresa (incluye la contabilización de los beneficios y pérdidas extraordinarias).
- **Resultado financiero.** Es la diferencia entre los ingresos y los gastos de tipo financiero. Muestra la influencia de las actividades financieras de la empresa sobre sus resultados.
- **Resultado del ejercicio.** Se obtiene deduciendo el impuesto sobre sociedades de los beneficios, es decir, aplicando el tipo correspondiente sobre la base imponible, que es el resultado antes de impuestos (BAI).

Cuenta de pérdidas y ganancias abreviada

	Año 20XX	Año 20XX-1
1. Importe neto de la cifra de negocios 2. Variación de existencias de productos terminados y en curso de fabricación 3. Trabajos realizados por la empresa para su activo 4. Aprovisionamientos 5. Otros ingresos de explotación 6. Gastos de personal 7. Otros gastos de explotación 8. Amortización del inmovilizado 9. Imputación de subvenciones de inmovilizado no financiero y otras 10. Excesos de provisiones 11. Deterioro y resultado por enajenaciones del inmovilizado		
A) Resultado de explotación o beneficios antes de intereses e impuestos (BAII): 1 + 2 + 3 + 4 + 5 + 6 + 7 + 8 + 9 + 10 + 11		
12. Ingresos financieros 13. Gastos financieros 14. Variación de valor razonable en instrumentos financieros 15. Diferencias de cambio 16. Deterioro y resultado por enajenaciones de instrumentos financieros		
B) Resultado financiero: 12 + 13 + 14 + 15 + 16		
C) Resultado antes de impuestos o beneficio antes de impuestos (BAI): A) + B)		
17. Impuestos sobre beneficios		
D) Resultado del ejercicio: C) + 17		

Ejemplo

Es conveniente elaborar una cuenta de pérdidas y ganancias de previsión antes de iniciar la actividad empresarial para conocer qué elementos componen los ingresos y gastos de la futura empresa y el posible resultado del ejercicio.

Los socios de la empresa ENTRESIERRAS, SA, han elaborado la siguiente cuenta de PyG de previsión:

Sueldos y salarios	17 500 €
Compras de mercaderías	14 800 €
Amortización del inmovilizado material	1 200 €
Alquiler de local donde se realiza la actividad productiva	9 000 €
Ventas de mercaderías	51 200 €
Beneficios procedentes del inmovilizado material	1 400 €
Intereses por préstamos a largo plazo	650 €
Beneficios procedentes de inversiones financieras	825 €
Ingresos por servicios diversos	200 €

Cuenta de pérdidas y ganancias	Año 20XX
1. Importe neto de la cifra de negocios	51 200
2. Variación de existencias de productos terminados y en curso de fabricación	0
3. Trabajos realizados por la empresa para su activo	0
4. Aprovisionamientos	(–14 800)
5. Otros ingresos de explotación	1 400 + 200 = 1 600
6. Gastos de personal	(–17 500)
7. Otros gastos de explotación	(–9 000)
8. Amortización del inmovilizado	(–1 200)
9. Imputación de subvenciones de inmovilizado no financiero y otras	0
10. Excesos de provisiones	0
11. Deterioro y resultado por enajenaciones del inmovilizado	0
A) Resultado de explotación o beneficios antes de intereses e impuestos (BAII): 1 + 2 + 3 + 4 + 5 + 6 + 7 + 8 + 9 + 10 + 11	**10 300**
12. Ingresos financieros	825
13. Gastos financieros	(–650)
14. Variación de valor razonable en instrumentos financieros	0
15. Diferencias de cambio	0
16. Deterioro y resultado por enajenaciones de instrumentos financieros	0
B) Resultado financiero: 12 + 13 + 14 + 15 + 16	**175**
C) Resultado antes de impuestos o beneficio antes de impuestos (BAI): A) + B)	**10 475**
17. Impuestos sobre beneficios	15 %* de 10 475 = (– 1 571,25)
D) Resultado del ejercicio: C) + 17	**8 903,75**

* Las entidades de nueva creación que realicen actividades económicas tributarán, en el primer periodo impositivo en que la base imponible resulte positiva y en el siguiente, al tipo del 15 %, excepto si, de acuerdo con la ley, deban tributar a un tipo inferior (Ley 27/2014, de 27 de noviembre, del Impuesto de Sociedades).

El resultado que esperan obtener es positivo (beneficios), si bien deberían prestar atención a los gastos de explotación, porque parecen bastante elevados en comparación con los ingresos de explotación. Por otro lado, un signo positivo indica que los ingresos financieros superan ligeramente los gastos financieros, a pesar de tratarse de una empresa de nueva creación que ha tenido que recurrir a la financiación ajena.

ACTIVIDADES FINALES

1. CATANIA, SL, empresa dedicada a la comercialización de bombones rellenos de almendra, presenta las siguientes características al cierre del ejercicio económico:
   - Activo: 1 500 000 €.
   - Ventas o cifra de negocio: 3 000 000 €.
   - Número de trabajadores: 25.

   ¿Podrá optar por el PGC de contabilidad para pymes? ¿Y por los criterios específicos para microempresas? ¿Qué requisitos deberá cumplir?

2. Enumera los principios contables. En caso de conflicto, ¿cuál de ellos prevalece?

3. Enumera y define las principales características de los documentos que forman parte de las cuentas anuales que deberá presentar toda empresa según el Plan General Contable. ¿Serán obligatorios los mismos documentos si la empresa se califica como pyme?

4. Define los siguientes elementos patrimoniales:
   - Patrimonio neto.
   - Activo corriente.
   - Activo no corriente.
   - Pasivo corriente.

5. ¿Cómo se clasifica el activo corriente?

6. Clasifica los siguientes elementos patrimoniales:
   - Reservas.
   - Amortización acumulada del inmovilizado material.
   - Resultado del ejercicio.
   - Deudas a largo plazo.
   - Proveedores.
   - Inmovilizado intangible.
   - Clientes.
   - Existencias.
   - Capital social.
   - Deudas a corto plazo.

7. Elabora el balance de la empresa CANICAS, SL, a partir de la siguiente información:
   - La aportación inicial que realizaron sus socios fue de 70 000 €.
   - La deuda de los clientes con la empresa asciende a la suma de 4 400 €; se cobrará en 60 días.
   - Este año la empresa ha dotado la reserva legal con un total de 15 000 €.
   - Debe 1 500 € a sus proveedores, de los cuales ha anticipado 300 €; el resto de la deuda vence en los próximos 90 días.
   - La empresa tiene una flota de camiones para el transporte de sus productos valorada en 57 500 €.
   - CANICAS, SL, tiene una patente para la fabricación de sus productos valorada en 10 000 €.
   - El local donde la empresa realiza su actividad productiva es de su propiedad y está valorado en 120 000 €.
   - La empresa ha suscrito un préstamo con una entidad de crédito de 100 000 € a 10 años.
   - Actualmente, tiene mercaderías por valor de 5 000 € en el almacén.
   - En la cuenta corriente de la empresa hay 2 500 € y en caja guardan 800 €.
   - Tiene una deuda con una entidad financiera por valor de 5 000 €, y su plazo de devolución es de 10 meses.
   - Se estima que la pérdida de valor del inmovilizado material es de 9 000 €.

8. Elabora el balance de la empresa K2, SL, a partir de la siguiente información:
   - No poseemos información sobre el capital inicial aportado por los socios.
   - La deuda de los clientes con la empresa asciende a la suma de 2 500 €; se cobrará en 60 días.
   - Este año la empresa ha tenido unos resultados positivos del ejercicio por importe de 6 000 €.
   - La empresa posee equipos para el proceso de información valorados en 28 000 €.
   - El local donde la empresa realiza su actividad productiva es de su propiedad y está valorado en 80 000 €.

- Debe 2 600 € a sus proveedores, de los cuales ha anticipado 600 €; el resto de la deuda vence en los próximos 90 días.
- La empresa ha suscrito un préstamo con una entidad de crédito, de 60 000 € a 5 años.
- Actualmente, tiene mercaderías por valor de 15 000 € en el almacén.
- En la cuenta corriente de la empresa hay 1 500 € y en caja guarda 1 000 €.
- Tiene una deuda con un banco por valor de 10 000 € y su plazo de devolución es de 10 meses.
- Se estima que la pérdida de valor del inmovilizado material es de 10 000 €.

9. Elabora y comenta la cuenta de pérdidas y ganancias de la empresa LUNALAB, SA, conocidos los siguientes datos:

- Sueldos y salarios .... 30 500 €
- Compras de mercaderías .... 24 800 €
- Amortización del inmovilizado material .... 8 000 €
- Alquiler de local .... 10 000 €
- Ventas de mercaderías .... 120 200 €
- Intereses por préstamos a largo plazo .... 750 €
- Beneficios procedentes de inversiones financieras .... 1 525 €
- Otros ingresos de explotación .... 3 100 €

10. Elabora y comenta la cuenta de pérdidas y ganancias de la empresa MERAPI, SL, conocidos los siguientes datos:

- Intereses por préstamos .... 1 000 €
- Otros gastos de explotación .... 6 000 €
- Aprovisionamientos .... 20 000 €
- Ingresos financieros .... 525 €
- Venta de mercaderías .... 75 000 €
- Gastos de personal .... 28 000 €

11. Elabora y comenta la cuenta de pérdidas y ganancias de la empresa BROMO, SL, conocidos los siguientes datos:

- Intereses por préstamos a largo plazo .... 8 000 €
- Impuesto sobre sociedades .... 15 %
- Alquiler de locales .... 20 000 €
- Sueldos y salarios .... 60 000 €
- Compras de mercaderías .... 35 600 €
- Amortización del inmovilizado material .... 10 000 €
- Ventas de mercaderías .... 140 200 €
- Beneficios procedentes de inversiones financieras .... 1 525 €
- Otros ingresos de explotación .... 3 100 €

Entra en internet

12. Si quieres saber más sobre el Plan General Contable y las normas e instrucciones que regulan la contabilidad financiera en nuestro país, consulta la web: <www.plangeneralcontable.com>.

13. Puedes aprender más sobre MERCADONA en su página web: <www.mercadona.es>.

14. En la revista *on-line Emprendedores* puedes encontrar más de 40 planes de negocio con cifras económicas: <www.emprendedores.es/crear-una-empresa/modelo-plan-negocio>.

EMPRENDEDORES EN EL CINE

Ficha técnica

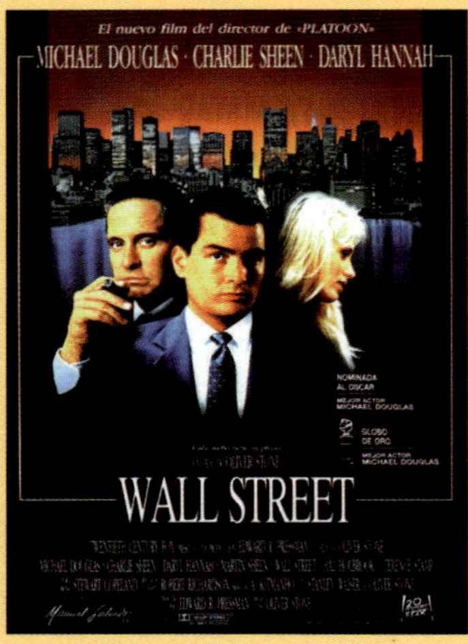

Título original: *Wall Street*

Dirección: Oliver Stone

Producción: Edward R. Pressman, Michael Flynn, A. Kitman Ho

Guion: Stanley Weiser y Oliver Stone

Duración: 125 minutos

Nacionalidad: estadounidense

Año de producción: 1987

Reparto: Michael Douglas, Charlie Sheen, Hal Holbrook, Terence Stamp, Martin Sheen, Daryl Hannah, Sean Young, James Spader, Jeff Beck

Música: Stewart Copeland

Fotografía: Robert Richardson

Género: drama

Wall Street

Sinopsis

Bud Fox (Charlie Sheen) es un joven y ambicioso agente de Bolsa (un bróker) que trabaja en el banco Jackson Steiner and Company, en pleno Wall Street, el centro financiero más importante del mundo. Su mayor deseo es trabajar con el hombre que más admira, Gordon Gekko (Michael Douglas), un individuo hecho a sí mismo, que en poco tiempo ha conseguido reunir una gran fortuna en el mundo de la Bolsa. Gracias a su tesón, Bud consigue introducirse en el círculo de Gekko y colaborar con él en sus negocios.

Con el mago de las finanzas todo es dinero, lujo y diversión, pero pronto Bud se da cuenta de que es un hombre sin escrúpulos. Cuando Gekko le encarga una operación muy atractiva pero que infringe las reglas más elementales de la ética, Bud deberá decidir el camino por el que quiere seguir.

Claves de trabajo

Bud Fox representa al prototipo de joven que anhela integrarse en la élite financiera de Nueva York. Terminó su carrera universitaria gracias a su esfuerzo y al de su padre (mécanico y jefe del sindicato) y, una vez en el mundo laboral, se deja deslumbrar por un inversor de gran poderío. Guiado por el impulso de impresionar a Gekko, Bud utiliza una información confidencial que le había dado su padre, lo que lleva al magnate a ver en él a un joven a quien puede modelar e iniciar en sus nada éticas estrategias financieras.

Hay que tener en cuenta que la película muestra la cara menos amable del mundo de las finanzas, pero no todos los que trabajan en este entorno son como Gekko.

Actividades

1. ¿Qué se vende en la Bolsa? ¿Qué son las acciones? ¿Qué provoca que suba o baje el precio de las acciones en la Bolsa?
2. ¿Quién es el propietario de la empresa: quien posee acciones de la misma o quien trabaja como director a cambio de un sueldo? ¿Cuál es la diferencia entre propietario y empresario? ¿Considerarías propietarios a los *business angels* y a las sociedades de capital riesgo?
3. Analiza, desde el punto de vista de la ética empresarial, estas dos frases extraídas de la película:

   «Los que corren mucho, caen pronto.» (Jefe de Buddy en Jackson Steiner and Company, minuto 40)

   «Esta es la clave, señoras y señores: la avaricia, a falta de una palabra mejor, es buena. La avaricia es lo correcto; la avaricia logra sus objetivos, la avaricia clarifica, atraviesa dificultades y capta la esencia del espíritu evolucionista.» (Gordon Gekko)
4. ¿Crees que en la actualidad ha cambiado la ética en el mundo de las finanzas? Pueden ilustrarte otras películas más recientes, como *El lobo de Wall Street* (2013) y *Margin Call* (2011). Esta última trata sobre el inicio de la crisis financiera de 2008.

EN RESUMEN

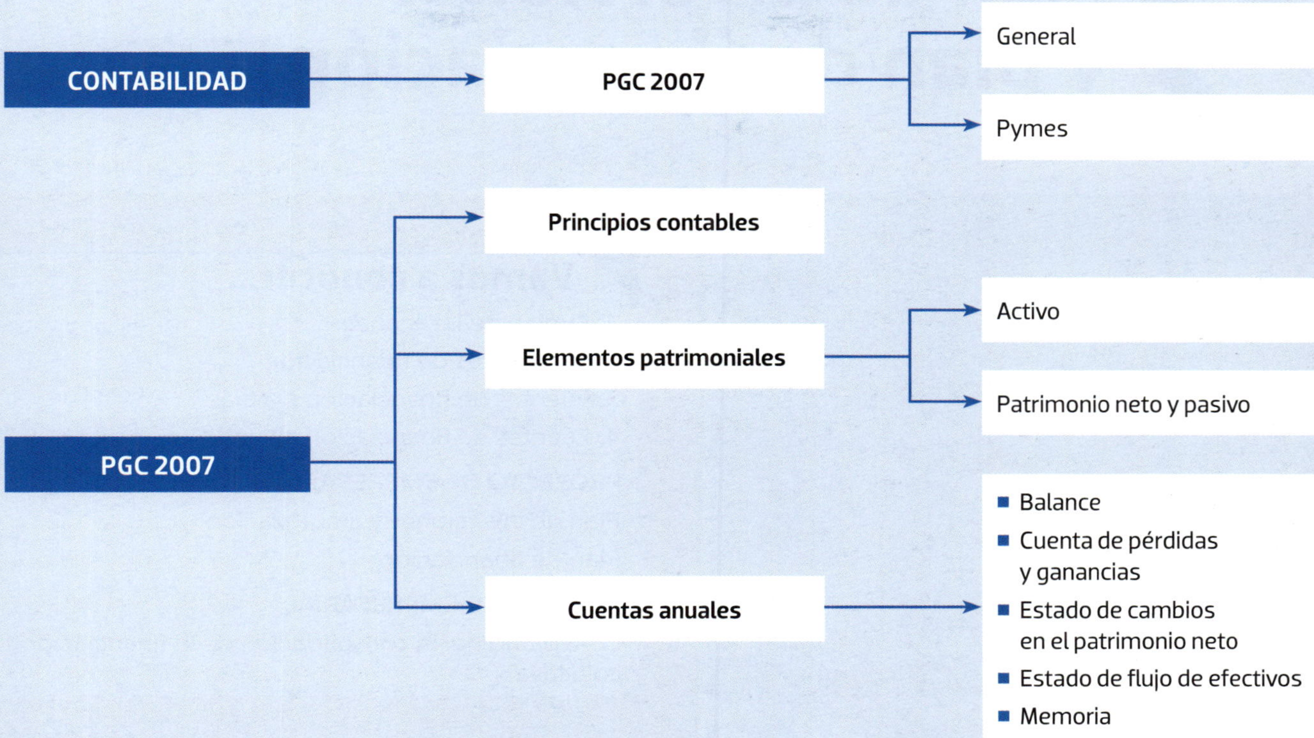

Evalúa tus conocimientos

RESUELVE EN TU CUADERNO O BLOC DE NOTAS

1. **¿Qué principio contable nos dice que los efectos de las transacciones o hechos económicos se registrarán cuando ocurran?**
   a) Devengo.
   b) Prudencia.
   c) Importancia relativa.
   d) No compensación.
2. **La empresa JERTE, SA, ha tenido, en los dos últimos ejercicios, un activo de 3 500 000 € y 55 trabajadores. ¿Cómo se la considerará según el PGC 2007?**
   a) Microempresa.
   b) Pyme.
   c) Empresa (no pyme).
   d) Ninguna respuesta es correcta.
3. **¿Qué masa patrimonial está constituida principalmente por los fondos aportados por los socios, así como los beneficios no distribuidos?**
   a) Pasivo no corriente.
   b) Pasivo corriente.
   c) Activo no corriente.
   d) Patrimonio neto.
4. **¿Cuál de las siguientes no es una cuenta anual obligatoria para las pymes?**
   a) Balance.
   b) Estado de cambios en el patrimonio neto.
   c) Estado de flujos de efectivo.
   d) Cuenta de resultados.
5. **¿Cuál de las masas patrimoniales del balance se ordena de menor a mayor liquidez?**
   a) Activo no corriente.
   b) Pasivo.
   c) Activo corriente.
   d) Todas las respuestas son correctas.
6. **¿Dónde se ubica la cuenta de PyG dentro del balance?**
   a) En el activo no corriente.
   b) En el patrimonio neto.
   c) En el activo corriente.
   d) En el pasivo.

9 Plan de inversiones y plan de financiación

Vamos a conocer...

1. El plan de inversiones
2. Las fuentes de financiación
3. Fuentes de financiación propias
4. Fuentes de financiación ajenas

PROYECTO DE EMPRESA

Plan de inversiones y amortización

Plan de financiación

ACTUALIDAD EMPRESARIAL

Crowdfunding: la consolidación de la financiación colectiva

Y al finalizar esta unidad...

- Aprenderás a elaborar el plan de inversiones de tu empresa.
- Realizarás el cuadro de amortización de los elementos de inmovilizado de una empresa.
- Conocerás las fuentes de financiación de una empresa, su clasificación y cómo elegir la más conveniente.
- Distinguirás entre las fuentes de financiación propias y ajenas.
- Habrás elaborado el plan de financiación de tu empresa.

Práctica profesional inicial

Situación de partida

Nani Vázquez Campomanes es presidenta de NAC, una cadena de tiendas de moda para mujer. Uno de sus retos profesionales fue crear una tienda donde se combinasen ropa y arte. Para ello, creó un espacio dentro de la tienda destinado a exposiciones y a la creatividad. Cede espacio sobre todo a gente joven, sin recibir ninguna remuneración a cambio, simplemente porque desea promover nuevos talentos que no pueden exponer en galerías. El primero en hacerlo fue un pintor de Bangladés, Monir, y, desde entonces, casi todos los meses o cada dos meses hay obras de un artista diferente.

Nani explica cómo prefirió desmarcarse de la tendencia de consumo actual en el sector textil: «En diez años, se han montado muchas cadenas de tiendas con precios más bien bajos. Algunos amigos me aconsejaban que no comprara cosas tan caras, porque la economía no estaba para hacer excesos. Pero yo pensaba: "Si uno no tiene dinero y tiene que comer bocadillos o perritos calientes, no por eso deja de gustarle la buena comida y, a veces, apetece hacer un exceso y comerse una buena fabada. Si un día te puedes dar un capricho, te lo das"».

A esta empresaria le motiva montar tiendas, las compras, el riesgo: «Necesitaba una oficina, personal, comprar fuera, ideas creativas y un local adecuado donde combinar arte y moda». Encontrar el arquitecto adecuado para remodelar las tiendas fue clave.

Uno de los principales retos del proyecto fue el económico. Partiendo prácticamente de cero, tuvo que pedir un crédito y salió adelante gracias al apoyo de una caja y de Aval Madrid: «El director de Aval Madrid me dice que hay dinero para quien presente proyectos e ideas con coherencia. Tener un objetivo, valor, entusiasmo, intentar ser autónomo es muy importante. Cuando montas una empresa, depende todo de ti porque el riesgo es tuyo. Mi primer crédito, el de la primera tienda, fue de diez millones de pesetas y tenía cinco años para pagarlo. Cuando tienes entusiasmo, te abren las puertas porque entusiasmas también a los demás, a tu entorno, a la banca, a tus amigos... Estás tan entusiasmada que contagias. Ahora, el director del banco tiembla cada vez que me ve aparecer. "¿Qué se le ocurrirá de nuevo?" se pregunta».

Además, Nani tiene una clara vocación social: «No me importa montar cinco tiendas, diez o veinte, pero con otros objetivos, con otros sueños. Hemos tenido este beneficio, fenomenal. ¿Cómo se canaliza este dinero?, ¿solo para beneficio familiar? No me produce ningún interés; pero si ayudamos, si compartimos, sí. El empresario tiene que unirse a otras sensibilidades que no sean la pura economía».

José Luis Dirube: *¡Quiero ser empresario!*

Estudio del caso

Antes de empezar a leer esta unidad de trabajo, aventura una respuesta para las siguientes preguntas. Después, analiza cada punto del tema, con el objetivo de comprobar si has contestado bien.

1. ¿Cuál fue la idea empresarial de Nani Vázquez Campomanes? ¿Qué diferencia sus tiendas de ropa de las demás? ¿Por qué es clave el local?
2. ¿Qué necesitó Nani para iniciar este proyecto en el que se combinaban ropa y arte? ¿En qué invirtió?
3. ¿Crees que es fácil conseguir financiación para iniciar un negocio? ¿Qué obstáculos puede encontrar un emprendedor novel?
4. ¿A qué fuentes de financiación recurrió Nani?
5. La mayoría de los bancos pide un aval a los emprendedores. ¿En qué consiste un aval y cuál es su finalidad?
6. ¿Conoces Aval Madrid? Puedes encontrar más información sobre esta entidad en <https://www.avalmadrid.es/>.
7. Aunque el director del banco de Nani tiembla cuando la ve, probablemente no duda en concederle un préstamo ante la capacidad empresarial que ha demostrado. Una empresa ya consolidada continúa pidiendo créditos al banco, pero también puede autofinanciarse. ¿Sabes en qué consiste la autofinanciación? ¿De qué elementos se compone?
8. ¿Qué aspectos de un préstamo debes conocer a la hora de solicitar uno?
9. ¿Conoces otras formas mediante las cuales una empresa puede conseguir un adelanto de dinero?
10. ¿Qué rasgos de la personalidad de Nani se desprenden de este texto?

En la actualidad, dispones de información financiera en muchas páginas web, que permiten conocer el valor del euríbor y calcular las cuotas de amortización de un préstamo (simuladores): <www.euriborboe.com>, <www.bde.es> y en los portales de las entidades financieras.

1. El plan de inversiones

La **inversión empresarial** es todo desembolso de dinero que se utiliza para adquirir bienes o instrumentos de producción, denominados ***bienes de equipo***, que la empresa utilizará durante varios años para alcanzar sus objetivos y obtener un beneficio.

Cuando se invierte, se renuncia a una satisfacción inmediata y cierta, a cambio de una esperanza de beneficio futuro.

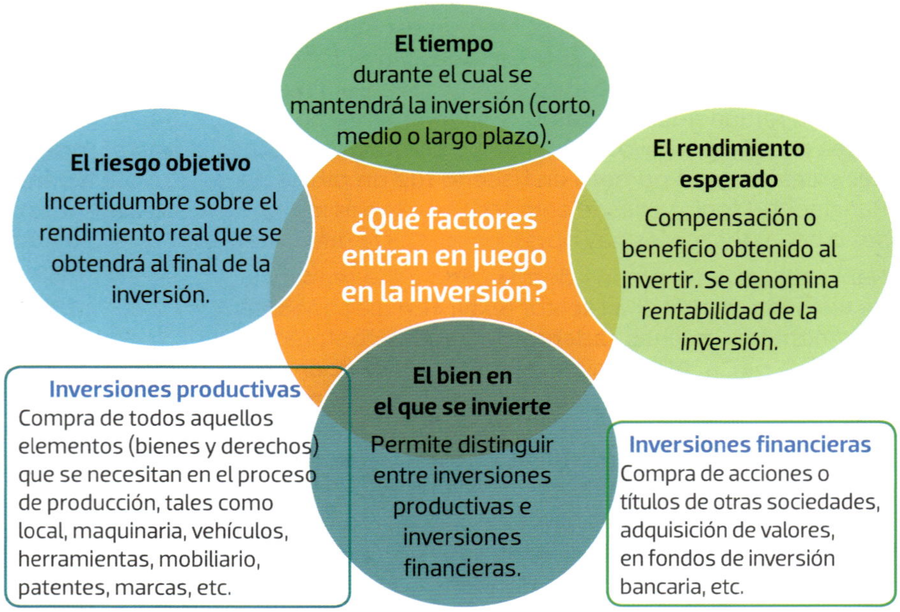

Caso práctico inicial

Nani realizó una inversión...

- Con una rentabilidad esperada alta, si el producto se vendía bien.
- Con un riesgo alto, al montar una tienda con productos caros en un sector cuya tendencia era vender a bajo precio.
- Para adquirir bienes (una oficina), contratar personal y poner en marcha sus ideas creativas.

Vocabulario

No es lo mismo *gastar* que *invertir*

Coloquialmente, se dice que «se gasta dinero» cuando se compra un bien improductivo, y «se invierte» cuando se emplea el capital en algún tipo de actividad o negocio con el objetivo de incrementarlo.

Técnicamente, gastar consiste en destinar dinero al activo corriente, e invertir, en destinarlo al activo no corriente.

1.1. Cómo seleccionar las inversiones

La viabilidad del proyecto empresarial depende en gran medida de una adecuada selección de las inversiones que se van acometiendo. A la hora de elegir la inversión más adecuada, la empresa debe evaluar las siguientes variables, con el fin de elegir aquella inversión que aporte mayor rentabilidad, en comparación con el desembolso necesario:

- El desembolso monetario inicial *(A)*.
- Los flujos de caja periódicos (Q_1, Q_2, ..., Q_n) o dinero que va generando la inversión cada cierto tiempo.
- El tiempo (en número de años, *n)* durante el cual la inversión se mantiene generando ingresos.

Ejemplo

Una empresa compra una máquina por 6 000 € (desembolso inicial = A) que generará unos ingresos anuales de 600 € (Q_1, Q_2, ..., Q_5) durante 5 años (*n* = 5).

Los métodos que se utilizan para valorar inversiones pueden ser:

- **Estáticos:** no tienen en cuenta el efecto del paso del tiempo sobre el valor del dinero invertido; sin embargo, el dinero no vale lo mismo ahora que dentro de dos, tres o cuatro años.
- **Dinámicos:** tienen en cuenta el efecto del paso del tiempo sobre el valor del dinero invertido y, además, consideran el riesgo y el coste de oportunidad financiero asociados a la operación.

Vocabulario

El dinero no vale lo mismo hoy que dentro de un año o dos. Para poder comparar cantidades monetarias en el tiempo se utiliza:

Actualización

Se calcula el valor actual de las cantidades o rentas que se percibirán en el futuro.

Capitalización

Es la operación inversa a la anterior. Consiste en calcular el valor futuro de un dinero del año 0 (de la actualidad).

Coste de oportunidad

Es el valor de la mejor de las alternativas rechazadas.

Métodos de selección de inversiones

El plazo de recuperación o pay-back (método estático)

Mide el tiempo que se tarda en recuperar el desembolso inicial. En este caso la empresa **valora:**

- Si la inversión es efectuable (es decir, si es aconsejable realizarla): ocurre cuando los ingresos que genera la inversión (Q) son superiores al desembolso inicial (A).
- Entre varias inversiones, se prefiere aquella que permite recuperar antes el desembolso inicial.

Caso 1. Una máquina que cuesta 1 000 € tiene una vida útil de 4 años y reportará los siguientes ingresos:

Desembolso inicial (A)	Ingresos periódicos (Q_n) que genera la nueva máquina			
A = 1000 €	Q_1 = 400 €	Q_2 = 350 €	Q_3 = 250 €	Q_4 = 200 €

El pay-back o plazo de recuperación será de 3 años: 400 + 350 + 250 = 1000. A los 3 años se habrá recuperado el dinero invertido; por tanto, la inversión es efectuable.

Caso 2. Cuando los flujos de caja (Q) son constantes, el pay-back se obtiene por la fórmula: pay-back = A/Q
Una máquina que cuesta 600 € tiene una vida útil de 4 años y reportará los siguientes ingresos:

Desembolso inicial (A)	Ingresos periódicos (Q_n) que genera la nueva máquina				Pay-back
A = 600 €	Q_1 = 200 €	Q_2 = 200 €	Q_3 = 200 €	Q_4 = 200 €	600/200 = 3 años

Caso 3. El pay-back no tiene en cuenta los flujos de caja que se obtienen una vez recuperado el desembolso inicial. Podría ocurrir que una inversión cuyo desembolso inicial se recupere antes, genere menores ingresos.

Desembolso inicial (A)	Ingresos periódicos (Q_n) que genera la nueva máquina				Pay-back	Total ingresos
A = 800 €	Q_1 = 400 €	Q_2 = 400 €	Q_3 = 100 €		2 años	900 €
A = 800 €	Q_1 = 400 €	Q_2 = 200 €	Q_3 = 200 €	Q_4 = 200 €	3 años	1000 €

Claramente, la segunda inversión es más rentable; sin embargo, desde el punto de vista del pay-back es preferible la primera, por lo que solo es recomendable utilizar este método para inversiones con una duración similar.

El valor actual neto o VAN (método dinámico)

El VAN es la diferencia entre el desembolso inicial y los ingresos generados por una inversión, actualizados al periodo 0, es decir, valorados en el momento en que se realizó el desembolso inicial, de modo que permite comparar cifras monetarias en una misma fecha, la actual.

$$VAN = -A + \frac{Q_1}{(1+k)} + \frac{Q_2}{(1+k)^2} + ... + \frac{Q_n}{(1+k)^n}$$

donde k es el tipo de interés al que se presta el dinero.

Valoración: una inversión será efectuable cuando el VAN sea superior a 0. Entre varias inversiones, será preferible la que tenga un VAN mayor.

Comparemos dos inversiones cuyo tipo de interés es del 7 %, con los siguientes desembolsos iniciales e ingresos periódicos:

Desembolso inicial	Q_1	Q_2	Q_3	Q_4	VAN
A = 8 000	4 000	6 000			$VAN = -8\,000 + \frac{4000}{(1+0{,}07)} + \frac{6000}{(1+0{,}07)^2} = 978{,}95€$
A = 8 000	0	2000	3000	4 000	$VAN = -8\,000 + 0 + \frac{2\,000}{(1+0{,}07)^2} + \frac{3\,000}{(1+0{,}07)^3} + \frac{4\,000}{(1+0{,}07)^4} = -752{,}65\ €$

La segunda inversión no es efectuable, porque el VAN es inferior a 0; por lo tanto, se escogerá la primera.

La tasa interna de rentabilidad o retorno TIR (método dinámico)

Indica la rentabilidad que se obtiene por cada unidad monetaria invertida en un proyecto, en términos relativos (en porcentaje).
La TIR es el tipo de interés para el cual el VAN es 0, en cuyo caso la inversión es indiferente, no genera ni beneficios ni pérdidas.
Valoración: la inversión será efectuable cuando la TIR sea superior al tipo de interés (lo que cuesta la inversión). Será preferible la inversión con una TIR mayor.
Ejemplo: una empresa duda entre dos proyectos de inversión, A y B, con un mismo tipo de interés del 3 % (k = 3). Al calcular la tasa interna de rentabilidad de ambos proyectos ven que la TIR del proyecto A es del 5 % y la del B es del 7 %, por lo que preferirán el segundo.

Vocabulario

Vida útil

Es la duración estimada del inmovilizado que cumple correctamente con la función para la que ha sido creado.

Obsolescencia

Caída en desuso de máquinas, equipos y tecnologías por un insuficiente desempeño de sus funciones en comparación con las nuevas máquinas, equipos y tecnologías aparecidos en el mercado.

Valor residual

Es el valor que la empresa estima que podrá recuperar de un bien al final de su vida útil.

1.2. La amortización de las inversiones

Una mala planificación puede llevar a la falta de liquidez para reponer el inmovilizado, con los inconvenientes que esto provocará en el proceso productivo (paradas, retrasos...). Para evitar estas situaciones, la empresa debe dotar un fondo de amortización para cada inmovilizado.

La **amortización** consiste en reflejar la pérdida de valor que anualmente sufre el inmovilizado, por su uso o por su obsolescencia. Esos fondos se contabilizan como pérdida y se acumulan, año tras año, en una cuenta denominada ***amortización acumulada del inmovilizado,*** que se representa en el activo no corriente del balance con signo negativo, ya que resta valor al inmovilizado.

Todos los años se va dotando dicha cuenta, hasta que, una vez finalizada la vida útil del inmovilizado, este se repone sin necesidad de que su precio se refleje como un gasto, puesto que ya se ha ido retirando ese dinero poco a poco, hasta su reposición.

Métodos de amortización

- **Amortización lineal o por cuotas constantes**: Todos los años de la vida útil del inmovilizado se amortiza la misma cuota.
- **Amortización por números dígitos decrecientes**: Cada año de la vida útil del inmovilizado se va amortizando una cuota decreciente directamente proporcional a los números dígitos.

El método más recomendable para realizar la amortización de un inmovilizado suele ser el de los números dígitos decrecientes, ya que permite acelerar la amortización, con las ventajas que ello ofrece si la vida útil del inmovilizado se acortase por cualquier causa.

Ejemplo

La empresa B compra un vehículo industrial por un valor de mercado de 150 000 €. La vida útil de dicho vehículo se estima en 5 años y su valor residual será de 30 000 €.

Calcula la amortización por el método de los números dígitos decrecientes.

Primero se calcula la cantidad total para amortizar, restando del valor de mercado el valor residual:

Cantidad total para amortizar = Valor de mercado – Valor residual = 150 000 – 30 000 = 120 000 €

Después se calcula la cuota base para amortizar, dividiendo la cantidad total para amortizar entre el sumatorio del número de años de vida útil del inmovilizado.

Si el número de años de vida útil del inmovilizado es 5, el sumatorio será: 5 + 4 + 3 + 2 + 1 = 15

$$\text{Cuota base para amortizar} = \frac{\text{Cantidad total a amortizar}}{\text{Sumatorio de vida útil}} = \frac{120\,000}{15} = 8\,000\ €$$

Finalmente, confeccionamos el cuadro de amortización:

Año	Cuota a amortizar	Amortización acumulada
1	5 × 8 000 = 40 000	40 000
2	4 × 8 000 = 32 000	72 000
3	3 × 8 000 = 24 000	96 000
4	2 × 8 000 = 16 000	112 000
5	1 × 8 000 = 8 000	120 000

Ejemplo

La empresa A compra un vehículo industrial por un valor de mercado de 25 000 €. La vida útil de dicho vehículo se estima en 5 años y su valor residual será de 5 000 €.

Calcula la amortización por el método de las cuotas constantes.

Primero se calcula la cantidad total para amortizar, restando del valor de mercado el valor residual:

Cantidad total para amortizar = Valor de mercado – Valor residual = 25 000 – 5 000 = = 20 000 €

A continuación, se halla la cantidad anual que hay que amortizar:

$$\text{Cantidad anual para amortizar} = \frac{\text{Cantidad total para amortizar}}{\text{Vida útil}} = \frac{20\,000}{5} = 4\,000\text{ €}$$

Año	Cuota a amortizar	Amortización acumulada
1	4 000	4 000
2	4 000	8 000
3	4 000	12 000
4	4 000	16 000
5	4 000	20 000

1.3. El plan de inversiones

El plan de inversiones consiste en una enumeración detallada de todas las inversiones en inmovilizado intangible y material que deberá realizar la empresa para comenzar su actividad.

Se especificará cada uno de los inmovilizados, incluyendo los datos más relevantes, como su valor de adquisición inicial, su vida útil, su valor residual y su cuadro de amortización.

Es muy importante planificar muy bien las inversiones de inmovilizado, puesto que son compras de un gran coste y de larga permanencia en la empresa.

Caso práctico inicial

Una de las inversiones más importantes de Nani era el local y su decoración.

Actividades

1. La empresa ECOTOMATE, SA, ha comprado una máquina por un valor de mercado de 75 000 €. La vida útil de dicha maquinaria se estima en 10 años y su valor residual será de 15 000 €.

   Calcula la amortización por el método de las cuotas constantes y por el método de los números dígitos decrecientes.

2. Indica cuál de las siguientes inversiones es preferible según el método del pay-back, del VAN y de la TIR:

Desembolso inicial	Flujos periódicos que genera la nueva máquina				k	TIR
10 000 €	Q_1 = 3 000 €	Q_2 = 3 000 €	Q_3 = 3 000 €	Q_4 = 3 000 €	5 %	5 %
12 000 €	Q_1 = 5 000 €	Q_2 = 4 000 €	Q_3 = 3 000 €	Q_4 = 3 000 €	5 %	6 %
15 000 €	Q_1 = 5 000 €	Q_2 = 4 500 €	Q_3 = 4 500 €	Q_4 = 4 000 €	5 %	5,8 %

2. Las fuentes de financiación

La empresa, para conseguir los recursos que necesita para desarrollar su actividad, precisa de unos fondos monetarios. Las distintas vías o formas de adquirirlos son las fuentes de financiación. Se reflejan en el pasivo y el neto patrimonial del balance.

La fuentes de financiación se pueden clasificar atendiendo a distintos criterios:

Según su permanencia en la empresa

- **A corto plazo:** recursos cuyo plazo de devolución es inferior a 1 año.
- **A largo plazo:** recursos cuyo plazo de devolución es superior a 1 año.

Corto plazo: los proveedores permiten posponer el pago, normalmente durante 30, 60 o 90 días.

Largo plazo: los bancos pueden conceder créditos por periodos largos (a 2, 5 o 10 años vista).

Por su titularidad

- **Recursos propios:** los que la empresa no tiene que devolver.
- **Recursos ajenos:** los que la empresa tiene que devolver.

Ejemplo: la empresa no devuelve a los socios el capital inicial aportado (lo compensa repartiendo entre ellos su beneficio anual); en cambio, debe devolver puntualmente el dinero que le presta el banco.

Según su procedencia

- **Recursos externos:** los que no se generan en el proceso productivo.
- **Recursos internos:** los generados por la propia empresa, a través de su proceso productivo (y que son reinvertidos en ella).

Ejemplo: cuando una máquina se ha comprado con el beneficio obtenido de la venta de los productos de la empresa, decimos que su financiación ha sido **interna;** por el contrario, si se ha pagado con el dinero obtenido de la emisión de nuevas acciones, su financiación ha sido **externa.**

Vocabulario

Inversión ≠ Financiación

Invertir consiste en adquirir los recursos necesarios para que la empresa pueda realizar su actividad productiva.

Financiar consiste en adquirir fondos monetarios para pagar las inversiones.

Caso práctico inicial

Las fuentes de financiación de Nani.

Actividades

3. Clasifica las siguientes fuentes de financiación conforme a los tres criterios descritos. Trabaja en tu cuaderno.

Fuentes de financiación	Permanencia	Titularidad	Procedencia
Crédito a 90 días de los proveedores.			
Crédito a 5 años concedido por un banco.			
Las aportaciones de los socios al capital social de la empresa.			
Parte del beneficio obtenido por la empresa en el ejercicio económico se retiene para comprar nueva maquinaria.			

3. Fuentes de financiación propias

Las fuentes de financiación propias son, principalmente, las aportaciones de los socios al capital de la empresa y la autofinanciación.

3.1. Las aportaciones de socios e inversores

Las aportaciones de los socios constituyen el **capital social.** Los socios pueden aportar fondos en el momento de constituirse la sociedad o a lo largo de la vida de la empresa, mediante ampliaciones de capital.

El capital social se divide en **acciones** (si es una sociedad anónima) o en **participaciones** (si se trata de una sociedad limitada), cuyo valor se denomina *valor nominal*. Cada socio posee un número determinado de acciones o de participaciones, en función del capital aportado. Por lo tanto, poseer acciones o participaciones significa participar de su **propiedad** en una parte proporcional.

Una **acción** es una parte alícuota (igual y proporcional), indivisible y acumulable del capital social de una empresa y confiere a su titular la condición de socio.

El accionista tiene, como mínimo, los siguientes derechos:

- **Reparto de dividendos:** participar en el reparto de los beneficios de la sociedad en proporción al número de acciones que posea.
- Participar en el **reparto del patrimonio de la empresa,** en caso de liquidación de la sociedad.
- **Asistir y votar en las juntas generales e impugnar los acuerdos sociales.** Esto supone que puede participar en la dirección de la sociedad. Normalmente una acción supone un voto, por tanto, cuantas más acciones se posean, mayor control se detenta de la sociedad.
- **Derecho de información.**
- **Derecho de suscripción preferente** cuando se emitan nuevas acciones y obligaciones convertibles en acciones.

El valor de cada acción o participación se denomina ***valor nominal,*** e indica la parte de capital social que representa cada acción o participación.

No se debe confundir con el **valor de mercado**, que es el precio de compra y venta de la acción. El valor nominal determina los derechos de voto de cada acción o participación y el porcentaje de los dividendos que le corresponden.

Ejemplo

Sonia y Carlota van a crear una sociedad anónima aportando cada una 7 600 €. El capital social inicial de la empresa será de 15 200 €, dividido en 152 acciones, cuyo valor nominal será de 100 € por acción: 152 acciones x 100 € = 15 200 €

Cada socia poseerá 76 acciones: 76 acciones x 100 € = 7 600 € (su aportación inicial).

Una vez iniciada la actividad de la empresa, para conseguir más dinero, los socios pueden acordar una ampliación de capital incrementando el número de acciones o incrementando el valor nominal de cada acción.

Al realizar una ampliación de capital, también se puede permitir la entrada de nuevos socios.

La ventaja de esta fuente de financiación es que no es necesario devolver el dinero ni pagar intereses. Las acciones o participaciones se compran y se venden entre los socios, pero la sociedad nunca devuelve estas aportaciones.

Caso práctico inicial

Probablemente, Nani también aportó capital propio a su empresa.

Vocabulario

Dividendo

Es la parte del beneficio obtenido por las sociedades mercantiles, cuyos órganos de gobierno acuerdan que sea repartido entre los socios.

Normalmente, los dividendos se reparten al final de cada ejercicio económico, cuya periodicidad es anual.

Ejemplo

Un año después, Sonia y Carlota han decidido realizar una ampliación de capital a la par: cada una aportará 7600 € más. Para ello, tienen dos posibilidades:

- Incrementar el número de acciones, de 152 a 304, de modo que a cada una le correspondería un total de 152 acciones:
  152 × 100 € = 15200 € (la aportación total de cada una: 7600 de antes y otros 7600 más ahora).
- Incrementar el valor nominal de cada acción, de 100 a 200 €. Así, cada socia seguirá teniendo 76 acciones:
  76 × 200 € = 15200 € (la aportación total de cada una).

En el caso de que la empresa reúna ciertas condiciones, la compra y venta de acciones puede efectuarse a través de la Bolsa, lo que permitirá obtener un mayor volumen de fondos (aunque se corre el riesgo de perder el control de la sociedad).

También se puede recurrir a **inversores**, como:

- ***Business angels:*** se trata de personas físicas con un amplio conocimiento de determinados sectores, que quieren invertir su dinero en proyectos empresariales ajenos en los que se vislumbra un alto potencial de éxito y de crecimiento en sus primeras etapas de vida. Aportan capital y, en ocasiones, sus conocimientos y experiencia en la gestión de empresas, aunque no suelen llegar a involucrarse en el día a día.
- **Sociedades de capital riesgo (SCR):** son empresas que se dedican a financiar temporalmente a pymes innovadoras y con probabilidades de éxito, aportando dinero, apoyo en la gestión y sus contactos. La forma de operar es la siguiente: la sociedad de capital riesgo compra parte de las acciones o participaciones de la pyme (convirtiéndose, así, en socio), normalmente sin cobrarle ninguna cantidad por colaborar en la dirección y la gestión; obtiene su beneficio de la plusvalía que se genera al vender las acciones de la empresa financiada, una vez finalizado su proyecto de colaboración. De este modo, la SCR solo obtendrá beneficios si consigue revalorizar la pyme.

  A diferencia de los *business angels*, es fundamental su implicación en la gestión de la empresa y su participación suele producirse en una fase de la vida de la empresa posterior a la del *business angel*. En este caso, la empresa se encuentra en una fase de crecimiento más avanzada pero necesita financiación para crecer más y consolidarse. Esta financiación suele ser relevante y mayor que la que aporta un ángel de los negocios.

3.1.1. La capitalización de la prestación por desempleo

Otra opción interesante es solicitar la capitalización de la prestación por desempleo. Consiste en percibir de una sola vez y de forma adelantada el importe íntegro de la prestación contributiva por desempleo.

Requisitos que se exigen al beneficiario:

- Tener, al menos, 3 meses de prestación pendientes de percibir.
- Destinar el dinero a los siguientes fines:
  - Establecerse como trabajador autónomo (los económicamente dependientes tienen excepciones para su cobro).
  - Incorporarse de forma estable como socio trabajador a una cooperativa o a una sociedad laboral.
  - Aportación de capital social de una entidad mercantil de nueva constitución o constituida en el plazo máximo de 12 meses anteriores a la aportación.
- Solicitud y resolución favorable previa al inicio de actividad.

Saber más

Algunos requisitos para cotizar en Bolsa

- El importe total de las acciones que componen el capital social debe ser, como mínimo, de seis millones de euros.
- Al menos, la cuarta parte del capital social debe quedar repartida entre el público.
- Las acciones deben ser libremente transmisibles.

Saber más

***Business angels* y SCR**

El capital riesgo dispone en la actualidad de regulación en nuestro país y disfruta de una fiscalidad ventajosa. La Ley 14/2013, de apoyo a los emprendedores y su internacionalización incentivó fiscalmente a los *business angels*, al permitirles una deducción en la cuota de IRPF, por invertir en empresas de nueva creación.

Por otra parte, se han creado redes de *business angels* que favorecen su contacto con emprendedores.

Saber más

Ayudas que se pueden obtener al capitalizar la prestación por desempleo

El importe se podrá destinar a pagar gastos de constitución y puesta en funcionamiento de la entidad, tasas y servicios de asesoramiento, a formación e información específicos relacionados con la actividad que se va a emprender.

3.2. La autofinanciación

¿Qué puede hacer la empresa con el beneficio obtenido al final del ejercicio económico?

- Repartirlo entre los socios, en forma de dividendos.
- Utilizar ese dinero para financiar la actividad empresarial (autofinanciación).

La autofinanciación consiste en retener los fondos monetarios que genera la actividad productiva para reinvertirlos en la propia empresa (compra de material, nueva maquinaria, etc.). Puede ser de dos tipos:

Caso práctico inicial

Es conveniente recurrir a la autofinanciación. De este modo, aseguramos la tenencia de recursos financieros y un mayor equilibrio entre fondos propios y ajenos.

Autofinanciación

1. De enriquecimiento: consiste en retener parte del beneficio empresarial con el objetivo de **incrementar** el patrimonio de la empresa. En contabilidad, esta partida se recoge en las cuentas denominadas **reservas.**

Los fondos incluidos en las reservas permiten financiar operaciones en el futuro y compensar situaciones de menor beneficio o de pérdidas.

Hay reservas de distintos tipos. Algunas son obligatorias por ley (reserva legal); otras se ordenan por los estatutos de la sociedad (reservas estatutarias).

Por ejemplo, el texto refundido de la Ley de Sociedades de Capital obliga a que, al menos, el 10 % del beneficio del ejercicio se destine a la reserva legal hasta que esta alcance, al menos, el 20 % del capital social.

2. De mantenimiento: consiste en retener parte del beneficio empresarial para conservar el patrimonio de la empresa. Se materializa en amortizaciones y provisiones que la empresa está obligada a realizar:

- **Amortización productiva:** se separa una parte del beneficio empresarial con la finalidad de disponer de fondos suficientes para reemplazar los bienes dedicados a la producción (por ejemplo, la maquinaria) al final de su vida útil, cuando se deprecian por su uso u obsolescencia. Estos fondos se van acumulando durante todos los años de la vida útil del elemento que se ha de reemplazar, en la cuantía necesaria para que, al final de este periodo, se puedan financiar las nuevas adquisiciones. Así se evita que la totalidad del gasto recaiga sobre el ejercicio en el que se realiza la compra.
- **Provisiones:** reflejan, de forma provisional, obligaciones de la empresa sobre las que existe incertidumbre respecto a su desenlace futuro. La empresa estima que existe una probabilidad alta de que supongan un desembolso futuro, pero tiene dudas respecto al importe final o su vencimiento.

Por ejemplo, una empresa dota una provisión para impuestos porque estima posible el pago de una tasa cuyo importe exacto y fecha aún no conoce, ya que dependerá del cumplimiento o no de determinadas condiciones.

Hasta que llega el momento del pago se puede disponer libremente de los fondos monetarios retenidos y utilizarlos para financiar sus inversiones.

Saber más

Reservas, amortizaciones y provisiones

Hay que tener en cuenta que las reservas no son deducibles fiscalmente, mientras que las amortizaciones y las provisiones sí lo son.

Actividades

4. El capital social de una empresa asciende a 60 000 €. Los cuatro socios que componen la empresa poseen el mismo número de acciones, cuyo valor nominal es de 100 € por acción. ¿En cuántas acciones se divide el capital social? ¿Cuántas acciones posee cada socio? Razona la respuesta.
5. El beneficio del último ejercicio económico de una sociedad anónima fue de 500 000 €. Si solo repartió 450 000 € entre sus accionistas en forma de dividendos, ¿qué crees que hizo con el resto? Justifica la respuesta.

Saber más

Otra garantía financiera: la hipoteca

La hipoteca se firma siempre sobre un bien inmueble y permite al banco, en caso de impago, vender la casa y quedarse con la parte de dinero que le debe el hipotecado.

Caso práctico inicial

Las sociedades de garantía recíproca, como AVAL MADRID, pueden avalar a un emprendedor.

Vocabulario

El préstamo participativo

Es un préstamo que puede considerarse un híbrido entre los recursos propios y ajenos. Entre sus singulares características destacamos:

- Se aplica un tipo de interés bajo y variable (varía según la evolución de la actividad de la empresa).
- Los intereses son deducibles en el impuesto sobre sociedades.
- Se consideran fondos propios solo a efectos de reducción de capital social o cuando se liquide la sociedad como consecuencia de pérdidas.

Para más información: <www.enisa.es>.

4. Fuentes de financiación ajenas

Las fuentes de financiación ajenas son aquellas que la empresa debe devolver, normalmente, pagando un precio por su disfrute.

4.1. Préstamos y créditos

Mediante un **préstamo**, una entidad financiera concede al cliente una cantidad determinada de dinero, que le entrega de forma simultánea a la firma del contrato.

La empresa, durante un periodo de tiempo prefijado, irá devolviendo, en pagos periódicos, la cuantía del préstamo más los intereses correspondientes a la totalidad del importe.

Un **crédito** no es lo mismo que un préstamo. A través del crédito, una entidad financiera concede la posibilidad de disponer de un dinero, hasta una cantidad límite y durante un plazo prefijado.

La empresa devolverá el dinero retirado y pagará intereses, periódicamente, solo por el capital dispuesto, no por la totalidad del importe del crédito concedido.

El interés de los préstamos y créditos depende de diversas variables, entre las cuales se encuentran:

- **La duración del préstamo:** cuanto mayor sea su duración, mayor será el tipo de interés que haya que pagar.
- **El riesgo de impago del cliente:** si la fiabilidad del cliente es baja, la entidad financiera podría aplicar un tipo de interés más alto.

El problema con el que se encuentran la mayoría de las pymes a la hora de pedir un préstamo o un crédito es que los bancos suelen pedir un aval.

Mediante el **aval**, una persona o una entidad de acreditada solvencia se compromete a pagar al banco la cantidad que el tomador del préstamo o el crédito no ha abonado.

En estos casos se puede recurrir a las **sociedades de garantía recíproca** (SGR), cuya función es facilitar a las pymes el acceso a la financiación bancaria mediante la concesión de garantías personales, generalmente un aval. Antes de avalar a una pyme, la SGR estudia la viabilidad del proyecto empresarial. Si pasa el análisis con éxito, la empresa podrá integrarse como socia de la SGR y, de este modo, será avalada por ella. Además, esta sociedad le proporcionará asesoramiento y le ayudará a negociar con los bancos mejores condiciones crediticias que las que conseguiría la pyme por sí misma.

4.1.1. Los microcréditos

En los últimos años, se están desarrollando con éxito los microcréditos, dirigidos a personas con dificultades para acceder a los créditos tradicionales.

Son créditos de pequeña cuantía, que no precisan de aval. Las condiciones del microcrédito (intereses, comisiones, plazos, etc.) varían en función de la institución que lo conceda (que no tiene por qué ser una entidad financiera).

4.1.2. Análisis del coste de un préstamo o crédito financiero

Antes de analizar el coste de un préstamo o crédito y la forma habitual de amortizarlo, estudiaremos sus principales elementos.

Elementos del préstamo

Capital inicial (C_i)	Es la cantidad que la entidad financiera pone a disposición de la empresa.
Interés (I)	Es el precio que se paga al banco por el dinero prestado.
Tipo de interés (i)	Es el interés que se paga por cada unidad monetaria prestada. Se expresa en forma de porcentaje. Por ejemplo, un tipo de interés del 4 % anual significa que, en un año, el prestatario deberá pagar 4 € por cada 100 € prestados. En muchos casos está referenciado al euríbor; por ejemplo, una entidad financiera aplica el siguiente tipo de interés: i = euríbor + 0,35. Si el euríbor, en ese momento, se sitúa en torno al 3 %, el tipo de interés aplicable será: $i = 3 + 0{,}35 = 3{,}35$ %
Capital final (C_f)	Es la suma del capital inicial y los intereses generados durante toda la vida del préstamo: $C_f = C_i$ + intereses
Plazo (n)	Es el periodo de vida del préstamo, al final del cual se habrá devuelto el capital final.
Otros costes	Comisión de apertura, de cancelación anticipada, por impago, gastos de gestión, etc.

La amortización del préstamo y el pago de los intereses se puede efectuar por:

- **Sistema francés o sistema de anualidades constantes**: al final de cada periodo (año, mes, semestre) se entrega siempre la misma cantidad, de la cual, parte corresponde a la devolución del principal (préstamo) y parte a los intereses.
- **Sistema americano**: al final de cada periodo solo se abonan los intereses y al vencimiento de la operación se produce la devolución del principal.
- **Sistema de amortización constante**: durante toda la vigencia del préstamo se paga la misma cuota.

El sistema de uso más extendido en España es el método francés o de anualidades constantes.

Vocabulario

Prestatario

Persona o entidad que recibe un préstamo.

Prestamista

Persona o entidad que concede un préstamo.

Vocabulario

Euríbor

Es el interés al que las entidades financieras se prestan dinero entre ellas, en el mercado interbancario del euro.

Su valor lo calcula el Instituto Europeo de Mercados Monetarios, tras un análisis de operaciones reales entre bancos, empresas, aseguradoras, fondos de pensiones y de inversión y algunas entidades oficiales (en España, el ICO y el Frob).

El término *euríbor* se formó como acrónimo de *European Interbank Offered Rate*, es decir, tipo europeo de oferta interbancaria.

Ejemplo

A una empresa le han concedido un préstamo de 90 000 € a un tipo de interés anual del 4 % y a devolver en un plazo de 5 años. El pago se realizará mediante un sistema de amortización francesa, con cuota constante.

Las cuotas anuales del sistema francés se calculan mediante la siguiente fórmula:

$$\text{Cantidad anual} = \frac{C_i \times i\,(1+i)^n}{(1+i)^n - 1} = 90\,000\text{ €} \times 0,04\,\frac{(1+0,04)^5}{(1+0,04)^5 - 1} = 20\,216,44\text{ €}$$

De esta cuota, una parte se destina a la amortización del capital y otra parte al pago de los intereses. Cada año varía la parte que se destina a uno u otro concepto. Veámoslo a través del ejemplo:

- En el **año 1** se pagará, como todos los años, una cuota de 20 216,44 €. De esta cuota, ¿qué parte se destina al pago de intereses? Si el capital pendiente es la totalidad del préstamo, 90 000 €, el interés del primer año será: $I = 90\,000 \times 0{,}04 = 3\,600$ €.

  Por tanto, el resto de la cuota anual calculada se destina a la amortización de capital: 20 216,44 – 3 600 = 16 616,44 €.

continúa >

> continuación

- En el **año 2** se pagará la misma cuota, pero ¿qué parte de ella se destina al pago de intereses y qué parte a la amortización de capital? Para saberlo, primero hay que averiguar el capital pendiente de amortizar al inicio del segundo año:

  90 000 (capital inicial) – 16 616,44 (capital amortizado el año anterior) = 73 383,56 €

  El interés que le corresponde pagar el segundo año es:

  I = 73 383,56 x 0,04 = 2 935,34 €

  Por tanto, el resto de la cuota anual se destina a la amortización de capital:

  20 216,44 – 2 935,34 = 17 281,10 €

Y así se calcularán los años sucesivos. En la siguiente tabla, se muestra el proceso de pago y amortización del préstamo durante los 5 años de su vigencia. Puedes observar que durante los primeros años, la mayor parte de la cuota se destina al pago de intereses, pero después la proporción se va invirtiendo, de modo que durante los últimos años, la mayor parte de la cuota se destina a la amortización del capital. Esto supone que durante la vida de un préstamo, los primeros años se dedican principalmente a pagar los intereses, y los últimos años a la devolución del capital solicitado.

Año	Capital pendiente de amortizar al principio del periodo	Capital que se amortiza ese año	Cuota anual (constante)	Interés
1	90 000,00 €	16 616,44 €	20 216,44 €	3 600,00 €
2	73 383,56 €	17 281,10 €	20 216,44 €	2 935,34 €
3	56 102,46 €	17 972,34 €	20 216,44 €	2 244,10 €
4	38 130,12 €	18 691,23 €	20 216,44 €	1 525,21 €
5	19 438,89 €	19 438,89 €	20 216,44 €	777,56 €
Total		**90 000,00 €**		**11 082,21 €**

En la actualidad, lo habitual es que el tipo de interés no sea fijo, sino que esté referenciado al euríbor. Como el euríbor se revisa periódicamente, el tipo de interés de los préstamos también se revisa, normalmente, una vez al año (siempre en la misma fecha). Después de cada revisión anual, se vuelve a calcular la cuota que corresponde pagar ese año según el nuevo tipo de interés.

Actividades

6. Un compañero del ciclo formativo que estás estudiando te pide que le avales un préstamo.

¿Qué responsabilidad adquieres?

7. En enero de 2014, un banco concede un préstamo a una empresa por valor de 30 000 €, que deberá devolver en un plazo de 3 años. El tipo de interés aplicado es el euríbor del mes de enero de 2014 + 0,45.

Copia y completa la siguiente tabla de amortización:

Año	Capital pendiente de amortizar al principio del periodo	Capital que se amortiza ese año	Cuota anual	Tipo de interés (euríbor + 0,45)	Intereses a pagar
2014	▪▪▪▪▪▪▪▪▪▪▪▪	▪▪▪▪▪▪▪▪▪▪▪▪	▪▪▪▪▪▪▪▪▪▪▪▪	0,562 + 0,45 = ...	▪▪▪▪▪▪▪▪▪▪▪▪
2015	▪▪▪▪▪▪▪▪▪▪▪▪	▪▪▪▪▪▪▪▪▪▪▪▪	▪▪▪▪▪▪▪▪▪▪▪▪	0,562 + 0,45 = ...	▪▪▪▪▪▪▪▪▪▪▪▪
2016	▪▪▪▪▪▪▪▪▪▪▪▪	▪▪▪▪▪▪▪▪▪▪▪▪	▪▪▪▪▪▪▪▪▪▪▪▪	0,562 + 0,45 = ...	▪▪▪▪▪▪▪▪▪▪▪▪
Total	▪▪▪▪▪▪▪▪▪▪▪▪	▪▪▪▪▪▪▪▪▪▪▪▪	▪▪▪▪▪▪▪▪▪▪▪▪	▪▪▪▪▪▪▪▪▪▪▪▪	▪▪▪▪▪▪▪▪▪▪▪▪

4.2. Contratos y servicios financieros

Estos contratos ayudan a las empresas a cubrir sus necesidades financieras de distintos modos:

- ***Leasing:*** es un contrato de arrendamiento financiero por el que una empresa alquila a otra un bien mueble o inmueble, con la opción de comprarlo al finalizar el periodo pactado; la empresa arrendataria podrá adquirirlo mediante el pago de un valor residual establecido en el contrato. La firma de un *leasing* permite disfrutar de un bien de forma más barata que comprándolo.
- ***Renting:*** consiste en alquilar un equipo, por un periodo de tiempo determinado, a cambio de una renta periódica. El pago de la renta incluye el derecho al uso del bien, el mantenimiento del mismo y un seguro que cubre posibles siniestros. Al vencimiento de la operación, no suele ofrecerse la opción de compra, sino la renovación del contrato o firmar otro contrato de *renting* sobre un bien más moderno.

Ejemplo

En la actualidad, la mayoría de las empresas adquieren los automóviles que ponen a disposición de sus empleados mediante un contrato de *renting*, en lugar de comprarlos. La razón es que los coches se deprecian rápidamente y en pocos años quedan obsoletos, tanto en diseño como en prestaciones.

- ***Factoring:*** es un contrato por el cual una empresa cede o vende las deudas que sus clientes han contraído con ella a una entidad financiera, denominada *sociedad factor*. Esta sociedad factor adelanta a la empresa el valor de dicha deuda, a cambio del pago de unos intereses y comisiones. De este modo, la empresa obtiene liquidez inmediata sin necesidad de esperar al vencimiento de los préstamos que ha concedido a sus clientes. A partir de ese momento, la sociedad factor se encarga de gestionar y cobrar dichos préstamos y, en ocasiones, asume el riesgo de impago (modalidad ***factoring* sin recurso**).

Ejemplo

La empresa Bromo, SL, ha concedido un total de 20 000 € en préstamos a sus clientes habituales, con vencimientos entre 2 y 5 años. Como necesita dinero líquido de forma inmediata, firma un contrato de *factoring* con las siguientes condiciones:

- La sociedad factor adelanta a la empresa 20 000 €, a cambio de que Bromo, SL, le pague una tarifa de *factoring* y unos intereses (el coste del servicio rondará los 3 000 €).
- A cambio, la sociedad factor se encargará de todo lo referente a la gestión y cobro de los préstamos cedidos, asumiendo el riesgo de insolvencia de los clientes.

- Podríamos decir que el ***confirming*** es la operación inversa del *factoring*. Las entidades financieras ofrecen a las empresas gestionar los pagos que estas tienen que hacer a sus proveedores, ofreciéndose a pagar dichas facturas antes de la fecha de vencimiento.

  El *confirming* es un servicio de gestión de pagos y no un servicio de gestión de deudas. Su nombre originario (en inglés) es *reverse factoring*.

Saber más

Lease-back

Es una fórmula de *leasing* en la cual el arrendador adquiere el bien objeto de la operación, propiedad del cliente, y se lo arrienda a este. Mediante esta modalidad, el cliente o proveedor del bien se convierte en arrendatario del mismo. Es decir, permite obtener liquidez a través de los propios bienes productivos o inmuebles de la empresa, disminuyendo su inmovilizado.

Saber más

El coste del factoring

Depende de los servicios contratados. Tiene dos componentes:

- Financiero: el tipo de interés del mercado.
- La tarifa de *factoring* o porcentaje sobre las facturas cedidas, que varía según el número e importe de las facturas, el sector en el que se opera, el riesgo de impago, etc.

Saber más

El forfaiting

Es una operación muy similar al *factoring*; en este caso se ceden o venden documentos correspondientes al pago de productos exportados, por lo que suelen estar en divisas (moneda extranjera).

Anécdotas empresariales

Los bancos y los animales

El logo de Caja España (EspañaDuero) es el toro español; ING Direct ha optado por un león sentado; y Barclays por un águila.

Saber más

El descuento de efectos

La empresa puede formalizar letras de cambio (u otros efectos mercantiles) en sus operaciones con clientes o deudores, lo que supone que no cobrará su importe hasta la fecha de su vencimiento. Para poder recuperar antes el dinero, puede acudir al banco para descontar la letra.

El descuento de efectos es una operación mercantil mediante la cual se cede a un tercero (normalmente, una entidad financiera) la letra de cambio (u otros efectos mercantiles), para que le adelante el importe de la misma. Hay que tener en cuenta que no se obtendrá la cuantía total que figura en la letra, ya que el banco cobra una comisión y un descuento.

Ejemplo

Sonia y Carlota no han obtenido ningún crédito por parte de sus proveedores y deben pagarles al contado. Por ello, deciden contratar un servicio de *confirming* con su banco habitual. Han acordado que el banco pagará al proveedor al contado y ellas pagarán al banco –a través de una línea de crédito que este les otorga– al finalizar cada trimestre.

4.3. El crédito de los proveedores

Los proveedores suelen conceder a las empresas aplazamientos de pago de 30, 60, 90 o 120 días, lo que supone, de hecho, una financiación gratuita, puesto que durante ese plazo la empresa dispone de un dinero que puede invertir para obtener una rentabilidad adicional. Esto se denomina ***crédito de los proveedores***.

Ejemplo

Los grandes supermercados compran a sus proveedores un volumen inmenso de los productos que venden (muy superior al del pequeño comercio), por lo que pueden negociar importantes descuentos y mayores aplazamientos en el pago.

Estos supermercados pueden permitirse aplicar grandes descuentos a sus productos y reducir así su margen de beneficios (o incluso perder dinero, en ocasiones) porque...

- lo compensan invirtiendo el dinero que aún no han pagado a los proveedores (lo que les permite obtener una rentabilidad adicional), o
- porque consiguen vender la mercancía antes de haber abonado su importe a los proveedores, de modo que pagan su precio con los ingresos obtenidos de la venta.

El aplazamiento del pago permite a la empresa seguir comprando a los proveedores, incluso cuando no tiene liquidez.

Si bien no hay que olvidar que los proveedores realizan descuentos por pagar al contado, por lo que hay que valorar si compensa diferir el pago.

4.4. Emisión de deuda

La emisión de deuda es un instrumento de financiación de escasa utilización por parte de las pymes y empresas de nueva creación. Se utiliza fundamentalmente en el sector público (bonos y obligaciones del Estado).

Consiste en la emisión de unos títulos o empréstitos que la entidad vende al público a un precio determinado, con el compromiso de devolver ese dinero junto con los intereses correspondientes en un **plazo determinado**. En realidad, son préstamos divididos o fraccionados en múltiples títulos de crédito y repartidos entre multitud de acreedores.

Pueden adoptar dos formas:

- **Bonos u obligaciones**: son valores mobiliarios de renta fija que suponen una obligación por parte del prestatario de pagar regularmente la renta fijada y reembolsar el capital al vencimiento.
- **Pagarés de empresa**: son títulos financieros que suponen una promesa de pago por parte de la empresa prestataria.

4.5. Ayudas y subvenciones

Las ayudas y subvenciones forman parte de las políticas de apoyo al tejido empresarial y de fomento de las iniciativas innovadoras. La mayor parte de los fondos provienen de las Administraciones públicas (de la Unión Europea, de la Administración central, de las comunidades autónomas o de entidades locales, como ayuntamientos o diputaciones provinciales). Los requisitos y el plazo para solicitarlas se publican en el boletín oficial correspondiente (del Estado, de la comunidad autónoma, etc.) y es preciso leer detenidamente cada convocatoria para informarse bien acerca de las condiciones.

Podemos distinguir entre:

- **Ayudas:** se conceden créditos a las empresas a un tipo de interés más barato (son los llamados *créditos blandos*).
- **Subvenciones:** no hay necesidad de devolver el importe prestado, por lo que en realidad son fuentes propias, no ajenas.

Algunas entidades financieras o sus fundaciones también conceden ayudas y subvenciones a las empresas.

Hay que documentarse e informarse bien para encontrar las ayudas y subvenciones que mejor encajan en nuestro proyecto de empresa; si se encuentran varias, se debe analizar si son compatibles o seleccionar la más beneficiosa. Una vez localizadas las subvenciones que nos interesan, hay que cumplir estrictamente todos los trámites formales que exigen y tener en cuenta que tardan tiempo en hacerse efectivas. Posteriormente, la entidad que la ha concedido suele realizar un seguimiento de la empresa y del uso de la ayuda durante unos años.

4.6. *Crowdfunding*

Crowdfunding es la denominación utilizada para referirse a la financiación colectiva, normalmente *on-line*. Permite conseguir los recursos económicos necesarios para sacar un proyecto adelante y, además, involucrar a los consumidores desde el origen hasta el resultado final del producto o la causa que se defienda.

En el *crowdfunding* existen tres sujetos o partes diferenciadas:

- El que busca la financiación para su proyecto (emprendedores y creativos).
- Las personas que aportan fondos (los financiadores).
- La plataforma tecnológica que facilita el contacto entre unos y otros, que lleva a cabo las tareas de selección de los proyectos, en la mayoría de los casos y, también, de asesoramiento, licencia de *software* y otras por las que, en algunos supuestos, puede cargar comisiones.

Las plataformas de *crowdfunding* establecen un objetivo de financiación. Si se cumple, el emprendedor puede retirar el dinero obtenido, dejando un porcentaje en concepto de comisión de remuneración de la plataforma. En caso de no cumplirse el objetivo, el dinero se devuelve a los partícipes y el emprendedor no percibe nada. En otras plataformas, todas las contribuciones, salvo la comisión correspondiente, se entregan al emprendedor aunque no se haya logrado el objetivo.

Saber más

Ayudas y subvenciones

Se concretan en:

- Ayuda directa a la contratación de trabajadores.
- Bonificación de las cuotas empresariales a la Seguridad Social.
- Incentivos fiscales.
- Ayudas financieras.
- Asesoría empresarial.
- Ayudas a la inversión.
- Ayudas para incorporar nuevas tecnologías.
- Ayudas para formación.
- Ayudas a la innovación, a la investigación y al desarrollo, etc.

Saber más

El crowdfunding

El *crowdfunding* puede ser no lucrativo (se dirige habitualmente a proyectos sociales, de investigación, a financiar la creación y/o explotación de obras musicales, audiovisuales o literarias) o lucrativo (dirigido a proyectos empresariales).

Encontrarás más información en el apartado de Actualidad empresarial de esta unidad.

Actividades

8. ¿Qué ventajas e inconvenientes presentan el *factoring*, el *confirming* y el descuento de efectos?
9. ¿En qué se diferencian un bono y una acción? ¿Qué representan cada uno?
10. Una empresa recibe un préstamo de 170 000 €, a devolver en un plazo de 5 años. El pago se realiza mediante un sistema de amortización francesa de cuota constante. Se aplica un tipo de interés del 5 %. Elabora la correspondiente tabla de amortización.
11. El Banco de España dispone de un «Portal del cliente bancario» en su página web, <www.bde.es>. Entra y descubre los simuladores sobre préstamos y depósitos bancarios.

ACTIVIDADES FINALES

1. Busca información sobre las condiciones financieras que ofrecen en la actualidad las entidades financieras a las empresas de nueva creación. Puedes conseguir esta información a través de la página web de cualquier caja o entidad bancaria, en la sección destinada a empresas o acudiendo a una oficina física. Organiza la información en una tabla como la que te proponemos a continuación, indicando, en la primera fila, la fuente financiera más interesante y, en la última, la menos atractiva:

Entidad financiera	Plazo de amortización (tiempo de vida del préstamo)	Tipo de interés
....	....	....
....	....	....
....	....	....

Recuerda que una baza para conseguir la concesión de un crédito es contar con un buen plan de empresa y ser capaz de ilusionar con tu proyecto.

2. Una empresa ha recibido un préstamo de una entidad bancaria por valor de 80 000 €. El plazo de devolución es de 4 años y se utilizará un sistema de amortización francesa de cuota constante. El tipo de interés aplicable será el equivalente al euríbor (marzo 2014) + 0,5. Puedes encontrar el euríbor de esa fecha en la web <www.euriborboe.com>. Copia y completa la siguiente tabla de amortización:

Año	Capital pendiente de amortizar al principio del periodo	Capital que se amortiza ese año	Cuota anual	Tipo de interés (euríbor + 0,5)	Intereses a pagar
Marzo 2014	....	....	....	0,577 + 0,50 = ...	....
Marzo 2015	....	....	....	0,577 + 0,50 = ...	....
Marzo 2016	....	....	....	0,577 + 0,50 = ...	....
Marzo 2017	....	....	....	0,577 + 0,50 = ...	....
Total	....	....	....	....	....

3. Una empresa ha comprado maquinaria por un valor de mercado de 200 000 €. Se estima su vida útil en 20 años y su valor residual será de 20 000 €. Calcula:
   - La amortización por el método lineal o de las cuotas constantes.
   - La amortización por el método de los números dígitos decrecientes.

4. El capital social de una empresa asciende a 150 000 €. Los cinco socios que componen la empresa poseen el mismo número de acciones, cuyo valor nominal es de 30 € por acción. ¿En cuántas acciones se divide el capital social? ¿Cuántas acciones posee cada socio? Razona la respuesta.

5. Copia los elementos de ambas columnas en tu cuaderno y relaciónalos.

Leasing	Adelantar el importe de la letra de cambio
Renting	Venta de la deuda de los clientes
Factoring	Adquirir una máquina que necesita revisiones continuas por su uso intensivo
Confirming	Adquisición de una máquina que luego se piensa adquirir por su valor residual
Descuento de efectos	Lograr pagar al contado a los proveedores

Entra en internet

6. Realiza un análisis de las posibles fuentes de financiación para tu empresa, indicando cuáles consideras más convenientes y factibles. Pueden servirte de ayuda las siguientes páginas web:

Ayudas y subvenciones

- Ventanilla única empresarial: <https://bit.ly/ventanilla-única-empresarial>. Puedes consultar las ayudas de los diferentes ministerios y un mapa de ayudas regionales.
- Instituto de Crédito Oficial: <www.ico.es>.
- Instituto de la Mujer: <www.inmujer.gob.es>.
- Boletín Oficial del Estado: <www.boe.es>. Se publican las ayudas y subvenciones.
- <www.expansion.com>. En el buscador, escribir *subvenciones*.
- <www.madrid.org>. Buscar *subvenciones*.
- <www.oficinaempleo.com>. Busca en el sector profesional de tu empresa.
- <www.ajemadrid.es>. Asociación de Jóvenes Empresarios de la Comunidad de Madrid.
- <www.emprendedorxxi.es>.
- <www.emprendedores.es>.

Sociedades de capital riesgo

- Asociación Española de Sociedades de Capital Riesgo: este enlace permite localizar SCR, entra en alguna de ellas y verás sus condiciones <www.ascri.org>.
- Compañía Española de Financiación del Desarrollo: <www.cofides.es>.

Business angels

- <www.esban.com>.
- <www.angelesinversionistas.es>.

Sociedades de garantía recíproca

- Confederación Española de Sociedades de Garantía Recíproca: <www.cesgar.es>.
- Aval Madrid: <www.avalmadrid.es>.

Leasing* y *renting

- <https://ael.es> (Asociación española de *leasing* y *renting*).
- Páginas web de entidades financieras: CaixaRenting, por ejemplo.

Factoring

<www.factoringasociacion.com>.

Confirming

<www.santanderfactoring.com>.

Préstamo participativo

<www.enisa.es>.

***Crowdfunding* participativo**

- Kickstarter: <www.kickstarter.com>.
- Asociación Española de *Crowdfunding*: <www.spaincrowdfunding.org>.

Es conveniente que recojas la información que te interesa de forma organizada y sistemática, de modo que puedas descubrir las fuentes que mejor se adaptan a tu empresa y comparar unas entidades con otras. Para el estudio sistemático de las ayudas y subvenciones, te proponemos la siguiente tabla, que debes copiar y completar en tu cuaderno:

	Entidad convocante: (nombre)	Entidad convocante: (nombre)	Entidad convocante: (nombre)
Actividad subvencionada			
Beneficiarios			
Cuantía			
Tipo de interés (si lo hay)			
Plazo de solicitud			
Requisitos			

Plan de inversiones y amortización

1. En el plan de inversiones se incluyen todos los recursos que necesita tu empresa. Puedes utilizar la siguiente guía como ayuda (recuerda que debes trabajar en tu cuaderno):

Plan de inversiones	Cuantía		
Activo no corriente	**Año de inicio**	**Año 1**	**Año 2**
INMOVILIZADO INTANGIBLE ■ Patentes, licencias, marcas y similares ■ Aplicaciones informáticas ■ Desarrollo de una página web y su mantenimiento ■ Otro inmovilizado intangible INMOVILIZADO MATERIAL ■ Construcciones: propiedad o alquiler (y fianza) de edificios, pisos, locales, naves y las obras necesarias para su acondicionamiento ■ Maquinaria ■ Útiles y herramientas ■ Mobiliario y equipamiento ■ Equipos informáticos y otros (ordenador, fax, fotocopiadora, etc.) ■ Elementos de transporte (furgonetas, camiones, motocicletas, etc.) ■ Otros INVERSIONES INMOBILIARIAS INVERSIONES FINANCIERAS A LARGO PLAZO	CUADERNO		
Total inversiones			
Activo corriente	**Año de inicio**	**Año 1**	**Año 2**
EXISTENCIAS ■ Stock inicial: materias primas y otros aprovisionamientos ■ En años sucesivos: productos en curso, productos terminados ■ Anticipos a proveedores INVERSIONES FINANCIERAS A CORTO PLAZO EFECTIVO ■ Dinero en bancos o caja	CUADERNO		
Total inversiones			

Además, debes tener en cuenta que tendrás otros gastos, como los sueldos y las cotizaciones a la Seguridad Social de los trabajadores, los seguros (de responsabilidad, específicos o relacionados con la actividad, del local, etc.), la inversión en marketing y publicidad, los gastos de mantenimiento y gestión (electricidad, gas, agua, telecomunicaciones, gasolina, vehículo, etc.), las certificaciones (gastos relacionados con la implantación de determinadas normas y certificaciones), etc. Estos gastos se incluirán en la cuenta de pérdidas y ganancias que elaborarás en la unidad 10.

2. A continuación, elige un método de amortización y confecciona el cuadro de amortización previsto para los elementos más importantes del inmovilizado.

Plan de financiación

En el plan de financiación incluirás las **posibles fuentes de financiación** de tu empresa, indicando cuáles serán más convenientes y factibles.

Una vez que has elaborado el plan de inversiones, en el que indicas cuánto capital necesitas para iniciar tu negocio, es el momento de analizar cómo obtener ese dinero.

Para ello, reflexiona sobre las siguientes cuestiones y completa en tu cuaderno una tabla similar a la que se muestra en esta página:

1. **El capital social**
   - ¿Qué capital social tendrá tu empresa? (Recuerda que, en ocasiones, depende de la forma jurídica elegida). ¿Cuánto aportará cada socio?
   - Divide el capital social de tu empresa en acciones o participaciones, según corresponda, y distribúyelas entre los socios.
2. **Ayudas y subvenciones**
   - Incluye la tabla que elaboraste en la actividad de la sección Entra en internet.
3. **Préstamos y créditos provenientes de entidades financieras**

Fuentes de financiación	Año 0	Año 1	Año 2
RECURSOS PROPIOS ■ Capital social (aportaciones de los socios) ■ Otras aportaciones (*business angels*, SCR, etc.) ■ Beneficios no distribuidos (reservas) ■ Ayudas y donaciones			
RECURSOS AJENOS DEUDAS A LARGO PLAZO ■ Préstamos y créditos de entidades financieras a l/p ■ Proveedores inmovilizado ■ Acreedores *leasing* o *renting* a l/p ■ Otras deudas a largo plazo		CUADERNO	
DEUDAS A CORTO PLAZO ■ Préstamos y créditos de entidades financieras a c/p ■ Proveedores ■ Acreedores *leasing* o *renting* a c/p ■ Administraciones públicas (subvenciones, impuestos...) ■ Otras deudas a corto plazo			
Total financiación			

Recuerda que puedes consultar la **unidad 14** a lo largo de todo el curso como referente constante para la elaboración de tu **proyecto de empresa.**

ACTUALIDAD EMPRESARIAL

Crowdfunding: la consolidación de la financiación colectiva

El *crowdfunding* nació como una alternativa para pequeños proyectos culturales que necesitaban financiación. Gracias al éxito de muchas de estas iniciativas, y a la crisis actual, es ya la primera opción para muchos emprendedores.

Cuando los creadores del reloj inteligente Pebble hicieron cuentas sobre la cantidad de dinero que necesitaban para poner en marcha su proyecto, calcularon que con 100 000 dólares tendrían suficiente capital para iniciar su aventura. **Contaron con 10 millones.** Elevation Dock, un aparato cuya finalidad es elevar un iPhone, precisaba de 75 000 dólares para ser una realidad, pero pudo contar con 1,5 millones. ¿Cómo lo hicieron? ¿Acaso se produjo en el momento más boyante del sector financiero cuando los créditos se repartían casi sin control alguno? No, lo lograron gracias al *crowdfunding*.

El *crowdfunding* se ha convertido en una de las principales vías que los emprendedores tienen a su alcance en la actualidad para conseguir el dinero que necesitan y poner en marcha sus proyectos. Este sistema de microfinanciación, de cooperación colectiva, **busca que un grupo de personas aporten capital u otros recursos** para financiar las iniciativas de una persona u organización.

La mayoría de las fuentes sitúan el inicio del *crowdfunding* en el año 1997, con la idea que tuvo el grupo de rock Marillion de financiar su gira por EE. UU. mediante las donaciones que recibieron vía internet (obtuvieron 60 000 dólares y pudieron tocar en diferentes ciudades). Pero hubo una **experiencia anterior en España y la protagonizó otra banda: Extremoduro.** En el año 1989, esta formación decidió vender vales de 1000 pesetas con el fin de recaudar fondos con los que costear la grabación de su siguiente disco, que se titularía *Rock transgresivo*. Los amigos, conocidos y fans que adquirieron alguno de estos vales (finalmente 250 personas) se aseguraban una copia del LP una vez fuese publicado.

Cómo funciona y qué modalidades hay

Una de las claves del éxito del *crowdfunding* es el sencillo funcionamiento que tiene, alejado de las innumerables trabas en forma de papeleo que se encuentra cualquier emprendedor que busca financiación pública o privada. Aquellos que optan por este tipo de iniciativa solo tendrán que presentar su idea en una de las diferentes plataformas web de *crowdfunding* que existen, quienes evalúan el proyecto y toman la decisión de si lo lanzan o no.

Para Xavier Olivella, Presidente de la Asociación Española de *Crowdfunding*, la clave del éxito está en **«tener una buena historia que contar y saber a quién se lo quieres contar»**. «Parece fácil dicho así, pero no lo es porque solo un 65 % de los proyectos culturales y sociales salen adelante», asegura. Hay que tener muy presente que el *crowdfunding* es una herramienta muy útil para financiar proyectos de presupuestos pequeños y medianos, pero no tanto para los que requieran grandes inversiones o se prolonguen en el tiempo.

En las manos de los promotores está estipular la cantidad mínima de capital que necesitan para poner en marcha su idea y el plazo en el que se quiere conseguir. En ese momento entran en juego las personas que quieran aportar donaciones al proyecto, las cuales decidirán qué cantidad aportan.

En todo este proceso juega un papel fundamental internet, ya que en la red se han establecido las diferentes plataformas que centralizan los proyectos que cualquier usuario puede apoyar. Es el caso de Kickstarter, la más grande y popular en el ámbito internacional, o Verkami, una de las más potentes en España (incluso ha recibido un premio de Naciones Unidas) y que ha logrado unos resultados realmente buenos: el 73 % de los proyectos que se presentan logran la financiación necesaria. Estas plataformas se suelen quedar de media con una cantidad que **oscila entre el 5 % y el 8 % del capital recaudado** por costes de mantenimiento y gestión. [...]

Fuente: *Silicon News*

Trabajo a realizar

1. Busca en internet plataformas de *crowdfunding* y averigua cómo funciona cada una.

EN RESUMEN

PLAN DE INVERSIONES

Método de selección de inversiones

- Estáticos: *pay-back*
- Dinámicos: VAN y TIR

La amortización de las inversiones

- Lineal
- Números dígitos decrecientes

FUENTES DE FINANCIACIÓN

Por su permanencia en la empresa

- A corto plazo
- A largo plazo

Por su titularidad

Recursos propios

- Aportaciones de socios e inversores
- Autofinanciación:
  - De enriquecimiento
  - De mantenimiento

Recursos ajenos

- Préstamos y créditos
- Contratos y servicios financieros (*leasing, renting, factoring, confirming, forfaiting*)
- El crédito de los proveedores
- El descuento de efectos
- La emisión de deuda
- Ayudas y subvenciones
- *Crowdfunding*

Por su procedencia

- Externas
- Internas

Evalúa tus conocimientos

RESUELVE EN TU CUADERNO O BLOC DE NOTAS

1. ¿Cuál de los siguientes métodos no es de amortización de activos?

a) Amortización francesa o de anualidades constantes.

b) Amortización por cuotas constantes.

c) Amortización por números dígitos decrecientes.

d) Ninguna respuesta es correcta.

2. Indica qué concepto corresponde a cada uno de los siguientes casos:

a) Alquilar un coche a cambio de una cuota que incluye mantenimiento, reparación y seguro a todo riesgo.

b) Alquilar una máquina productiva, con la posibilidad de comprarla por su valor residual.

c) Un título de renta fija que da derecho a cobrar los intereses generados y a la devolución del capital aportado.

d) Una empresa cede a otra el cobro de sus deudas a cambio de un pago inmediato.

3. Señala la respuesta correcta:

a) El capital inicial es la cantidad que la entidad financiera pone a disposición de la empresa.

b) El tipo de interés es el precio que se paga al banco por el dinero prestado.

c) El interés es lo que se paga por cada unidad monetaria prestada.

d) Todas las respuestas son correctas.

4. Señala la respuesta correcta:

a) Las sociedades de garantía recíproca conceden avales que permiten a las pymes acceder a la financiación bancaria, sin necesidad de afectar al conjunto de sus recursos propios.

b) Las provisiones reflejan posibles desembolsos futuros de dinero de la empresa, respecto a los que aún duda sobre su importe o fecha de vencimiento.

c) Las sociedades de capital riesgo son empresas que se dedican a financiar temporalmente a pymes innovadoras, con probabilidades de éxito, aportando dinero, apoyo en la gestión y sus contactos.

d) Todas las respuestas son correctas.

10 Análisis de viabilidad económico-financiera

Vamos a conocer...

1. La estructura financiera de la empresa
2. Análisis económico-financiero
3. El periodo medio de maduración
4. El plan de tesorería

PROYECTO DE EMPRESA

Análisis económico-financiero

Plan de tesorería

ACTUALIDAD EMPRESARIAL

Once bancos líderes en banca ética y sostenible del mundo lanzan la Alianza Global por una Banca con Valores

Y al finalizar esta unidad...

- Aprenderás cuándo se halla una empresa en situación de equilibrio financiero y cómo debe ser su estructura financiera.
- Interpretarás los aspectos clave de un balance y de una cuenta de pérdidas y ganancias.
- Descubrirás la información que aportan las ratios sobre la situación económico-financiera de una empresa.
- Distinguirás entre el circuito financiero a corto y a largo plazo.
- Valorarás la importancia de elaborar un plan de tesorería.

Práctica profesional inicial

Situación de partida

Rosa Clará trabajó durante años en una empresa del sector novias, hasta que se tomó un descanso para dedicarse a la maternidad. En 1995 regresó al mundo laboral y abrió su primera tienda en Barcelona; se asoció con Enrique Coronado y debutó con gran éxito, en el año 2003, en la pasarela Gaudí. Ella misma cuenta su experiencia:

«La primera dificultad que tuvimos fue la económica y fue enorme. Había hecho un muestrario, lo había llevado a la feria de Novia España y lo había vendido. ¡Fue estupendo! El problema surgió cuando tuvimos que fabricar los encargos y no teníamos dinero. La empresa se creó con 14 millones de pesetas, hicimos la colección y vendimos; después de venderlo todo no teníamos dinero para fabricarlo. Llegábamos a un banco y nos preguntaban: "¿Usted qué tiene detrás, qué solvencia aporta?", "Yo no tengo nada", "Entonces ¿cómo quiere que le demos un préstamo?", "Tengo todos estos pedidos que he vendido". Pero, con las bolas que ha habido en el mundo textil, los pedidos no tenían ningún valor.

»Finalmente, hubo una serie de personas que nos dieron la mano, es decir, algunos bancos nos ayudaron, confiaron; era un riesgo, porque no había nada...

»Podíamos haber muerto de éxito en aquel momento. De septiembre a diciembre teníamos que pagar telas, confección, muchas cosas y no teníamos un duro para hacerlo. Yo siempre digo que a mí lo que me ha parecido más difícil en esta vida es pasar de cero a algo. Cuando ya tienes ese algo, ya puedes arrancar y la inercia te permite seguir funcionando, pero salir de cero es muy duro. Yo iba con mi moto moviendo las piezas de tejido de taller en taller. Esta es una realidad que ha marcado mi vida: el esfuerzo.

»Desde el principio, tuvimos claro que no podíamos trabajar con *stocks;* nuestro producto era caro, comprábamos los mejores tejidos, por lo que tener *stocks* en telas o productos acabados era nuestra muerte. Para evitar esto, se puso en marcha un sistema de compras por muestrario, nosotros no compramos ni un metro de tejido hasta que la tienda no ha pasado el nombre y los apellidos de la novia. Desde el momento en que nos pasan los datos, se pone en marcha toda la maquinaria para comprar el producto y para fabricar el vestido. Aquí, ¿qué se hace? El diseño, los muestrarios, el control de calidad, pero no se cose ni un vestido. Es curioso, si se visita la fábrica, se verá solo a cuatro personas cosiendo. Básicamente, somos una empresa de gestión».

José Luis Dirube: *¡Quiero ser empresario!*

Estudio del caso

Antes de empezar a leer esta unidad de trabajo, puedes contestar a las tres primeras preguntas. Después, analiza cada punto del tema, con el objetivo de contestar al resto de las cuestiones de este caso práctico.

1. Algunas mujeres dejan sus trabajos durante un tiempo para dedicarse a la maternidad, ¿qué opinas?
2. ¿Qué significa *morir de éxito*?
3. Indica a qué masa patrimonial pertenecen los siguientes elementos:
   - Las telas y los tejidos de la empresa.
   - El dinero que aportaron Rosa Clará y su socio.
   - Los préstamos de los bancos que confiaron en ella.
4. En el banco pedían a Rosa Clará que demostrara solvencia. ¿Qué significa este término? ¿Cómo se demuestra contablemente? ¿Es lo mismo ser solvente que encontrarse en situación de equilibrio financiero?
5. Describe el ciclo de explotación de Rosa Clará.

   Piensa que a la empresa le interesa que este ciclo sea lo más corto posible para recuperar cuanto antes el dinero invertido. El sistema de compras por muestrario de Rosa Clará ha reducido al mínimo el tiempo que las materias primas (tejidos) y los productos terminados permanecen inactivos en el almacén. Además, al trabajar sobre pedido, solo confecciona lo que sabe que va a vender.

   ¿Cómo se denomina el tiempo que se tarda, por término medio, en recuperar una unidad monetaria invertida en el proceso productivo? ¿De qué subperiodos se compone? ¿Qué subperiodos ha eliminado Rosa Clará? ¿A qué masa del balance están ligados los pagos a proveedores y los cobros a clientes?
6. Piensa en una empresa real que tenga un ciclo de explotación corto y otra con un ciclo largo.

Puedes ampliar la información sobre Rosa Clará y otros empresarios de éxito en el libro de José Luis Dirube *¡Quiero ser empresario!*, de la editorial Díaz de Santos.

1. La estructura financiera de la empresa

Caso práctico inicial

Un análisis del balance de situación es una primera forma de comprobar la solvencia y la situación financiera de una empresa.

Caso práctico inicial

Las telas y los tejidos forman parte del activo corriente (son materias primas –MMPP–). Las aportaciones de los socios son parte del neto, y los préstamos bancarios, del pasivo.

Ahora que ya sabes cómo obtener dinero para financiar tu proyecto, debes aprender a utilizar las fuentes de financiación de forma que la estructura financiera de tu empresa se mantenga en una situación de equilibrio. Para ello, hay que realizar un análisis del balance de situación. Recuerda que el activo y el pasivo no son más que clasificaciones diferentes de una misma cantidad:

- El activo indica el valor de los bienes y los derechos de la empresa.
- El pasivo y el neto reflejan cómo se han financiado esos bienes y derechos.

Activo total = pasivo + patrimonio neto

En líneas generales, podría decirse que es conveniente que:

- **El pasivo no corriente y el neto** → Financien las inversiones permanentes (es decir, el activo no corriente, como maquinaria, vehículos, mobiliario, etc.) y parte del activo corriente.
- **El pasivo corriente (deudas a corto plazo)** → Solo se destine a financiar una parte del activo corriente (como deudas a corto plazo, existencias y compras a proveedores).

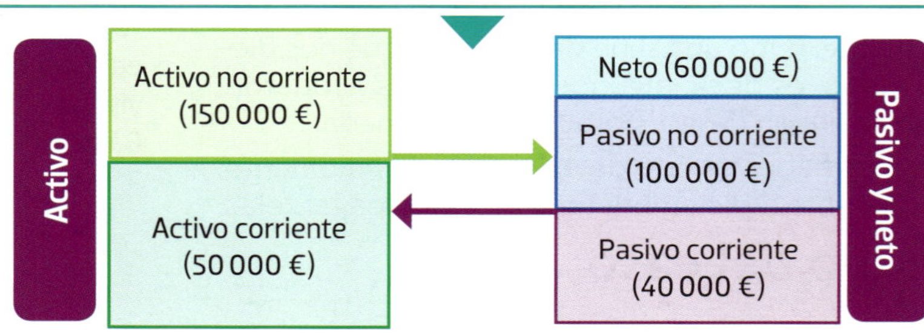

Es conveniente que parte del activo corriente esté también financiado por pasivo no corriente, ya que, en caso contrario, la empresa podría tener dificultades para afrontar sus pagos inmediatos si hubiera un imprevisto.

Por eso, se dice que una empresa está en situación de **equilibrio financiero** cuando su activo corriente es superior a su pasivo corriente. Esta ecuación recibe el nombre de ***fondo de maniobra***.

Fondo de maniobra (FM) = activo corriente (AC) – pasivo corriente (PC)

Saber más

Quiebra ≠ suspensión de pagos

La quiebra implica que la empresa no puede hacer frente a sus deudas a corto y a largo plazo, ni siquiera vendiendo todos los elementos que integran el activo:

Activo < Pasivo

La situación es irreversible.

Si AC > PC **FM > 0**	La empresa se halla en situación de **equilibrio financiero.** No tendrá problemas a la hora de pagar sus deudas a corto plazo, ya que en el mismo periodo de tiempo puede obtener recursos financieros suficientes con cargo al activo corriente (con la venta de su producto, dinero en caja o en cuentas a la vista...).
Si AC < PC **FM < 0**	Si el activo corriente es inferior al pasivo corriente, la empresa debe más dinero a corto plazo del que puede conseguir a partir del activo corriente. Esta situación se conoce con el nombre de ***suspensión de pagos***: la empresa no puede hacer frente a sus deudas a corto plazo en ese momento. Puede ser solo un problema temporal y llegar a recuperarse.
Si AC = PC **FM = 0**	La empresa **no se halla en** situación de **equilibrio financiero,** habrá que estudiar otras variables para saber si se encuentra en suspensión de pagos o podría llegar a estarlo.

Ejemplo

El balance de una empresa es el siguiente:

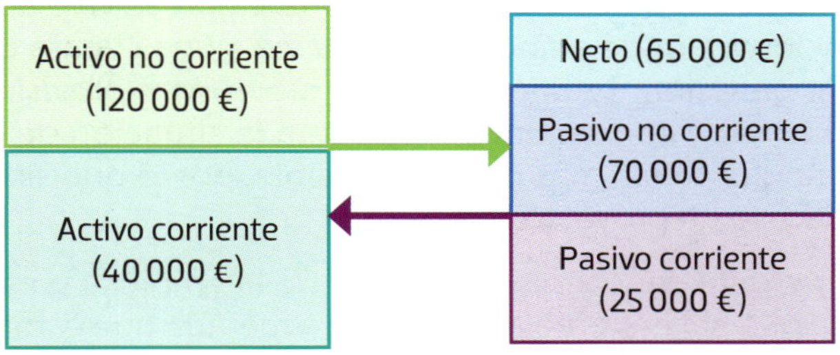

FM = AC – PC = 40 000 – 25 000 = 15 000 €

Con 40 000 € de AC, la empresa puede hacer frente a 25 000 € de deudas a corto plazo.

Este mes, la empresa se encuentra con un imprevisto: uno de sus clientes falla y no puede pagar 10 000 € que le debía; aplazan el pago 90 días. Gracias al fondo de maniobra de 15 000 € con el que contaba la empresa, a pesar de este impago temporal, puede hacer frente a todas las deudas que vencían este mes.

Otra empresa tiene este balance:

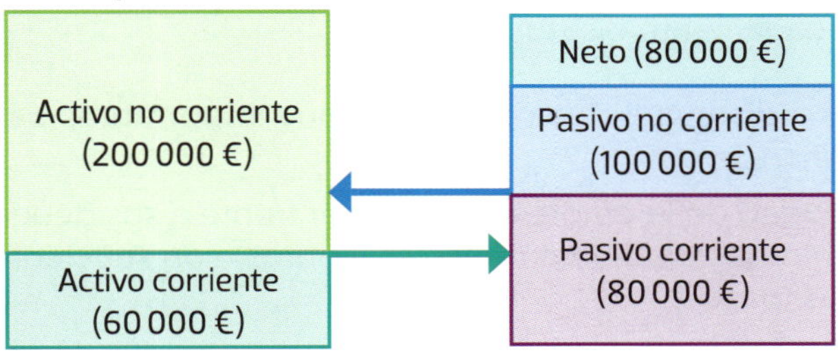

FM = AC – PC = 60 000 – 80 000 = – 20 000 €

Con 60 000 € de AC, la empresa no puede hacer frente a 80 000 € de deudas a corto plazo. Sin embargo, si vendiera algún elemento de su activo no corriente, por ejemplo, algún vehículo del que pudiera prescindir, podría pagar la deuda pendiente.

Una tercera empresa presenta un balance en el que el activo < pasivo:

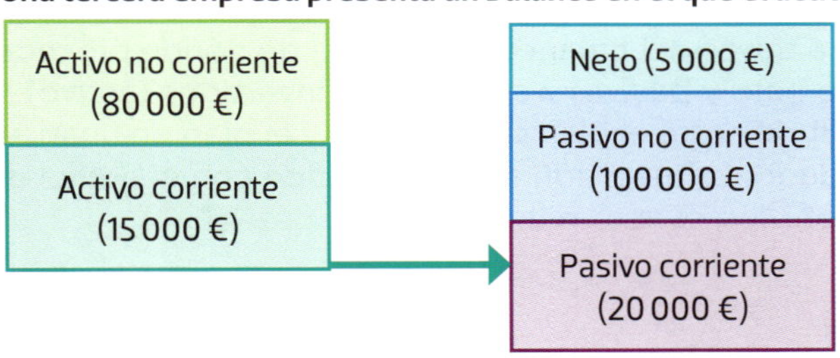

La empresa está en situación de quiebra; ni siquiera vendiendo todo su activo (valorado en 95 000 €) podría hacer frente a sus obligaciones financieras (a corto y largo plazo), cuyo valor asciende a 120 000 €.

Actividades

1. Elabora el balance de la empresa ELECTRONIX, SL, a partir de la siguiente información (utiliza el modelo de la unidad 8 y recuerda que la amortización se incluye en el activo restando):
   - Debe 1100 € a sus proveedores; la deuda vence en los próximos 90 días.
   - La aportación inicial que realizaron sus socios fue de 70 000 €.
   - La deuda de los clientes con la empresa asciende a la suma de 4 000 €; se cobrará en 60 días.
   - Este año la empresa no ha distribuido entre sus accionistas 15 000 € de beneficios.
   - Tiene una furgoneta que destina al traslado de sus productos, valorada en 28 000 €.
   - El local donde realiza su actividad productiva es de su propiedad y está valorado en 120 000 €.
   - La empresa tiene un préstamo con una entidad crediticia de 100 000 € a 10 años.
   - En el almacén tiene mercancías cuyo coste de adquisición fue de 1 800 €.
   - En la cuenta corriente de la empresa hay 1 500 € y en caja guardan 800 €.
   - Tiene una deuda con una entidad financiera por valor de 5 000 € y su plazo de devolución es de 10 meses.
   - Posee maquinaria valorada en 44 000 €.
   - Se estima que la pérdida de valor del inmovilizado material es de 9 000 €.

   ¿Cuál es la situación financiera de esta empresa?

2. Carlos quiere financiar una máquina cuyo coste asciende a 120 000 € con un préstamo bancario a corto plazo. ¿Qué opinión te merece?

2. Análisis económico-financiero

El análisis económico-financiero se puede realizar elaborando y analizando un balance y una cuenta de pérdidas y ganancias. Una empresa que aún no ha empezado a funcionar puede elaborar un balance y una cuenta de pérdidas y ganancias de previsión. Se denominan de *previsión* o *previsional* porque todavía no se sabe con seguridad cuál será la situación de la empresa, pero se espera que sea lo más próxima posible, por lo que sirve para analizar la viabilidad de un proyecto.

El **análisis financiero** permite conocer la capacidad de la empresa para generar liquidez con la que hacer frente a sus pagos, a medida que estos se van produciendo. El objetivo del análisis financiero es comprobar que la empresa dispone de fondos suficientes para su normal desarrollo y analizar si están adecuadamente distribuidos.

Caso práctico inicial

Cómo profundizar en el estudio de solvencia de la empresa.

En primer lugar vamos a distinguir dos conceptos muy importantes para desarrollar el análisis financiero:

- **Liquidez:** es la capacidad de la empresa para hacer frente a sus deudas a corto plazo. Las entradas de dinero previstas (cobros) son suficientes para cubrir las salidas (pagos).
- **Solvencia:** es la capacidad de la empresa para hacer frente a sus deudas a corto y largo plazo, gracias a la garantía de sus inversiones (su activo).

Este análisis se realiza a través del **balance,** que indica de dónde proceden los fondos (patrimonio neto y pasivo) y cómo están invertidos (activo). El balance refleja el equilibrio entre el plan de inversión y el plan de financiación en un momento dado. La inversión se corresponde con el activo del balance y la financiación, con el neto patrimonial y el pasivo.

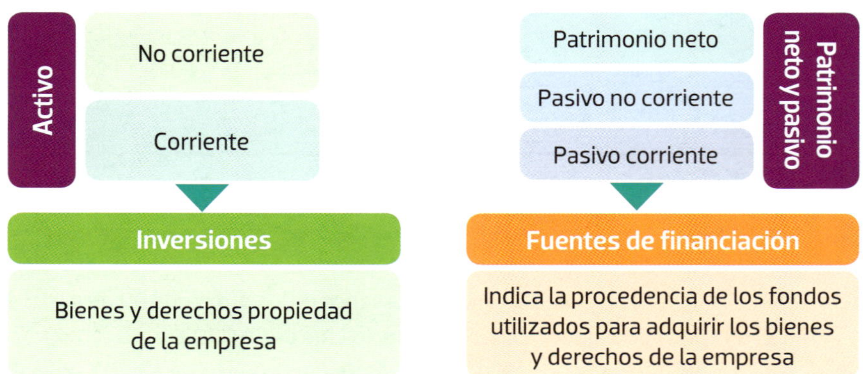

El estudio de cada una de las masas patrimoniales y su proporción o peso frente a las demás permite analizar la situación financiera de la empresa. Por ejemplo, podemos estudiar si hay un equilibrio adecuado entre los recursos ajenos y los recursos propios o si el grado de endeudamiento es el adecuado.

El **análisis económico** tiene como objetivo estudiar la rentabilidad de la empresa y analizar los resultados obtenidos. Permite conocer la capacidad que tiene la empresa para generar beneficios, así como los factores que influyen en su rentabilidad.

El documento básico para realizar el análisis económico es la **cuenta de pérdidas y ganancias,** que muestra el resultado del ejercicio (beneficios o pérdidas) y cómo se ha generado, de modo que no hay que fijarse solo en el resultado final, sino también en cada uno de sus apartados.

Ejemplo

Comparemos las cuentas de pérdidas y ganancias de dos empresas:

Cuenta de pérdidas y ganancias	Empresa A	Empresa B
1. Importe neto de la cifra de negocios	30 000	23 000
2. Variación de existencias de productos terminados y en curso de fabricación	0	0
3. Trabajos realizados por la empresa para su activo	0	0
4. Aprovisionamientos	(-15 000)	(-12 000)
5. Otros ingresos de explotación	800	0
6. Gastos de personal	(-3 000)	(-5 000)
7. Otros gastos de explotación	0	(-200)
8. Amortización del inmovilizado	(-2 000)	(-3 000)
9. Imputación de subvenciones de inmovilizado no financiero y otras	0	0
10. Excesos de provisiones	0	0
11. Deterioro y resultado por enajenaciones del inmovilizado (venta furgoneta)	0	7 500
A) Resultado de explotación o BAII: 1 + 2 + 3 + 4 + 5 + 6 + 7 + 8 + 9 + 10 + 11	**10 800**	**10 300**
12. Ingresos financieros	300	900
13. Gastos financieros	(-100)	(-200)
14. Variación de valor razonable en instrumentos financieros	0	0
15. Diferencias de cambio	0	0
16. Deterioro y resultado por enajenaciones de instrumentos financieros	0	0
B) Resultado financiero: 12 + 13 + 14 + 15 + 16	**200**	**700**
C) Resultado antes de impuestos o BAI: A) + B)	**11 000**	**11 000**
17. Impuestos sobre beneficios (15 %)	1 650	1 650
D) Resultado del ejercicio: C) + 17	**9 350**	**9 350**

Las empresas A y B tienen la misma cifra de beneficios; sin embargo, si analizamos las cuentas de pérdidas y ganancias de ambas, veremos que su situación es muy diferente:

- El resultado de explotación de la **empresa A** se corresponde con unos ingresos por ventas y unos gastos de explotación equilibrados: esta empresa gasta 20 000 € e ingresa 30 000 € por su actividad económica, lo que supone un margen de beneficios de 10 000 €.
- Por el contrario, la **empresa B** ingresa 23 000 € por ventas y sus gastos de explotación son de 20 200 €, por lo que el margen de beneficios por su actividad económica es solo de 2 800 €. Sin embargo, consigue un resultado de explotación cercano al de la empresa A, gracias a unos elevados ingresos excepcionales, que no tienen por qué repetirse en años sucesivos ya que, como su nombre indica, son extraordinarios y se deben a la venta de una furgoneta que ya no utilizaba la empresa.

  La empresa B apoya su resultado positivo no solo en unos ingresos excepcionales (7 500 €), sino también en unos ingresos financieros elevados (900 €). Ambos conceptos suman 8 400 €, un resultado superior al margen de beneficios obtenido por su actividad económica (2 800 €).

Podemos **concluir** que la empresa B no se mantiene por su actividad económica, que apenas está generando ingresos; a la vista de este somero análisis, su proyecto parece poco viable. Por el contrario, el beneficio de la empresa A se apoya en una actividad económica que reporta interesantes beneficios.

La **rentabilidad** es la relación que se establece entre lo que se ha invertido en una determinada operación y el rendimiento económico que proporciona, es decir, es la capacidad que tienen las inversiones de una empresa de generar beneficios.

Para saber si la rentabilidad obtenida es satisfactoria es necesario comparar los resultados obtenidos por la empresa y el capital invertido. Esta relación permite conocer el beneficio que corresponde por cada unidad monetaria invertida.

Si relacionamos la rentabilidad y la estructura financiera de la empresa, llegaremos a la conclusión de que solo interesa seguir endeudándose cuando los beneficios obtenidos por la producción de la empresa son superiores al coste de los recursos ajenos (el interés pagado por los préstamos y créditos).

Continuaremos el estudio económico-financiero de la empresa a través del sistema de **ratios.**

Recuerda

Disponible y realizable

Antes de realizar el análisis de ratios, recuerda los siguientes conceptos contables:

- **Realizable:** se compone de los deudores comerciales de la empresa y las cuentas pendientes de cobro.
- **Disponible:** es el efectivo y otros líquidos equivalentes.

Las **ratios** son fórmulas matemáticas (divisiones) que relacionan, a través de un cociente, dos magnitudes económicas y/o financieras, y muestran si la proporción entre ellas es correcta.

Las ratios ofrecen datos relativos; son meros indicadores que resumen la información sobre la situación de la empresa y permiten comparar periodos y estudiar la evolución de la empresa.

A continuación, proponemos una serie de ratios para realizar el análisis económico-financiero de una empresa. No son los únicos, ni existe unanimidad entre los autores sobre los valores adecuados para cada ratio, porque es difícil definir un índice óptimo aplicable a todas las empresas. Además, el análisis económico-financiero debe realizarse con el conjunto de datos disponibles y nunca valorando de forma aislada cada ratio.

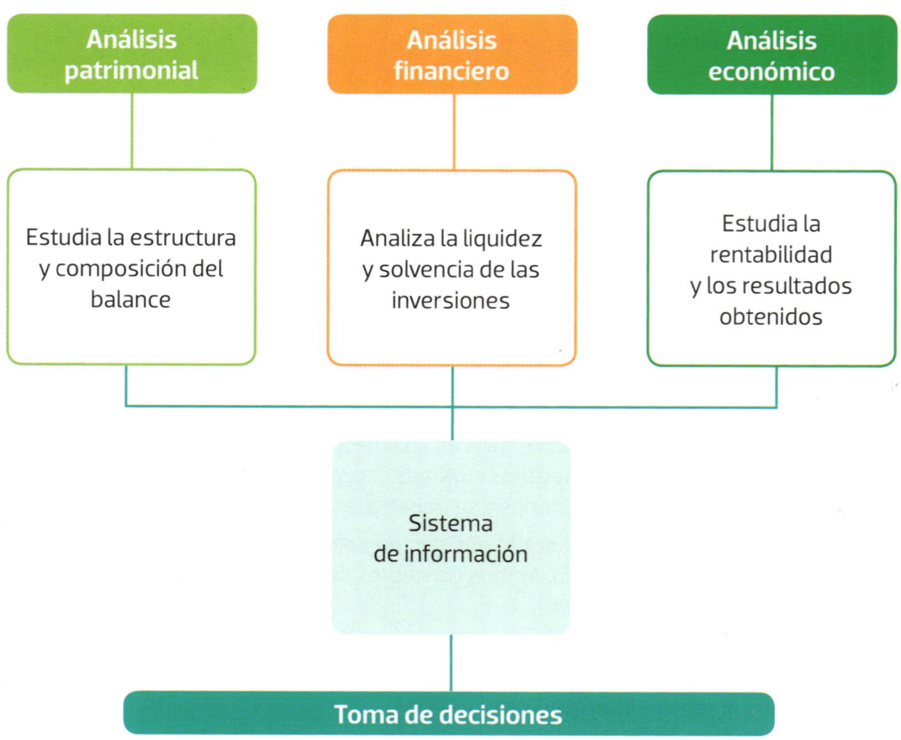

Ratios de análisis económico-financieras		
Ratio	**Fórmula**	**Interpretación y valor adecuado aproximado**
Rentabilidad económica	$\frac{\text{Resultado de explotación (BAII)}}{\text{Activo}} \times 100$	Cuanto más alto sea el porcentaje, mayor será la rentabilidad económica. La rentabilidad económica indica el rendimiento que obtiene la empresa por cada unidad monetaria introducida en el proceso de producción.
Rentabilidad financiera	$\frac{\text{Beneficio antes de impuestos (BAI)}}{\text{Fondos propios}} \times 100$ $\frac{\text{Beneficio después de impuestos}}{\text{Fondos propios}} \times 100$	Cuanto más alto sea el porcentaje, mayor será la rentabilidad financiera. La rentabilidad financiera indica a los socios el beneficio obtenido por cada unidad monetaria que ellos han invertido.
Tesorería	$\frac{\text{Realizables + disponible}}{\text{Pasivo corriente}}$	0,7 < Ratio de liquidez < 1 Analiza la capacidad de la empresa para generar efectivo que le permita pagar las deudas a corto plazo sin hacer uso de las existencias. Si el resultado es inferior a 0,7, la liquidez de la empresa es baja (podría tener problemas para pagar alguna deuda a corto plazo); y si es superior a 1, es excesiva (está desperdiciando recursos monetarios que podrían estar invertidos y generando rentabilidad).
Tesorería inmediata o liquidez inmediata	$\frac{\text{Disponible}}{\text{Pasivo corriente}}$	0,1 < Ratio de tesorería < 0,3 Analiza la capacidad de la empresa para generar liquidez o tesorería con la que hacer frente a sus compromisos de pago inmediatos. Si el resultado es inferior a 0,1, la liquidez de la empresa es baja (podría tener problemas para pagar alguna deuda a corto plazo); y si es superior a 0,3, tiene demasiada liquidez (dinero inactivo). Existe diversidad de criterios en cuanto a los límites de esta ratio; algunos autores estiman que basta con que sea inferior a 0,75.
Garantía o solvencia a largo plazo	$\frac{\text{Activo}}{\text{Pasivo no corriente + pasivo corriente}}$	1,5 < Ratio de garantía > 2,5 Mide la capacidad del activo para hacer frente a todas las deudas de la empresa, es decir, la distancia a la que se encuentra la empresa respecto a la situación de quiebra. Cuanto mayor sea el activo, mayor será la distancia. Si la ratio de garantía es = 1, la empresa está en quiebra. Significa que el activo vale lo mismo que la totalidad de las deudas de la empresa.
Autonomía financiera	$\frac{\text{Fondos propios (o patrimonio neto)}}{\text{Pasivo no corriente + pasivo corriente}}$	Mide la capacidad de la empresa para autofinanciarse y su independencia con respecto a la financiación externa. Se recomienda que el valor de esta ratio se sitúe en torno a 1, para que el equilibrio entre los recursos propios y los ajenos sea el adecuado, si bien la autonomía óptima es particular para cada empresa.
Endeuda-miento	$\frac{\text{Pasivo no corriente + pasivo corriente}}{\text{Pasivo + patrimonio neto}}$	Indica la proporción de la financiación externa frente al total de las fuentes de financiación de la empresa. Si la ratio de endeudamiento es < 0,5, podemos decir que el grado de endeudamiento de la empresa no es peligroso.
	$\frac{\text{Pasivo no corriente + pasivo corriente}}{\text{Patrimonio neto}}$	Mide la relación entre el importe de los fondos propios y los fondos ajenos de la empresa. Cuanto mayor sea el valor de esta ratio, mayor es el riesgo financiero de la empresa y viceversa. La norma general sitúa esta ratio entre 1,5 y 2, si bien la relación entre recursos ajenos y propios dependerá fundamentalmente de los costes financieros de los capitales ajenos. La empresa aumentará la proporción de recursos ajenos cuando el coste financiero sea inferior a la rentabilidad de la empresa.
Calidad de la deuda	$\frac{\text{Pasivo corriente}}{\text{Pasivo no corriente + pasivo corriente}}$	Indica la relación de las deudas a corto plazo con respecto a la deuda total de la empresa. Cuanto más cercano se encuentre a 1, la deuda será «de peor calidad». Al aproximarse a 1, crece el peso de la deuda a corto plazo frente a la deuda a largo plazo.

Ejemplo

Una empresa ha realizado un análisis económico-financiero de su situación y ha obtenido los siguientes resultados. Como verás, ha utilizado una hoja de cálculo para calcular automáticamente las ratios. Prueba a hacer lo mismo:

Archivo Edición Ver Insertar Formato Herramientas Datos Ventana Ayuda

Libro1

Inicio | Formato de imagen | Diseño | Tablas | Gráficos | SmartArt | Fórmulas | Datos | Revisar

	A	B	C
1	Ratios de análisis económico-financieras		
2	Ratio	Fórmula	Interpretación/Valoración
3	**Rentabilidad económica**	$\frac{85\,000}{300\,000} \times 100 = 28,33\,\%$	La empresa obtiene una rentabilidad del 28,33 % por cada unidad monetaria introducida en el proceso de producción.
4	**Rentabilidad financiera**	$\frac{80\,000}{100\,000} \times 100 = 80\,\%$ $\frac{60\,000}{100\,000} \times 100 = 60\,\%$	Según la primera forma de calcular la rentabilidad financiera, los socios han obtenido una rentabilidad del 80 % por cada unidad monetaria que han invertido. El porcentaje de rentabilidad financiera es alto. Si calculamos la rentabilidad financiera una vez deducidos los impuestos, los socios han obtenido una rentabilidad del 60 % por cada unidad monetaria que han invertido en la empresa.
5	**Tesorería**	$\frac{40\,000 + 5\,000}{60\,000} = 0,75$	La liquidez de la empresa se encuentra dentro de los parámetros considerados adecuados (entre 0,7 y 1), aunque se aproxima al límite inferior, por lo que habría que estar pendiente de su evolución y procurar que no disminuyera por debajo de 0,7.
6	**Tesorería inmediata o liquidez inmediata**	$\frac{5\,000}{60\,000} = 0,083$	0,1 < Ratio de tesorería < 0,3 Esta ratio completa la información proporcionada por la anterior, al indicar que la liquidez de la empresa en cuentas a la vista o en caja es una cifra baja. La empresa podría tener problemas para hacer frente a sus pagos inmediatos (deudas a corto plazo).
7	**Garantía o solvencia a largo plazo**	$\frac{300\,000}{200\,000} = 1,5$	1,5 < Ratio de garantía > 2,5 La empresa es solvente, si bien se encuentra en el límite para llegar a considerar que la distancia a la quiebra es óptima.
8	**Autonomía financiera**	$\frac{100\,000}{300\,000} = 0,33$	El valor de esta ratio es muy bajo, se aleja bastante de 1, lo que indica que no hay un equilibrio entre los recursos propios y los ajenos; la empresa depende excesivamente de los recursos ajenos.
9	**Endeudamiento**	$\frac{200\,000}{300\,000} = 0,67$	Supera ligeramente la cifra de 0,5. Esta ratio, junto con la anterior, nos indica el nivel de dependencia de la empresa con respecto a la financiación ajena.
		$\frac{200\,000}{100\,000} = 2$	El resultado se encuentra en el límite superior recomendado por la norma general. La empresa debería profundizar en el análisis de su grado de endeudamiento.
10	**Calidad de la deuda**	$\frac{60\,000}{200\,000} = 0,3$	La ratio se aleja de 1, por lo tanto, podemos decir que la deuda no es de «mala calidad». Es decir, la deuda a corto plazo representa una pequeña parte de la totalidad del pasivo de la empresa.
11			

Actividades

3. Calcula todas las ratios de análisis económico-financiero, partiendo del balance que has elaborado en la actividad 1, correspondiente a la empresa ELECTRONIX, SL, y sabiendo que su resultado de explotación o BAII fue de 90 000 €, su BAI de 88 000 y que paga un 15 % en concepto de impuesto sobre sociedades. Analiza la situación financiera de la empresa.

3. El periodo medio de maduración

En el proceso productivo de una empresa encontramos un flujo real (de bienes y servicios) y un flujo financiero:

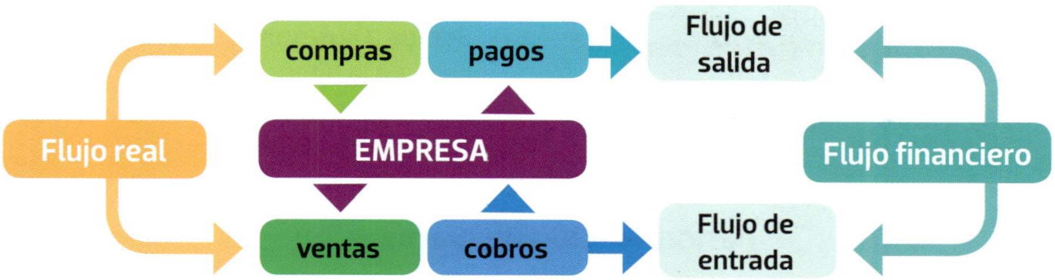

La empresa vincula sus recursos financieros a la obtención de bienes y servicios. Esta vinculación puede tener distinta duración, por ello hablamos de dos circuitos financieros, uno, a largo plazo, y otro, a corto plazo:

- El **circuito financiero a largo plazo** está ligado al activo no corriente y se recupera a través del proceso de amortización. En las unidades 8 y 9 vimos la conveniencia de amortizar activos no corrientes, como la maquinaria, los locales o los camiones.
- El **circuito financiero a corto plazo** está ligado al activo corriente. Su recuperación se establece a través del ciclo de explotación o **periodo medio de maduración**, que es el plazo de tiempo que tarda la empresa en recuperar el dinero que ha invertido en su ciclo de explotación.

Normalmente, el proceso productivo de una empresa sigue el siguiente ciclo:

- Se compran las materias primas.
- Se transforman en productos terminados, listos para la venta.
- Se venden los productos terminados a los clientes.
- Se cobran las ventas a los clientes.

Circuito financiero a corto plazo

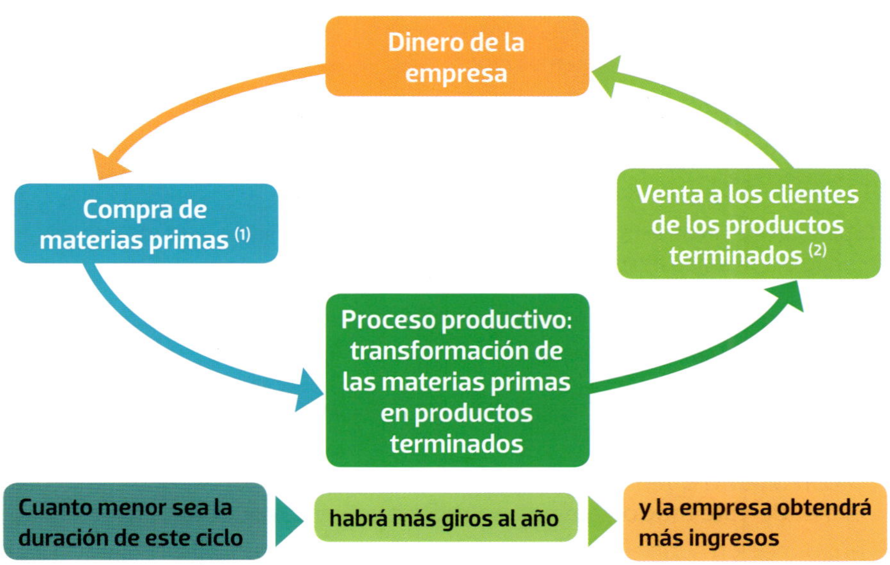

Es importante que el empresario sepa cuándo va a recuperar el dinero invertido para poder planificar sus inversiones y su financiación. Esta información puede conseguirla a través del periodo medio de maduración.

Caso práctico inicial

Rosa Clará ha reducido al mínimo el periodo medio de aprovisionamiento gracias al sistema de pedido por muestrario.

(1) Hay que tener en cuenta que la compra de materias primas y su pago no tienen por qué producirse al mismo tiempo.

(2) La venta de productos a los clientes y su cobro no tienen por qué producirse al mismo tiempo.

El **periodo medio de maduración** es el tiempo que, por término medio, se tarda en recuperar una unidad monetaria invertida en el proceso productivo, a través del cobro de los productos terminados y vendidos. Se financia con el fondo de maniobra.

Ejemplo

Una tienda de *souvenirs* situada en el centro de una capital turística tarda 8 días desde que compra los productos a sus proveedores hasta que llegan a la tienda, los colocan para la venta, se venden y se cobran al contado al cliente. El PMM es de 8 días.

Periodo medio de maduración

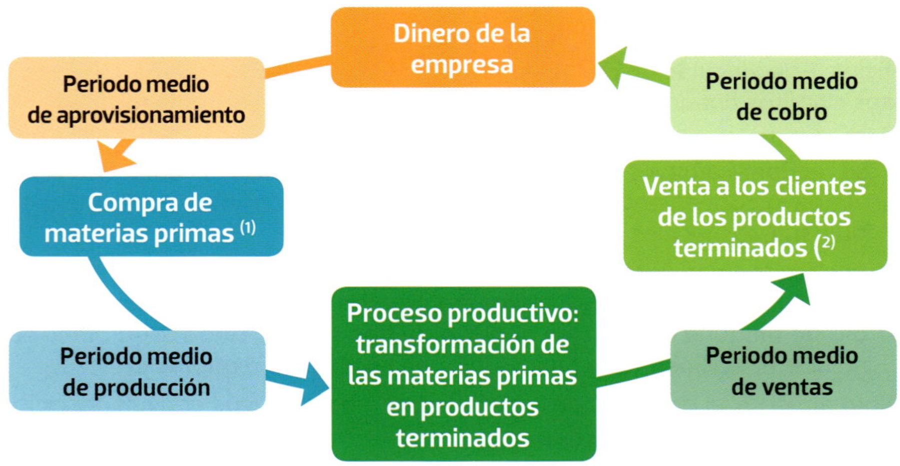

(1) Hay que tener en cuenta que la compra de materias primas y su pago no tienen por qué producirse al mismo tiempo.

(2) La venta de productos a los clientes y su cobro no tienen por qué producirse al mismo tiempo.

El **periodo medio de maduración económico** (PMMec) se divide en:

Periodo medio de maduración económico

El periodo medio de aprovisionamiento: es el tiempo medio que permanecen las materias primas en el almacén, desde que entran hasta que pasan al proceso productivo. En principio, es conveniente reducir este periodo al mínimo, pero teniendo presente que no debemos quedar desabastecidos de materias primas.

El periodo medio de producción: tiempo medio que se tarda en obtener un producto terminado. Este periodo solo existe en las empresas de producción, no en las comerciales.

El periodo medio de ventas: tiempo medio que se tarda desde que se obtiene el producto terminado hasta que se vende.

El periodo medio de cobro: es el tiempo medio que se tarda desde que se vende el producto hasta que se cobra.

PMMec = PM de aprovisionamiento + PM de producción + PM de ventas + PM de cobro

Es **aconsejable** que la duración de los cuatro periodos sea lo más corta posible; de este modo, la empresa recuperará antes el dinero invertido.

Si añadimos un subperiodo más (el periodo medio de pago a proveedores), obtendremos el **periodo medio de maduración financiero.** Es el tiempo medio que transcurre desde que se compra a los proveedores hasta que se les paga. Al contrario que en los casos anteriores, a la empresa le interesa aumentar el periodo medio de pago.

Saber más

Cómo reducir el PMMec

a) **Sobre las compras:** reduciendo el *stock* de materias primas y mejorando su financiación.

b) **Sobre la producción:** invirtiendo en tecnología o maquinaria, con incentivos a la producción, mediante la planificación de tareas, etc.

c) **Sobre las ventas:** ofreciendo descuentos, rebajas, publicidad.

d) **Sobre los cobros:** aplicando descuentos por pronto pago y cualquier práctica que mejore la gestión de cobro.

Ejemplo

Hay empresas, como los grandes supermercados, con un PMM muy breve. Compran grandes cantidades de producto y consiguen así aplazamientos de pago de sus proveedores. Normalmente venden los productos rápidamente, antes de que venza dicho plazo de pago, por lo que, finalmente, pagan a sus proveedores con el ingreso obtenido de las ventas, sin necesidad de adelantar dinero.

Cálculo del periodo medio de maduración financiero (PMMf)

PMMf = PM de aprovisionamiento + PM de producción + PM de ventas + PM de cobro – PM de pago a proveedores

PM de aprovisionamiento | **PM de producción** | **PM de ventas** | **PM de cobros** ▶ **PMM económico**

Periodo medio de maduración

Suponiendo que el PM de pago a proveedores ocupara el periodo de tiempo de esta flecha

Esta otra flecha indicaría la parte del PMM financiada con el fondo de maniobra

Ejemplo

Una empresa ha estudiado su ciclo de explotación y ha obtenido los siguientes datos:

- **Compra de materias primas (MMPP): 22 000 €**
- **Stock medio de MMPP en el almacén: 2 500 uds.**
- **Coste de la producción anual: 50 500 €**
- **Stock medio de productos semielaborados (PPSS): 4 000 uds.**
- **Ventas valoradas a precio de coste: 80 800 €**
- **Ventas valoradas a precio de venta: 95 250 €**
- **Stock medio de productos terminados (PPTT): 6 000 uds.**
- **Saldo medio de la cuenta de clientes (derechos de cobro sobre los clientes): 1 250 €**
- **Saldo medio de la cuenta de proveedores (deuda de la empresa con los proveedores): 3 000 €**

Periodo de aprovisionamiento: $\frac{\text{Compras de materias primas}}{\text{Stock medio de MMPP}} = \frac{22\,000}{2\,500} = 8{,}8$ veces se renuevan las MMPP en el almacén.

365/8,8 = 41,48 días, por término medio, permanecen las MMPP en el almacén.

Periodo de producción: $\frac{\text{Coste de la producción}}{\text{Stock medio de PPSS}} = \frac{50\,500}{4\,000} = 12,63$ veces se renuevan los PPSS en el almacén.

365/12,63 = 28,90 días, por término medio, se tarda en obtener un producto terminado.

Periodo de ventas: $\frac{\text{Ventas valoradas a precio de coste}}{\text{Stock medio de PPTT}} = \frac{80\,800}{6\,000} = 13,47$ veces se renuevan los PPTT en el almacén.

365/13,47= 27,10 días transcurren, por término medio, desde que se obtiene el PPTT hasta que se vende.

Periodo de cobro: $\frac{\text{Ventas valoradas a precio de venta}}{\text{Saldo medio clientes}} = \frac{95\,250}{1\,250} = 76,20$ veces se renueva el saldo medio de clientes.

365/76,20 = 4,79 días, por término medio, desde que se vende el producto hasta que se cobra.

Periodo de pago: $\frac{\text{Compras de materias primas}}{\text{Saldo medio proveedores}} = \frac{22\,000}{3\,000} = 7,33$ veces se renueva el saldo medio con proveedores.

365/7,33 = 49,80 días es el tiempo medio que transcurre desde que se compra a los proveedores hasta que se les paga.

PMM económico = 41,48 + 28,90 + 27,10 + 4,79 = 102,27 días, por término medio, se tarda en recuperar una unidad monetaria invertida en el proceso productivo.

PMM financiero = 41,48 + 28,90 + 27,10 + 4,79 – 49,80 = 52,47 días, por término medio, se tarda en recuperar una unidad monetaria invertida en el proceso productivo, incluyendo el periodo de pago a los proveedores.

4. El plan de tesorería

El **plan de tesorería** es un documento en el que se recogen los cobros y los pagos previstos en la empresa, en función de las operaciones que estima realizar durante un horizonte temporal determinado:

- **Cobro:** entrada de flujo de dinero en la empresa.
- **Pago:** salida de flujo de dinero de la empresa.

Es una herramienta que permite anticipar si, a final de mes, la empresa necesitará más dinero en efectivo (si hay déficit) o si habrá un excedente de liquidez (superávit):

- En caso de **déficit,** hace falta más dinero del que proporciona la actividad diaria de la empresa. Gracias al plan de tesorería, se podrá analizar la necesidad de solicitar un crédito, por cuánto tiempo y en qué cuantía.
- Si hay un **superávit** de tesorería, se podrá invertir el sobrante para rentabilizar ese dinero no utilizado.

Si el emprendedor elabora un plan de tesorería de previsión, es decir, un anticipo de lo que podría ser la situación futura de la tesorería de su empresa, estará informado de la situación de liquidez del proyecto y de las necesidades de financiación a corto plazo, ya que al confeccionarlo se detectará de forma anticipada si con los cobros previstos se podrá hacer frente a los pagos estimados. Siempre hay que procurar que la empresa disponga de suficiente dinero para hacer frente a todas sus obligaciones de pago y así evitar situaciones desagradables, que le pueden desacreditar.

Mediante la confección del plan de tesorería se pueden conocer con antelación las necesidades de dinero que podría tener la empresa en momentos puntuales. De este modo, se podrá pensar con tranquilidad cómo obtener la financiación necesaria y más adecuada a corto plazo. Por ejemplo, aplicando un descuento por pronto pago a los clientes para incentivarles a pagar al contado, solicitando al banco un crédito o pidiendo a los socios que aporten más dinero al proyecto empresarial.

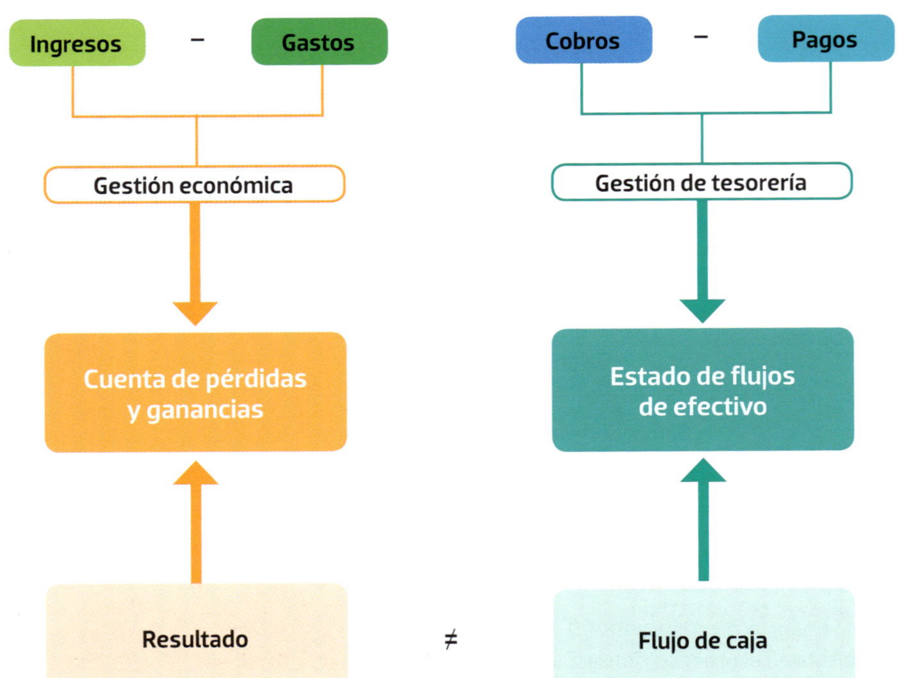

Saber más

¿Cómo elaborar un plan de tesorería?

En una tabla se recogen, de forma separada, todas las entradas y salidas de dinero en efectivo que se prevén, mes a mes.

En la última fila de cada mes, se calcula la diferencia entre los cobros y los pagos. Así se ve rápidamente si habrá déficit o superávit.

Recuerda

No es lo mismo *cobros* y *pagos*, que *ingresos* y *gastos*.

Los **ingresos** son operaciones que incrementan el valor patrimonial de la empresa (ventas, subvenciones, etc.).

Los **gastos** son operaciones que disminuyen el valor patrimonial de la empresa (compra de materias primas, salarios, etc.).

4.1. Cómo elaborar un plan de tesorería

En una tabla se recogen, de forma separada:

- todas las entradas de dinero en efectivo, que se prevén, por mes (cobros) y
- todas las salidas de dinero en efectivo, que se prevén, por mes (pagos).

En la última fila de cada mes, se calcula la diferencia entre los cobros y los pagos. Así se ve rápidamente si habrá déficit o superávit:

- Si los cobros superan a los pagos, habrá **superávit**.
- Si los pagos superan a los cobros, habrá **déficit**.

Los planes de tesorería se pueden realizar por periodos mensuales, semestrales o anuales, según el plazo que le interese estudiar al empresario en cada momento.

A continuación, a través de un ejemplo, te mostramos un modelo de plan de tesorería.

Ejemplo

Tres socios van a crear una empresa dedicada al suministro de material de oficina a otras empresas. Estiman el siguiente plan de tesorería:

Conceptos	Mes 1	Mes 2	Mes 3	Mes 4	Mes 5	Mes 6	Total
Ventas del producto de la empresa	20 000	40 100	40 200	40 300	40 400	40 500	221 500
Aportaciones de los socios al capital social	60 000						60 000
Dinero procedente de préstamos	60 000						60 000
Dinero obtenido de préstamos a clientes			6 000			6 300	12 300
Suma de COBROS	**140 000**	**40 100**	**46 200**	**40 300**	**40 400**	**46 800**	**353 800**
Inversiones en inmovilizado (mobiliario, equipo informático, etc.)	60 000						60 000
Devolución de préstamos bancarios	1 000	1 000	1 000	1 000	1 000	1 000	6 000
Compras a proveedores	25 000	25 000	25 000	25 000	25 000	25 000	150 000
Servicios: agua, electricidad, teléfono...	300	400	400	450	500	500	2 550
Alquiler del local	6 000	6 000	6 000	6 000	6 000	6 000	36 000
Pagos de publicidad (campaña inicial con pagos trimestrales)			4 500			4 500	9 000
Salarios y cuotas a la Seguridad Social	2 800	2 800	2 800	2 800	2 800	2 800	16 800
Renting de la furgoneta de la empresa	2 000	2 000	2 000	2 000	2 000	2 000	12 000
Limpieza	800	800	800	800	800	800	4 800
Seguros (pago anual)	1 000						1 000
Pago honorarios notario y abogado	10 000						10 000
Pago de impuestos (ITP/AJD e IVA)	6 000			3 800			9 800
Otros gastos de constitución	2 000						2 000
Suma de PAGOS	**116 900**	**38 000**	**42 500**	**41 850**	**38 100**	**42 600**	**319 950**
Diferencia COBROS-PAGOS	**23 100**	**2 100**	**3 700**	**-1 550**	**2 300**	**4 200**	**33 850**
Diferencia acumulada	**23 100**	**25 200**	**28 900**	**27 350**	**29 650**	**33 850**	

La diferencia entre cobros y pagos es siempre positiva. El excedente de liquidez no se considera excesivo.

ACTIVIDADES FINALES

1. Con la siguiente información sobre el patrimonio de una empresa, elabora su balance:

- Maquinaria por valor de 100 000 €.
- Capital social: 127 000 €.
- Amortización del inmovilizado material: 10 000 €.
- Una flota de camiones: 50 000 €.
- Tiene mercaderías por valor de 30 000 €.
- Debe a proveedores 1 500 €, que deberá pagar el mes que viene.
- Debe a diversos acreedores 8 000 €, a pagar en 11 meses.
- Debe al banco 5 000 € a 3 años vista.
- La empresa tiene derechos de cobro sobre deudores por valor de 15 000 €.
- La empresa pidió un préstamo de 30 000 € a una entidad de crédito. El plazo de devolución es de 20 meses.
- En caja tiene 500 €.
- Sus clientes habituales le deben 20 000 €.
- Un equipo informático y su *software* específico, valorados en 16 000 €.
- Reservas: 50 000 €.

a) ¿Se encuentra la empresa en situación de equilibrio financiero?

b) Confecciona su cuenta de pérdidas y ganancias a partir de los siguientes datos:

- Impuesto sobre sociedades (15 %).
- Otros ingresos de explotación: 3 000 €.
- Gastos de personal: 4 000 €.
- Importe neto por ventas: 50 000 €.
- Aprovisionamientos: 15 000 €.
- Amortización del inmovilizado: 10 000 €.
- Ingresos financieros: 300 €.
- Gastos financieros: 2 500 €.

c) Calcula las ratios de análisis financiero y la rentabilidad económica y financiera de la empresa e interpreta los datos.

2. Una empresa ha estudiado su ciclo de explotación y ha obtenido los siguientes datos:

- Compra de materias primas: 10 000 €.
- Stock medio de MMPP en el almacén: 1 100 uds.
- Stock medio de productos semielaborados: 2 000 uds.
- Stock medio de productos terminados: 3 500 uds.
- Coste de la producción anual: 20 500 €.
- Ventas a precio de coste: 40 800 €; ventas a precio de venta: 45 000 €.
- Saldo medio de la cuenta de clientes (derechos de cobro sobre los clientes): 3 000 €.
- Saldo medio de proveedores (saldo medio de la deuda de la empresa con los proveedores): 3 500 €.

¿Cuánto tarda el empresario en recuperar el dinero invertido en el proceso de producción? Calcula su PMM económico y financiero.

■ **3.** Elabora el balance de esta empresa, a partir de la siguiente información:

- Local en propiedad, valorado en 200 000 €.
- Los clientes habituales deben a la empresa 15 000 €.
- La aportación de los socios asciende a 100 000 €.
- Debe a sus proveedores 17 000 €.
- La maquinaria está valorada en 40 000 €.
- Tiene mercaderías en el almacén por valor de 15 000 €.
- El valor del mobiliario de la empresa asciende a 14 000 €.
- La empresa ha contraído una deuda con el banco por 133 000 € a devolver en 10 años, y otra de 18 000 € a un plazo de 6 meses.
- La amortización del inmovilizado material se valora en 8 000 €.
- Este año, la empresa no ha repartido entre sus socios todo el beneficio y ha apartado 25 000 € para futuras reinversiones.
- La empresa tiene 5 000 € en una cuenta corriente a la vista.
- Los útiles y herramientas se valoran en 12 000 €.

Confecciona su cuenta de pérdidas y ganancias a partir de los siguientes datos:

- Impuesto sobre sociedades (15 %).
- Otros ingresos de explotación: 4 000 €.
- Ingresos financieros: 300 €.
- Aprovisionamientos: 25 000 €.
- Otros gastos de explotación: 10 000 €.
- Amortización del inmovilizado: 8 000 €.
- Importe neto de la cifra de negocios: 90 000 €.
- Gastos financieros: 6 000 €.

Calcula las ratios de análisis financiero y la rentabilidad económica y financiera de la empresa e interpreta los datos.

Entra en internet

■ **4.** La mayoría de las empresas tiene la obligación de depositar las cuentas anuales (balance, cuenta de pérdidas y ganancias, estado de cambios en el patrimonio neto, estado de flujos de efectivo y memoria) en el Registro Mercantil, donde se conservarán durante 6 años desde la fecha del anuncio de su depósito en el Boletín Oficial del Registro Mercantil. Todos los documentos depositados en el Registro Mercantil son públicos, es decir, cualquiera puede solicitar una copia de ellos, de modo que se puede consultar toda la información mercantil y contable de las sociedades inscritas en el Registro: cuentas anuales, informes de gestión, informe de auditoría de las empresas obligadas a auditarse, capital social suscrito y desembolsado, órgano de administración; si la empresa se encuentra en proceso de disolución, fusión o liquidación y relación de administradores. Incluso se pueden solicitar ratios por sectores.

El servicio es de pago y se puede realizar acudiendo físicamente al Registro Mercantil o a través de la página web del Registro Mercantil Central: <www.rmc.es>. La consulta mercantil a través de internet es más barata que en papel. Entra en esta página web y, entre otras cosas, descubrirás enlaces a direcciones que permiten obtener información de las empresas.

También puedes entrar en la web de la Comisión Nacional del Mercado de Valores (CNMV): <www.cnmv.es>, donde se puede consultar la relación de las cuentas anuales auditadas que las sociedades emisoras de valores han depositado en los Registros Oficiales de la CNMV.

PROYECTO DE EMPRESA

Análisis económico-financiero

Elabora el balance de previsión de tu empresa conforme al siguiente modelo:

Activo no corriente	Ejercicio 1
I. Inmovilizado intangible	
■ Patentes, licencias, marcas y similares	
■ Aplicaciones y programas informáticos	
■ Otro inmovilizado intangible	
II. Inmovilizado material	
■ Terrenos y construcciones (locales)	
■ Maquinaria	
■ Herramientas	
■ Mobiliario	
■ Vehículos	
■ Ordenadores	
■ Otro inmovilizado material	
III. Inversiones inmobiliarias	
■ Terrenos y construcciones	
IV. Inversiones financieras a largo plazo	
Activo corriente	**Ejercicio 1**
I. Existencias	
■ Materias primas y otros aprovisionamientos	
■ Productos en curso	
■ Productos terminados	
■ Anticipos a proveedores	
II. Deudores comerciales y otras cuentas pendientes de cobro	
■ Derechos de cobro a clientes por ventas del producto habitual de la empresa	
■ Derechos de cobro a deudores por otros conceptos	
III. Inversiones financieras a corto plazo	
IV. Efectivo y otros activos líquidos	
■ Dinero en bancos o caja (cuentas a la vista o a corto plazo)	
Total activo (€)	

Neto patrimonial	Ejercicio 1
Fondos propios	
■ Capital social (capital aportado por los socios)	
■ Resultado del ejercicio: beneficios o pérdidas	
■ Reservas	
■ Dividendo a cuenta	
■ Subvenciones o donaciones	
Pasivo no corriente	**Ejercicio 1**
Deudas a largo plazo	
■ Deudas a largo plazo con entidades de crédito	
■ Provisiones a largo plazo	
■ Pasivos por impuesto diferido	
Pasivo corriente	**Ejercicio 1**
Deudas a corto plazo	
■ Deudas a corto plazo con entidades de crédito	
■ Deudas a corto plazo con proveedores	
■ Acreedores comerciales y otras cuentas pendientes de pago	
■ Provisiones a corto plazo	
Total neto y pasivo (€)	

Análisis: halla el fondo de maniobra de tu empresa. ¿Se encuentra en situación de equilibrio financiero? ¿Cuál es la principal fuente de financiación de tu empresa? ¿Depende excesivamente de una sola fuente?

Elabora la cuenta de pérdidas y ganancias de previsión de tu empresa a partir del modelo de la página siguiente y realiza un análisis similar al del apartado 2 de esta unidad.

Calcula todas las ratios que conoces. ¿Cuál es la situación financiera? ¿Tienes que corregir algún elemento del balance? Si es así, hazlo y elabora uno nuevo.

Plan de tesorería

Elabora el plan de tesorería de tu empresa sobre la base del ejemplo del punto 4 de esta unidad. Puedes realizar un plan semestral o anual (añadiendo más columnas a la tabla).

Recuerda que puedes consultar la **unidad 14** a lo largo de todo el curso como referente constante para la elaboración de tu **proyecto de empresa**.

Vuelve sobre tu lienzo Canvas y, con todo lo analizado desde las unidades 6 a 10, cumplimenta los apartados sobre costes e ingresos.

Cuenta de pérdidas y ganancias	Ejercicio 1
Ingresos de explotación ■ **Ventas:** entregas de bienes o servicios objeto de la actividad de la empresa. Incluye ventas, devoluciones de ventas y *rappels* sobre ventas (descuentos por pronto pago). ■ **Otros ingresos de explotación:** procedentes de la gestión de recursos de la empresa. Por ejemplo, ingresos por arrendamientos o ingresos por servicios al personal. ■ **Subvenciones a la explotación:** concedidas con el fin de garantizar rentabilidades mínimas. **Gastos de explotación** ■ **Consumo:** coste de los productos vendidos: compras, devoluciones, descuentos por pronto pago y variación de existencias. La variación de existencias (VE) es la diferencia entre las existencias al final de periodo (EF) y las existencias al inicio (EI). ■ **Gastos de personal:** retribuciones, cuotas a la Seguridad Social y otros gastos de carácter social (sueldos y salarios, indemnizaciones, Seguridad Social a cargo de la empresa y otros gastos sociales). ■ **Otros gastos de explotación:** pueden ser de naturaleza diversa: arrendamientos, obras de reparación y conservación, transportes, primas de seguros, certificaciones, marketing y publicidad, suministros y otros servicios. ■ **Amortizaciones:** depreciación del activo no corriente de la empresa. ■ **Tributos** pagados a la Administración, excepto el de beneficios. Por ejemplo, el impuesto sobre bienes inmuebles.	
BAII = ingresos de explotación – gastos de explotación	
Ingresos financieros ■ **Intereses:** intereses generados por depósitos que la empresa tiene en bancos. ■ **Dividendos:** rentas procedentes de participaciones en capital de otras empresas. ■ **Descuentos sobre compras por pronto pago:** descuentos de proveedores por pronto pago. **Gastos financieros** ■ **Intereses:** intereses por financiación ajena (intereses de deudas a corto y largo plazo). ■ **Descuento sobre ventas por pronto pago:** descuentos concedidos a clientes por pronto pago.	
BAI = BAII ± (ingresos financieros – gastos financieros)	
Impuestos sobre beneficios	
Resultado del ejercicio (€)	

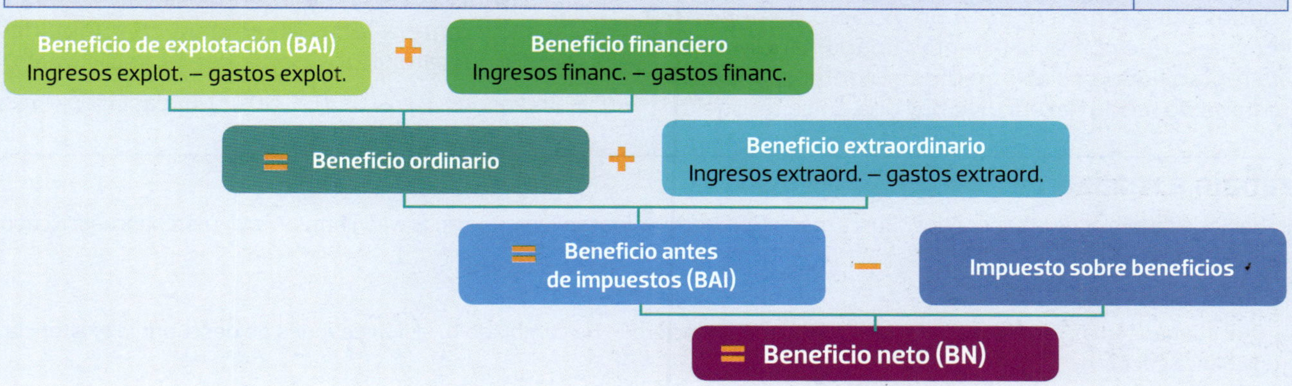

ACTUALIDAD EMPRESARIAL

Once bancos líderes en banca ética y sostenible del mundo lanzan la Alianza Global por una Banca con Valores

Triodos Bank es el anfitrión del evento en el que se ha presentado esta alianza. Estos bancos trabajarán juntos para desarrollar puntos de vista comunes sobre responsabilidad social y desarrollo sostenible desde el sistema financiero.

Once de los principales bancos éticos y sostenibles del mundo han creado una alianza para construir una alternativa positiva a un sistema financiero global en crisis. Los once bancos, que suman activos por encima de los 10 billones de dólares y dan servicio a más de 7 millones de clientes en 20 países de todo el mundo, han llegado a un acuerdo durante una reunión especial celebrada en Holanda entre el 2 y el 4 de marzo.

La Alianza Global por una Banca con Valores *(Global Alliance for Banking on Values)* fue presentada públicamente el 3 de marzo, durante un evento en la sede central de Triodos Bank, en Zeist, Holanda.

La Alianza Global por una Banca con Valores ha sido fundada por el banco bengalí BRAC Bank –parte del Grupo BRAC, la mayor institución de microcréditos del mundo–, el banco cooperativo estadounidense ShoreBank y Triodos Bank, el referente europeo en banca ética y sostenible. El resto de miembros son entidades de microcréditos y bancos y cooperativas de crédito dedicadas a la financiación responsable. A ellos se sumará en breve el banco de microcréditos keniata K-Rep Bank, que no pudo asistir al lanzamiento.

En su discurso de apertura, Peter Blom, CEO de Triodos Bank, señaló: «Los bancos que firman esta alianza continúan creciendo, obteniendo beneficios y haciendo frente a la crisis financiera. Estas entidades pusieron en marcha un modelo de negocio bancario que combina la rentabilidad financiera con la rentabilidad social y medioambiental cuando no estaba de moda hacerlo. No hay una única respuesta a la crisis financiera internacional, sino muchas. Los responsables de las once entidades aquí reunidas tenemos mucho que aportar al sistema financiero internacional. Juntos somos una extraordinaria fuerza para el cambio».

Los nuevos socios planean desarrollar nuevas líneas de trabajo, construir organizaciones que encajen mejor con la idea de un desarrollo sostenible a largo plazo y nuevas formas de propiedad y cooperación económica. Los socios consideran que esta nueva alianza nace en un momento especialmente propicio, dada la crisis financiera y su profunda y duradera influencia en todo el mundo.

De acuerdo con Fazle Hasan Abed, presidente de BRAC, «cada vez es mayor la dependencia económica entre unos países y otros, sin importar el lugar del mundo en el que vivimos. Para abordar los problemas a los que nos enfrentamos, vamos a necesitar una acción global. Creemos que estos once bancos tienen el potencial necesario para introducir mejoras innovadoras en el mundo financiero y empezar a dar soluciones a largo plazo para comunidades y sectores desatendidos por la banca tradicional».

Fuente: *finanzas.com* - 09/03/2009 - Noticias Europa Press

Trabajo a realizar

1. ¿Habías oído hablar de la banca ética? Busca más información en las siguientes páginas web: <https://www.fiarebancaetica.coop/>; <www.triodos.es>.

   ¿Qué te parece esta iniciativa?

2. ¿Qué imagen tenías respecto a la ética en el mundo financiero? ¿Ha cambiado tu visión después de descubrir la existencia de una banca ética?

EN RESUMEN

ANÁLISIS ECONÓMICO-FINANCIERO DE LA EMPRESA

Estudio del balance

- Estructura financiera de la empresa
- El fondo de maniobra

La cuenta de pérdidas y ganancias

- Estudio de su composición

El circuito financiero a corto plazo

- El plan de tesorería
- El periodo medio de maduración

Ratios económico-financieras

Conclusión: el proyecto de empresa es o no viable

Evalúa tus conocimientos

RESUELVE EN TU CUADERNO O BLOC DE NOTAS

1. Indica cuál de las siguientes afirmaciones es correcta:

a) El pasivo y el neto reflejan cómo se han financiado los bienes y derechos del activo.

b) Una empresa en suspensión de pagos no puede hacer frente a sus deudas a corto plazo.

c) Solvencia es la capacidad de la empresa para hacer frente a sus deudas a largo plazo.

d) Todas las respuestas son correctas.

2. Señala la respuesta correcta:

a) La rentabilidad financiera indica el rendimiento que obtiene la empresa por cada unidad monetaria introducida en el proceso de producción.

b) La rentabilidad económica indica a los socios el beneficio obtenido por cada unidad monetaria que ellos han invertido.

c) La ratio de endeudamiento analiza la capacidad de la empresa para hacer frente a sus pagos más inmediatos.

d) La ratio de garantía o solvencia mide la distancia a la que se encuentra la empresa de la situación de quiebra.

3. ¿Cuál de estas situaciones indica que una empresa es solvente?

a) Activo corriente > pasivo corriente.

b) Pasivo corriente > activo corriente.

c) Activo ≥ pasivo corriente y pasivo no corriente.

d) Ninguna respuesta es correcta.

4. Señala la respuesta correcta:

a) El circuito financiero a largo plazo está ligado al activo no corriente y se recupera con el fondo de maniobra.

b) El circuito financiero a corto plazo está ligado al activo corriente y se recupera a través del proceso de amortización.

c) Una empresa con un fondo de maniobra igual o superior a cero está en situación de equilibrio financiero.

d) Ninguna respuesta es correcta.

5. Señala la respuesta correcta:

a) El periodo medio de producción es el tiempo medio que permanecen las materias primas en el almacén, es decir, cuánto tardan desde que se compran hasta que entran en el proceso productivo. En principio, es conveniente reducir este periodo al mínimo, pero teniendo presente que no debemos quedar desabastecidos de materias primas.

b) El periodo medio de aprovisionamiento es el tiempo medio que se tarda en obtener un producto terminado. Este periodo solo existe en las empresas de producción, no en las comerciales.

c) El periodo medio de ventas es el tiempo medio que se tarda desde que se vende el producto hasta que se cobra.

d) Ninguna respuesta es correcta.

11 Trámites de constitución

Vamos a conocer...

1. Trámites de constitución de una sociedad
2. Trámites en Hacienda
3. Trámites laborales
4. Otros trámites
5. Simplificación de los trámites y servicios de ayuda complementarios

PROYECTO DE EMPRESA

Organización de la prevención

Trámites para iniciar tu empresa

ACTUALIDAD EMPRESARIAL

Pasos para no perder tiempo y dinero en los trámites para crear una empresa

Y al finalizar esta unidad...

- Conocerás los pasos que se deben seguir para dotar a una sociedad de personalidad jurídica propia y plena capacidad de obrar.
- Distinguirás entre los trámites que tienen que realizarse para constituir y poner en marcha una sociedad y los que precisa un trabajador para darse de alta como autónomo.
- Conocerás los trámites y formularios que hay que cumplimentar en Hacienda, en las entidades laborales y en el Ayuntamiento.
- Aprenderás que, según el tipo de actividad de la empresa, se pueden exigir unos permisos adicionales.
- Descubrirás cómo agilizar y simplificar los trámites para crear una empresa a través de los puntos de atención al emprendedor (PAE).

Situación de partida

Leire y Diego han decidido crear su propia empresa y, de este modo, poner a prueba su creatividad como diseñadores gráficos. Han pensado que la forma jurídica más adecuada para ellos es la sociedad limitada, que solo requiere un capital inicial mínimo de 3000 €. Diego ha oído que una sociedad de este tipo se encuentra legalmente constituida cuando se inscribe en el Registro Mercantil, por lo que busca en internet la dirección del Registro de su provincia y acude a informarse. Allí le explican que tiene que aportar la escritura pública de constitución y haber solicitado el NIF. La escritura pública se tramita ante un notario y el NIF se solicita en Hacienda.

Mientras Leire busca un notario, Diego se dirige a una delegación de Hacienda próxima a su casa para solicitar el NIF. Allí le dicen que ellos no lo tramitan porque son una delegación de Hacienda autonómica, no estatal, que es donde Diego debe acudir para solicitar el NIF.

Por otro lado, Leire ha conseguido cita en una notaría, donde, afortunadamente, le han dicho todo lo que tendrá que llevar: el resguardo bancario de haber ingresado, a nombre de la futura sociedad, el capital mínimo que se requiere para su constitución y la certificación negativa de nombre. Leire no sabe qué es esto último, ni cómo conseguirlo. ¡Menos mal que el oficial que la atiende se lo explica muy amablemente! Además, le advierte que, para la redacción del acta de constitución y los estatutos, los socios tienen que haber acordado previamente la participación de cada uno en el capital social y quién será el administrador (entre otras cosas).

Al final del día, Diego está cansado. Ha perdido toda la mañana y no ha conseguido realizar ningún trámite, aunque ahora ya sabe dónde hacerlo. Además, Leire le dice que aún hay más cosas por hacer, en el banco y en el Registro Mercantil Central. ¡En Madrid! ¿Habrá que ir hasta allí?

De vuelta a casa, se encuentran con unos amigos, a quienes comentan que están un poco abrumados con todos los trámites que hay que hacer para constituir una empresa: «¡Uf!, ¡pues ya veréis cuando empecéis con los trámites de puesta en marcha...!», dice Tomás, «tendréis que daros de alta en Hacienda, rellenar un montón de papeles en la Seguridad Social, pedir licencias en el Ayuntamiento, etc.». Ángel, que es abogado, interviene: «¿Sabéis que ahora se puede crear una empresa por internet y en un tiempo récord? Solo son necesarios un par de trámites presenciales. ¿Por qué no vais a un punto de atención al emprendedor? Allí os pueden asesorar».

Estudio del caso

Antes de empezar a leer esta unidad de trabajo, puedes contestar a las tres primeras preguntas. Después, analiza cada punto de esta unidad, con el objetivo de contestar al resto de las cuestiones de este caso práctico.

1. Enumera los errores que ha cometido Diego a lo largo del día en el proceso de constitución de su empresa.
2. ¿Cómo adquiere una sociedad personalidad jurídica propia?
3. ¿Qué es el NIF (número de identificación fiscal) y cuál es su función?
4. ¿En qué consiste la escritura pública de constitución? ¿Por qué se llama *pública*? ¿Quién da fe pública?
5. ¿Qué es la certificación negativa de nombre? ¿Dónde se solicita? ¿Para qué sirve?
6. ¿Hay que ir físicamente a Madrid para solicitar la certificación negativa de nombre?
7. ¿Qué trámites hay que realizar en Hacienda y en las entidades laborales?
8. ¿Qué otro tipo de trámites tendrán que realizar Leire y Diego?
9. ¿Se puede crear cualquier tipo de empresa por medios informáticos?
10. Si Diego y Leire no se decidieran a constituir su empresa a través de internet, ¿pueden realizar algunos trámites *on-line*?
11. ¿Qué es un vivero de empresas?

Los documentos para constituir y poner en marcha una empresa

En los recursos adicionales de este libro encontrarás un ejemplar de cada uno. En internet también puedes encontrarlos, en las páginas web del Registro Mercantil Central (<www.rmc.es>), de Hacienda (<www.agenciatributaria.es>) y de la Seguridad Social (<www.seg-social.es>).

1. Trámites de constitución de una sociedad

Saber más

Registros mercantiles

Son organismos públicos que dependen del Ministerio de Justicia:

- **Registro Mercantil Central,** con sede en Madrid.
- **Registros mercantiles provinciales,** localizados en todas las capitales de provincia.

Caso práctico inicial

Leire y Diego deben realizar este trámite, que se solventará, aproximadamente, en una semana.

Recuerda

Nombres para la sociedad

El nombre social no tiene por qué coincidir con el nombre comercial.

Recuerda (unidad 5):

- En la denominación de las sociedades colectivas y comanditarias debe aparecer el nombre y apellidos de, al menos, uno de los socios colectivos.
- Se debe añadir el tipo de sociedad que es; por ejemplo, *Sociedad Limitada*, o su sigla, SL.

Para poner en marcha una empresa deben realizarse diversos trámites jurídicos y administrativos que veremos a lo largo de esta unidad. En primer lugar, será necesario constituir la sociedad y dotarla de personalidad jurídica propia. Para ello hay que dar los siguientes pasos y por este orden:

1. Presentar la certificación negativa de nombre:

Certificación favorable (certificación negativa de nombre)

- **Finalidad:** obtener un nombre para nuestra sociedad que no coincida con el de otra, ni dé lugar a confusión.
- **Dónde se tramita:**
  - Las **sociedades mercantiles,** en el Registro Mercantil Central, por correo, por mensajería o por vía telemática (en este caso, previa solicitud de un certificado digital en <www.rmc.es>).
  - Las **cooperativas** que se rigen por la normativa estatal, en el Ministerio de Trabajo.
- **Documentación:** se cumplimenta un impreso oficial en el que hay que indicar cinco posibles nombres para la sociedad, por orden de preferencia.
- **Plazos:** la certificación se emite en un plazo de 24 horas hábiles. Una vez expedida, empiezan a correr los siguientes plazos:
  - 6 meses (desde la fecha de expedición) para inscribir el nombre en el Registro Mercantil de la provincia, donde la empresa tenga su sede social. Si no se hace en este periodo, la reserva de nombre caduca y habrá que solicitarla de nuevo.
  - 3 meses para realizar la escritura pública de constitución.
- **Coste:** 13,94 € + IVA.

2. Redactar y elevar a pública la escritura de constitución de la sociedad:

Escritura pública de constitución de una sociedad

- **La escritura de constitución** es un documento en el que los socios declaran su voluntad de constituir una sociedad.
- **Contenido mínimo:**
  - La identidad de los socios y administradores.
  - Las aportaciones de capital de cada socio.
  - La voluntad de constituir una sociedad de capital, indicando de qué tipo.
  - Los **estatutos de la sociedad**: son el conjunto de normas que regirán la vida de la sociedad. Han de ser aprobados previamente por todos los socios.

    Como mínimo, en los estatutos se especificarán, entre otros puntos, la denominación de la sociedad, el objeto social o actividad que realizará la empresa, el domicilio social, el capital social, las participaciones o las acciones en que se divida, su valor nominal y su numeración correlativa.

    En el caso de crear una sociedad laboral es necesario presentar los estatutos en el Registro de Sociedades Laborales para su **calificación,** trámite mediante el cual se valora si los estatutos se ajustan a la Ley de Sociedades Laborales (este trámite es potestativo para las cooperativas).

¿Cómo se convierte en pública la escritura de constitución?

Se presenta ante un notario, quien da fe pública de las escrituras (concede fuerza probatoria de las fechas, de los hechos y de las declaraciones que contiene).

La firma ante notario de la escritura por parte de todos los socios tiene efectos inmediatos.

Documentación que se debe presentar el día de la firma ante el notario: cuando se acude a la notaría para firmar la escritura de constitución de la sociedad, además de la escritura y los estatutos de la sociedad, se deben presentar:

- La certificación negativa de nombre.
- El resguardo bancario de haber ingresado, a nombre de la sociedad en proceso de creación, el dinero que constituirá el capital social de la empresa (salvo en el caso de las SLFS y en el caso de las SL, si los fundadores manifiestan en la escritura que responderán solidariamente frente a la sociedad y frente a los acreedores sociales de la realidad de dichas aportaciones al capital social).

3. Inscripción en el Registro Mercantil correspondiente:

Inscripción en el Registro Mercantil

Finalidad: que la sociedad adquiera personalidad jurídica propia y plena capacidad jurídica. La inscripción de la sociedad se publicará en el Boletín Oficial del Registro Mercantil, dando así publicidad legal de la sociedad.

Cualquier persona puede acudir al Registro Mercantil y confirmar que existe dicha sociedad.

Dónde se tramita: en el Registro Mercantil de la provincia donde la sociedad tenga su domicilio, salvo las cooperativas, que lo harán en el Registro de Sociedades Cooperativas.

Documentación y trámites previos:

- Las sociedades mercantiles deben presentar en el Registro la escritura de constitución y la liquidación del ITP/AJD. Además, es necesario que hayan solicitado previamente la declaración censal y el NIF en Hacienda.
- Las sociedades laborales, además, deben presentar el certificado que acredite haber sido calificadas como tales.
- Las cooperativas añadirán la declaración de la actividad que van a desarrollar.

Plazos: en general, la inscripción debe hacerse en un plazo de 2 meses desde el otorgamiento de escritura pública de constitución.

La tramitación de la inscripción se solventa en el acto.

Una vez adquirida la personalidad jurídica, se realizarán los trámites que van a permitir a la empresa comenzar a funcionar. Son los denominados ***trámites de puesta en marcha***. Todas las empresas deben efectuarlos, sea cual sea su forma jurídica; por tanto son obligatorios, también, para el empresario individual.

Analizaremos estos trámites en función del organismo ante el que se realizan.

Recuerda

Trámites de constitución

- Certificación negativa de nombre
- Ingreso en una cuenta bancaria del capital social de la empresa
- Escritura pública de constitución
- Declaración censal y solicitud del NIF en Hacienda
- Inscripción en el Registro Mercantil

Recuerda

Los trámites del autónomo

El trabajador autónomo se mantiene como persona física, por lo que no tiene que realizar ninguno de los tres pasos vistos en el epígrafe 1.

Caso práctico inicial

A partir de ahora, comenzamos con los trámites de puesta en marcha.

2. Trámites en Hacienda

La constitución de sociedades ha quedado exenta del pago del **impuesto sobre transmisiones patrimoniales y actos jurídicos documentados** (ITP/AJD).

Antes de iniciar la actividad, tanto las sociedades como los trabajadores autónomos deben realizar los siguientes trámites:

Trámites en las delegaciones estatales de Hacienda antes del inicio de la actividad

Declaración censal

Solicitud del NIF (los empresarios individuales no tienen que solicitar el NIF)

La **declaración censal** sirve para comunicar el inicio, la modificación o el cese de la actividad de la empresa.

El **número de identificación fiscal** identifica a la sociedad a efectos de sus relaciones con Hacienda. Está compuesto por 9 caracteres: una letra que indica la forma jurídica y si la sociedad es española o extranjera, 7 números y un carácter de control.

Plazo: debe tramitarse en 30 días hábiles desde el otorgamiento de escritura pública de constitución.

Modelos 036 y **037** (tramitación conjunta)

Alta en el impuesto sobre actividades económicas (IAE)

El IAE grava el ejercicio de actividades empresariales.

Deben darse de alta, aunque se encuentran exentos del IAE, entre otras:

- Las sociedades cuyo importe neto de la cifra de negocios sea inferior a 1 000 000 €.
- Las personas físicas (el autónomo).
- Los sujetos pasivos que inicien el ejercicio de su actividad en territorio español, durante los dos primeros periodos impositivos de este impuesto.

Plazo: 10 días antes del inicio de la actividad.

Modelos 840 y **848.** Si se está exento del pago, modelo 036

2.1. Trámites del autónomo en Hacienda

- **Declaración censal** (modelos 036 y 037).
- Alta en el **IAE** (como está exento de pago, basta con el modelo 036).
- Elegir, a efectos de futuros pagos de **IRPF,** entre el régimen de estimación objetiva y el de estimación directa normal o simplificada. La elección dependerá, principalmente, del tipo de actividad que realicen y del volumen de negocio.

  En función del régimen escogido variará la futura tramitación del IRPF y su simplificación. Quienes hayan optado por el régimen de estimación directa simplificada deberán presentar y legalizar en Hacienda los libros que reflejan las distintas operaciones empresariales (IVA).

  No es necesaria su presentación física, basta con rellenar un modelo facilitado por la Agencia Tributaria.

Saber más

Otros libros que se han de legalizar

Se deben legalizar en el Registro Mercantil del domicilio de la sociedad: los libros contables obligatorios, el libro de actas de las juntas y de los órganos colegiados de la sociedad, el libro de registro de socios, el de acciones nominativas, etc.

Estos trámites pueden realizarse de forma presencial o telemática.

3. Trámites laborales

La empresa debe realizar los siguientes trámites **si contrata personal:**

Trámites ante la Tesorería General de la Seguridad Social

Obligaciones de la empresa antes del inicio de la actividad

- **Inscripción de la empresa en la Seguridad Social:** toda empresa que comienza a funcionar y va a contratar trabajadores debe inscribirse en la Seguridad Social. — TA.6
- **Cobertura de riesgos profesionales:** la empresa debe optar por asegurar los riesgos derivados del trabajo con la Seguridad Social o con una mutua de accidentes de trabajo y enfermedades profesionales. — TA.16
- **Afiliación del trabajador en la Seguridad Social:** acto administrativo por el cual se incorpora al trabajador a la Seguridad Social por primera vez en su vida laboral. Se le concede un número de afiliación que mantendrá durante toda su vida profesional. Es obligación de la empresa afiliar a sus trabajadores, si no lo están ya. — TA.1
- **Alta del trabajador en la Seguridad Social:** acto administrativo por el cual se incluye al trabajador en un régimen concreto de la Seguridad Social. Indica que esa persona está trabajando. Cuando deje de trabajar se le dará de baja y, cuando retome otro trabajo, se le volverá a dar de alta (pero no a afiliar; este acto se realiza una sola vez en su vida laboral). — TA.2

Obligaciones periódicas de la empresa tras el inicio de la actividad empresarial

Cotizaciones: aportaciones económicas que realizan los empresarios y los trabajadores para sostener financieramente el sistema de la Seguridad Social. Es obligatorio cotizar por cada trabajador en alta.

La empresa debe ingresar mensualmente sus cuotas y las del trabajador (estas últimas se deducen de su nómina mensual). Hoy en día, todas las empresas pueden realizar los trámites de afiliación y cotización a la Seguridad Social a través del **sistema electrónico RED.** Desde el 1 de enero de 2011 es obligatorio para todas las empresas encuadradas en el régimen general y para las empresas incluidas en el resto de regímenes con más de 10 trabajadores en alta.

Caso práctico inicial

Ten en cuenta que Leire y Diego son socios trabajadores.

Recuerda

Trámites del autónomo ante la TGSS

- Alta en el RETA: la obligación de afiliarse, darse de alta y cotizar recae también sobre la persona que trabaja para sí misma, el autónomo (modelo TA.0521).
- Si contrata personal, tendrá que proceder a su afiliación (cuando sea necesario) y alta en la Seguridad Social (TA.1 y TA.2), además de cotizar mensualmente por cada trabajador.

Trámites de contratación laboral

Trabajador y empresario firmarán el contrato de trabajo antes del inicio de la actividad laboral. El empresario debe comunicar y entregar una copia del mismo y la copia básica firmada por los representantes de los trabajadores en la oficina de empleo, en el plazo de 10 días hábiles desde la celebración del contrato.

Los siguientes trámites se realizan ante la Administración Laboral (tanto las sociedades como los trabajadores autónomos):

Trámites ante la Administración Laboral

- Todas las empresas que abren un centro de trabajo deben tramitar la **comunicación de apertura de centro de trabajo**, de forma presencial o telemática, ante el órgano territorial autonómico correspondiente (en el caso de Ceuta y Melilla, ante el Área de Inmigración). El **plazo** es de 30 días, contados a partir de la fecha de apertura del centro.
- Desde 2015, la Inspección de Trabajo y Seguridad Social no habilita libros de visitas, al desaparecer esta obligación legal.

Caso práctico inicial

La actividad de Leire y Diego no se considera potencialmente contaminadora de la atmósfera ni es una actividad calificada.

El tiempo que se tarda en obtener una licencia depende del organismo y la localidad en la que se tramite.

Saber más

Características de los locales e instalaciones

La normativa exige que los locales y las instalaciones dedicadas a ciertos tipos de actividad cumplan con unos requisitos y unas condiciones mínimas.

Consulta los Anexos del Real Decreto 486/1997, de 14 de abril, por el que se establecen las disposiciones mínimas de seguridad y salud en los lugares de trabajo (condiciones generales de seguridad, orden, limpieza y mantenimiento, condiciones ambientales, iluminación, servicios higiénicos y locales de descanso...).

4. Otros trámites

La Ley 34/2007, de 15 de noviembre, de calidad del aire y protección de la atmósfera establece, en su Anexo IV, un **Catálogo de actividades potencialmente contaminadoras de la atmósfera** y obliga a las empresas que realizan este tipo de actividades a tomar una serie de medidas y comunicar al órgano competente de su comunidad autónoma el inicio y el cese de dichas actividades. Dicho organismo deberá conceder una autorización administrativa por un periodo máximo de 8 años, pasado el cual podrá ser renovada por periodos sucesivos.

El Catálogo de actividades potencialmente contaminadoras de la atmósfera (Anexo IV de la Ley 34/2007) incluye actividades de diversos sectores productivos: fundición de hierro, tratamiento y curtido de cueros y pieles, lavado y cardado de lana, freidurías industriales de productos alimenticios (pescados, patatas, etc.) en las aglomeraciones urbanas, fabricación de tableros aglomerados y de fibras, extracción de aceites vegetales, etc.

Esta ley derogó expresamente el Decreto 2414/1961, de 30 de noviembre, Reglamento de actividades molestas, insalubres, nocivas y peligrosas. No obstante, el citado reglamento, a pesar de su obsolescencia, mantendrá su vigencia en aquellas comunidades y ciudades autónomas que no tengan normativa aprobada en la materia, hasta que se dicte una nueva.

En todo caso, el emprendedor debe averiguar, en su comunidad autónoma o su municipio, cómo se califica la actividad que realiza su empresa y si requiere algún tipo de autorización administrativa.

4.1. Trámites en el Ayuntamiento

Es habitual que en los ayuntamientos sea necesario realizar trámites como:

Trámites en el Ayuntamiento

Licencia municipal de obra	**Concepto:** permiso necesario para la realización de cualquier tipo de obra en locales, naves, edificios, etc., dentro de un municipio. Se debe solicitar antes de iniciar las obras.
Cambio de titularidad de un negocio	**Concepto:** la titularidad de un negocio con licencia de apertura concedida puede cambiarse mediante un acto comunicado, siempre y cuando esté en funcionamiento o lo haya estado en los 6 meses anteriores a la fecha en la que se pretende realizar el cambio.
Otros	Alta en el servicio de aguas, en la tasa de basuras, etc.

4.2. La organización de la prevención

A la hora de montar una empresa, es imprescindible consultar la normativa sobre prevención de riesgos laborales (PRL), de obligado cumplimiento para el empresario y los trabajadores. La prevención de riesgos laborales deberá integrarse en el sistema general de gestión de la empresa a través de un **Plan de prevención de riesgos laborales.**

Este plan deberá incluir, entre otras cosas:

- La evaluación de los riesgos laborales presentes en la empresa y las medidas preventivas que se toman.

- La modalidad de organización de la prevención elegida (según el Real Decreto 39/1997, de 17 de enero, por el que se aprueba el Reglamento de los Servicios de Prevención).
- La vigilancia de la salud de los trabajadores.
- Un plan de autoprotección, con su correspondiente manual interno de actuación, en el que se describirá cómo proceder en caso de emergencia.
- La organización de los primeros auxilios en la empresa.
- Una evaluación periódica y sistemática de la política y las medidas tomadas.

Estas actividades serán objeto de planificación por el empresario, incluyendo para cada actividad preventiva el plazo para llevarla a cabo, la designación de responsables y los recursos humanos y materiales necesarios.

4.3. Otros trámites en función del tipo de actividad

Algunas actividades empresariales requieren unos trámites específicos adicionales:

Trámites relacionados con el tipo de actividad de la empresa

Las actividades industriales	Deben registrarse en el Registro Industrial de la consejería o departamento autonómico que asuma estas competencias.
Las actividades dedicadas a la construcción, instalaciones y reparaciones	Deben solicitar el correspondiente documento de calificación empresarial ante la consejería o departamento autonómico correspondiente.
Las personas que se dediquen a instalaciones eléctricas, de gas, calefacción, climatización y aparatos a presión	Deben tener el carné o certificado de instalador que otorga la Administración autonómica o haber cursado el ciclo formativo correspondiente.
Los bares, cafeterías, restaurantes y establecimientos hoteleros	Deben solicitar la licencia de apertura a la consejería o departamento autonómico con competencias en Turismo.
Las agencias de viajes	Deben contar con la licencia de dicha Administración.
Las industrias y establecimientos de transformación y almacenamiento de productos agrarios	Deben registrarse en el Registro de la consejería o departamento autonómico competente.
Los grandes establecimientos comerciales	Deben disponer de la licencia de apertura en la consejería o departamento con competencia en Comercio.
Las personas físicas que se dediquen a la manipulación de alimentos	Deben obtener el carné de manipulador de alimentos a través de la consejería o departamento de Salud de su comunidad autónoma.
Las industrias y los establecimientos alimentarios que no sean detallistas	Deben registrarse en la consejería o departamento de Salud de su comunidad autónoma.
Los centros, servicios y establecimientos sanitarios	Deben obtener la autorización y formalizar el registro en la consejería o departamento de Salud de su comunidad autónoma.
Los centros de acción social	Deben obtener el visado y la autorización de la consejería o departamento de Servicios Sociales de su comunidad autónoma.
Los espectáculos públicos y las actividades recreativas	Deben obtener las licencias y/o autorizaciones en la consejería o departamento con competencias en Interior.
Las empresas de seguridad	Deben registrarse en la Dirección General de la Policía.

5. Simplificación de los trámites y servicios de ayuda complementarios

5.1. Puntos de atención al emprendedor

Las empresas contribuyen a la creación de empleo y a la sostenibilidad de la economía del país. Por ello, se está intentando eliminar la complejidad que implica llevar a cabo todos los trámites de creación de una empresa y se fomenta, cada vez más, su realización *on-line*. En esta línea, la Ley 14/2013, de 27 de septiembre, de apoyo a los emprendedores y su internacionalización, creó los **puntos de atención al emprendedor** (PAE):

Puntos de atención al emprendedor (PAE)

- Son oficinas dependientes de organismos públicos o privados.
- Pueden ser presenciales o virtuales, como CIRCE.
- Suceden o sustituyen a los puntos de asesoramiento e inicio de tramitación (PAIT) e integran los centros de ventanilla única empresarial.

Funciones de los PAE

- Informar y asesorar a los emprendedores.
- Realizar telemáticamente todos los trámites para el inicio, ejercicio y cese de la actividad empresarial.
- En ellos se inicia la tramitación del **documento único electrónico (DUE).**

La tramitación electrónica es la norma habitual de las Administraciones, en su gestión interna, de relación con los ciudadanos y de aquellas entre sí.

5.2. Documento único electrónico

El **documento único electrónico** (DUE) es un documento *on-line*, que permite agilizar los trámites para crear una empresa.

El DUE es **competente** para:

- La constitución de la SL, SLFS, SLNE, mediante escritura pública y con los estatutos.
- El alta como empresario individual, que incluye al autónomo y al autónomo de responsabilidad limitada.
- La inscripción en el Registro Mercantil de los **emprendedores de responsabilidad limitada.**
- El cumplimiento de las obligaciones en materia tributaria y de Seguridad Social asociadas al inicio de la actividad de **empresarios individuales y sociedades mercantiles.**
- La realización de **cualquier otro trámite** ante autoridades estatales, autonómicas y locales asociadas al inicio o ejercicio de la actividad, y los trámites asociados al cese de la actividad. Quedan **excluidas** las obligaciones fiscales y de la Seguridad Social durante el ejercicio de la actividad, así como los trámites asociados a los procedimientos de contratación pública y de solicitud de subvenciones y ayudas.

5.3. Trámites que se pueden realizar en el PAE

5.3.1. Inicio de actividad

- Se podrán realizar telemáticamente, a través del DUE, **todos los trámites para la constitución de sociedades,** así como los **asociados al inicio de actividad** (declaración censal a la Administración Tributaria, alta en la Tesorería General de la Seguridad Social, autorizaciones y licencias de la Administración local o autonómica).

Caso práctico inicial

Leire y Diego tienen varias formas de simplificar los trámites de creación y puesta en marcha de su empresa.

red PAE

Saber más

Ventanilla única empresarial

Fueron los primeros centros presenciales de apoyo a los emprendedores, donde se ofrecía información, orientación y asesoramiento integral, junto con la posibilidad de realizar los trámites de constitución de una empresa.

También podemos encontrar un PAE en algunos colegios profesionales, organizaciones empresariales y cámaras de comercio.

- **Constitución de SL.** Los fundadores de una sociedad de responsabilidad limitada pueden optar por su constitución telemática mediante escritura pública, con y sin estatutos tipo.

  En este caso la tramitación telemática en los PAE se realizará con plazos muy breves de tramitación: en **6 horas hábiles**, el Registro Mercantil Central ha de emitir el certificado negativo de denominación social y la fecha para otorgar escritura de constitución ante notario, que no será superior a **12 horas hábiles** desde el inicio de la tramitación telemática.

  Además, los fundadores pueden atribuir al notario la facultad de subsanar los defectos que haya advertido el registrador.

5.3.2. Ejercicio de actividad

- El emprendedor podrá realizar, a través de los PAE, **cualquier trámite preceptivo asociado al desarrollo de la actividad** ante las autoridades estatales, autonómicas y locales, incluidas la solicitud de autorizaciones y la presentación de comunicaciones y declaraciones responsables para la apertura de nuevos establecimientos o instalaciones. Se **excluyen** las obligaciones fiscales y de Seguridad Social, así como los trámites asociados a los procedimientos de contratación pública y de solicitud de subvenciones y ayudas.
- Se podrán legalizar **telemáticamente** en el Registro Mercantil todos los **libros obligatorios** (incluidos los de **actas** y registros de **socios y acciones** nominativas), después de ser cumplimentados en soporte electrónico y antes de que transcurran **4 meses** desde la fecha de cierre del ejercicio.

5.3.3. Cese de actividad

Las **personas físicas y jurídicas** podrán realizar por **vía telemática,** a través de los PAE o, si disponen de certificado digital, del PAE electrónico (Portal CIRCE), **todos los trámites administrativos** necesarios para el **cese de la actividad** de empresarios individuales y para la **extinción y cese** de la actividad de sociedades mercantiles.

En la solicitud, que estará disponible en formato electrónico, el interesado podrá solicitar expresamente la no realización de alguno o varios trámites.

5.4. Los viveros de empresa

Los viveros de empresa son espacios físicos destinados a favorecer el desarrollo del espíritu emprendedor y la creación y consolidación de nuevas empresas. Ofrecen una serie de servicios complementarios a precios más reducidos que los que ofrece el mercado:

- Pequeños despachos, locales o espacios modulares en los que instalarse.
- Servicios logísticos y administrativos compartidos (fax, copistería, contabilidad, etc.), línea telefónica e internet.
- Asesoramiento y apoyo por parte de personal experto en creación de empresas.
- Red de emprendedores *(networking)*.

Estos equipamientos incrementan las posibilidades de supervivencia de un proyecto empresarial. Si bien solo están pensados para los primeros años de su puesta en marcha, el plazo máximo de permanencia suele ser de 2 o 3 años.

Saber más

Ley 39/2015, de 1 de octubre, del Procedimiento Administrativo Común de las Administraciones públicas

Regula las relaciones entre la Administración y los ciudadanos y pretende implantar una Administración totalmente electrónica, interconectada y transparente.

Ley 40/2015, de 1 de octubre, de Régimen Jurídico del Sector Público

Establece la legislación básica sobre régimen jurídico administrativo, aplicable a todas las Administraciones públicas y regula las relaciones internas entre las Administraciones.

Vivero de empresas de Moratalaz, Madrid. *Fuente:* <www.madrid.es>.

Saber más

Viveros de empresa en España

En la actualidad, existen viveros de empresas gestionados por ayuntamientos, comunidades autónomas, cámaras de comercio o universidades:

- Ayuntamiento de Madrid: <www.madrid.es>, sección *Actividad económica y Hacienda.*
- Cámara de Comercio de Jerez: <www.camarajerez.es>.
- Universidad Autónoma de Barcelona: <www.uab.cat>.

ACTIVIDADES FINALES

1. ¿Cuándo adquiere personalidad jurídica una cooperativa? ¿Y una sociedad laboral?

2. Copia y completa la siguiente tabla sobre los trámites que tiene que realizar el autónomo para iniciar su actividad empresarial o profesional (habrá casillas que quedarán en blanco):

Lugar	Trámites que realizar para crear una empresa
En el Registro Mercantil Central	....
En el Registro Mercantil provincial	....
En una notaría	....
En las delegaciones estatales de Hacienda	....
En la delegación autonómica de Hacienda	....
En las entidades laborales	....
En el Ayuntamiento	....

3. Copia y completa el siguiente esquema con el orden cronológico por el que se deben realizar los trámites de constitución de una empresa, que has visto a lo largo del tema:

Certificación negativa de nombre (se obtiene en ....)

↓

....

↓

Ingresa el dinero de .... en el banco

↓

....

↓

Declaración censal y solicitud del NIF en Hacienda

↓

Inscripción de .... en el Registro Mercantil provincial

↓

Alta en el IAE

↓

Trámites laborales

↓

Trámites en el Ayuntamiento

■ **4.** Realiza un cuadro similar al que te mostramos a continuación, indicando todos los trámites que se deben realizar en cada organismo para constituir y poner en marcha una sociedad:

Lugar	Trámites que realizar para crear una empresa
En el Registro Mercantil Central	■ Solicitar la certificación negativa de nombre.
En el Registro Mercantil provincial	■ ■■■■■■■■■■■■■■■■■■■■■■■■■■■■■■■■■■■ ■ Legalizar el libro de inventario y cuentas anuales, el Diario, el de actas de las juntas y de los órganos colegiados de la sociedad, el libro de registro de socios o de acciones nominativas.
En una notaría	■■■■■■■■■■■■■■■■■■■■■■■■■■■■■■■■■■■
En las delegaciones estatales de Hacienda	■■■■■■■■■■■■■■■■■■■■■■■■■■■■■■■■■■■
En las entidades laborales	■■■■■■■■■■■■■■■■■■■■■■■■■■■■■■■■■■■
En el Ayuntamiento	■■■■■■■■■■■■■■■■■■■■■■■■■■■■■■■■■■■

■ **5.** Copia y rellena en tu cuaderno el siguiente cuadro sobre las diferencias que hay para constituir una sociedad anónima, una sociedad limitada laboral y una cooperativa. Pon una cruz cuando la sociedad tenga la obligación de realizar ese trámite:

Trámites	SA	SLL	Cooperativa
Certificación negativa de nombre			
■■■■■■■■■■■			
Ingreso bancario			
■■■■■■■■■■■			
Declaración censal y solicitud del NIF			
Inscripción en (indicar el tipo de registro para cada sociedad)			

■ **6.** ¿Cuáles son los trámites de constitución de una sociedad? ¿Y los de puesta en marcha?

Entra en **internet**

■ **7.** Localiza el PAE más cercano a tu domicilio.

■ **8.** Busca en la página web de tu ayuntamiento los trámites y los formularios para solicitar las licencias que necesita tu empresa para iniciar su actividad.

■ **9.** Localiza en la página web del Ayuntamiento de Madrid los viveros de empresa de la capital.

A través de la web de tu ayuntamiento, o de tu comunidad autónoma, averigua si hay viveros de empresa en tu localidad y/o comunidad.

■ **10.** Entra en la página web del Registro Mercantil Central: <www.rmc.es>. Descubre los servicios que ofrece y cómo se puede tramitar *on-line* la certificación negativa de nombre.

■ **11.** El Ministerio de Trabajo creó una interesante web sobre prevención de riesgos laborales dirigida a empresarios. Puedes visitarla en <www.prevencion10.es>.

PROYECTO DE EMPRESA

Organización de la prevención

Recuerda lo que estudiaste en el módulo de Formación y Orientación Laboral sobre prevención de riesgos laborales y elige la forma más adecuada para organizar la prevención en tu empresa, teniendo en cuenta los siguientes condicionantes:

- Si se trata de una de las actividades consideradas como especialmente peligrosas por el Anexo I del Real Decreto 39/1997, de 17 de enero, por el que se aprueba el Reglamento de los Servicios de Prevención.
- El número de trabajadores de la empresa.
- Tu formación en materia de prevención de riesgos laborales.

Trámites para iniciar tu empresa

En la actualidad, acudir directamente a un PAE puede ser de gran ayuda para el emprendedor, pero nunca olvides que lo habitual, antes de iniciar un proyecto, es trazar un plan organizado de trabajo.

- Puedes comenzar haciendo una relación de todos los trámites que debe realizar tu empresa para iniciar su actividad.
- Después, ordénalos cronológicamente.
- Finalmente, analiza dónde se debe realizar cada trámite, localiza la dirección exacta y haz un estudio de proximidades.

Recuerda que en la mayoría de las grandes ciudades suele haber un punto de atención al emprendedor, una delegación de Hacienda y una de la Seguridad Social por distrito. Busca la más cercana a tu domicilio.

Elabora una tabla o un calendario, que pueden servirte de guía para organizar tu trabajo:

Orden	Trámites	Órgano en el que se tramita	Dirección postal	Dirección web
1				
2				
3				
4				
5				

Tarea	Ene	Feb	Mar	Abr	May	Jun	Jul	Ago	Sep	Oct	Nov	Dic
Trámites de constitución												
Compra o alquiler del local												
Reforma del local												
Contratación de personal												
Acciones comerciales												
Compras de productos y materias primas												
Campañas de lanzamiento de producto												

Recuerda que a lo largo de todo el curso puedes consultar la **unidad 14** como referente continuo para la elaboración de tu **proyecto de empresa**.

Actividades

1. Rellena todos y cada uno de los formularios que necesita tu empresa y adjúntalos a tu proyecto de empresa. Puedes encontrarlos:
   - En las páginas web de los organismos en los que se tramitan.
   - Acudiendo en persona a cada uno de dichos organismos.

ACTUALIDAD EMPRESARIAL

Pasos para no perder tiempo y dinero en los trámites para crear una empresa

¿Puede cualquiera capitalizar el paro? ¿Distingues entre autónomo persona física y persona jurídica? ¿Sabes los plazos que no penalizan para darte de alta en Hacienda y en la Seguridad Social? ¿Sabes qué cosas se pueden hacer y qué no con el NIF provisional y el definitivo?

El proceso burocrático para constituir una empresa en España es algo enrevesado y muy lento. A pesar de que hay programas institucionales para crear sociedades en 24 y 48 horas, la realidad es bien distinta. La mejor opción es ponerlo en manos de expertos para que se encarguen de todo el papeleo. Pero si no quieres (porque prefieres vivir la experiencia) o no puedes (porque andas escaso de recursos), no te queda más remedio que hacerlo personalmente. Y, en ese caso, hay dos opciones: de forma *on-line* o presencial. La primera es más rápida que la segunda. Hemos hablado con expertos en esta materia que nos han desvelado una serie de atajos que te ayudarán a ahorrarte, principalmente, tiempo y algo de dinero, si lo haces a través de la Administración o de una empresa privada.

No vuelva usted mañana

A simple vista puede parecer un proceso muy sencillo (aunque te robe mucho tiempo), pero desconocer determinados plazos para hacer algunos trámites te puede costar muy caro, y no solo por las sanciones administrativas y fiscales, sino también por los pasos en falso que te harán retroceder –al más puro estilo larraniano– una y otra vez de una ventanilla a otra.

¿Autónomo o sociedad?

Es importante diferenciar entre autónomo, persona física, y autónomo como figura necesaria que debe estar detrás de una sociedad. Por ejemplo, dices que vas a hacerte autónomo y pides una ayuda, pero luego lo que constituyes es una sociedad limitada (para lo que también es necesario ser autónomo, al menos, uno de los socios). «El riesgo es que te pueden obligar a devolver el dinero. Imagina que pides capitalizar el paro como autónomo, persona física. En ese caso, puedes conseguir capitalizar el 60 % (o más, según la edad, sexo y grado de discapacidad) y el resto, para pagar las cuotas de la Seguridad Social», aclara Alejandro Palacios, asesor jurídico de AJE Madrid.

Con buena letra

Cuando vas al notario a redactar la escritura de constitución tienes que acreditar que has depositado en el banco los 3000 euros de rigor. «El fallo que se comete –recuerda Palacios– es hacer el ingreso a nombre de la persona que va al banco, pero hay que ponerlo a nombre de la futura sociedad (el que figura en la denominación negativa que te han dado en el Registro), además del nombre del administrador de la sociedad».

Ojo, con el alta definitiva en el IAE no se acaba todo. «Tienes 30 días para ir a la Seguridad Social y darte de alta como autónomo. La fecha que tiene en cuenta la Seguridad Social para empezar a cobrarte la cuota de autónomo no es la fecha en la que has ido a la Seguridad Social, sino la fecha en la que te has dado de alta en el IAE en Hacienda, por lo que te pueden cobrar intereses por la demora si te pasas de ese plazo», advierte Palacios.

¿Qué es más rentable?

Hemos hablado mucho en *Emprendedores* de cuándo conviene pasar de autónomo a sociedad (véase n.º 142, dosier *Emprender en solitario*) por las ventajas fiscales. Ahora te contamos cómo hacerlo. «Recomiendo dar ese paso cuando empiezas a facturar entre 48 000 y 50 000 euros. Los trámites para cambiarse de una figura a otra serían los mismos que para crear una sociedad limitada. Pero cuando vayas a la Seguridad Social, aunque ya eres autónomo, tienes que aportar la escritura de constitución. En ese momento pasarás de ser autónomo (persona física que facturas con tu nombre y tu DNI) a autónomo representante de la sociedad limitada (nombre de la empresa y el NIF)», aclara el asesor jurídico de AJE Madrid.

ACTUALIDAD EMPRESARIAL

continuación

¿Con sueldo o sin él?

Hemos insistido mucho desde *Emprendedores* en que es recomendable ponerse un sueldo cuando constituyes una sociedad limitada. «Si estás tributando en el impuesto sobre sociedades, ponte un sueldo porque eso repercutirá en el beneficio de la empresa, ya que la sociedad podrá desgravarse un porcentaje por ese gasto, independientemente de que también tienes que hacer el IRPF. Ponerse una nómina no hay que confundirlo con ¿me tengo que hacer un contrato laboral? Harás un contrato laboral si eres un socio trabajador que no tiene más del 33 % o un cuarto del capital, dependiendo de las funciones que tengas en la compañía», indica este experto.

¡A repartir como cosacos!

Otro detalle que suele desconocerse es cuando los socios deciden repartir dividendos, una vez que la empresa empieza a dar beneficios. «Pero antes de repartir hay que hacer contablemente una reserva legal del 10 %, que deberá llegar progresivamente al 20 %. Y, por otro lado, está la reserva voluntaria, en la que puedes meter lo que quieras como fondo. Pero, primero, la reserva legal», advierte Palacios.

Este experto recuerda que en Hacienda se puede pedir el NIF definitivo directamente. «Pero también puedes solicitar el provisional, lo que te permite que durante el tiempo que constituyes la empresa puedes ir haciendo compras a proveedores (inmovilizado) y deducirte ese IVA que estás soportando. Y esa práctica puedes hacerla gracias a que has pedido primero el NIF provisional. No obstante, no puedes vender ni emitir facturas, pero sí puedes deducirte el IVA por esas compras que haces para ir, por ejemplo, acondicionando tu negocio. Y una vez que tengas el NIF definitivo, ya puedes emitir facturas».

Incluso, destaca Palacios, el provisional lo puedes pedir simplemente con el modelo 036 (o el 037 simplificado, si eres autónomo) «y con un escrito de puño y letra de los socios (no es necesario hacerlo ante notario), indicando tu voluntad de constituir la sociedad. Eso sí, en el NIF definitivo debes validar la escritura, para la que sí es necesario ir al notario».

Fuente: Revista *Emprendedores*

Trabajo a realizar

1. Este artículo complementa lo estudiado en la unidad con una serie de consejos prácticos para la realización de los trámites de constitución y puesta en marcha de una sociedad.

   Después de haber trabajado la unidad, ¿te parecen sencillos o enrevesados los trámites de constitución de una sociedad? ¿Crees que se puede tramitar toda la documentación sin la ayuda de un experto?

EN RESUMEN

TRÁMITES DE CONSTITUCIÓN

Constitución de una sociedad

- Certificación negativa de nombre
- Ingreso bancario
- Escritura pública de constitución
- Declaración censal y solicitud del NIF
- Inscripción en el Registro Mercantil

TRÁMITES DE PUESTA EN MARCHA

Trámites en Hacienda

- Declaración censal
- Obtención del NIF
- Alta en el IAE

Legalización de libros: solo para los empresarios y profesionales individuales en régimen de estimación directa simplificada

Trámites laborales

- Trámites para la contratación de personal
- Comunicación de apertura de centro de trabajo

Otros trámites

- Actividades contaminantes
- Trámites relacionados con la PRL
- Trámites en el ayuntamiento
- Por el tipo de actividad

Unificación y simplificación de los trámites

PAE – DUE – Viveros de empresa

Evalúa tus conocimientos

RESUELVE EN TU CUADERNO O BLOC DE NOTAS

1. El trabajador autónomo:

a) Que contrata a un trabajador tiene que darlo de alta en la Seguridad Social; para ello, rellenará el TA.2.

b) Debe darse de alta en el RETA.

c) Se evita los trámites de constitución de una sociedad.

d) Todas las respuestas son correctas.

2. Respecto a los trámites de constitución:

a) Las sociedades limitadas tienen que solicitar la calificación del proyecto de estatutos.

b) El notario necesita el resguardo bancario del ingreso del capital social para otorgar la escritura pública (salvo en las SRLFS).

c) La certificación negativa de nombre se presenta en el Registro Mercantil provincial.

d) La inscripción de la empresa se realiza en el Registro Mercantil Central.

3. Respecto a los trámites en Hacienda:

a) El IAE supone el alta de la empresa en Hacienda.

b) Todas las sociedades limitadas pagan el IAE.

c) El NIF identifica a las empresas en Hacienda.

d) Ninguna respuesta es correcta.

4. Respecto a los trámites en la Tesorería General de la Seguridad Social:

a) Se debe dar de alta a los trabajadores antes del inicio de la actividad laboral.

b) Mediante el TA.6, la empresa elige quién realizará la cobertura de riesgos profesionales, una mutua o la Seguridad Social.

c) El único trámite que tiene que realizar un autónomo para empezar a trabajar es darse de alta en el RETA.

d) Todas las respuestas son correctas.

5. Señala la respuesta correcta:

a) En un PAE se pueden realizar telemáticamente todos los trámites para el inicio, ejercicio y cese de la actividad empresarial.

b) Los bares, cafeterías, restaurantes y establecimientos hoteleros deben solicitar la licencia de apertura a la consejería con competencia en Turismo.

c) Mediante el DUE se puede constituir una SRL e inscribir en el Registro Mercantil a los emprendedores de responsabilidad limitada.

d) Todas las respuestas son correctas.

12 Gestión fiscal

Vamos a conocer...

1. El sistema tributario
2. Las relaciones jurídico-tributarias
3. Obligaciones fiscales iniciales
4. Obligaciones fiscales periódicas
5. Obligaciones tributarias eventuales

PRÁCTICA PROFESIONAL

Gestiona los tributos de tu empresa

ACTUALIDAD EMPRESARIAL

Desgravar es sencillo

Y al finalizar esta unidad...

- Comprenderás los fundamentos del sistema tributario español.
- Identificarás los distintos elementos de un impuesto.
- Conocerás las obligaciones fiscales de los distintos tipos de empresas.
- Calcularás la cuantía de los elementos básicos de los principales impuestos que afectan a las empresas.

Práctica profesional inicial

Situación de partida

Carlota, Javier e Isabel son tres amigos, compañeros y alumnos de un ciclo formativo, que se están planteando crear una empresa. Aunque cada uno cuenta con iniciativa propia e ideas originales, se han reunido para confeccionar un proyecto de empresa común mediante el que conseguirían integrar sus tres actividades empresariales en una sola sociedad, con lo que lograrían las correspondientes economías de escala y una notable sinergia.

El principal inconveniente para la integración de sus respectivos proyectos empresariales en una unidad es el de los posibles costes adicionales que esto pudiera representar. El único apartado de costes en el que piensan que desarrollar unidos su actividad empresarial representaría un mayor coste es en el ámbito fiscal.

Por todo ello, van a acometer un análisis comparativo de las diversas opciones de «formato empresarial» en función de los costes fiscales asociados a cada una de ellas.

La primera opción que se plantean consiste en constituirse cada uno individualmente, ya sea como autónomo o adoptando alguna forma societaria unipersonal.

Las otras opciones básicas que contemplan son constituirse como sociedad mercantil o como sociedad cooperativa.

Por ahora, Carlota, Javier e Isabel no tienen muchos conocimientos relativos a las obligaciones fiscales de las distintas formas empresariales. Cuando acabemos la unidad estaremos en condiciones de asesorarles, indicarles cuáles serán sus obligaciones fiscales y aconsejarles sobre la forma jurídica que menor coste fiscal les acarreará.

Estudio del caso

Antes de empezar a leer esta unidad de trabajo, puedes contestar las dos primeras preguntas. Después, analiza cada punto del tema, con el objetivo de contestar al resto de las cuestiones de este caso práctico.

1. Recuerda qué impuestos del sistema fiscal español conoces y cuáles de ellos afectarían a las formas en que estos tres amigos podrían constituir su «comunidad empresarial».
2. Carlota, Javier e Isabel no entienden las obligaciones con Hacienda, piensan que sería mejor que los impuestos no existieran y se preguntan repetidamente por qué tienen que pagar impuestos. ¿Podrías darles una explicación o una respuesta justificada a su pregunta?
3. Como no les apetece pagar impuestos, los tres amigos han pensado en la posibilidad de no pagar. ¿Se lo aconsejarías? ¿Cuáles podrían ser las consecuencias de esa actitud?
4. ¿Crees que los tres socios tendrán que pagar el IAE en alguna de las formas en que puedan constituirse como empresa?
5. ¿Con qué forma de empresa tendrían menos número de obligaciones fiscales? (Reflexiona bien antes de contestar y piensa que se plantean la opción de ejercer sus actividades individualmente como autónomos).
6. ¿Qué modalidad de estimación de rentas del IRPF interesa más a cada uno de los amigos en caso de constituirse como autónomos?
7. Elabora un cuadro-esquema en el que se recojan las obligaciones fiscales de cada una de las principales formas jurídicas de empresa que podrían elegir.

La Agencia Tributaria

La Agencia Tributaria es el organismo público encargado de la gestión del sistema tributario estatal y del sistema aduanero. Podemos encontrar toda la información fiscal en su web: <www.agenciatributaria.es>.

1. El sistema tributario

El poder ejecutivo del Estado, en sus distintos ámbitos territoriales, presta una serie de servicios públicos y acomete obras públicas en beneficio de todos. Para ello, necesita unos recursos económicos que obtiene principalmente de la recaudación tributaria. La **Agencia Tributaria** es el organismo público encargado de centralizar la gestión de los tributos del Estado.

La Ley General Tributaria (LGT), Ley 58/2003, de 17 de diciembre, define los **tributos** como «los ingresos públicos que consisten en prestaciones pecuniarias exigidas por una Administración pública como consecuencia de la realización del supuesto de hecho al que la ley vincula el deber de contribuir, con el fin primordial de obtener los ingresos necesarios para el sostenimiento de los gastos públicos».

Los agentes económicos, tanto las **personas físicas** –en el papel de consumidores o en el de trabajadores– como las **empresas,** son los destinatarios básicos de esas obligaciones tributarias.

Existen tres tipos de tributos: **impuestos, tasas** y **contribuciones especiales.**

Tributos

- **Tasa**: Es aquel pago que realizan los ciudadanos por una contraprestación directa y personal.
- **Contribución especial**: Pago por el incremento del valor del patrimonio inmobiliario debido a la realización de una obra o un servicio públicos.
- **Impuesto**: Pago sin contraprestación directa.
  - Directos
  - Indirectos

Tipos de impuestos

- **Directos**
  - **Estatales**
    - IRPF (impuesto sobre la renta de las personas físicas)
    - IRNR (impuesto sobre la renta de no residentes)
    - IS (impuesto sobre sociedades)
  - **Autonómicos**
    - ISD (impuesto sobre sucesiones y donaciones)
    - IP (impuesto sobre patrimonio)
  - **Locales**
    - IAE (impuesto sobre actividades económicas)
    - IBI (impuesto sobre bienes inmuebles)
    - IVTM (impuesto sobre vehículos de tracción mecánica)
- **Indirectos**
  - **Estatales**
    - IVA (impuesto sobre el valor añadido)
    - Impuestos especiales (matriculación de vehículos, bebidas alcohólicas, tabaco, hidrocarburos y electricidad)
    - Renta de aduanas
  - **Autonómicos**
    - ITP y AJD (impuesto sobre transmisiones patrimoniales y actos jurídicos documentados)

Caso práctico inicial

Leyendo la LGT los tres socios podrán conocer el motivo, la dimensión y la responsabilidad social asociada al pago de los impuestos.

Saber más

El sistema fiscal español integra dos modelos, el común y el foral. El régimen fiscal común es aplicable a todas las CC. AA. excepto la Comunidad Foral de Navarra y el País Vasco, que cuentan con sendos regímenes forales.

En el marco del régimen fiscal común, Canarias disfruta de un régimen fiscal especial (por razones históricas y geográficas) y las ciudades autónomas de Ceuta y Melilla también poseen un régimen fiscal específico (sobre todo en fiscalidad indirecta).

2. Las relaciones jurídico-tributarias

Las relaciones jurídico-tributarias, prescriptivamente establecidas por ley, son aquellas que vinculan a la Administración beneficiaria de cada tributo con el obligado tributario. El elemento central de esas relaciones es la **obligación tributaria principal,** que consiste en el pago de la cuota tributaria.

Los tributos, fundamentalmente los impuestos, se configuran con los siguientes elementos básicos:

Hecho imponible: es el hecho económico, relacionado con la capacidad de pago del contribuyente, al que la ley que crea el impuesto asocia la generación de una obligación tributaria. Por ejemplo: la percepción de un salario, de una renta del trabajo, genera para el trabajador la obligación tributaria principal en el IRPF.

Devengo y exigibilidad: momento en el que se entiende realizado el hecho imponible y nace la obligación tributaria, y en el que se ha de realizar el pago del tributo, respectivamente.

Exención: supuestos en los que, aunque se produce el hecho imponible, la ley exime al sujeto pasivo del cumplimiento de la obligación tributaria principal. Por ejemplo: como veremos más abajo, la ley del IAE exime del cumplimiento de la obligación principal a la mayoría de las empresas sujetas a él.

Obligado tributario: persona física o jurídica sobre la que recae la obligación de desarrollar los trámites tributarios, las obligaciones formales asociadas al tributo. Por ejemplo: cuando el hecho imponible del IRPF es la percepción de un salario, la empresa pagadora es la encargada de retener la cuota tributaria al trabajador y realizar el ingreso a cuenta en la Administración Tributaria.

Sujeto pasivo: persona física o jurídica sobre la que recae la obligación tributaria principal, es decir, la que soporta económicamente el pago del impuesto. Por ejemplo: aunque el trabajador no ha de realizar expresamente el pago mensual del IRPF, indirectamente paga la cuota correspondiente a través de la deducción que en este concepto se practica en su nómina por parte de la empresa.

Base imponible: estimación y cuantificación económica del hecho imponible. Siguiendo el ejemplo anterior, la base imponible del IRPF sería la percepción salarial a la que el empresario aplica el tipo impositivo para calcular la retención mensual que habrá de descontar en la nómina del trabajador.

Deducción: descuento de la cuantificación de determinados elementos que, inicialmente, forman parte de la base imponible y que la ley, en ciertos supuestos, permite eliminar. Por ejemplo: en el IRPF, cuando el trabajador presenta la declaración anual, puede practicarse deducciones por donaciones a ONG.

Base liquidable: resultado de restar las posibles deducciones a la base imponible.

Tipo impositivo: cifra, coeficiente o porcentaje que, en cada impuesto, se aplica a la base liquidable para hallar la **cuota íntegra** tributaria.

Cuota diferencial tributaria: resultante de las minoraciones que la normativa de cada tributo permita aplicar sobre las sucesivas **cuotas íntegra y cuota líquida** tributarias.

Deuda tributaria: constituida por la cuota tributaria o cantidad que se debe ingresar a la Administración Tributaria resultante, bien de la obligación principal o bien de las obligaciones de realizar **retenciones e ingresos a cuenta.**

Saber más

Recargos e intereses de demora

Además de estos elementos principales, la LGT (art. 58) prevé, para el caso en que el cumplimiento de las obligaciones fiscales presente defecto de tiempo y/o forma, los recargos e intereses de demora como forma de compensación a la Administración ante tales incumplimientos parciales.

Los **intereses de demora** son cantidades resultantes de aplicar un tipo a la cuota tributaria. Se derivan del cumplimiento de una obligación tributaria fuera de plazo o de la percepción de una devolución improcedente.

Los **recargos** son cantidades adicionales que el obligado tributario debe ingresar como penalización por la presentación extemporánea de autoliquidaciones o declaraciones, sin requerimiento previo de la Administración Tributaria.

3. Obligaciones fiscales iniciales

Caso práctico inicial

Prácticamente ninguna empresa de nueva creación, sea cual sea su forma jurídica, tendrá que pagar el IAE durante sus primeros ejercicios económicos.

Las empresas, de forma previa a su constitución o inicio de actividad, se enfrentan a unas obligaciones fiscales que deben resolver antes de comenzar a operar en el mercado.

3.1. Declaración censal e impuesto sobre actividades económicas (IAE)

- Antes de iniciar la actividad económica deben presentar la **declaración censal** (alta en el Censo de empresarios, profesionales y retenedores) las personas físicas, jurídicas o entidades sin personalidad jurídica que realicen en España:
  - Actividades empresariales o profesionales.
  - Abono de rentas sujetas a retención o ingreso a cuenta, o adquisiciones intracomunitarias de bienes sujetos a IVA.

  Utilizaremos el **modelo 036 o 037** tanto para el **alta inicial** como para comunicar **modificaciones** posteriores y para **darse de baja.**
- El **impuesto de actividades económicas (IAE)** es un impuesto municipal personalista y directo que grava el mero ejercicio de actividades económicas en territorio español. Se presentará el **modelo 840.** Están **exentos:**
  - Las personas físicas.
  - Las sociedades y entidades con una cifra de negocio inferior a 1 000 000 €.
  - El Estado y resto de organismos públicos.

  Plazo: durante los dos primeros periodos impositivos desde el inicio de actividad.

3.2. El impuesto sobre transmisiones patrimoniales y actos jurídicos documentados (ITP/AJD)

El ITP/AJD grava todas las transmisiones patrimoniales onerosas, las operaciones societarias mercantiles, así como la expedición de documentos públicos y privados (notariales, mercantiles, administrativos). Las empresas con forma societaria deberán abonar este impuesto antes del inicio de su actividad puesto que, como vimos en la unidad 11, deberán elevar a pública su escritura de constitución y habrán de inscribirse en el registro oficial correspondiente.

Actividades

1. Explica la finalidad de los tributos en el marco de la actuación de los poderes del Estado.
2. Señala las principales diferencias existentes entre los distintos tipos de tributos. ¿En cuál de ellos el hecho imponible se encuentra directamente relacionado con una actividad de la Administración?
3. Define la relación que existe entre el hecho y la base imponibles y explica cómo se obtiene la cuota diferencial partiendo de la base imponible inicial.
4. Analiza las siguientes afirmaciones y expón, razonadamente, si resultan verdaderas o falsas:
   - Un impuesto establece como hecho imponible pasear por las avenidas de más de 1 kilómetro de largo de las ciudades.
   - El impuesto sobre sociedades es un impuesto indirecto, pues grava la obtención de beneficios, manifestación indirecta de la capacidad de pago del sujeto pasivo.
5. Enumera y explica en qué consisten las obligaciones fiscales que cada tipo de empresa debe afrontar antes del inicio de su actividad.

4. Obligaciones fiscales periódicas

4.1. El impuesto sobre el valor añadido (IVA)

El IVA es un impuesto de carácter indirecto que grava el consumo de bienes y servicios dentro del territorio español. Aunque las empresas no son sujetos pasivos de este tributo, su papel como obligados tributarios resulta fundamental.

Las características del IVA se reflejan en sus elementos esenciales:

Hecho imponible: entregas de bienes y prestación de servicios por parte de empresarios y profesionales, adquisiciones intracomunitarias (UE) e importaciones de bienes de países ajenos a la UE.

Devengo y exigibilidad: el devengo se produce en el momento de realizarse el hecho imponible. El sujeto pasivo, la empresa vendedora, debe presentar liquidaciones trimestrales en los 20 primeros días del mes siguiente a la finalización del trimestre (meses de abril, julio, octubre y enero), además del resumen anual que acompaña a la declaración del último trimestre.

Exención: la ley del IVA establece una serie de operaciones exentas de tributación, básicamente en razón de la naturaleza de bienes y servicios públicos que representan (educación, sanidad, bienes de primera necesidad...).

Sujeto pasivo: la ley establece que el sujeto pasivo debe repercutir la cuota del impuesto al comprador, que soportará el pago.

Base imponible: es el importe total de la contraprestación monetaria de la operación sujeta al impuesto, incluidos los gastos complementarios de la operación.

Deducción: por la naturaleza del impuesto, que grava al consumidor final, las empresas, cuando liquidan el IVA, se deducen las cuotas abonadas en sus compras (IVA soportado) para minorar la cuenta de IVA repercutido que deben ingresar en la Agencia Tributaria.

Base liquidable: es igual a la base imponible, ya que la deducción de IVA soportado se aplica en este caso a la cuota tributaria, no a la base.

Tipo impositivo: se aplican tres tipos impositivos diferentes (general, 21 %; reducido, 10 %; y superreducido, 4 %) según la naturaleza de la operación que represente el hecho imponible.

Cuota diferencial tributaria: la resultante de aplicar a la base imponible el tipo impositivo correspondiente a cada hecho imponible.

Ejemplo

Alonso Núñez adquiere un televisor a la empresa de comercio electrónico TVNET, SA, por un importe de 900 €. La empresa le carga unos gastos pactados por envío de 100 €. El tipo aplicable será el general y se aplicará a la base imponible, que estará constituida por el importe total, es decir, la suma del importe más el gasto de envío del bien. Por tanto, en este caso, la cuota de IVA que recaudará TVNET y que pagará Alonso será:

$(900 + 100) \times 0{,}21 = 210$ €

$(900 + 100) + 210 = 1210$ €

El coste total de la compra para Alonso será, consecuentemente, de 1210 €.

Tipo impositivo

Saber más

El **art. 120 de la ley del IVA** establece los siguientes regímenes especiales:

1.º) Régimen simplificado.
2.º) Régimen especial de la agricultura, ganadería y pesca.
3.º) Régimen especial de los bienes usados, objetos de arte, antigüedades y objetos de colección.
4.º) Régimen especial aplicable a las operaciones con oro de inversión.
5.º) Régimen especial de las agencias de viajes.
6.º) Régimen especial del recargo de equivalencia.
7.º) Régimen especial aplicable a los servicios de telecomunicaciones, de radiodifusión o de televisión y a los prestados por vía electrónica.
8.º) Régimen especial del grupo de entidades.
9.º) Régimen especial de criterio de caja.

Los regímenes correspondientes a los apartados 4.º, 5.º y 6.º resultan obligatorios, mientras que el resto son de adscripción voluntaria.

Recuerda

Sede Electrónica de la Agencia Tributaria

Desde esta plataforma, la AEAT permite realizar los trámites de muchos impuestos, entre ellos, el IVA, durante las 24 horas de los 365 días del año.

Saber más

Régimen de criterio de caja

En septiembre de 2013 se introdujo el régimen de criterio de caja, muy demandado por las pequeñas empresas, individuales o societarias.

Supone una nueva forma de tributar por IVA que permite a las empresas no tener que ingresar IVA por operaciones que, aunque se han facturado, aún no se han cobrado.

Hasta el 1 de enero de 2014 las empresas sujetas al principio de devengo tenían que ingresar en Hacienda cantidades correspondientes a IVA que, aunque constaban en su contabilidad como facturadas, aún no habían cobrado.

Pueden acogerse a este régimen las empresas cuyo volumen de operaciones en el año natural anterior no supere 2 000 000 €.

Se excluyen los sujetos pasivos cuyos cobros en efectivo respecto de un mismo destinatario durante el año natural anterior superen la cuantía de 100 000 €.

Recargo de equivalencia

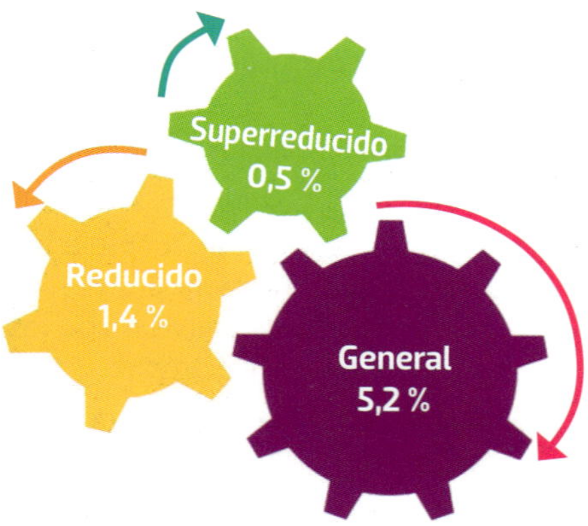

Los sujetos pasivos del IVA –las empresas que entregan un bien o prestan un servicio y que están acogidas al régimen general del impuesto– cuentan con las correspondientes obligaciones formales que a continuación sintetizamos:

- Realizar la declaración censal (etiquetas y opciones) de inicio de actividad (modelo 036).
- Exigir y entregar, respectivamente, facturas con duplicado (que se conservarán al menos 4 años) en todas las operaciones de compra y venta en las que intervengan. Asimismo, deberán cumplimentar los libros de registro de facturas emitidas y de facturas recibidas, de bienes de inversión y de operaciones intracomunitarias, entre otros.
- Presentar las liquidaciones periódicas, ya sean trimestrales (modelo 300) o, en el caso de exportadores y grandes empresas, mensuales (modelos 320/330), y el resumen anual (modelos 390/392).

Además del régimen general, la ley del IVA (arts. 122-163) contempla otros regímenes especiales para adecuar las obligaciones de gestión del impuesto a determinadas características de distintos tipos de empresas.

Al **régimen especial simplificado** se pueden adscribir los empresarios acogidos al régimen de atribución de rentas en el IRPF (que veremos más adelante); por tanto, aquellos cuyo beneficio se estime por medio de estimación objetiva. Consecuentemente, la liquidación del IVA se realiza también por medio de módulos, por lo que las obligaciones de gestión del impuesto se minimizan y simplifican.

El **régimen especial del recargo de equivalencia** se aplica a todos los comerciantes minoristas que operan como personas físicas, con determinadas excepciones en razón del tipo de productos que comercializan. La singularidad de este régimen consiste en que el proveedor (mayorista) del minorista beneficiario aplica un recargo extra (recargo de equivalencia) al IVA, que repercute en la factura de venta. Posteriormente, el minorista aplica normalmente a sus ventas el IVA correspondiente. A cambio del recargo de equivalencia que pagó a su proveedor, el minorista queda eximido de expedir factura, registrar la venta y liquidar el impuesto.

Ejemplo

Pedro Gil es un comerciante minorista dedicado a la venta de ropa y artículos de deporte. Recibe un pedido de 300 maillots de ciclismo de la empresa ilicitana PALMERASPORT, SA, con un precio unitario de 9 € y 200 € en concepto de gastos de transporte. ¿Qué cuota tributaria por IVA abonará Pedro al mayorista PALMERASPORT?

Base imponible	(Precio unitario × n.º de artículos) + gastos de transporte	(9 × 300) + 200	2 900 €
Tipo impositivo del IVA	21 %	2 900 × 0,21	609 €
Recargo de equivalencia	5,2 %	2 900 × 0,052	150,8 €
Cuota tributaria	Cuota general + recargo de equivalencia	609 + 150,8	759,8 €

Por tanto, la cuota tributaria del IVA para Pedro sería de 759,8 €, y el importe total de la operación resultaría ser de 3 659,8 €.

4.2. El impuesto sobre la renta de las personas físicas (IRPF)

El IRPF es un impuesto de carácter personal y directo que grava las rentas percibidas por las personas físicas, en virtud de diferentes conceptos.

4.2.1. La empresa como obligado tributario al pago del IRPF

Por medio del IRPF tributan, entre otros conceptos que integran su hecho imponible, los **beneficios** o **rendimientos netos**, las rentas de las empresas individuales (autónomos) y de los miembros de las sociedades civiles.

En estos elementos concretos nos centramos en este apartado.

Las **características básicas** del IRPF en relación con las rentas de estos tipos de empresarios son:

Hecho imponible: obtención, por parte de personas físicas, de rentas derivadas de actividades empresariales, profesionales, artísticas y laborales, y procedentes del patrimonio del sujeto pasivo.

Devengo y exigibilidad: el devengo aparece con la generación de cada tipo de renta; estos tipos se agrupan en un cómputo anual que corresponde al periodo de liquidación.

La periodicidad del pago (retenciones, fraccionamientos y pagos a cuenta) del impuesto es trimestral, aunque la liquidación se produce entre abril y junio del año natural posterior al del devengo del impuesto.

Exención: no tendrán obligación de declarar los contribuyentes que obtengan exclusivamente rendimientos del trabajo, del capital (mobiliario o inmobiliario), de actividades económicas y ganancias patrimoniales, sometidas o no a retención, cuando la suma de todos ellos no exceda de 1000 € brutos anuales y pérdidas patrimoniales de cuantía inferior a 500 € (artículo 96 de la ley de IRPF).

Sujeto pasivo: son sujetos pasivos las personas físicas que ejercen actividades empresariales o profesionales, ya sea como empresarios autónomos o como miembros de una sociedad civil o comunidad de bienes.

Base imponible: se obtiene de restar a las rentas obtenidas por el contribuyente los gastos (expresamente contemplados como deducibles en la normativa relativa al IRPF) realizados para lograr aquellas.

Deducción: la normativa contempla tanto deducciones en la base (los gastos deducibles anteriormente mencionados) como deducciones en la cuota.

Base liquidable: se calcula por medio de dos regímenes alternativos de estimación, la **directa y la objetiva.** Por su complejidad e importancia, los analizamos detalladamente más adelante.

Tipo impositivo: el tipo en el IRPF es de naturaleza progresiva, es decir, resulta mayor cuanto más alta es la base liquidable del contribuyente.

Cuota diferencial tributaria: deriva de la aplicación del tipo impositivo correspondiente a la respectiva base liquidable. Hasta obtener la cuota diferencial, la complejidad del IRPF permite un notable número de deducciones y minoraciones.

Saber más

La **Ley 35/2006, de 28 de noviembre,** del Impuesto sobre la Renta de las Personas Físicas, establece:

Artículo 1. *Naturaleza del impuesto*

El impuesto sobre la renta de las personas físicas es un tributo de carácter personal y directo que grava, según los principios de igualdad, generalidad y progresividad, la renta de las personas físicas de acuerdo con sus circunstancias personales y familiares.

Artículo 2. *Objeto del impuesto*

Constituye el objeto de este impuesto la renta del contribuyente, entendida como la totalidad de sus rendimientos, ganancias y pérdidas patrimoniales y las imputaciones de renta que se establezcan por la ley, con independencia del lugar donde se hubiesen producido y cualquiera que sea la residencia del pagador.

Artículo 3. *Configuración como impuesto cedido parcialmente a las comunidades autónomas*

El impuesto sobre la renta de las personas físicas es un impuesto cedido parcialmente, en los términos establecidos en la Ley Orgánica 8/1980, de 22 de septiembre, de Financiación de las comunidades autónomas, y en las normas reguladoras de la cesión de tributos del Estado a las comunidades autónomas.

Regímenes para el cálculo del rendimiento neto de las actividades económicas

Elementos	Estimación directa	Estimación objetiva
Empresas que se acogen a cada régimen	Se adscriben a él todos los empresarios que no se acojan a la estimación objetiva. La modalidad de estimación directa simplificada se aplica a los empresarios que presentaran, en el ejercicio anterior, un importe neto de cifra de negocio no superior a 600 000 €.	Régimen de adscripción voluntaria al que pueden acogerse todos los autónomos contemplados en la Orden ministerial que regule anualmente este régimen (HAC/1164/2019 para 2020) cuyo volumen de rendimientos íntegros en el periodo anterior no supere 250 000 € (150 000 € a partir de 2021) y que no estén exentos o excluidos del régimen simplificado de IVA.
Método de cálculo del rendimiento	El rendimiento se calcula deduciendo de los ingresos los gastos deducibles aplicados a su obtención, de forma similar a como se hace en el IS. En la modalidad simplificada se exime de la llevanza de una contabilidad ajustada a la normativa mercantil y fiscal, especialmente en cuanto a amortizaciones y provisiones.	El cálculo del rendimiento resulta completamente distinto al practicado en la modalidad directa, ya que se basa en una serie de módulos e índices correctores determinados por la normativa fiscal periódicamente.
Obligaciones accesorias	Los empresarios deben llevar una contabilidad ajustada a normativa y conservar los libros contables durante 4 años. En la modalidad simplificada deben llevarse libros de registro de ventas e ingresos, de compras y gastos y el de bienes de inversión.	No existe obligación de llevar contabilidad, aunque sí es exigible la documentación acreditativa de los parámetros modulares (superficie del local, personal asalariado, recibos de gastos, etc.) que se aplican a la estimación de los rendimientos y la conservación de las facturas emitidas y recibidas.
Obligaciones principales	El pago del impuesto se realiza a través de pagos a cuenta trimestrales, cuyo cálculo se basa en los resultados del anterior ejercicio. La liquidación de cada ejercicio se efectúa en el periodo correspondiente del año posterior al liquidado.	El impuesto se liquida anualmente. El pago se realiza de forma fraccionada trimestralmente con el equivalente al 2 %, el 3 % y el 4 % del rendimiento resultante de la aplicación de módulos, si la empresa no ocupa a trabajadores, si tiene un trabajador en plantilla o si cuenta con dos o más empleados, respectivamente.

Ejemplo

Alejo García desarrolla su actividad empresarial como autónomo en el sector de la hostelería. Desde hace años, mantiene abierto un restaurante con una plantilla estable de 6 empleados. El rendimiento neto estimado objetivamente por módulos correspondiente al ejercicio anterior fue de 19 000 €. Señala cuáles son sus principales obligaciones fiscales como contribuyente acogido al régimen de estimación objetiva del IRPF para el año en curso.

Alejo está obligado a realizar 4 pagos trimestrales a cuenta, mediante la presentación del modelo 131 en los 20 primeros días de abril, de julio y de octubre, y durante el mes de enero del año posterior al corriente.

El importe de estos pagos fraccionados se calculará:

Rendimiento neto × porcentaje aplicable = cuota tributaria; 19 000 € × 0,04 = 760 €

Por tanto, este empresario deberá abonar a la Agencia Tributaria 4 pagos trimestrales de 760 € cada uno. Asimismo, deberá conservar toda la documentación acreditativa del valor de los conceptos o módulos aplicados en el cálculo del rendimiento neto previo de su actividad, así como las facturas o documentos justificativos relativos a los gastos, reducciones e incentivos que se deducirán para el cálculo del rendimiento neto minorado al que se aplica el porcentaje correspondiente a su actividad.

4.2.2. La empresa como sustituto del contribuyente en el IRPF

Todas las empresas, sea cual sea su forma jurídica, mantienen la obligación de practicar una retención a cuenta de la recaudación del IRPF a los agentes económicos con los que se relacionan en el ejercicio de su actividad.

Las **retenciones** derivan de la obligación de retener un porcentaje de las rentas que abonen a otras personas físicas o jurídicas en el ejercicio de su actividad. Los casos más comunes son:

- **Rendimientos del trabajo** (sueldos y salarios), de los que se practica una retención con un tipo variable, en función, básicamente, del nivel salarial y de las condiciones familiares del trabajador.
- **Rendimientos de actividades profesionales** (gestoría, asesoría, asistencia letrada, etc.), de los que se retiene un 15 % de la minuta abonada.
- **Rendimientos del capital mobiliario** (intereses, dividendos) e inmobiliario.

Estas retenciones se satisfacen por medio de los correspondientes **ingresos a cuenta** en la Agencia Tributaria, mediante modelo oficial (modelos 110-128), los meses de abril, julio, octubre y enero.

Caso práctico inicial

Una vez decidieran constituirse individualmente como autónomos, si alguno de los tres amigos ejerciera actividades de las clasificadas como «profesionales», el resto debería practicarle una retención por IRPF en cada una de las facturas que le extendieran.

4.3. El impuesto sobre sociedades (IS)

El impuesto sobre sociedades es un tributo de carácter directo y naturaleza personal que grava las rentas de las sociedades y demás entidades jurídicas, de acuerdo con la Ley 27/2014, de 27 de noviembre, del Impuesto sobre Sociedades.

Hecho imponible: la obtención de renta, cualquiera que fuese su fuente u origen, por los sujetos pasivos, fundamentalmente las sociedades mercantiles y de economía social residentes en territorio español.

Devengo y exigibilidad: el devengo se produce el último día del periodo impositivo, precisamente cuando la sociedad o entidad cierra su contabilidad y salda su cuenta de pérdidas y ganancias. Aunque el impuesto se liquida entre el 1 y el 25 de julio posteriores al devengo, el pago se efectúa con periodicidad trimestral.

Exención: el art. 9 de la ley del IS recoge una serie de exenciones totales y parciales: entre las parciales, las entidades e instituciones sin ánimo de lucro que no disfruten de exención total, las uniones, federaciones y confederaciones de cooperativas, los colegios profesionales, las asociaciones empresariales, las cámaras oficiales, los sindicatos de trabajadores o los partidos políticos.

Sujeto pasivo: las personas jurídicas, excepto las sociedades civiles sin objeto mercantil, y los fondos enumerados en el artículo 7 de la Ley del Impuesto sobre Sociedades.

Base imponible: se establece a partir del resultado contable antes de impuestos de la sociedad o entidad, minorando aquel con todos los gastos fiscalmente deducibles.

Deducciones: la ley establece gran cantidad de deducciones, entre las que cabe destacar las asociadas a gastos de investigación y desarrollo y fomento de las TIC, de la exportación, por inversiones medioambientales, formación profesional y creación de empleo.

Base liquidable: resulta de restar las deducciones a la base imponible.

Tipo de gravamen del impuesto sobre sociedades	
Tipo general	25 %
Tipos especiales	■ Cooperativas fiscalmente protegidas: - Resultados cooperativos: 20 %. - Resultados extracooperativos: 25 %.
	Entidades de nueva creación del artículo 29.1 de la Ley del Impuesto sobre Sociedades que realicen actividades económicas, excepto las que tributen a un tipo inferior, tanto en el primer periodo impositivo en que la base imponible resulte positiva como en el siguiente (no siendo aplicable a aquellas entidades que tengan la consideración de entidad patrimonial): 15 %.
	Determinadas entidades de nueva creación constituidas entre el 1 de enero de 2013 y el 31 de diciembre de 2014 que realicen actividades económicas, en el primer periodo impositivo en que la base imponible resulte positiva y en el siguiente: ■ Por la parte de base imponible comprendida entre 0 y 300 000 €: 15 %. ■ Por la parte de base imponible restante: 20 %.

La **cuota tributaria** se obtiene aplicando a la base liquidable el tipo correspondiente.

Además de la preceptiva liquidación anual (modelos 200 o 201), las sociedades sujetas al IS deben observar ciertas **obligaciones complementarias** relativas a este tributo. De este modo, deben practicar una serie de **retenciones** periódicas de ingreso trimestral, así como los **pagos fraccionados** del impuesto durante los primeros 20 días de abril, octubre y diciembre. La base para calcular el pago fraccionado será la cuota íntegra del último periodo impositivo cuyo plazo de declaración estuviese vencido el primer día de los 20 naturales a que hace referencia el apartado anterior.

Caso práctico inicial

Si nuestros amigos se deciden por constituir una cooperativa, tributarán por el impuesto sobre sociedades, con el tipo impositivo del 20 % (art. 29.2 de la ley del IS).

4.4. Calendario fiscal

El calendario fiscal de la mayoría de las empresas (excepto las grandes, que siguen una periodicidad básicamente mensual) en España para el año 2020 se puede sintetizar en el siguiente calendario resumido:

Calendario fiscal para pymes 2020

Impuesto	1.er trimestre	2.º trimestre	3.er trimestre	4.º trimestre
IRPF	Hasta **20 enero:** retenciones e ingresos a cta. 4.º trimestre 2019 Hasta **30 enero:** pagos fraccionados autónomos 4.º trimestre 2019	Hasta **20 abril:** retenciones e ingresos a cta. 1.er trimestre 2020 Hasta **20 abril:** pagos fraccionados autónomos 1.er trimestre 2020	Hasta **20 julio:** retenciones e ingresos a cta. 2.º trimestre 2020 Hasta **20 julio:** pagos fraccionados autónomos 2.º trimestre 2020	Hasta **20 octubre:** retenciones e ingresos a cta. 3.er trimestre 2020 Hasta **20 octubre:** pagos fraccionados autónomos 3.er trimestre 2020
IVA	Hasta **30 enero:** autoliquidación 4.º trimestre 2019 + resumen anual 2019	Hasta **20 abril:** autoliquidación 1.er trimestre 2020	Hasta **20 julio:** autoliquidación 2.º trimestre 2020	Hasta **20 octubre:** autoliquidación 3.er trimestre 2020
IS	Hasta **20 enero:** retenciones e ingresos a cta. 4.º trimestre 2019 + resumen anual 2019	Hasta **20 abril:** retenciones e ingresos a cta. 1.er trimestre 2020 + 1.er pago fraccionado 2020	Hasta **20 julio:** retenciones e ingresos a cta. 2.º trimestre 2020 Hasta **27 julio:** declaración anual 2019	Hasta **20 octubre:** retenciones e ingresos a cta. 3.er trimestre 2020 + 2.º pago fraccionado 2020 Hasta **21 diciembre:** 3.er pago fraccionado 2020

5. Obligaciones tributarias eventuales

Las empresas, de forma circunstancial, pueden resultar sujetos pasivos de otras obligaciones tributarias relevantes, que a continuación analizamos.

5.1. Impuesto sobre bienes inmuebles (IBI)

Tributo cuyo hecho imponible consiste en la propiedad de un bien inmueble. La cuota resulta de aplicar un tipo impositivo (fijado por el ayuntamiento correspondiente) a la base imponible, el valor catastral del inmueble. Como impuesto de naturaleza municipal, su reducción respecto a otros municipios puede ser utilizada como incentivo fiscal para la instalación de empresas en una zona.

5.2. Impuesto sobre el incremento de valor de los terrenos de naturaleza urbana (IIVTN)

El incremento de valor de un terreno se conoce también como *plusvalía*. Este impuesto grava los incrementos de valor de terrenos urbanos, puestos de manifiesto con motivo de la transmisión de la propiedad u otro derecho real, o la constitución de algún otro derecho relativo al terreno. A la base imponible representada por el incremento de valor experimentado se le aplica un tipo impositivo determinado por el ayuntamiento.

5.3. Impuesto sobre construcciones, instalaciones y obras (ICIO)

El hecho imponible reside en la realización de cualquier tipo de construcción, instalación u obra para la que se requiera una licencia municipal. La base imponible es el coste de la construcción, instalación u obra.

5.4. Impuesto sobre vehículos de tracción mecánica (IVTM)

El hecho imponible se centra en la propiedad de vehículos de tracción mecánica aptos para la circulación por las vías públicas domiciliados en el respectivo ayuntamiento. La cuota tributaria, variable en función del municipio, depende de la clase de vehículo y de determinadas características, como la potencia del mismo.

5.5. Impuesto sobre transmisiones patrimoniales y actos jurídicos documentados (ITP/AJD)

El ITP/AJD representa una de las obligaciones fiscales más recurrentes en la actividad de cualquier empresa, ya que cuenta con un hecho imponible complejo que integra la realización de diversas actividades comerciales, mercantiles y documentales. Entre otras, el ITP/AJD grava las transmisiones patrimoniales onerosas (como la compraventa de un local), las operaciones societarias (constitución, ampliación de capital, fusión, escisión, disolución, etc.) y los actos jurídicos documentados (notariales, mercantiles y administrativos, etc.).

La base imponible reside en el valor de la operación sujeta al impuesto, a la que se aplica un tipo impositivo diverso en virtud del hecho imponible concreto al que se refiera, y variable en función de la corporación municipal a la que corresponda la gestión del impuesto.

Saber más

Calendario fiscal

Las obligaciones tributarias están sujetas a parámetros temporales estrictos, cuyo incumplimiento puede dar lugar a recargos y sanciones.

Para ayudar al contribuyente, muchas Administraciones tributarias hacen público un calendario informativo en el que se recogen las fechas o plazos máximos para las obligaciones periódicas y las eventuales.

La Agencia Tributaria ofrece la posibilidad de integrar el calendario fiscal en el gestor de calendario personal [*Google calendar*] del contribuyente.

Puedes consultar el de la AEAT en su página web: <www.agenciatributaria.es>.

Agencia Tributaria

Saber más

Consulta las «Obligaciones fiscales de empresarios y profesionales residentes en territorio español», publicadas por la Agencia Tributaria, en <https://bit.ly/33Nc3Hv>.

ACTIVIDADES FINALES

1. En el barrio donde Javier Esteban ha adquirido recientemente su vivienda están asfaltando e instalando nuevas farolas en las calles. Como consecuencia de ello, el ayuntamiento de su ciudad exige a Javier aportar determinada cantidad. ¿Qué tipo de tributo le exigirá esta entidad local?

2. Isabel Martín, tras concluir el ciclo formativo de Jardinería, ha montado una pequeña floristería en un parque de su ciudad. Su ayuntamiento le requiere el pago de una cantidad anual en concepto de utilización de la vía pública para ejercer su actividad. ¿Cómo podemos calificar este tributo?

3. En relación con el impuesto sobre el valor añadido, señala si las siguientes afirmaciones son verdaderas o falsas y justifica tu respuesta:
   - Cuentan como hecho imponible la entrega de bienes y la prestación de servicios realizados por empresas o profesionales y las importaciones de bienes.
   - Representa un coste para la empresa, sobre todo cuando el valor añadido se identifica por el sistema de deducción financiera, lo que desincentiva la inversión.
   - Por ir agregándose progresivamente al precio de todos los productos y servicios, presenta una notable repercusión en la formación de los precios de aquellos.
   - El empresario actúa como mero recaudador del impuesto, pues carga a sus clientes el IVA sobre las ventas que realiza, y se deduce el IVA abonado a los proveedores por sus diferentes compras.
   - El sujeto pasivo coincide con el sujeto pasivo del impuesto sobre sociedades.

4. Identifica el hecho imponible de los siguientes impuestos entre los recogidos en el cuadro inferior:
   a) IRPF (impuesto sobre la renta de las personas físicas).
   b) IS (impuesto sobre sociedades).
   c) ITP/AJD (impuesto sobre transmisiones patrimoniales y actos jurídicos documentados).
   d) ICIO (impuesto sobre construcciones, instalaciones y obras).
   e) IBI (impuesto sobre bienes inmuebles).
   f) IAE (impuesto sobre actividades económicas).
   g) IVA (impuesto sobre el valor añadido).

Hechos imponibles
Ejercicio de una actividad empresarial o profesional
Obtención de renta en el marco de una sociedad mercantil
Venta de un bien inmueble
Realización de una reforma en un local de la empresa
Obtención de una renta derivada de la venta de un inmueble
Realización de determinados actos que supondrán cierto consumo
Propiedad de bienes inmuebles

5. Piensa en tu experiencia personal. ¿Has pagado alguna vez un tributo? Justifica tu respuesta.

6. Relaciona los conceptos de las dos tablas que se presentan a continuación (trabaja en tu cuaderno):

Elemento del impuesto
Tipo de gravamen
Devengo
Deducción
Exigibilidad
Cuota tributaria

Descripción
Descuento o minoración en la base imponible
Momento en que se ha de formalizar el pago de la cuota tributaria
Cantidad que representa la deuda tributaria del contribuyente con la Admón.
Porcentaje aplicable a la base imponible para hallar la cuota tributaria
Momento en que nace la deuda tributaria

- **7.** Manuel Bandrés acaba de vender un piso que tenía en la playa por 200 000 €. Lo adquirió hace tres años y entonces solo pagó 90 000 € por la propiedad del mismo. Manuel se pregunta si debe o no abonar algún tipo de impuesto y dónde debe acudir para ingresarlo. Aconséjale, justificando tu respuesta.
- **8.** Roberto lleva más de cinco años defraudando a la Hacienda Pública por medio de declaraciones falsas con el objeto de pagar menos impuestos. Valora su comportamiento en relación con el posible perjuicio que pudiera estar causando a la sociedad.
- **9.** ¿Qué característica común comparten tasas y contribuciones que las diferencian de los impuestos?
- **10.** En relación con el IRPF, responde a las siguientes cuestiones y justifica tu respuesta: ¿quién es el sujeto pasivo del IRPF? Consecuentemente, ¿quién soporta el pago del impuesto? ¿A qué periodicidad se someten los pagos fraccionados del IRPF? ¿En qué momento se ha de presentar la liquidación?
- **11.** La sociedad Kusturic, SA, viene obteniendo en los últimos ejercicios una cifra de negocio constante en torno a 900 000 €. En el ejercicio en curso espera obtener un volumen aproximado de 1 200 000 €. Señala cómo podría afectar este cambio a su tributación.
- **12.** Armando Martínez está a punto de abrir un establecimiento de venta de golosinas junto al colegio donde estudió toda la vida. Se encuentra preocupado, porque acusa el desconocimiento sobre la normativa fiscal. Se le plantean dos dudas fundamentales:

  a) Si deberá llevar una contabilidad conforme a la legislación mercantil.

  b) Si deberá realizar las liquidaciones periódicas por IVA.

  Ayúdale a aclarar sus dudas y explícale razonadamente tu respuesta.

- **13.** Calcula la cuota tributaria por impuesto sobre sociedades de una sociedad anónima que en el ejercicio anterior obtuvo una cifra neta de negocio de 4 200 000 € y unos beneficios antes de impuestos de 340 000 €.

Entra en internet

- **14.** La página web de la Agencia Tributaria recoge gran cantidad de información relativa a la gestión tributaria, además de ofrecer, a través de su Sede Electrónica, la posibilidad de realizar, de modo telemático, muchos de los trámites administrativos relativos a los impuestos más importantes (<www.agenciatributaria.es>).

  Entra en la web y, mediante el grupo de enlaces *Acceda directamente*, descárgate el calendario del contribuyente y confecciona un calendario personalizado aplicable a la empresa sobre la que estás realizando tu proyecto empresarial.

  A continuación, accede, también en la columna *Acceda directamente*, al apartado *Modelos y formularios*. En él encontrarás todos los modelos oficiales de la Agencia Tributaria a los que hemos hecho referencia en la unidad. Siguiendo las instrucciones ofrecidas en la página, descarga los modelos necesarios para las gestiones fiscales propias de la empresa objeto de tu proyecto y cumpliméntalos en función de la estimación de costes fiscales que hayas realizado con ocasión del análisis de viabilidad económico-financiera.
- **15.** Entra en la web de tu ayuntamiento e investiga si existe un calendario fiscal o del contribuyente a disposición de los obligados tributarios. En caso afirmativo, elabora el calendario fiscal correspondiente a las obligaciones fiscales municipales de tu empresa en proyecto, o integra estas obligaciones en el calendario del contribuyente personalizado que has elaborado en la actividad anterior.
- **16.** Entra en la web de la Agencia Tributaria, <www.agenciatributaria.es>, y busca la respuesta a la siguiente pregunta: ¿qué rentas no están sometidas a retención o ingreso a cuenta en el impuesto sobre sociedades?
- **17.** Busca en internet si existen operaciones exentas de tributación por IVA. Enuméralas y cita tus fuentes, tanto telemáticas como normativas.

PRÁCTICA PROFESIONAL PROPUESTA

Gestiona los tributos de tu empresa

1. Identifica los impuestos directos que gravan cada situación, los índices utilizados para medir la capacidad de pago; define el hecho imponible, el sujeto pasivo y la base imponible; y calcula, exclusivamente con los datos facilitados, la base liquidable, la cuota tributaria y la deuda tributaria resultante.

   - Ramón tiene unos ingresos derivados de su profesión liberal de 60 000 €. Es titular de unas participaciones de la sociedad limitada Pepe, por la que ha obtenido unos rendimientos anuales de 5 000 €. Es propietario de un apartamento en la costa, que ha alquilado durante todo el año y por el que ha recibido unas rentas anuales de 7 000 €.
   - La sociedad Pepe ha obtenido unos beneficios de 75 000 € y ha adquirido, durante el ejercicio, un vehículo industrial por un importe de 45 000 € a la empresa Nina.

   Para resolver la práctica, debes tener en cuenta lo siguiente:

   a) El impuesto que grava la renta personal de las personas físicas prevé una reducción general de la base de 10 000 € por contribuyente.

   b) La tarifa aplicable al impuesto personal sobre la renta es la siguiente:

Base liquidable hasta euros	Cuota íntegra euros	Resto base liquidable hasta euros	Tipo aplicable %
0,00	0,00	15 000	24 %
15 000	3 600,00	15 000	28 %
30 000	7 800,00	15 000	36 %
45 000	13 200,00	en lo sucesivo	42 %

   c) El impuesto que grava la renta de las personas jurídicas prevé una deducción en la cuota por inversiones en inmovilizado equivalente al 10 % del gasto realizado. Sobre el beneficio obtenido se aplica un tipo del 25 %.

2. Imagina un impuesto lineal sobre la renta con un tipo de gravamen del 20 %, y un contribuyente cuya renta es de 200 000 €. En la estructura del impuesto, existe una reducción en la base imponible de 100 € para todos los contribuyentes. Este individuo incumplió su obligación de pago de dicho impuesto, por lo que debe pagar una sanción de 50 €, además de los correspondientes intereses de demora, que ascienden a 10 €.

   Cuantifica la base imponible, la base liquidable, la cuota íntegra y la deuda tributaria.

3. Jaime de Andrés es el accionista mayoritario de la empresa Construmatic, SA. La empresa factura 40 millones de euros anuales y se dedica a la fabricación de maquinaria para la construcción. El primer trimestre del año 2020, Construmatic, SA, ha ingresado 10 millones de euros, repercutiendo 1 600 000 € de IVA, siendo su IVA soportado de 1 millón de euros. Jaime adquirió un piso en 2017 por importe de 200 000 € y lo ha vendido tres años después por 260 000 €. Con la ganancia obtenida, se ha comprado una moto de 250 c.c.

   Señala todos los tributos que están presentes en esta situación y que afectan a Jaime y/o a su empresa.

4. Imaginemos un sistema fiscal donde se establece un impuesto sobre la renta de sociedades de carácter proporcional. La sociedad Z obtiene en el ejercicio fiscal una renta de 600 000 €. El tipo aplicable es del 25 %.

   En el mismo ejercicio, la empresa Z ha realizado numerosas inversiones en materia de medioambiente y seguridad industrial. El valor de las inversiones ha sido de 100 000 €.

   Llegado el término de ingreso del tributo, la sociedad Z no hace efectivo su pago. La Inspección Tributaria procede de oficio e impone a la sociedad Z un recargo del 12 % sobre el total que debe ingresar, más una sanción de 2 000 €.

   Teniendo en cuenta que nuestro sistema fiscal reconoce a todas las sociedades una exención de tributación de 40 000 € y que las inversiones en medioambiente y seguridad industrial se pueden deducir de la cuota en un porcentaje del 8 % sobre la inversión total, define y determina, en este supuesto:

   - Hecho imponible y sujeto pasivo.
   - Base imponible.
   - Base liquidable.
   - Tipo de gravamen.
   - Cuota tributaria.
   - Deuda tributaria.

5. María Gómez ha adquirido un ordenador portátil en el establecimiento comercial de la empresa Todoba, SA, por el que ha abonado 1160 €, IVA incluido. Teniendo en cuenta que el tipo aplicable de IVA es el general, expón de forma argumentada quién es el sujeto pasivo de este impuesto y cuáles son la base imponible, el tipo impositivo y la cuota tributaria.

6 Bregovic, SA, ha obtenido durante el presente año un beneficio en virtud de los siguientes datos:

   - Beneficio previo de 256 000 €.
   - Aún no se han contabilizado las amortizaciones de una máquina adquirida el 30 de junio de 2016 por 40 000 €, con un porcentaje de amortización máximo del 10 % y mínimo del 5 %.
   - Aún no se ha contabilizado la variación de existencias.

   A partir de los datos anteriores y sabiendo que el tipo impositivo en el impuesto sobre sociedades es del 25 %, calcula la cuota resultante del impuesto sobre sociedades, teniendo en cuenta además que:

   – La sociedad puede optar entre dos métodos de amortización: lineal y degresiva (saldo decreciente doble) y que la sociedad querrá pagar el menor importe posible en concepto de impuestos.

   – Las existencias iniciales son de 10 000 €, y las finales, de 20 000 €.

7. Juan Manuel Gil es propietario y gestor, como empresario individual, de una librería en el centro de Málaga. Además de Juan Manuel, trabajan con él como empleados en su establecimiento tres personas más.

   El local, que cuenta con 110 m^2, fue adquirido por 240 000 € hace cinco años. Tiene contratado un consumo mensual de 700 kW/h. Cuenta con equipos informáticos que le costaron 1800 €.

   Sabemos que Juan Manuel tributa en el impuesto sobre la renta de las personas físicas por el régimen de estimación objetiva. Calcula el rendimiento neto de la actividad de este autónomo a efectos de su declaración de IRPF.

ACTUALIDAD EMPRESARIAL

Desgravar es sencillo

Lograr deducciones fiscales para un autónomo o una pyme no resulta fácil. Primero, por la tendencia natural que tenemos a fijarnos a la hora de desgravar solo en nuestros ingresos y olvidarnos por completo de las ventajas fiscales derivadas de los gastos. Y, segundo, por el respeto que imponen las labores contables para los no experimentados en la materia. Como norma general, hay que señalar que la ley considera deducible cualquier gasto que esté relacionado con la actividad económica y que se derive de la labor profesional, siempre y cuando podamos demostrarlo mediante factura, y esté incluido en la contabilidad de nuestro negocio. Son gastos básicos para desarrollar la actividad: personal, consumo de materias primas, de material de oficina, arrendamientos, tributos, etc. Pero hay otros.

El reto de desgravar

A la hora de desgravar, hay tres tipos de impuestos y de vías por las que se puede materializar la desgravación de nuestros gastos: la liquidación del IVA, la declaración del IRPF, en caso de ser empresario individual, y, si se trata de una sociedad, la liquidación del impuesto sobre sociedades. En el primer caso, tanto pymes como autónomos pueden descontar del IVA que facturan a sus clientes los cargos que guardan relación directa con el ejercicio de su profesión. Además, también pueden desgravarse el IVA de los gastos de viaje y manutención.

Por medio de la declaración del IRPF, podemos sumar todos los gastos realizados a lo largo de nuestro ejercicio fiscal, a excepción del IVA, y descontarlos de los ingresos. Una fórmula válida también para la cuota del impuesto sobre sociedades. ¿A que ya te va interesando echar cuentas?

Evita problemas con Hacienda

Deberás tener en cuenta una serie de advertencias. Son estas:

- Es fundamental que guardes sistemáticamente todas las facturas para que así puedas llevar lo más actualizada y completa posible la contabilidad, de tal manera que puedas justificarlo todo.
- Recuerda que para poder desgravar un gasto es necesario disponer de la factura original correspondiente. Solo hay dos excepciones a esta norma, que son los gastos derivados de la manutención y los desplazamientos. En ambos casos basta con presentar los tiques para poder desgravar.
- Tampoco se pueden deducir las multas de tráfico, los intereses de apremio en el pago de impuestos, etc.
- Existe la tendencia a inflar las desgravaciones a través de la acumulación de facturas a terceros. Sea como sea, un consejo: vigila tu nivel de gastos. Si la proporción de gastos deducidos es excesivamente alta en comparación con los ingresos, Hacienda no tardará en darse cuenta e intervenir.

El *leasing*... ¡también se deduce!

Locales de oficinas, coches, camiones, equipos informáticos e incluso mesas y percheros son susceptibles de contratarse bajo la fórmula de *leasing*, por la que podremos desgravar en la declaración de IRPF o del impuesto sobre sociedades. Con carácter general, se puede desgravar la parte de intereses abonados en el ejercicio y, además, de la parte del coste del bien se puede desgravar hasta un límite máximo (el doble de la amortización máxima permitida para ese bien o el triple si es una empresa de reducida dimensión).

Fuente: Revista *Emprendedores*

Trabajo a realizar

1. Reflexiona sobre la oportunidad y utilidad que para el emprendedor representa conocer las distintas opciones de desgravación fiscal. ¿Crees que el desconocimiento del régimen fiscal le puede llevar a no seleccionar adecuadamente las mejores opciones de inversión y gasto?
2. Tras analizar la información fiscal que ofrece la página web de la Agencia Tributaria, ¿consideras que un incipiente pequeño empresario necesitaría asesoría fiscal para elegir sus mejores opciones fiscales, o podría tomar decisiones en este sentido sin necesidad de asesoramiento?

EN RESUMEN

	OBLIGACIONES FISCALES POR REALIZAR ACTIVIDADES ECONÓMICAS			
	Modelos	**Personas físicas**	**Personas jurídicas**	**Entidades sin personalidad jurídica**
Antes de iniciar la actividad	Declaración censal (alta, solicitud NIF): modelo 036/037	✓	✓	✓
Durante la actividad	Declaración censal (modificación): modelo 036/037	✓	✓	✓
	IAE: modelo 840, 848	—	✓	✓
	IRPF: modelo D-100, 130, 131	✓	—	✓ (Régimen de atribución de rentas)
	Retenciones: modelo 111, 190	✓	✓	✓
	IS: modelo 202, 222, 200, 220	—	✓	✓
	IVA: modelo 303, 390	✓	✓	✓
	Declaración anual de operaciones con terceros: modelo 347	✓	✓	✓
Al finalizar la actividad	Declaración censal (baja): modelo 036/037	✓	✓	✓
	IAE (baja): modelo 840	✓	✓	✓

Evalúa tus conocimientos

RESUELVE EN TU CUADERNO O BLOC DE NOTAS

1. Los tributos:

a) Son los instrumentos legales que tiene el Estado para recaudar fondos para el gasto público.

b) Se crean obligatoriamente por normas con rango de ley.

c) Se presentan en forma de impuestos, tasas y contribuciones especiales.

d) Todas las respuestas son correctas.

2. Indica qué definición corresponde al concepto de hecho imponible:

a) Situación en la que incurre la empresa de la que se deriva una sanción tributaria.

b) Supuesto de hecho del que nace una obligación tributaria.

c) Estimación o cuantificación de un hecho económico.

d) Ninguna respuesta es correcta.

3. El impuesto sobre sociedades:

a) Presenta dos regímenes de estimación: directa y objetiva.

b) Grava las rentas de actividades profesionales.

c) Se liquida durante el año posterior a su devengo.

d) Todas las respuestas son correctas.

4. Los intereses de demora:

a) Se aplican como consecuencia de un retraso en el cumplimiento de una obligación tributaria.

b) Resultan de aplicar un tipo a la cuota tributaria indebidamente satisfecha.

c) Se regulan en el art. 58 de la Ley General Tributaria.

d) Todas las respuestas son correctas.

5. Señala la respuesta correcta:

a) El IVA es un impuesto progresivo.

b) El IRPF grava la obtención de rentas por las sociedades mercantiles y de economía social.

c) El IS es un impuesto de naturaleza indirecta.

d) Todas las respuestas son incorrectas.

6. La base imponible de un impuesto:

a) Es la cuantificación del hecho imponible y siempre coincide con la base liquidable.

b) Es la base sobre la que se aplica el tipo de gravamen en todo caso.

c) Es la base sobre la que se aplica el tipo de gravamen en el caso de que este sea fijo.

d) Ninguna respuesta es correcta.

13 Gestión administrativa

Vamos a conocer...

1. La gestión administrativa en la empresa
2. El proceso de compraventa en la empresa
3. Documentos relacionados con el proceso de compraventa
4. Documentos relacionados con el proceso de pago y cobro

PRÁCTICA PROFESIONAL

La gestión administrativa en la empresa

ACTUALIDAD EMPRESARIAL

Encuentra tu papel: hábitos muy saludables en la gestión de la documentación administrativa

Y al finalizar esta unidad...

- Diseñarás el flujo administrativo de una empresa estándar del sector al que pertenece tu ciclo formativo.
- Distinguirás entre los diferentes documentos administrativos que intervienen en el proceso de compraventa dentro de la empresa.
- Cumplimentarás, teniendo en cuenta las exigencias legales correspondientes, pedidos, albaranes y facturas.
- Elegirás de entre los diferentes medios de cobro y pago aquel que más se adecue a las necesidades de la empresa.
- Cumplimentarás, teniendo en cuenta las exigencias legales correspondientes, recibos, cheques, letras de cambio y pagarés.
- Valorarás la importancia de una correcta gestión y archivo de la documentación administrativa de la empresa y el ahorro de costes que ello supone.

Práctica profesional inicial

Situación de partida

Laura, técnico superior en Administración y Finanzas, ha sido contratada por una residencia de ancianos de Lugo como jefa de compras.

Su primera sorpresa al verificar las tareas que debe desempeñar en su nuevo puesto de trabajo ha sido observar cómo se está llevando a cabo el proceso administrativo dentro de la residencia.

Los pedidos se hacen de forma verbal y los albaranes de entrada se encuentran apilados en varios montones sin clasificar.

Las facturas están guardadas en carpetas por orden cronológico, pero las carpetas no están clasificadas.

Al observar el formato de pedidos, albaranes y facturas, comprueba que muchos campos (como la forma de pago) o bien no existen o bien están sin cumplimentar. También ve que en muchos de estos documentos no aparece ni fecha ni firma.

Preocupada por esta situación, Laura habla con sus superiores, que le indican que la persona que estaba anteriormente pensaba que no era rentable el esfuerzo invertido en la gestión de la documentación administrativa.

Al preguntar sobre los diferentes instrumentos de pago utilizados por la empresa, le comentan que en su residencia siempre se ha pagado en efectivo, que es lo que quieren los proveedores.

Laura, basándose en los conocimientos adquiridos en su ciclo formativo, decide que la mejor solución es reorganizar y estandarizar todos los procesos y elaborar unos modelos predeterminados para la gestión administrativa.

También decide llevar un control de todo el archivo y la documentación, así como asesorarse de las diferentes opciones que el mercado ofrece para utilizar algún *software* que la ayude en la gestión de la empresa.

Laura espera poder contar con la colaboración de sus superiores, para lo que va a convocar una reunión con ellos en la que les explicará en detalle su plan de actuación.

Estudio del caso

Antes de empezar a leer esta unidad de trabajo, puedes contestar a las dos primeras preguntas. Después, analiza cada punto del tema, con el objetivo de contestar al resto de las cuestiones de este caso práctico.

1. ¿Cómo valorarías la situación observada por Laura en su nuevo puesto de trabajo?
2. ¿Es correcta la actuación de la empresa al realizar todos sus pedidos de forma verbal?
3. ¿Es necesario tener estandarizado el flujo de la gestión administrativa dentro de una empresa? ¿Será económicamente rentable el esfuerzo de estandarizar dicho proceso?
4. Los documentos administrativos de la empresa, ¿han de tener un determinado formato y unos contenidos específicos?
5. ¿Qué inconvenientes puede plantear el no archivar correctamente las facturas? ¿Obliga la legislación vigente a conservarlas durante algún tiempo?
6. ¿Crees que el pago en efectivo es la opción más rentable para la empresa? ¿Qué otros métodos de pago podrías aconsejar a Laura?
7. ¿Consideras que es una aportación positiva utilizar algún tipo de *software* para la gestión de la documentación administrativa? ¿Conoces algún tipo concreto de *software* para la gestión administrativa de la empresa?
8. ¿Qué argumentos crees que deberá utilizar Laura para convencer a sus superiores de la rentabilidad de sus medidas?

ERP

Son las siglas en inglés de ***Enterprise Resource Planning***, o **Planificación de Recursos Empresariales.** Las ERP son soluciones informáticas cuyo objetivo es gestionar la información a través de las diferentes áreas de una empresa (fabricación, compras, recursos humanos, logística, etc.) para agilizar tareas, mejorar los procesos de producción y reducir costes.

En los recursos adicionales de este libro encontrarás un modelo de cada uno de los documentos que estudiarás a lo largo de la unidad.

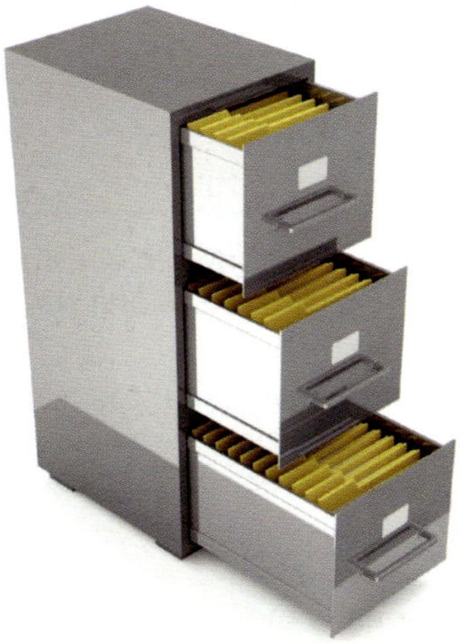

1. La gestión administrativa en la empresa

Toda empresa necesita en su funcionamiento diario, ya sea por exigencias legales o por propia organización interna, llevar a cabo una serie de procesos que se reflejan en la documentación administrativa.

La gestión administrativa de la empresa se encarga de que dicho proceso se haga de la manera más eficaz y eficiente posible, para lo que ha de cumplir una serie de premisas:

- **El proceso ha de ser oportuno.** Es decir, no han de producirse demoras en otros departamentos como consecuencia de una inadecuada gestión administrativa de la empresa.
- **El proceso ha de minimizar los costes.** Para ello se buscarán la simplificación y la utilidad de la información generada.
- **El proceso ha de ser riguroso y seguro,** tanto en el contenido de la información como en la confidencialidad de los datos.

Los diferentes departamentos o áreas funcionales de la empresa realizarán diferentes procesos administrativos.

El proceso ha de estar estandarizado, ya que al realizarse muy frecuentemente, en el día a día de la empresa, cuanto más incorporada esté la gestión administrativa al proceso diario y mayor sea dicha estandarización, más se reducirán los costes en términos de tiempo y económicos.

Caso práctico inicial

La situación observada en el nuevo puesto de trabajo de Laura va a provocar tanto ineficiencia como ineficacia. Se perderá mucho tiempo en la búsqueda de archivos y la subsanación de errores, con el coste económico que ello conlleva.

Laura deberá realizar un pequeño informe en el que especifique las medidas concretas que se van a tomar y que cuantifique económicamente en costes el ahorro que supondrán dichas medidas.

2. El proceso de compraventa en la empresa

Dentro de las relaciones comerciales de la empresa, tanto con sus clientes como con sus proveedores, las empresas han de utilizar una serie de documentos relacionados con la compraventa de bienes y servicios, así como con la forma de pago y cobro de los mismos.

El proceso administrativo seguirá, en general, el siguiente flujo:

1. Se detecta la necesidad por parte del cliente, que realiza el correspondiente pedido, que envía al vendedor.
2. El vendedor entrega la mercancía solicitada por el cliente en el lugar acordado junto con el albarán de entrega.
3. El vendedor presenta la factura de la entrega realizada y el comprador abona su importe en el plazo estipulado y mediante el medio de pago convenido.
4. El vendedor, una vez recibido el importe de la venta, emite un recibo justificante del pago.

Este proceso se repite múltiples veces a lo largo del día a día de cualquier empresa, por lo que generalmente se establecen unos modelos de cada uno de estos documentos administrativos que permiten mayor agilidad en su tratamiento.

También, para una adecuada gestión administrativa, se estandarizan los procesos de orden y conservación de todos estos documentos, siempre teniendo en cuenta las exigencias legales tanto para su cumplimentación como para su conservación.

Caso práctico inicial

Es absolutamente necesario tener estandarizado el flujo de la gestión administrativa en la empresa.

Dicho proceso será rentable tanto a corto como a largo plazo.

Saber más

Contrato de compraventa prenegociado

La existencia de un contrato prenegociado de la empresa con sus principales proveedores y clientes facilita la estandarización de los procesos cuando estos son repetitivos.

3. Documentos relacionados con el proceso de compraventa

El proceso de compraventa en una empresa, ya sea en relación con los proveedores o con sus clientes, genera los siguientes documentos:

- Pedido.
- Albarán.
- Factura.

A continuación, estudiaremos detalladamente cada uno de ellos.

3.1. El pedido

El **pedido** es una petición de compra que un cliente hace a un proveedor para que este le suministre los bienes o servicios solicitados.

El **pedido en firme** se produce una vez que el vendedor acepta la propuesta de pedido por parte del comprador.

No existe un modelo legal estandarizado de pedido, por lo que la mayoría de las empresas realiza uno propio adecuándolo a sus necesidades y a la forma en la que se envía dicho pedido al cliente (fax, correo electrónico, a través de la página web del comprador, correo...).

Independientemente de la inexistencia de un modelo estandarizado, es necesario que en todo pedido consten, como mínimo, los siguientes elementos:

- Número del pedido, lugar y fecha en que se efectúa.
- Identificación de la empresa que realiza el pedido.
- Identificación de la empresa a la que se formula el pedido.
- Condiciones del pedido (dirección de envío, fecha y forma de pago, gastos de envío, etc.).
- Descripción de los artículos solicitados en el pedido (número de referencia, cantidad, importe unitario e importe total).
- Firma de la persona que formula el pedido.

Emitido por:
NIF:

PEDIDO N.º ________

Plazo de entrega:
Envío por:
Mercancía a situar en:
Forma de pago:
Otras condiciones:

Proveedor:
NIF:

Fecha:

CÓDIGO	CANTIDAD	DESCRIPCIÓN	PRECIO	IMPORTE
			TOTAL PEDIDO	

EL JEFE DE COMPRAS

Vocabulario

e-procurement

Es la compra y venta de productos y servicios entre empresas a través de internet.

e-business* o *e-commerce

Es la compra y venta de productos y servicios a través de internet, redes internas de empresas, etc.

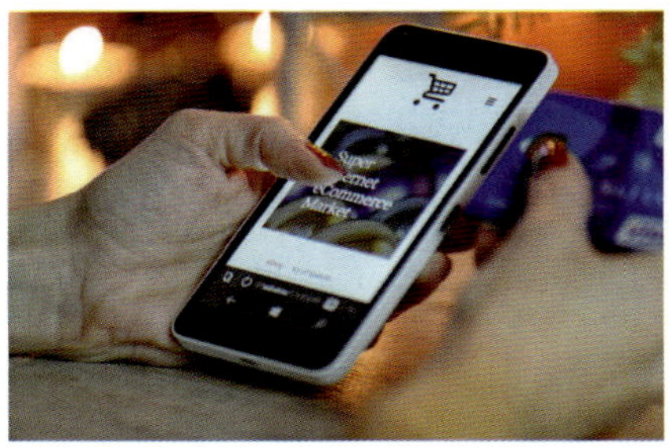

Saber más

Inconvenientes del pedido oral

La realización de pedidos orales, si bien puede parecer cómoda y rápida a corto plazo, suele ser fuente de errores y confusiones, con la pérdida, en términos monetarios y de tiempo, que supone la corrección de dichos errores.

Caso práctico inicial

Realizando los pedidos de forma oral aumentarán los errores y se disparará el coste económico y en tiempo que supondrá subsanarlos.

Ejemplo

La empresa ALCALÁ MOTOR, SL (con NIF B-21547845 y situada en la C/ Pío Baroja n.° 12 - 28425 Alcalá de Henares), necesita, para su taller, realizar el siguiente pedido de repuestos:

- 30 rodamientos de bolas con referencia X-321 y precio de 5 €/ud.
- 40 rodamientos de cilindros con referencia X-320 y precio de 7 €/ud.
- 5 electroválvulas con referencia Y-325 y precio de 60 €/ud.

Ha realizado su pedido a su proveedor habitual, CANTALOJAS, SL (con NIF B-45637987 y situada en la Avda. del Ejército, 41 - 28020 Madrid). El pedido se entregará el día 20 de mayo (una semana después de su realización) en las oficinas de ALCALÁ MOTOR, a nombre de su director de compras, Juan Díaz Corrales. Los gastos de envío correrán a cargo de ALCALÁ MOTOR y el pago del importe se hará al contado.

Redacta la propuesta de pedido que realizará ALCALÁ MOTOR para proceder a la compra de los repuestos.

El primer paso para realizar la compra de los suministros será la realización de un pedido, por parte de ALCALÁ MOTOR, que podrá ajustarse al siguiente modelo:

Número pedido (1)

Propuesta de pedido n.° 35
Alcalá de Henares, a 13 de mayo de 20XX

EMITIDO POR:	**DATOS DEL CLIENTE:**
ALCALÁ MOTOR, SL (2)	CANTALOJAS, SL (3)
C/ Pío Baroja, 12	Avda. del Ejército, 41
28425 Alcalá de Henares	28020 Madrid
Tel.: 918 847 634 Fax: 918 843 232	Tel.: 918 672 828
Correo electrónico: jdc.alcalamotor@mail.es	NIF: B-45637987
NIF: B-21547845	

Dirección de envío: Pío Baroja, 12 - 28425 Alcalá de Henares (4)
Fecha de entrega: 20 de mayo de 20XX
Gastos de envío: a cargo de ALCALÁ MOTOR, SL
Forma de pago: al contado
Otras condiciones: descuento 2 %

Referencia (5)	Descripción	Cantidad	Precio unitario (€)	Importe total (€)
X-321	Rodamiento de bolas	30	5	150
X-320	Rodamiento de cilindros	40	7	280
Y-325	Electroválvula	5	60	300
Firma: Juan Díaz Corrales (6) Director de Compras ALCALÁ MOTOR, SL			Descuento 2 %	-14,60
			Importe total	**715,40**

1. Número del pedido, lugar y fecha en que se efectúa.
2. Identificación de la empresa que efectúa el pedido.
3. Identificación de la empresa a la que se formula el pedido.
4. Condiciones del pedido.
5. Descripción de los productos solicitados en el pedido (cantidad, importe unitario e importe total).
6. Firma de la persona que formula el pedido.

3.2. El albarán

El **albarán** es un documento que detalla y justifica la entrega de mercancías que se efectúa al cliente. En él se relacionan las mercancías correspondientes a un determinado pedido y lo acompañan con la finalidad de acreditar su entrega.

El albarán, firmado en el momento en que se hace la entrega, es el **documento clave** que permite la emisión de la factura y su posterior cobro; constituye la prueba fundamental en caso de impago.

No existe un modelo legal estandarizado de albarán, por lo que la mayoría de las empresas realizan uno adecuándolo a sus necesidades, si bien es necesario que todo albarán tenga como mínimo los siguientes elementos:

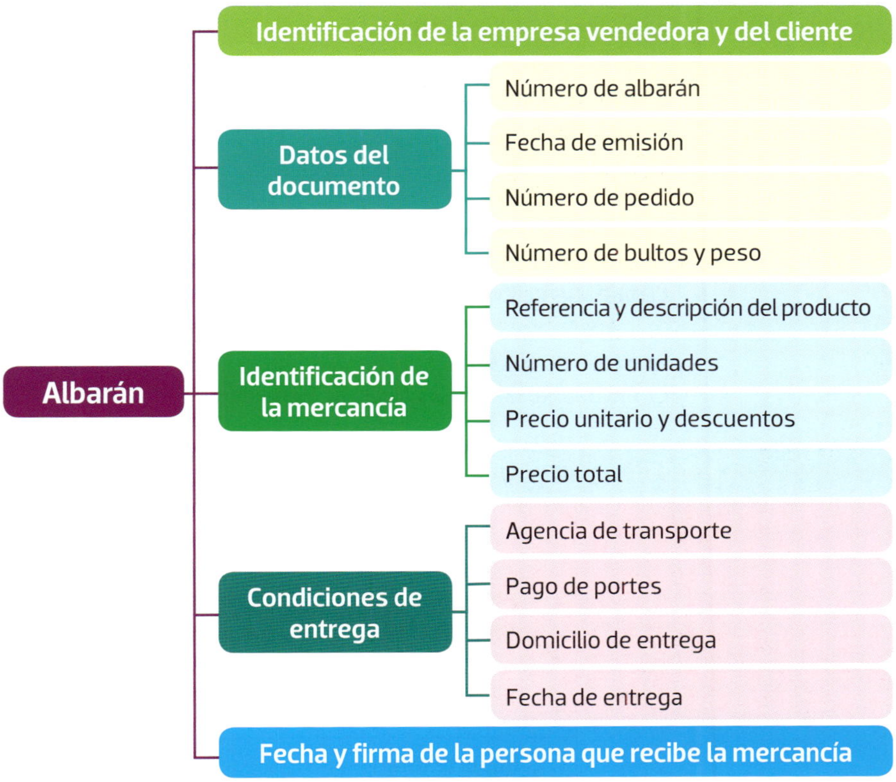

Se emitirán el original y tres copias del albarán:

- El original para el comprador.
- Una copia para el almacén como justificante de salida de la mercancía.
- Una copia para el departamento comercial.
- Una copia que el comprador debe firmar dando su conformidad y que entrega al transportista que lleva la mercancía.

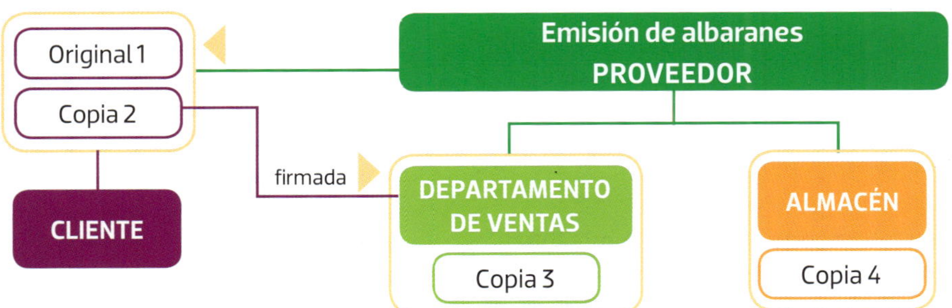

Caso práctico inicial

Algunos documentos habrán de tener un formato determinado y unos contenidos mínimos por imperativo legal.

No obstante, para minimizar costes de administración, es aconsejable estandarizar el formato de todos los documentos administrativos de la empresa.

Saber más

Tipos de descuentos en la compraventa

- Comercial
- *Rappel* o volumen de compras
- Pronto pago

Frases célebres

Solo triunfa en el mundo quien se levanta y busca las circunstancias, y las crea si no las encuentra.

George Bernard Shaw

Ejemplo

Una vez que CANTALOJAS, SL, recibe el pedido de ALCALÁ MOTOR y lo acepta, procede a enviar la mercancía según las condiciones estipuladas.

Elabora el albarán que tendrá que entregar el departamento comercial de CANTALOJAS, SL, teniendo en cuenta los siguientes datos:

- Fecha de recepción del pedido: 20 de mayo de 20XX
- Número de albarán: 2 600
- Transportista: TRANSPORTES SCHNELL, SA
- Número de pedido correlativo: 3 721

CANTALOJAS, SL (1)

NIF: B-45637987
Avda. del Ejército, 41
28020 Madrid
Tel.: 918 672 828

N.° de pedido (correlativo): 3 721

Agencia de transportes: TRANSPORTES SCHNELL, SA
Transporte: a cargo de la empresa vendedora
Descuento: 2 %

ALBARÁN N.° (correlativo): **2 600** (2)

Fecha: 20 de mayo de 20XX

DATOS DEL CLIENTE: (3)
ALCALÁ MOTOR, SL
NIF: B-21547845
C/ Pío Baroja, 12
28425 Alcalá de Henares
Tel.: 918 847 634
CÓDIGO DE CLIENTE:

Domicilio de entrega:
C/ Pío Baroja, 12 – 28425 Alcalá de Henares

Referencia	Descripción	Cantidad (4)	Precio unitario (€)	Importe total (€)
X-321	Rodamiento de bolas	30	5	150
X-320	Rodamiento de cilindros	40	7	280
Y-325	Electroválvula	5	60	300
			Descuento 2 %	-14,60
			Importe total	**715,40**

Observaciones:

CONFORME

Fecha de recepción: (5)

Firma del cliente:

1. Identificación de la empresa vendedora.
2. Datos del documento.
3. Identificación de la empresa compradora.
4. Descripción de los productos recibidos (cantidad, importe unitario e importe total).
5. Firma y fecha de la persona que recibe el pedido.

3.3. La factura

La **factura** es el documento legal expedido por el vendedor, a cargo del comprador, que acredita jurídicamente la compraventa de bienes o la prestación de servicios.

Está regulada por el Código de Comercio, la Ley del IVA y el Real Decreto 1619/2012, de 30 de noviembre, por el que se aprueba el Reglamento por el que se regulan las obligaciones de facturación.

Los empresarios o profesionales están obligados a expedir una factura y su copia por las entregas de bienes y prestaciones de servicios que realicen en el desarrollo de su actividad, incluidas las actividades no sujetas a IVA y aquellas que estén sujetas a IVA pero exentas.

Aunque el modelo de factura es libre, su contenido está regulado legalmente y siempre ha de contener la siguiente información:

- Número y, en su caso, serie.
- Identificación del emisor (NIF, nombre y apellidos o razón social, domicilio).
- Identificación del destinatario (NIF, nombre y apellidos o razón social, domicilio).
- Descripción de los bienes o servicios objeto de la factura.
- Cuantía de la operación y datos para el cálculo de la base imponible.
- Tipo de IVA y cuota.
- Fecha de expedición.

Según el art. 30 del Código de Comercio, las facturas se conservarán durante 6 años (la legislación tributaria establece un periodo de, al menos, 4 años, atendiendo al plazo de prescripción de los impuestos).

La obligación de expedir factura podrá ser cumplida mediante la expedición de factura simplificada y copia de esta cuando su importe no exceda de 400 euros (IVA incluido). También se podrá expedir factura simplificada cuando su importe no exceda de 3 000 euros (IVA incluido) en las operaciones reguladas en el artículo 4 del Real Decreto 1619/2012.

La Agencia Tributaria no exige la expedición de factura siempre y cuando el importe de esta no exceda de 3 000 euros (IVA incluido). En estos casos, es suficiente un vale numerado o un tique de una máquina registradora.

3.3.1. El cálculo del IVA en la factura

Para calcular el importe total de la factura debemos considerar los siguientes elementos:

- **Importe bruto**: resultado de multiplicar la cantidad de cada artículo solicitado por el precio.
- **Descuentos en factura**: bonificaciones o rebajas que los proveedores aplican sobre el valor de los productos.
- **Gastos en factura**: portes, seguros...
- **Impuestos**: una vez aplicados al importe bruto los descuentos en factura y los gastos, se aplicará el tipo de IVA correspondiente, con lo que obtendremos la cuota de IVA.

  Esta cuota se sumará a la base imponible y se obtendrá el importe total de la factura.

Saber más

La factura electrónica

Una factura electrónica, también llamada *e-factura*, es un documento electrónico que cumple con los requisitos que legal y reglamentariamente se exigen a las facturas tradicionales y garantiza, entre otras cosas, la autenticidad de su origen y la integridad de su contenido. La factura electrónica es, por tanto, la versión electrónica de la factura tradicional en soporte papel y debe ser funcional y legalmente equivalente a esta última.

Caso práctico inicial

Las facturas han de estar correctamente ordenadas y archivadas, no solo para evitar pérdidas de tiempo con el coste económico derivado de ello, sino también porque legalmente la empresa está obligada a mantener una copia de ellas al menos durante 6 años.

La Agencia Tributaria, entre sus funciones de auditoría, podría reclamar dichas facturas.

Saber más

Ley de impulso de la factura electrónica en el sector público

Desde el 15 de enero de 2015, las entidades que emiten facturas a la Administración pública deben hacerlo en formato electrónico (Ley 25/2013, de 27 de diciembre, de impulso de la factura electrónica y creación del registro contable de facturas en el sector público).

Para realizar dichas gestiones la Administración ha habilitado su propio portal: <www.facturae.es>.

Ejemplo

Elabora la factura que emitirá CANTALOJAS, SL, sabiendo que el tipo de IVA que se debe aplicar es el tipo general.

La factura que emitirá CANTALOJAS, SL, se podrá ajustar al siguiente modelo:

EMITIDA POR:
CANTALOJAS, SL (1)
NIF: B-45637987
Avda. del Ejército, 41
28020 Madrid
Tel.: 918 672 828

DATOS DEL CLIENTE
ALCALÁ MOTOR, SL (2)
NIF: B-21547845
C/ Pío Baroja, 12
28425 Alcalá de Henares
Tel.: 918 847 634
Fax: 918 843 232
CÓDIGO DE CLIENTE:

Factura N.° [orden correlativo por fecha]**: 13-674** (3)
Fecha: Madrid, 23 de mayo de 20XX
N.° albarán de referencia: 2 600
N.° pedido: 3 721
Forma de pago: al contado
Descuento: 2 %

Referencia	Descripción	Cantidad (4)	Precio (€)	Importe (€)
X-321	Rodamiento de bolas	30	5	150
X-320	Rodamiento de cilindros	40	7	280
Y-325	Electroválvula	5	60	300
	DESCUENTO 2 % (5)			-14,60
	BASE IMPONIBLE (6)			715,40
	TOTAL IVA 21 % (7)			150,23
	TOTAL FACTURA (8)			**865,63**

Registro Mercantil de Madrid, Libro 14, Tomo 1, Sección 4, Hoja 12

(1) Identificación de la empresa vendedora.
(2) Identificación de la empresa compradora.
(3) Datos de la factura: número, albarán y pedido correlativos, fecha, método de pago.
(4) Descripción y referencia de los artículos vendidos.
(5) Descuento aplicado.
(6) Base imponible.
(7) Tipo impositivo de IVA que se ha de aplicar.
(8) Total de la factura, resultante de sumar la base imponible y el IVA.

4. Documentos relacionados con el proceso de pago y cobro

Una vez que la empresa vendedora presenta la factura, el cliente ha de proceder al pago en la forma y momento convenidos.

Dicho pago se puede realizar de dos formas:

- **Pago al contado**: se paga el precio en el momento en que se recibe la mercancía.
- **Pago aplazado o a crédito**: se paga el precio en un momento posterior a la recepción de la mercancía.

Para la realización del pago, se puede elegir entre diversos instrumentos, de los cuales destacamos los siguientes:

- Pago en efectivo y cheque.
- Transferencia y domiciliación bancaria.
- Tarjeta de débito o de crédito.
- Letra de cambio.
- Pagaré.

4.1. El recibo

El **recibo** es un documento que expide la persona que recibe una determinada cantidad (el vendedor) para que sirva al que paga (el comprador) como justificante de que realiza la entrega de dinero y que detalla todos los elementos básicos relativos al pago efectuado.

El documento, que suele utilizarse en talonarios, consta de dos partes:

- **Matriz**: es la parte que está sujeta al talonario y que queda en poder de quien expide el recibo como elemento de control.
- **Recibo propiamente dicho**: es el resguardo que entrega firmado como justificante de pago.

Saber más

Importancia de la digitalización

La digitalización (traslación de un soporte tradicional a una imagen digital) cada vez mayor de toda la documentación administrativa ha facilitado su velocidad de transmisión y, por tanto, ha mejorado la eficiencia de los tiempos dentro de la gestión empresarial.

Matriz	Recibo
N.º ___ (2)	MEMBRETE (1) N.º ___ (2)
He recibido de ___ (3)	He recibido de ___ (3)
la cantidad de ___ (4) ___ euros	la cantidad de ___ (4) euros
	en concepto de ___ (5)
___ de ___ (6) de ___	___ (6), de ___ de ___
	Firmado: (8)
___ (7) €	Son ___ (7) €

1. Datos identificativos del emisor.
2. Número correlativo.
3. Identificación de quien realiza el pago.
4. Importe del recibo expresado en letra.
5. Causa del pago.
6. Lugar y fecha de expedición.
7. Importe expresado en cifras.
8. Firma y sello.

Talonarios

Los recibos normalmente forman parte de unos talonarios donde queda la matriz con los datos del documento, que sirve como comprobante del pago.

4.2. Instrumentos de pago

A continuación, pasamos a describir los principales instrumentos de pago utilizados en la operativa diaria de cualquier empresa.

4.2.1. Pago en efectivo

El pago en efectivo se realizará mediante la entrega de billetes o moneda de curso legal, sea en moneda nacional o en moneda extranjera.

La Ley 7/2012 de lucha contra el fraude establece que no podrán pagarse en efectivo las operaciones en las que alguna de las partes intervinientes actúe en calidad de empresario o profesional, con un importe igual o superior a 2 500 euros o su contravalor en moneda extranjera.

4.2.2. Cheque

El **cheque** es un documento mercantil por el que un banco o entidad de crédito se obliga al pago de una determinada cantidad por orden de uno de sus clientes y con cargo a su cuenta bancaria.

A lo largo de la vida de un cheque intervienen los siguientes sujetos:

- **Librador**: persona que emite el cheque y ordena el pago.
- **Librado**: entidad bancaria que recibe la orden de pago con los fondos que el librador tiene a su disposición.
- **Tenedor**: persona que se encuentra en posesión del título. Al primer tenedor se le denomina ***tomador***.
- **Endosante**: persona distinta del librador que transmite el cheque mediante endoso.
- **Avalista**: persona que garantiza el pago del cheque si no lo hace el principal obligado al que él avala.

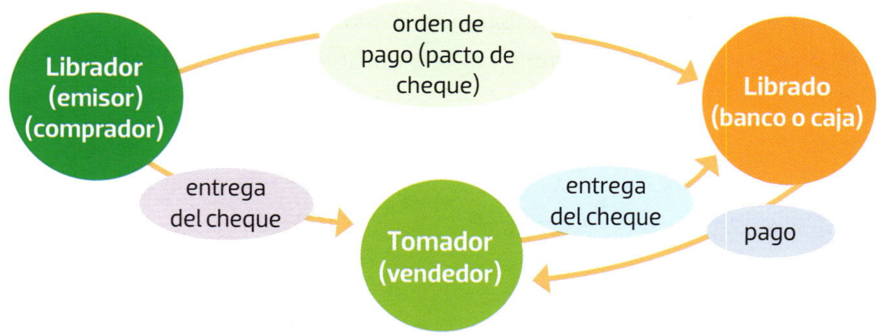

Tipos de cheque

Cheque conformado	La autenticidad de la firma del librador y la existencia de fondos en la cuantía indicada en el cheque son garantizados por la entidad bancaria.
Cheque cruzado	El cheque solo puede ser abonado mediante ingreso en la cuenta del beneficiario.
Cheque nominativo	Está emitido a favor de una persona determinada, que será a la que se pagará exclusivamente.
Cheque al portador	No se designa persona alguna, por lo que cualquiera podrá proceder a su cobro.

Caso práctico inicial

El pago en efectivo no permite a la empresa de Laura financiarse mediante sus proveedores, por lo que debería renegociar sus contratos e intentar utilizar otros instrumentos de pago, tales como:

- Cheque.
- Transferencia y domiciliación bancaria.
- Tarjeta de débito o de crédito.
- Letra de cambio.
- Pagaré.

Saber más

Actualmente la mayoría de las gestiones con las Administraciones públicas se realizan obligatoriamente mediante la firma electrónica. Puedes encontrar mas información en el siguiente enlace: <http://firmaelectronica.gob.es>.

Saber más

La Ley Cambiaria y del Cheque

Regula los siguientes instrumentos de pago:

- Cheque.
- Letra de cambio.
- Pagaré.

El cheque se extenderá en impreso normalizado, que deberá contener los siguientes datos:

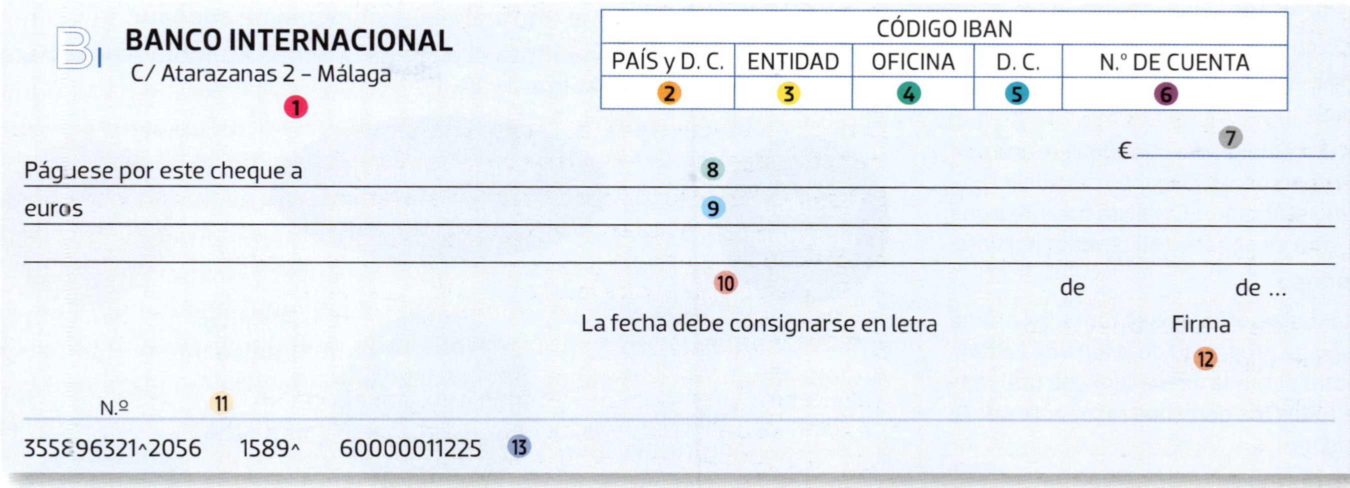

1. Datos identificativos del banco o caja.
2. Código del país y dígito de control del IBAN.
3. Código de la entidad.
4. Código de la oficina o sucursal.
5. Dígito de control de entidad, oficina y número de cuenta.
6. Espacio para indicar el número de cuenta.
7. Importe expresado en cifras.
8. Designación del beneficiario.
9. Importe del cheque expresado en letra.
10. Lugar y fecha de emisión. La fecha debe consignarse en letra.
11. Número correspondiente al cheque.
12. Firma del librador.
13. Zona para impresión magnética.

4.2.3. Transferencia y domiciliación bancaria

Mediante la transferencia bancaria, el comprador ordena a su banco que transfiera fondos a una cuenta bancaria del vendedor.

Cuando el instrumento de pago que se utiliza es la domiciliación bancaria de recibos, el vendedor presenta el recibo en un banco al que el comprador ha autorizado a pagar.

4.2.4. Tarjeta de débito o de crédito

Mediante las **tarjetas de débito** las entidades bancarias ofrecen a sus clientes una posibilidad de pago, pudiendo ser únicamente utilizadas cuando el cliente tiene fondos depositados en alguna cuenta de la entidad bancaria.

Por contra, para poder pagar con una **tarjeta de crédito** no es necesario tener fondos, ya que implican la concesión de un préstamo hasta una cantidad límite en un plazo breve (generalmente un mes).

4.2.5. Letra de cambio

La **letra de cambio** es un documento mercantil por el que una persona (el librador) ordena a otra (el librado) el pago de una determinada cantidad de dinero en una fecha determinada o con un vencimiento concreto.

El pago de la letra de cambio se puede realizar al librador o a un tercero, llamado ***beneficiario, tomador*** o ***tenedor***, a quien el librador ha transmitido o endosado la letra de cambio.

A lo largo de la vida de una letra de cambio intervienen los siguientes sujetos:

- **Librador**: persona que emite la letra de cambio y ordena su pago.
- **Librado**: persona que recibe la orden de pago.

Caso práctico inicial

Existen diferentes tipos de *software* que ayudan en la gestión de la documentación administrativa de la empresa.

Destacan en el mercado: SAP, J. D. Edwards, etc.

Existe otro tipo de *software* para gestionar no la globalidad de la documentación administrativa, sino una parte determinada de ella; ejemplos de ello son FactuSOL o FacturaPlus, para la gestión de facturas.

Vocabulario

Aceptación

Acto en virtud del cual el librado se compromete al pago de la letra a su vencimiento.

Aval

Es un compromiso que adquiere una tercera persona de pagar en caso de no hacerlo el librado. El avalista garantiza que la letra se pagará a su tenedor legítimo.

Endoso

Cláusula por la que el tomador puede ceder la propiedad de la letra de cambio a otra persona de manera que transmite todos los derechos resultantes de la misma.

Protesto

Mecanismo legal para exigir el pago de una letra si esta no es aceptada o pagada por el librado.

El protesto tiene un plazo de 8 días hábiles después del vencimiento.

- **Tenedor:** persona que legítimamente se encuentra en posesión del título. Al primer tenedor también se le denomina ***tomador***.
- **Endosante:** persona que transmite la letra mediante endoso.
- **Avalista:** persona que garantiza el pago de la letra de cambio si no lo hace el principal obligado, al que avala.

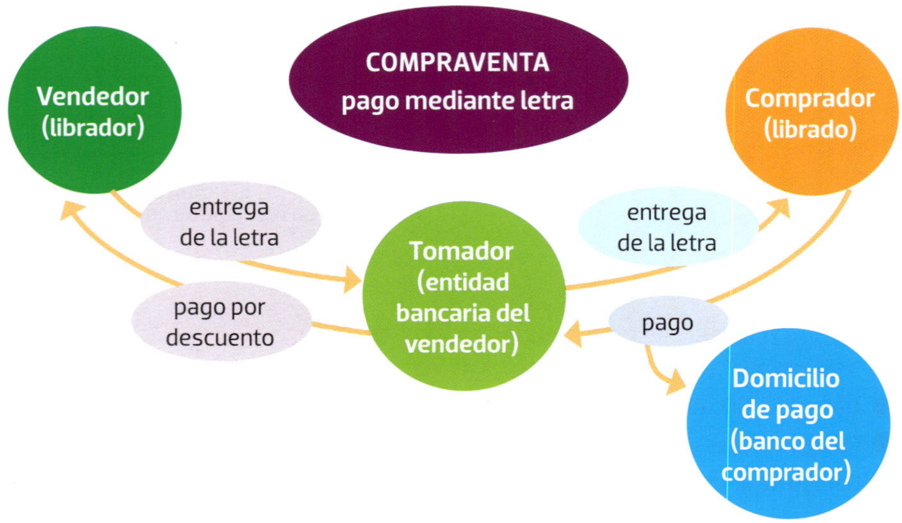

La letra de cambio se ha de extender en el modelo oficial que se reproduce a continuación, que cumple, a su vez, la función de liquidación del impuesto sobre transmisiones patrimoniales y actos jurídicos documentados.

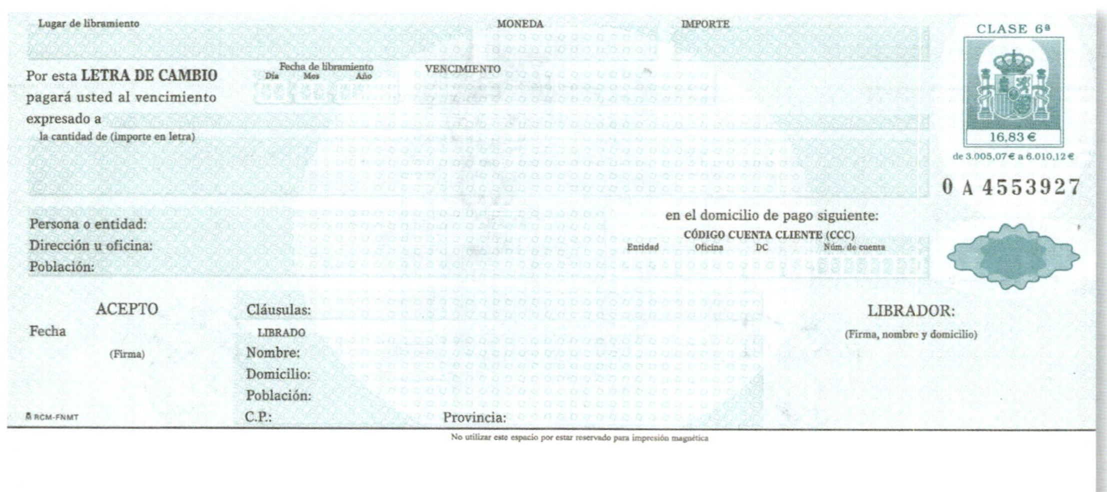

Lugar de libramiento — MONEDA — IMPORTE — CLASE 6ª

Por esta **LETRA DE CAMBIO** pagará usted al vencimiento expresado a — Fecha de libramiento (Día, Mes, Año) — VENCIMIENTO

la cantidad de (importe en letra)

16,83 € — de 3.005,07 € a 6.010,12 €

0 A 4553927

Persona o entidad:
Dirección u oficina:
Población:

en el domicilio de pago siguiente:
CÓDIGO CUENTA CLIENTE (CCC): Entidad, Oficina, DC, Núm. de cuenta

ACEPTO
Fecha
(Firma)

Cláusulas:
LIBRADO
Nombre:
Domicilio:
Población:
C.P.: Provincia:

LIBRADOR:
(Firma, nombre y domicilio)

RCM-FNMT

No utilizar este espacio por estar reservado para impresión magnética

4.2.6. Pagaré

El **pagaré** es un título que contiene la promesa de pagar una determinada cantidad de dinero, por parte de la persona que lo emite (el firmante) a otra persona que se denomina ***beneficiario*** o ***tenedor***.

El pagaré, a diferencia de la letra de cambio, supone una **promesa incondicional** de pagar una suma de dinero en moneda nacional o su equivalente internacional, no una orden de pago.

El pagaré puede ser endosado de forma similar a la letra de cambio y avalado por parte de un tercero diferente al firmante o persona que promete realizar el pago de la cantidad determinada.

Se trata de un documento formal que ha de cumplir una serie de requisitos.

BANCO INTERNACIONAL
C/ Atarazanas 2 - Málaga

4

CÓDIGO IBAN				
PAÍS y D. C.	ENTIDAD	OFICINA	D. C.	N.º DE CUENTA

3 Vencimiento ____ de ________________ de 20__ 2 € ____________________

1 POR ESTE **PAGARÉ** ME COMPROMETO A PAGAR EL DÍA DEL VENCIMIENTO ADECUADO

5 A ____________________

Euros ____________________

6 ____________ de ____________ de ...

La fecha debe consignarse en letra Firma 7

N.º

355896321^2056 1589^ 60000011225 8

1 Denominación de pagaré inserta en el texto mismo del título y expresada en el idioma empleado para su redacción.

2 Promesa pura y simple de pagar una cantidad determinada en euros o en moneda extranjera convertible.

3 Vencimiento (si no se indicara, se considerará pagadero a la vista).

4 Lugar del pago (si no se fijara, lo será el lugar donde se ha emitido el pagaré).

5 Nombre de la persona a quien haya de hacerse el pago o a cuya orden se haya de efectuar.

6 Fecha y lugar en que se firma el pagaré (el lugar se considera el domicilio del firmante y, si no hay ninguna indicación al respecto, será el que figure junto a su firma).

7 Firma de la persona que emite el título.

8 Zona para impresión magnética.

Se ha de señalar que, si no se indican el vencimiento, el lugar de pago o el lugar de emisión, el título seguiría siendo pagaré, puesto que la ley suple estas deficiencias.

4.2.7. El IBAN *(International Bank Account Number)*

El **IBAN,** o **código internacional de cuenta bancaria,** es un código alfanumérico que identifica una cuenta bancaria determinada en una entidad financiera en cualquier lugar del mundo (de momento, solo en Europa).

Es decir, a cada cuenta le corresponde un único IBAN y a través de él se identifican el país, la entidad, la oficina y la cuenta.

El objetivo del IBAN es facilitar el tratamiento automático de pagos y cobros transfronterizos. El estándar asegura la transmisión correcta de los datos y reduce las posibilidades de intervención manual. Por tanto, contribuye a evitar los costes y las demoras asociadas a la transmisión incorrecta o insuficiente de los datos relativos a las cuentas bancarias.

En el caso español el IBAN está formado, en primer lugar, por dos primeros dígitos que son de carácter alfabético e identifican el país. Los dos siguientes números son dígitos de control y constituyen el elemento de validación de la totalidad del IBAN, y a continuación se completa con los 20 caracteres numéricos actuales del código cuenta cliente (es decir, consta de un total de 24 caracteres).

A continuación puedes ver una comparativa entre el código cuenta cliente (CCC) y el código IBAN de una misma cuenta:

- Código cuenta cliente: 2077 0024 00 3102575766
- Código IBAN:
  - Formato papel: IBAN ES76 2077 0024 0031 0257 5766
  - Formato electrónico: ES7620770024003102575766

SEPA
Single Euro Payments Area
Zona Única de Pagos para el Euro

Saber más

La norma **SEPA** (en inglés, *Single Euro Payments Area*) adoptó de manera definitiva, a partir del 1 de febrero de 2014, el código **IBAN** de 24 dígitos (en inglés, *International Bank Account Number*) con el fin de identificar una cuenta bancaria de cualquier país integrante del Espacio Económico Europeo (los 27 países miembros de la UE, más Islandia, Liechtenstein, Mónaco, Noruega, San Marino y Suiza). En España, el código IBAN sustituyó de manera definitiva al antiguo código cuenta cliente de 20 dígitos. Para ampliar la información puedes consultar la web: <www.sepaesp.es>.

ACTIVIDADES FINALES

1. Haz un esquema que refleje el flujo del proceso de compraventa dentro de una empresa del sector al que pertenece tu ciclo formativo y los documentos administrativos generados.

2. La empresa de instalación de sistemas de climatización SOLYPLACK, SL (NIF B-32459856, situada en la Avda. de Portugal n.° 14 - 37004 Salamanca), necesita realizar el siguiente pedido de materiales para sus instalaciones:
   - 5 bombas de calor con referencia V312 y precio de 65 €/ud.
   - 2 placas solares con referencia PS15 y precio de 300 €/ud.
   - 8 resistencias con referencia R19 y precio de 18 €/ud.

   SOLYPLACK, SL, ha realizado el pedido a su proveedor habitual, CLIMATIZACIÓN LA MORAÑA, SL (NIF B-92348384, situada en la C/ Monsalupe n.° 125 - 05163 Ávila). El pedido se entregará el día 24 de abril (10 días después de su realización) en las oficinas de SOLYPLACK a nombre de su directora de compras, Elena Carrión García. Los gastos de envío correrán a cargo de SOLYPLACK y el pago del importe se realizará al contado.

   Redacta la propuesta de pedido que realizará SOLYPLACK para proceder a la compra de los repuestos. Recuerda que para realizar estos ejercicios puedes utilizar los modelos que se incluyen en los recursos adicionales.

3. Una vez que CLIMATIZACIÓN LA MORAÑA recibe el pedido de SOLYPLACK y lo acepta, procede a enviar la mercancía según las condiciones estipuladas.
   Elabora el albarán que tendrá que entregar el departamento comercial de CLIMATIZACIÓN LA MORAÑA teniendo en cuenta los siguientes datos:
   - Fecha de recepción del pedido: 24 de abril.
   - Número de albarán: 1125.
   - Transportista: HNOS. CASTILLO, SA.
   - Número de pedido correlativo: 1212.

4. Elabora la factura que emitirá CLIMATIZACIÓN LA MORAÑA, sabiendo que el tipo de IVA que se debe aplicar es el tipo general.

5. Si un empresario individual ha realizado una venta por importe de 200 €, ¿deberá obligatoriamente expedir una factura? Razona tu respuesta.

6. ¿Cuánto tiempo han de conservar los empresarios las copias de las facturas, tiques o vales emitidos por ellos? ¿Y los recibidos de sus proveedores?

7. Realiza un breve esquema de los diferentes instrumentos que se pueden emplear para realizar el pago en un proceso de compraventa en una empresa.

8. ¿Cuáles son las dos partes de las que consta un recibo?

9. Elabora el recibo que entregará CLIMATIZACIÓN LA MORAÑA tras haber recibido el pago de SOLYPLACK.

10. Enumera los elementos personales que intervienen a lo largo de la vida de un cheque.

- **11.** ¿Qué diferencias existen entre un cheque al portador y uno nominativo? ¿En qué casos utilizarías cada uno de los dos tipos?

- **12.** Define con tus propias palabras los siguientes términos referidos a una letra de cambio: aceptación, aval, endoso, protesto, librador, librado, tenedor, endosante y avalista.

- **13.** Establece las diferencias entre una tarjeta de débito y una de crédito.

- **14.** Enumera las ventajas y los inconvenientes de trabajar con procesos estandarizados de orden y conservación de los documentos administrativos en la empresa. ¿Crees que es económicamente rentable el esfuerzo que puede suponer estandarizar estos procesos administrativos? Razona tu respuesta.

- **15.** Como pago de la factura por la adquisición de unos reactivos para sus laboratorios centrales, QUIMILAB, SA, (NIF A-32939299, con domicilio en la C/ Ámsterdam, s/n - 03739 Alicante) extiende un cheque a nombre de KMK, SL, (con NIF B-23490340 y domicilio en la C/ Ancha, 12 - 13160 Ciudad Real), por importe de 1500 €, en la fecha 27 de junio de 20XX.

  Los datos bancarios de QUIMILAB son los siguientes:

  Código país: ES; dígito de control: 56; número de cuenta: 0049 2456 0820 0890 2340.

- **16.** Ángel Torres, técnico superior en Desarrollo de Proyectos de Construcción, ha recibido un pago de su cliente CONSTRUCCIONES TORRALBA, SL, a fecha 1 de marzo de 20XX por importe de 2 300 €. Elabora el recibo que Ángel emitirá como justificante de pago. Puedes utilizar el modelo que se incluye en los recursos adicionales.

- **17.** El código IBAN se empezó a utilizar en España en febrero de 2014. Como bien sabes, facilita el comercio internacional y las transferencias bancarias. Realiza un debate con tus compañeras y compañeros de clase sobre las ventajas y los inconvenientes de estas medidas implantadas en el ámbito europeo y los costes que ha podido suponer su adaptación para las pymes.

Entra en **internet**

- **18.** En la página web de la Agencia Tributaria puedes encontrar el modelo 630 para el pago en metálico del impuesto sobre transmisiones patrimoniales y actos jurídicos documentados en las letras de cambio de importe superior a 192 323,87 €:

  Portal de la Agencia Tributaria: <www.agenciatributaria.es>.

  Busca dentro de las normas para cumplimentar el modelo 630 e indica la escala de este gravamen.

  En esta página también podrás encontrar información sobre los tipos del impuesto sobre el valor añadido (IVA) necesarios para cumplimentar adecuadamente las facturas.

  Por último, busca información sobre la *e-factura* y las posibilidades que ofrece la Agencia Tributaria para facilitar la facturación vía telemática (aplicación Facturae).

- **19.** En épocas de crisis económica se disparan los indicadores de morosidad o impagos. Para evitar la concesión de créditos comerciales y aplazamientos de pago a clientes que puedan presentar un perfil de alto riesgo se ofrece información sobre el estado financiero de diferentes empresas en las siguientes páginas web:

  - Registro Mercantil Central: <www.rmc.es>.
  - Cámara de Comercio: <www.camerdata.es>.
  - Informa, entre otros servicios, brinda información actualizada a las empresas sobre el riesgo de impagos de sus posibles clientes: <www.informa.es>.

PRÁCTICA PROFESIONAL PROPUESTA

La gestión administrativa en la empresa

De los 387 faros del litoral, el Ministerio de Fomento ha decidido dar en concesión 137 de ellos para su explotación como alojamiento turístico. Mario F. ha decidido explotar una de dichas concesiones y crear un pequeño alojamiento de lujo llamado *El Faro del Sereno*.

Para la decoración de las habitaciones han pensado en recrear la esencia de cada una de las siguientes islas: Formentera (azul), Eivissa (blanca) y Lanzarote (volcánica). El primer paso es dar con la pintura adecuada, pinturas que reflejen el espíritu de la isla a la que se refieran. Para ello han contactado con PRINTMATIC, SL, y con ECOPRINT, SLNE, dos empresas de su localidad que pueden suministrárselas.

El primer pedido de pinturas incluirá las siguientes cantidades (todos los precios son sin IVA):

Color pintura	Cantidad	Precio unitario PRINTMATIC (€/l)	Precio unitario ECOPRINT (€/l)
Blanca	10 litros	2,10	2,12
Azul	4 litros	2,25	2,10
Marrón	6 litros	2,15	2,05
Verde	3 litros	2,30	1,55

PRINTMATIC ofrece las siguientes dos condiciones en su oferta, excluyentes entre sí:

- Por cada 4 litros de pintura del mismo color ofrece 1 litro gratis o bien 2 litros del color que se elija.
- Por pedidos de más de 30 litros ofrece un descuento del 20 % sobre el precio final sin IVA.

Y ECOPRINT dispone de la siguiente oferta:

- Descuento del 12,5 % aplicable a cualquier cantidad de pedido.

1. Simula una negociación con tus compañeros (en grupos de 4 alumnos) y decidid lo siguiente:
   a) ¿Cuál será el pedido óptimo para realizar (la mejor oferta)?
   b) ¿A qué empresa de las dos (suponiendo que las calidades de las pinturas son semejantes) se debe elegir como proveedora?

2 Redacta la propuesta de pedido suponiendo los siguientes datos para la empresa proveedora:
   - NIF: B-35233214.
   - Situada en C/ Cabo de Gata, 32, en Almería (04007).
   - El pedido se entregará el 5 de abril (12 días después de su realización), en el propio hotel, a nombre de Mario F., el director del establecimiento. Los gastos de envío son gratuitos y están incluidos en el precio.

   Los datos de facturación del hotel son: El Faro del Sereno, SL, con NIF B-56234445 y domicilio en la calle del Faro, 65, en Cabo de Gata, Almería (04007).

3. Una vez que el proveedor recibe el pedido de El Faro del Sereno y lo acepta, procede a enviar las mercancías según las condiciones estipuladas.

   Elabora el albarán qué tendrá que entregar el departamento comercial de la empresa proveedora teniendo en cuenta los siguientes datos:
   - Fecha de recepción del pedido: 5 de abril.
   - Número de albarán: 296.
   - Transportista: Hnos. Farnós, SL.
   - Número de pedido correlativo: 869.

4. Elabora la factura que emitirá el proveedor sabiendo que el tipo de IVA que se debe aplicar es el general (no se considera pintura para la rehabilitación, que llevaría un tipo de IVA reducido).

5. Suponiendo que al ser un pago puntual este se realice al contado, elabora el recibo que entregará el proveedor tras haber recibido el pago de El Faro del Sereno.

6. Finalmente, en lugar de pagar al contado, se decide extender un cheque como pago de la factura.

   Elabora dicho documento teniendo en cuenta que los datos bancarios de El Faro del Sereno, SL, son los siguientes:
   - Código país: ES.
   - Dígito control: 48.
   - Número de cuenta: 0069 2654 0850 0564 1230.

ACTUALIDAD EMPRESARIAL

Encuentra tu papel: hábitos muy saludables en la gestión de la documentación administrativa

Existe una serie de normas prácticas que, a buen seguro, ayudarán a que la empresa no se ahogue en un océano de papeles:

Crear un hábito de archivo. Resulta imprescindible que se extienda el hábito de gestionar el archivo con eficacia. El primer consejo para evitar que las mesas de trabajo se conviertan en montañas de papeles es que los documentos se clasifiquen y archiven en el mismo momento en que se termine de trabajar con ellos.

Selección natural. Conserva solo los documentos que sean necesarios para tu trabajo. Recuerda que la eliminación o expurgo de los mismos es esencial para conseguir un buen archivo.

Papeles siempre localizados. Cuando se extraiga un documento del archivo general de la empresa, debe depositarse en su lugar una hoja «testigo» donde figure el código del documento, la persona que se lo ha llevado y la fecha en que lo ha hecho.

Clasificación visual. Conviene utilizar diferentes tipos de colores en los contenedores de documentos o en los documentos mismos, según los contenidos que traten. Esta técnica permite identificar rápidamente un expediente que esté mal archivado.

El orden cronológico. Una gestión adecuada del archivo exige muchas veces que los documentos se ordenen siguiendo un orden cronológico. El primer documento será siempre el más antiguo.

Cuando no sea posible una ordenación cronológica, se puede hacer una agrupación siguiendo cualquier otro criterio lógico y utilizando subcarpetas para unificar grupos de documentos.

Agrupaciones obligatorias. No dejar documentos sueltos, todos deben formar parte de un expediente. Tampoco se deben crear nuevos expedientes sin comprobar antes si ya existen.

La eliminación o el expurgo. Es necesario eliminar la tendencia a conservarlo todo indefinidamente. Cada empresa debe establecer qué tipo de documentos se deben eliminar y cuáles no.

Archivar en poco espacio. Si debes gestionar muchos documentos y no tienes espacio suficiente, dedica al menos 15 minutos diarios a revisar los documentos que llegan a tu mesa. Un primer vistazo permitirá eliminar entre un 70 % y un 80 % de dicha documentación.

Fuente: Revista *Emprendedores*

Trabajo a realizar

1. ¿Cuáles crees que pueden ser las consecuencias a corto y a largo plazo de una mala gestión de la documentación administrativa?
2. El título del texto nos habla de hábitos muy saludables. ¿Por qué razón crees que utiliza el autor el sustantivo *hábito*?
3. ¿Crees que las medidas que se plantean en el texto mejorarán la gestión y aumentarán la productividad?
4. Este tipo de medidas, ¿son rentables para cualquier tipo de empresa?
5. Enumera las ventajas en términos de ahorro de costes que puede suponer el tomar estas medidas para la gestión de la documentación administrativa en la empresa.

EN RESUMEN

DOCUMENTACIÓN ADMINISTRATIVA DE LA EMPRESA

- **Proceso de compraventa**
  - Pedido
  - Albarán
  - Factura
- **Proceso pago-cobro**
  - Recibo
  - Pago en efectivo y cheque
  - Transferencia y domiciliación bancaria
  - Tarjeta de débito o de crédito
  - Letra de cambio
  - Pagaré
  - IBAN

Evalúa tus conocimientos

RESUELVE EN TU CUADERNO O BLOC DE NOTAS

1. **¿Cuál de las siguientes no es una característica que debería cumplir un sistema eficaz?**
   a) El proceso ha de ser oportuno.
   b) El proceso ha de minimizar los costes.
   c) El proceso ha de externalizarse.
   d) El proceso ha de ser riguroso.
2. **El documento que detalla y justifica la entrega de mercancías que se efectúa al cliente se denomina:**
   a) Albarán.
   b) Recibo.
   c) Pedido.
   d) Factura.
3. **¿En cuál de los siguientes documentos es obligatorio especificar el tipo de IVA?**
   a) Albarán.
   b) Factura.
   c) Pedido.
   d) Recibo.
4. **¿Cuál de los siguientes es un tipo de cheque?**
   a) Cheque conformado.
   b) Cheque cruzado.
   c) Cheque al portador.
   d) Todas las respuestas son correctas.
5. **¿Cómo se denomina la cláusula por la que el tomador puede ceder la propiedad de la letra de cambio a otra persona, transmitiendo así todos los derechos resultantes de la misma?**
   a) Endoso.
   b) Protesto.
   c) Aceptación.
   d) Aval.
6. **¿Qué impuesto grava la utilización de las letras de cambio como instrumento de pago?**
   a) Impuesto sobre sociedades.
   b) Impuesto sobre el valor añadido.
   c) Impuesto sobre transmisiones patrimoniales y actos jurídicos documentados.
   d) Ninguna respuesta es correcta.

Anexo

Guía para el proyecto de empresa

Vamos a conocer...

El proyecto de empresa

- Utilidad del proyecto de empresa
- Características del proyecto de empresa
- Fases del proyecto de empresa
- La gestión de la calidad en las empresas

EMPRENDEDORES EN EL CINE

Tucker: un hombre y su sueño

ACTUALIDAD EMPRESARIAL

¿Por qué fracasan los emprendedores?

Guía para el proyecto de empresa

1. Presentación del proyecto y de sus promotores
2. Formulación del modelo de negocio
3. Estudio de mercado
4. Lean Startup y Lean Canvas
5. Plan de marketing
6. Plan de recursos humanos
7. Plan de producción
8. Análisis de costes
9. Plan de inversiones
10. Plan de financiación
11. Análisis económico-financiero
12. Área jurídica
13. Trámites y plan de acción
14. Conclusiones y evaluación del proyecto

Experiencias de éxito

El Circo del Sol es el responsable de un espectáculo artístico de gran calidad. La compañía, con sede en Canadá, cuenta con 1300 artistas de 55 países diferentes. En cada espectáculo individual trabajan entre 50 y 100 artistas.

El Circo del Sol inició su andadura en 1984, cuando un grupo de artistas callejeros de Quebec (Canadá) decidió canalizar su pasión y su creatividad en un proyecto innovador. Bajo la orientación de Guy Laliberté, plantearon un nuevo concepto de circo, que combinaba teatro, danza, artes circenses y artes de la calle.

En los años ochenta, el circo tradicional estaba en crisis, la venta de entradas había caído considerablemente y escaseaban los profesionales de este sector. El Circo del Sol reinventó el espectáculo. Eliminó la presencia de animales, introdujo la música y la coreografía como elementos clave y se apoyó en una estética muy estudiada, basada en los vestidos y el maquillaje. De este modo, consiguió ofrecer una experiencia emocional y multisensorial al espectador.

Crearon un nuevo espacio en un mercado sin competencia. En lugar de luchar por hacerse un hueco en el mercado del circo tradicional, inventaron un nuevo concepto: sobre la base de la idea del circo, introdujeron elementos más sofisticados, propios del teatro. De este modo, consiguieron acercarse a un amplio segmento de consumidores y subir el precio de las entradas, al dirigirse a un público más adulto.

El Circo del Sol creó una nueva industria, proporcionó un valor único y diferenciador a sus consumidores y convirtió a la competencia en irrelevante. Su imagen de marca ha adquirido tanta fuerza que cualquier otro tipo de espectáculo similar es percibido como una copia de El Circo del Sol.

Sus estrategias son:

- Calidad creativa: casi todos los artistas preparan sus números artísticos y acrobáticos en el Estudio de Creación, que dispone de unos 20 entrenadores de todas partes del mundo.
- Estrategia de precio alto, para dar valor e imagen de un espectáculo de calidad única.
- Dosificación: transcurre un mínimo de 2 años entre cada visita a la misma ciudad.
- Selección estratégica de mercados: escogen bien las ciudades en las que actúan y estudian el tiempo adecuado de permanencia para conseguir un nivel determinado de ventas de entradas.
- Crecimiento gradual: prefieren consolidarse antes de expandirse a otras ciudades y países.
- Cualquier nueva producción en el mercado tiene que seguir los valores de la marca El Circo del Sol.
- Inversores y socios clave; han consolidado su crecimiento con el apoyo de:
  - El Gobierno de Quebec e instituciones de Montreal en sus inicios.
  - Promotores locales y patrocinadores para los espectáculos de gira.
  - *Partners* sólidos para los espectáculos permanentes: casinos de Las Vegas y Disney World.

Todo mediante alianzas estratégicas que no ponen en entredicho la independencia de la compañía, especialmente en el ámbito creativo. El Circo del Sol sigue respetando sus raíces como artistas callejeros. El fundador es aún el único propietario y sigue participando en los proyectos, respetando la filosofía iniciada en 1984.

En los recursos adicionales de este libro tienes:

- El modelo o guía de proyecto de empresa que se presenta en esta unidad en formato word.
- El proyecto de HOMETAINER, galardonado con el Primer Premio del II Desafío Junior Empresarial ESIC 2009, realizado por alumnos de Primero de Automoción del IES Mateo Alemán (Alcalá de Henares) bajo la coordinación de su profesora de FOL, Reyes Carrión Herráez.
- Otros modelos de proyectos de empresa.

El proyecto de empresa

Elaborar un proyecto de empresa garantiza mejores resultados y ayuda a evitar fracasos porque permite discutir, de forma objetiva, todos los temas que puedan suponer una dificultad o requieran un mayor análisis.

Utilidad del proyecto de empresa

El proyecto de empresa tiene una doble utilidad, interna y externa:

Utilidad del proyecto de empresa

Interna

- Permite reflexionar y estructurar la idea inicial.
- Analiza las posibilidades de éxito, los puntos fuertes y débiles de la empresa.
- Estudia la viabilidad y rentabilidad del proyecto a medio y largo plazo, con unos mínimos de coherencia y rigor.
- Define los objetivos, las estrategias y los medios necesarios para llevar a cabo el proyecto.
- Especifica las responsabilidades de cada socio.
- Es un referente para evaluar la futura marcha de la empresa y sus desviaciones sobre el escenario previsto, además de un instrumento de medida de los rendimientos obtenidos.

Externa

El proyecto es una carta de presentación de la empresa frente a terceras personas; ayuda a encontrar:

- Colaboradores.
- Proveedores.
- Inversores.
- Entidades de crédito.
- Avalistas.
- Clientes.

Un plan serio y bien elaborado demuestra que el emprendedor está capacitado para sacar el proyecto adelante y desarrollarlo.

Saber más

Proyectos reales

En los recursos adicionales encontrarás el proyecto de empresa HOMETAINER, galardonado con el Primer Premio del II Desafío Junior Empresarial ESIC 2009 y el dosier del proyecto de FRUANDMIX. Ambos son ideas originales de alumnos de Formación Profesional.

Características del proyecto de empresa

En vista de la utilidad del proyecto de empresa y de las personas a las que va dirigido, es importante que sea realista, riguroso y fácil de comprender, ya que es la base sobre la que se va a construir y poner en marcha una empresa. No tiene ningún sentido que no sea accesible a socios e inversores, ni que la información no sea precisa, actualizada y veraz, pues entonces el proyecto está abocado al fracaso.

Por otra parte, casi tan importante como el fondo es la forma.

Recuerda

Tómate tu tiempo

El tiempo empleado en la elaboración de este plan es una de las primeras y más importantes inversiones que realizan los socios.

Aspectos formales del proyecto de empresa

- El plan de empresa ha de ser leído; por tanto, debe redactarse de tal manera que atraiga y mantenga la atención del lector. Concisión y brevedad son dos aspectos clave.
- Es necesario cuidar al máximo la redacción, la ortografía y el estilo.
- El proyecto debe estar estructurado y ordenado en epígrafes, e incluir una portada atractiva y un índice paginado.
- Es recomendable utilizar esquemas visuales que resuman lo expuesto y faciliten la comprensión del texto.
- Conviene usar elementos tipográficos que resalten los contenidos más importantes y realcen los títulos, como la letra en negrita o cursiva, y distintos tipos y tamaños de letra, pero sin abusar de ellos, siendo preferible acordar previamente cómo se destacará cada punto.
- Es importante dejar amplios márgenes y numerar todas las páginas.
- Utilizar papel, impresión y encuadernación de calidad.
- Puede dividirse el proyecto en dos partes: el plan de empresa, propiamente dicho, y los anexos. La primera parte debe ser relativamente breve, del orden de 40 a 80 páginas. El segundo volumen contendrá todo aquello que soporte y respalde a la primera parte (por ejemplo, escrituras de constitución de la empresa, tablas estadísticas, encuestas de mercado, etc.).

Fases del proyecto de empresa

Un proyecto de empresa pasa por las siguientes fases:

1.ª FASE. Selección y formulación de la idea empresarial

2.ª FASE. Formulación del modelo de negocio

3.ª FASE. Experimentación y validación del modelo de negocio

4.ª FASE. Elaboración y planificación del proyecto

- **Estudio de mercado.**
- **Definición de objetivos,** estrategias y medios.
- **Análisis de la viabilidad** del proyecto: consiste en realizar un estudio sobre la conveniencia de poner en marcha el negocio y cómo lograr que perdure en el tiempo). Antes de iniciar la actividad empresarial hay que tener muy claro que su rentabilidad justifica los esfuerzos necesarios para su puesta en marcha.
- Planificación en el tiempo: definición y secuenciación de tareas.

5.ª FASE. Ejecución del proyecto conforme al calendario establecido

6.ª FASE. Evaluación y control

Antes del inicio de la actividad se deben fijar unos objetivos y parámetros con respecto a los cuales podamos realizar comparaciones con la realidad conseguida. Esto se conoce con el nombre de *evaluación* o *control por objetivos*. Cada empresa ha de fijar los indicadores que mejor se adapten a su estructura y que permitan medir el grado de cumplimiento de sus planes.

Gracias a estas evaluaciones se pueden detectar y analizar las desviaciones para, posteriormente, tomar medidas correctoras en el momento adecuado. Una actuación en el momento preciso puede ser clave para que una empresa perviva.

Nunca hay que olvidar que la viabilidad de un negocio **depende de su permanente adecuación a las necesidades del mercado.** Las empresas están inmersas en un entorno cambiante y se ven afectadas por variables ajenas e incluso desconocidas. Consecuentemente, las previsiones realizadas tienen un alcance limitado y conviene revisarlas y efectuar los ajustes necesarios en el proyecto de empresa; por eso se dice que es un **documento dinámico.**

La gestión de la calidad en las empresas

La tendencia actual es realizar evaluaciones periódicas a lo largo de toda la vida de la empresa e implantar programas de **gestión de la calidad,** que tratan de asegurar la competitividad de los productos.

La **calidad total** es una filosofía y una forma de gestión que promueve el análisis continuo de todos los aspectos de la empresa (servicios, productos, procesos, sistemas, personal, etc.) para fomentar la **mejora continua** en la organización e involucrar a todos sus miembros: trabajadores, mandos intermedios y equipo directivo; incluso a clientes y proveedores, cuando esto sea posible. Su finalidad última es la satisfacción del cliente.

Para ayudar en la gestión de la calidad dentro de las organizaciones, existen normas, modelos y programas, como la Norma UNE-EN-ISO 9000, que regula la gestión de la calidad dentro de una organización y el Modelo EFQM *(European Foundation for Quality Management),* que se utiliza para autoevaluarse, conocer los puntos fuertes y débiles, elaborar planes de mejora y visualizar la evolución de la empresa.

Recuerda

Causas de fracaso

Conocer el **sector de actividad** y el **mercado** donde se opera son aspectos importantes. Algunos expertos señalan su ignorancia como una de las principales causas de fracaso, junto con el desconocimiento del producto o servicio que se quiere comercializar. Sin embargo, un primer fracaso no debe hundir al emprendedor. Muchas compañías que hoy triunfan han surgido de las cenizas de otras empresas que fracasaron, pero que aportaron experiencia y conocimientos a sus promotores.

Saber más

Consejos de expertos

Según los expertos, los tres primeros años son críticos para una empresa, puesto que es el momento de asentarse y crecer. Para superar con éxito esta etapa hay que renovarse constantemente, conocer bien el entorno de la empresa y partir de la base de un buen proyecto, que pueda ir adaptándose a los cambios.

1. Presentación del proyecto y de sus promotores

1.1. Nombre comercial, marca y logotipo (unidades 3 y 4)

Es muy importante que especifiques al inicio de la presentación el nombre comercial, marca y logotipo de la empresa y que estos se visualicen en todo el material del proyecto, a ser posible asociado a un lema o breve frase que indique a qué te dedicas. Para esta importante elección, se pueden utilizar las técnicas creativas descritas en la unidad 3 y deben participar en ella todos los socios del proyecto.

1.2. Presentación de los promotores (unidad 4)

Un punto fundamental del plan de empresa es la presentación, a modo de *curriculum vitae,* de los promotores, su formación, su experiencia y su valía empresarial. Debéis demostrar que los socios estáis capacitados para realizar este proyecto; especialmente, debéis transmitir esta idea a los bancos y a vuestros posibles inversores. Desarrollad los siguientes puntos, para cada uno de los socios:

- Nombre y apellidos.
- Formación.
- Experiencia profesional, incluidas prácticas, becas y éxitos profesionales.
- Rasgos de la personalidad que muestren habilidades emprendedoras (repasa la primera unidad de este libro). Si eres muy joven y careces de experiencia laboral, debes destacar todo aquello que muestre tus habilidades emprendedoras: creatividad, organización, liderazgo, capacidad de trabajo, resistencia al fracaso, madurez, participación en asociaciones estudiantiles, culturales o juveniles; haber sido delegado o subdelegado de curso; publicaciones, premios, viajes culturales, etc.
- Grado y tipo de implicación y responsabilidad en el proyecto: si la dedicación será exclusiva o se compaginará con un trabajo por cuenta ajena; si la aportación será solo de dinero o se contribuirá con dinero y trabajo. Ten en cuenta que el grado de implicación lleva aparejado un grado de responsabilidad.
- Funciones y tareas que desarrollará cada socio en el proyecto, tanto directivas como de producción.
- Objetivo profesional.

1.3. Idea de negocio (unidad 3)

Para comunicar de manera efectiva tu idea emprendedora, deberás explicar de forma concisa, clara, visual y atractiva qué necesidades satisface, cómo es el producto, a quién se dirige y qué valor añadido aporta.

1.4. Misión: objetivos de la empresa (unidades 1, 2 y 3)

La misión es la razón de existir de una empresa. Representa su identidad y personalidad en el momento presente.

En este apartado deberás explicar cuál es el objeto social de la empresa y sus objetivos a corto y largo plazo, haciendo referencia al sector productivo al que pertenece.

1.5. Visión y valores: cultura empresarial y RSC (unidad 2)

Describe la cultura empresarial o el espíritu y la ideología que inspirará tu trabajo. Elabora el balance social de tu empresa conforme a la guía que presentamos en la unidad 2 de este libro.

1.6. Localización (unidad 2)

- Indica dónde se ubicará, en concreto, la empresa y adjunta un plano real de la zona.
- ¿Por qué se ha escogido este sitio? Ventajas e inconvenientes del lugar elegido: cercanía a los proveedores, a las materias primas, a los clientes, precio alto o bajo del local, etc.
- Describe someramente el local elegido (m^2, distribución, etc.). Averigua el precio de compra o de alquiler de los locales en esa zona.

2. Formulación del modelo de negocio (unidad 3)

Deberás explicar la forma en que vas a crear, entregar y capturar valor, es decir, el modo en que tu empresa va a generar riqueza. Esta fase constituye los cimientos sobre los que elaborarás el plan de empresa.

Puedes utilizar la plantilla del **modelo Canvas** (que vimos en el apartado 4 de la unidad 3) tanto para el proyecto escrito como para elaborar un mural a gran tamaño y utilizarlo en una presentación en público.

Estructura tu modelo de negocio en **nueve módulos** básicos, que reflejen la lógica que seguirá tu empresa para conseguir ingresos. Introduce en cada apartado de la plantilla los puntos clave de tu proyecto; puedes escribir texto e incorporar imágenes que hagan más atractivo y visual tu negocio.

¿Con qué?

Socios clave

¿Quiénes son nuestros socios clave?

¿Quiénes son nuestros proveedores clave?

¿Puedo buscar alianzas estratégicas con otras empresas?

¿Quiénes son mis aliados?

¿Qué factores debo tener en cuenta para generar alianzas de éxito?

Actividades clave

¿Qué actividades clave requieren nuestra propuesta de valor, nuestros clientes y nuestras fuentes de ingresos?

Recursos clave

¿Qué recursos clave requieren nuestra propuesta de valor, nuestros clientes y nuestras fuentes de ingresos?

¿Qué?

Propuesta de valor

¿Qué valor entregamos a nuestros clientes?

¿Qué necesidades del cliente estamos satisfaciendo?

¿Qué problemas de nuestros clientes vamos a resolver?

¿Para qué?

Relaciones con clientes

¿Qué tipo de relación mantenemos con nuestros segmentos de clientes?

¿Qué tipo de relación esperan nuestros clientes que mantengamos con ellos?

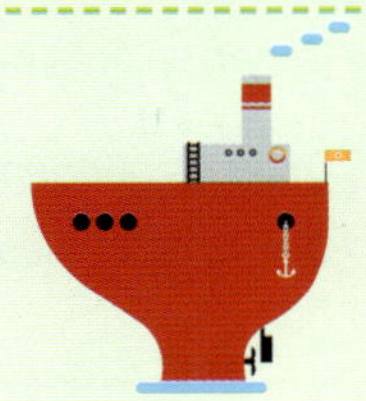

Canales

¿A través de qué canales quieren ser contactados nuestros segmentos de clientes?

¿Qué canales son más eficientes?

Segmentos de clientes

¿Para quién estamos creando valor?

¿Quiénes son nuestros clientes más importantes?

¿Cuáles son los distintos segmentos?

¿Qué segmentos pueden ser los más rentables?

¿Cuánto?

Estructura de costes

¿Cuáles son los costes más importantes inherentes a nuestro modelo de negocio?

¿Qué recursos y actividades clave son los más costosos?

Fuentes de ingresos

¿Cuáles son nuestras principales fuentes de ingresos?

¿Por qué y cuánto están dispuestos a pagar nuestros clientes?

¿Qué recursos clave requieren nuestra propuesta de valor, nuestros clientes y nuestras fuentes de ingresos?

3. Estudio de mercado (unidades 2 y 3)

Analiza con detalle el mercado en el que actuará tu empresa utilizando como base la Guía para la investigación de mercado de la unidad 3 (sección Proyecto de empresa).

Macroentorno	Realiza un análisis de los elementos del macroentorno que podrían afectar a tu empresa: legal, económico, tecnológico, de infraestructuras, social, ideológico, etc.
Producto	■ Descripción del bien o servicio de la empresa, sus características, las necesidades que cubre, mejoras que aporta con respecto a otros productos similares del mercado... ■ ¿Cuáles son los atributos esenciales de mi producto?, ¿y de los complementarios? ■ ¿Hay productos sustitutivos o complementarios al mío? ¿Pueden influir sobre mi producto?
Consumidores	Industrias culturales y creativas (videojuegos, libros, artes escénicas, pintura, escultura, fotografía, cine, TV, radio, museos y exposiciones); gimnasios; balnearios; empresas de turismo (guías, viajes organizados para mayores, para *singles*, turismo justo, rural, cultural, de aventura, *slow*...).
Competencia	■ ¿Quiénes son mis principales competidores? ¿Son grandes o pequeñas empresas? ¿Cuál es su cuota de mercado? ¿Cuánto tiempo llevan en el mercado? ¿Cuáles son los puntos débiles que muestra la competencia? ■ ¿Qué características particulares destacan en los productos de la competencia: su calidad, su utilidad, su elegancia, su imagen de marca...?, ¿qué aportan a sus clientes? ■ ¿Quiénes son sus principales consumidores? ¿Cuáles son las principales razones que inducen a los clientes a comprar los productos de la competencia? ■ ¿Qué políticas de precios sigue la competencia? ¿Qué condiciones conceden: rebajas, descuentos «2 × 1», bonificaciones, promociones, garantías...? ■ ¿Utilizan algún sistema de producción diferente, innovador o con patente propia? ■ ¿Qué almacenes, oficinas de venta, puntos de asistencia al cliente tiene la competencia? ■ ¿Tienen un área de influencia determinada? ¿Se centran en una zona o grupo de clientes concreto?
Proveedores	■ ¿Quiénes pueden ser mis proveedores? ¿Venden también a mis competidores? ■ ¿Qué condiciones de pago ofrecen?

Mapa de empatía

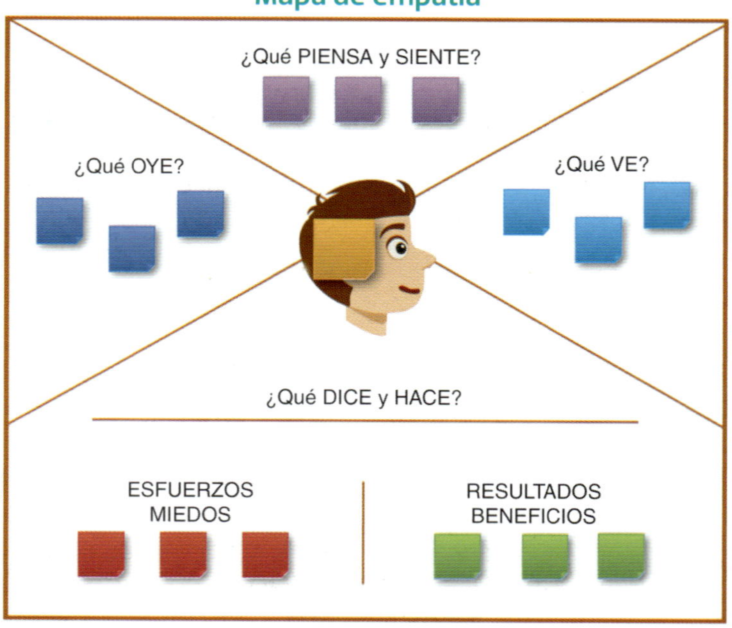

Dentro del **análisis de los consumidores** es importante conocer al máximo a nuestros clientes para ofrecerles un producto que se ajuste exactamente a sus necesidades y por el que estén dispuestos a pagar un precio. Para ello utilizaremos el **mapa de empatía**, herramienta que nos ayuda a ponernos en el lugar de nuestra clientela.

4. Lean Startup y Lean Canvas (unidad 4)

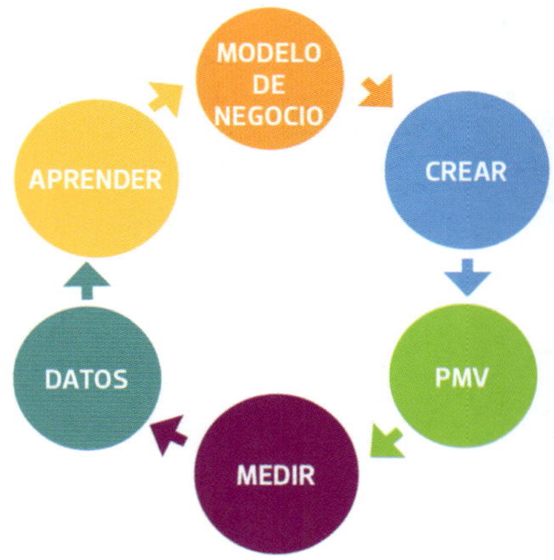

4.1. Lean Startup

Después de explicar tu modelo de negocio y analizar los resultados del estudio de mercado, y antes de meterte de lleno con el proyecto de empresa, es conveniente que especifiques qué experimentos has llevado a cabo para validar tu modelo de negocio. Para ello desarrollarás las siguientes fases:

1. Identificar las hipótesis del modelo de negocio que hay que validar.
2. Diseñar el experimento.
3. Crear el producto mínimo viable (PMV).
4. Establecer qué parámetros vas a medir y cómo.
5. Analizar los datos o resultados.
6. Aprendizaje validado: pivotar o perseverar.

4.2. Lean Canvas

Analiza si prefieres utilizar el Lean Canvas en lugar del Business Model Canvas, ya que en la metodología Lean Startup se utiliza también el primero.

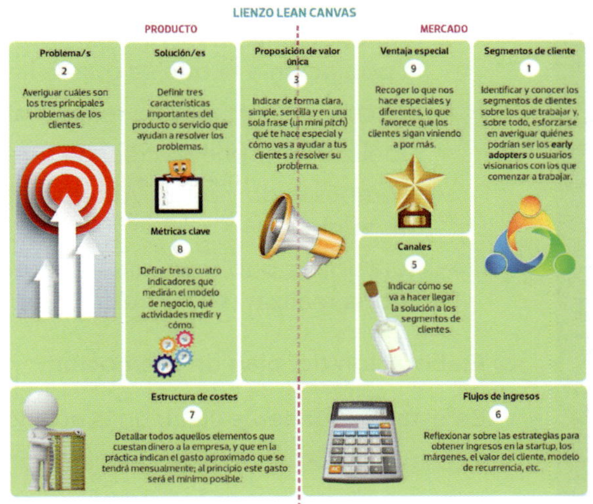

5. Plan de marketing

5.1. El producto (unidades 3 y 4)

Describe el producto o la gama de productos que ofrece tu empresa, indicando:

- Las características principales: aspectos técnicos, diseño, envase, calidad, nombre de marca...
- Los servicios relacionados con el producto: posventa, garantía, instalación, entrega a domicilio, financiación...
- Diferenciación y mejora con respecto a los productos de la competencia.
- Estimación de su coste.

5.2. Estrategia de precios (unidad 4)

Detalla el precio de toda la gama de tus productos y explica cómo lo has fijado. Indica la estrategia de precios que vas a seguir (descremación, penetración, descuentos, etc.).

Compara tu precio con los de la competencia. Si tu precio es superior al de tus competidores, explica las razones (mayor calidad en el producto, mejor servicio posventa, etc.).

5.3. Estrategia de distribución (unidad 4)

Analiza la estrategia de distribución de tu empresa, especificando:

- Los canales de distribución que se van a utilizar y la política de incentivos a intermediarios.
- La composición del equipo de ventas.
- Los servicios posventa y la garantía de la empresa.

5.4. Estrategia de promoción (unidad 4)

Elabora un plan de promoción y publicidad que te ayude a incrementar las ventas del producto y a proyectar una adecuada imagen corporativa de la empresa. Debes partir de un adecuado análisis del comportamiento de compra del cliente:

- ¿Quién consume el producto? ¿Quién lo compra y quién lo paga?
- ¿Cuándo se compra y con qué frecuencia? ¿Qué factores determinan la compra?
- ¿Dónde se compra y cuánto se compra?

5.4.1. Guía de un plan de promoción y publicidad

a) **Fase de investigación**

- ¿Cuál es mi público objetivo?
- ¿Cuál es la imagen corporativa que quiero transmitir de mi empresa?
- ¿Cuáles son mis limitaciones presupuestarias?
- ¿Qué actividades promocionales puedo realizar?
  - Publicidad: ¿qué soportes publicitarios (radio, televisión, prensa, revistas, *mailing*, publicidad exterior, etc.) tengo a mi disposición? Para un correcto estudio hay que tener en cuenta la amplitud de la población a la que se quiere llegar y el presupuesto disponible.
  - *Merchandising:* ¿puedo realizar algún tipo de acción en el punto de venta?
  - Fidelización: ¿puedo crear algún sistema de incentivos para clientes habituales?
  - Promoción de ventas: ¿qué puedo hacer, especialmente en el momento inicial, para incrementar mis ventas?
  - Relaciones públicas: ¿qué tipo de acciones que supongan un beneficio social o medioambiental podría realizar mi empresa? ¿Qué medios voy a utilizar para transmitir mi imagen corporativa?

b) **Elaboración del plan de promoción**

En esta fase deberás elegir unas actividades promocionales concretas y especificar:

- Los recursos necesarios para su realización.
- Quién llevará a cabo el plan de promoción, la propia empresa o un tercero.
- Costes de cada una de las actividades promocionales que se van a realizar.
- Calendario de implantación y puesta en marcha de cada una de las actividades (ver los modelos de plan de acción que se muestran en el punto 13.2 de este guion de proyecto de empresa).

c) **Fase de evaluación y control**

En esta fase deberás establecer los criterios de evaluación de las actividades de publicidad. Pueden ser:

- El aumento de la cuota de mercado.
- El aumento de las ventas totales.
- La entrada en nuevos mercados.

Esta evaluación servirá para cuantificar la efectividad y rentabilidad de las acciones publicitarias.

No olvides que existen en el mercado agencias de publicidad especializadas en asesorar a las pequeñas y medianas empresas en la elaboración e implantación de su plan de promoción.

5.5. Conclusiones

Los tres primeros puntos de este plan de empresa hacen referencia al desarrollo de la idea empresarial y la penetración del producto en el mercado. Los siguientes apartados explican la viabilidad del proyecto de empresa (personal, técnica y económico-financiera), para terminar con el análisis de su puesta en marcha y evaluación.

Por eso es un buen momento para introducir, a modo de conclusión, un análisis DAFO, donde se analicen las debilidades, amenazas, fortalezas y oportunidades de tu proyecto.

Completa el desarrollo práctico de la matriz analizando de forma aislada cada cuadrante, de modo que puedas decidir las estratégias más adecuadas para tu empresa. Explícalas detenidamente.

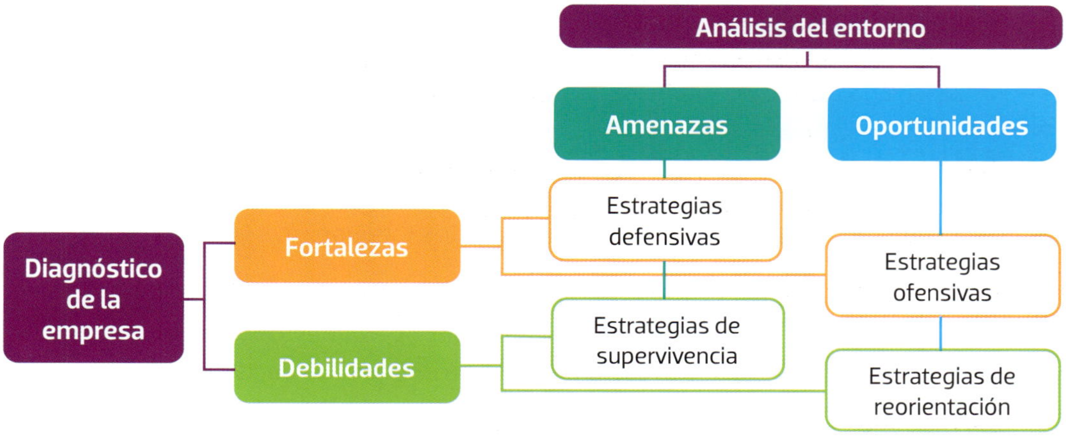

Asimismo, es recomendable que presentes los objetivos comerciales de la empresa, la cuota de mercado que se pretende alcanzar y la cifra de ventas prevista a corto y medio plazo.

6. Plan de recursos humanos

6.1. Plan de recursos humanos de la empresa (unidad 6)

Describe cada uno de los **puestos de trabajo**, detallando:

- Las funciones, tareas y responsabilidades que tendrán asignadas.
- La formación y experiencia que requiere cada puesto de trabajo (perfil profesional).
- Quién estará al frente de cada puesto.

Estatus de los **socios trabajadores**:

- Cuando sea posible, cada socio elegirá su inclusión en el régimen general de la Seguridad Social o en el especial de autónomos.

Contratación y coste de personal:

- ¿Qué personal hace falta para poner en práctica el proyecto empresarial?
- ¿Es necesario contratar personal? Realiza un análisis del coste de los trabajadores y decide el número de personas que se deben contratar y su perfil profesional.
- Describe el proceso de selección que se llevará a cabo.
- Indica el contrato laboral que se formalizará con ellos.

A modo de resumen y como exposición gráfica de este apartado, completa un cuadro como el siguiente para cada puesto de trabajo:

Puesto de trabajo 1: denominación del puesto de trabajo	
Nombre del socio o del trabajador contratado: ■■■■■■■■■■■■■■■■■■■■■■	
Categoría profesional (ver el convenio colectivo): ■■■■■■■■■■■■■■■■■■■■■■	
Modalidad contractual: ■■■■■■■■■■■■■■■■■■■■■■	
Funciones del puesto: – ■■■■■■■■■■■■■■■■■■■■■■	Formación y perfil profesional: – ■■■■■■■■■■■■■■■■■■■■■■
Coste del trabajador	
	Coste anual
Salario	■■■■■■■■■■■■■
Seguridad Social	■■■■■■■■■■■■■
Coste total (salario + Seguridad Social)	■■■■■■■■■■■■■

6.2. La estructura organizativa de la empresa (unidad 6)

Elabora el organigrama de la empresa, especificando los departamentos que la componen, quién estará al frente de cada uno y el número de trabajadores que los integran (incluidos los socios, si van a trabajar en ella).

Para profundizar → Determina los niveles de autoridad y responsabilidad: cómo se vinculan jerárquicamente los departamentos y las personas que los componen.

Describe el sistema de toma de decisiones: asambleario, por mayoría, por unanimidad, etc.

7. Plan de producción

7.1. Descripción del ciclo productivo de la empresa (unidad 7)

Decribe el ciclo productivo de la empresa, indicando:

- Los pasos necesarios para producir el producto u ofrecer el servicio. Describe las actividades, procesos y tareas de la empresa.
- La secuenciación temporal de los pasos anteriores, indicando cuánto tiempo llevará cada uno y todo el proceso, en su conjunto.

Para profundizar → Señala la capacidad productiva mínima y máxima que tendrá la empresa a lo largo de un ejercicio económico, justificando que dicha capacidad productiva se ajusta a la demanda estimada en el estudio de mercado.

7.2. Elección de proveedores (unidad 7)

Incluye un estudio de los proveedores seleccionados:

Selección de proveedores				
Nombre	**Elemento que suministra**	**Puntos fuertes**	**Puntos débiles**	**Localización**
Proveedor principal: Proveedor alternativo:				
Proveedor principal: Proveedor alternativo:				

8. Análisis de costes

8.1. Costes fijos y costes variables (unidad 7)

Describe los costes fijos y los costes variables estimados:

Estimación de costes

Costes fijos

- Personal (sueldos y cuotas de la Seguridad Social)
- Terrenos y edificaciones (alquiler o compra del local, obras de acondicionamiento, etc.)
- Maquinaria
- Equipos informáticos
- Suministros (electricidad, agua, gas, etc.)
- Publicidad
- Vehículos
- Seguros

Costes variables

- Suministros
- Materias primas
- Envases y embalajes
- Combustibles

8.2. El umbral de rentabilidad (unidad 7)

Teniendo en cuenta la capacidad mínima y máxima estimada, así como los costes fijos y variables estimados, fija el precio de venta, en función de los diferentes criterios estudiados (basado en los costes, en la percepción del comprador o en la competencia).

Una vez fijado el precio de venta realiza un análisis, con su correspondiente gráfico, del umbral de rentabilidad o punto muerto de la empresa, para determinar el volumen de producción a partir del cual se empezarán a obtener ganancias.

9. Plan de inversiones

9.1. Descripción de las inversiones (unidad 9)

En el plan de inversiones se incluyen todos los recursos necesarios para la producción. Puedes utilizar como guía la tabla de la unidad 9 (sección Proyecto de empresa).

9.2. Criterios de amortización (unidad 9)

Explica el criterio de amortización elegido para cada uno de los inmovilizados, incluyendo los cuadros de amortización de los elementos que consideres más importantes.

10. Plan de financiación

10.1. Fuentes de financiación (unidad 9)

Indica las fuentes de financiación de tu empresa, incluyendo un estudio pormenorizado de:

El capital social

- Especifica el capital social de la empresa (teniendo en cuenta que, en ocasiones, depende de la forma jurídica elegida) e indica cuánto aportará cada socio.
- Divide el capital social en acciones o participaciones (según corresponda) y distribuye las que se adjudiquen a cada socio, en función del capital aportado.

Ayudas y subvenciones

Realiza un análisis de las posibles ayudas y subvenciones que puede recibir tu empresa, indicando cuáles consideras más convenientes y factibles. A modo de resumen, puedes incluir un estudio sistemático de las ayudas y subvenciones actuales, siguiendo la tabla que se propone en la unidad 9, en la actividad de la sección Entra en internet.

Préstamos y créditos

Incluye un estudio básico sobre las condiciones financieras que se ofrecen, en la actualidad, a las empresas de nueva creación. Puedes conseguir esta información a través de la página web de cualquier caja o entidad bancaria, en la sección destinada a empresas o acudiendo a una oficina física. Organiza la información en una tabla (como la que elaboraste en la actividad final 1 de la unidad 9, en la sección de Actividades finales) indicando, en la primera fila, la fuente financiera más interesante y, en la última, la menos atractiva.

Otras fuentes

Explica el resto de las fuentes de financiación a las que recurrirá la empresa: contratos y servicios financieros *(leasing, renting, factoring, confirming)*, crédito de los proveedores, descuento de efectos, etc.

A modo de resumen, presenta la tabla sobre fuentes de financiación de la unidad 9 (sección Proyecto de empresa).

11. Análisis económico-financiero

11.1. El balance de previsión (unidades 8 y 10)

Elabora el balance de previsión de tu empresa conforme al modelo de la unidad 10 (sección Proyecto de empresa).

Para profundizar → Utiliza como modelo de balance el que establece el PGC para pymes (unidad 8).

En ambos casos, ten en cuenta que no tienen por qué cumplimentarse todos los apartados.

Elabora un estudio del fondo de maniobra de tu empresa y demuestra que su situación financiera será equilibrada.

11.2. Cuenta de resultados de previsión (unidades 8 y 10)

Incluye la cuenta de resultados de previsión para el primer ejercicio económico de tu empresa, siguiendo el modelo del PGC para pymes (unidades 8 y 10).

Para profundizar → Puedes hacer una previsión de cuenta de resultados para los tres primeros ejercicios económicos de tu empresa.

11.3. Análisis económico-financiero (unidad 10)

Calcula las ratios económicas y financieras a partir del balance y la cuenta de resultados de previsión de tu empresa. Comenta los resultados.

11.4. El plan de tesorería (unidad 10)

Elabora el plan de tesorería de tu empresa sobre la base del modelo propuesto en la unidad 10 (punto 4 y sección Proyecto de empresa). Puedes realizar un plan semestral o anual añadiendo más columnas al modelo.

12. Área jurídica

12.1. Forma jurídica de la empresa (unidad 5)

- Indica la forma jurídica elegida y justifica tu elección, indicando las ventajas y los inconvenientes de la misma y explicando cómo se pueden minimizar las desventajas.
- Señala los órganos de gobierno de la sociedad y quién integrará cada uno de ellos.

12.2. La organización de la prevención de riesgos laborales (unidad 11)

Elige la forma más adecuada para organizar la prevención en tu empresa, teniendo en cuenta los siguientes condicionantes:

- Si se trata de una de las actividades consideradas como especialmente peligrosas por el Anexo I del Real Decreto 39/1997, de 17 de enero, por el que se aprueba el Reglamento de los Servicios de Prevención.
- El número de trabajadores de la empresa.
- La formación de los socios en materia de prevención de riesgos laborales.

12.3. Calendario fiscal (unidad 12)

Elabora el calendario fiscal de tu empresa conforme a lo estudiado en la unidad 12.

12.4. Protección legal (unidad 5)

Explica si es necesario e interesa proteger la idea empresarial para eliminar o reducir el riesgo de que la competencia copie o imite los productos, servicios, invenciones, diseños, etc. de tu empresa.

Recuerda las herramientas analizadas en la unidad 5 de este libro y valora su necesidad:

- Marca.
- Nombre comercial.
- Patente.
- Rotulo.
- Diseño industrial.

Completar un cuadro como el siguiente puede ayudarte a tomar una decisión (recuerda que debes trabajar siempre en tu cuaderno):

Protección legal	Dónde se solicita	Duración	Precio
Marca			
Nombre comercial			
Patente			
Rótulo			
Diseño industrial			

Este tipo de protección legal es importante porque la marca, el nombre comercial, el rótulo, el diseño industrial o la patente constituyen un bien intangible que, si está protegido legalmente, diferencia a la empresa de la competencia y se convierte en una ventaja competitiva.

Seguros

Con respecto a la reducción de riesgos cabe señalar que, aparte de la propiedad industrial, el empresario tiene la posibilidad de cubrir determinados riesgos a través de la contratación de un seguro. Entre las principales modalidades contractuales y riesgos asociados:

- Seguro de vida.
- Seguro de robo, expoliación y hurto.
- Seguro multirriesgo de comercio y oficinas.
- Seguro de accidentes.
- Seguro de incendios.
- Seguro de cambio de moneda extranjera.

Es conveniente estudiar detenidamente qué seguros conviene contratar para reducir los riesgos inherentes a la actividad empresarial. Por otra parte, hay que tener en cuenta que muchas entidades bancarias exigen un seguro de vida al empresario cuando este quiere contratar un crédito o un préstamo.

13. Trámites y plan de acción

13.1. Trámites de constitución y puesta en marcha (unidad 11)

En primer lugar, localiza el punto de atención al emprendedor más cercano a tu domicilio y analiza qué trámites puedes realizar allí. Después haz un esquema con los pasos que vas a seguir para realizar las actividades necesarias para la constitución y puesta en marcha de la empresa.

Puede servirte la tabla que has elaborado en la unidad 11. Añádele dos nuevas columnas en las que se indique la fecha aproximada en la que se va a realizar cada trámite y la persona responsable:

Orden	Trámites	Órgano en el que se tramita	Dirección postal	Dirección web	Fecha prevista	Persona responsable
1						
2						
3						
4						
5						
...						

Cumplimenta todos y cada uno de los formularios que necesita tu empresa para su constitución y puesta en marcha e inclúyelos en el Proyecto de empresa.

13.2. Plan de acción

En los puntos anteriores has planteado unos objetivos (comerciales, productivos, económicos, etc.) y has indicado los medios para conseguirlos (plan de producción e inversiones); ahora debes organizar en el tiempo cada una de las acciones que pondrán en marcha la actividad productiva de tu empresa. En este caso, las fechas pueden indicarse por meses o trimestres.

Te proponemos dos modelos de planes de acción:

Trámite	Fecha prevista	Persona responsable	Coste
Obras y reformas del local			
Alta de electricidad, agua, teléfono, gas, etc.			
Visitas a proveedores y formalización de acuerdos			
Compra de materiales y productos			
Inicio del plan de promoción y publicidad, etc.			
Fecha de apertura e inicio de actividad			
Distribución del producto			
Revisión del proyecto de empresa, etc.			

Otra forma de presentar el plan de acción es mediante un diagrama de Gantt, en el que se van coloreando las celdas de los meses en los que se prevé que se realizará la acción:

Actividades	Ene	Feb	Mar	Abr	May	Jun	Jul	Ago	Sep	Oct	Nov	Dic
Obras y reformas del local	■	■	■									
Alta de electricidad, agua, teléfono, gas, etc.		■										
Visitas a proveedores y formalización de acuerdos			■									
Compra de materiales y productos				■								
Inicio del plan de promoción y publicidad, etc.				■								
Fecha de apertura e inicio de actividad					■	■						
Distribución del producto							■	■	■			
Revisión del proyecto de empresa, etc.										■	■	■

14. Conclusiones y evaluación del proyecto

14.1. Análisis DAFO

Realiza un análisis DAFO del conjunto del proyecto. Una vez realizado el estudio, puedes presentarlo en el proyecto de dos formas:

- Como una matriz DAFO (repasa cómo se elabora en la unidad 2 de este libro).
- Redactándolo, a modo de conclusiones.

14.2. Valoración del riesgo

En este punto se deben analizar los riegos que existen en la puesta en marcha de tu proyecto empresarial y explicar las medidas correctoras que aplicarás para afrontarlos. Los riesgos pueden ser:

- Internos: aquellos que afectan al personal, a la aceptación del producto por el mercado, posibles retrasos, problemas en la obtención de recursos financieros, etc.
- Externos: una posible recesión económica, aparición de nuevas tecnologías, una rápida reacción de los competidores, cambios en la demanda, etc.

14.3. Criterios de evaluación

Establece unos objetivos y parámetros con respecto a los cuales, después, se puedan realizar comparaciones con la realidad conseguida. Cada empresa ha de fijar los indicadores que mejor se adapten a su estructura y que permitan medir el grado de cumplimiento de sus planes.

Gracias a estas evaluaciones se pueden detectar y analizar las desviaciones para, posteriormente, tomar medidas correctoras en el momento adecuado.

Área	Objetivo	Actividad	Responsable	Plazo	Cambio	Resultado
Marketing						
Producción						
Recursos humanos						
Costes						
Inversiones						
Financiación						

ACTIVIDADES FINALES

1. Te presentamos una serie de preguntas que pueden ayudarte a evaluar y mejorar el proyecto de empresa. Contéstalas en tu cuaderno y analiza si tienes que realizar algún cambio en el plan de empresa que has elaborado hasta ahora:

Evaluación del proyecto de empresa

Puntos evaluables	Preguntas guía
La idea de negocio	■ ¿Puedes describir con claridad y precisión la misión de tu empresa? ■ ¿Qué tiene de innovadora tu idea? ■ ¿Por qué existe la oportunidad ahora? ■ ¿Es este el momento adecuado para cubrir esa necesidad? ■ ¿Por qué otros emprendedores no lo han hecho? ■ ¿Se pueden proteger la idea, los procesos o el producto frente a la copia? ■ ¿Es suficiente esta idea para sustentar la creación de una empresa?
El bien o servicio	■ ¿Puedes describir con precisión tu producto? ■ ¿Qué ventajas aporta frente a productos similares? ■ ¿Es fácil de copiar? ■ ¿Conoces los costes de fabricación de tu producto o servicio?
Marketing	■ ¿Sabes cómo dar a conocer tu producto y cómo hacerlo llegar a los clientes? ■ ¿Has realizado una estimación de ventas para los primeros años? ■ ¿Conoces a la competencia? ¿Qué ventajas e inconvenientes presenta tu empresa frente a la competencia? ■ ¿Existe un único proveedor o puedes recurrir a varios? ■ ¿Has realizado algún estudio de mercado sobre tu producto? ■ ¿Tienes diseñado algún sistema de evaluación y control para conocer la evolución del mercado?
Organización y recursos humanos	■ ¿Cuentas con los recursos humanos necesarios? ■ ¿Están los socios y los trabajadores bien preparados? ■ ¿Están claras las funciones de cada uno? ¿Y sus responsabilidades?
Financiación	■ ¿Tienes la financiación necesaria para tu proyecto? ■ ¿Cuánto tiempo puede durar el proyecto si las expectativas de venta no se cumplen? ■ ¿Qué nivel de pérdidas puedes asumir y durante cuánto tiempo? ■ ¿Tienes diseñado un presupuesto de tesorería para los primeros años de la empresa?
El propio proyecto	■ ¿Se incluye una introducción a modo de resumen que permita una primera y clara visión del proyecto y sus objetivos? ■ ¿Está bien redactado? ¿Es convincente? ¿Es buena la presentación? ■ ¿Es el plan de negocio realista, lógico y convincente? ■ ¿Cuáles son los puntos fuertes del proyecto? ¿Y los débiles? ■ ¿Está presidido todo el proyecto por la coherencia interna? ■ Si el proyecto fuera de otro, después de leerlo, ¿invertirías en él?

ACTIVIDADES FINALES

Entra en internet

2. En la actualidad, numerosas páginas web ofrecen guías y herramientas para elaborar proyectos de empresa:
   - <www.emprendedorxxi.es>.
   - <https://www.madridemprende.es/es>.
   - Las páginas web de las Cámaras de Comercio: <www.creacionempresas.com>, <www.camaramadrid.es>.
   - <www.autoocupacio.org>. Proporciona recursos para emprendedores.
   - <www.discapnet.es/castellano/Paginas/default.aspx>. Para emprendedores con discapacidad.
   - <www.circe.es>. Entra en el Programa Tutela.
   - <www.060.es>. Portal de la Administración General del Estado (060 Empresas).
   - <www.ipyme.org>. Portal Pyme.
   - <www.creatuempresa.org>. Programa de creación de empresas.
   - <www.emprendedores.es>. Emprendedores.es.
   - <www.soyentrepreneur.com>. SoyEntrepreneur.com.
   - <www.expansionyempleo.com>. Expansión y Empleo.
   - <http://ec.europa.eu/small-business/index_es.htm>. Portal Europeo para las pymes.
   - <www.ata.es>. El portal de los autónomos.
   - <www.av-asesores.com>. AV Asesores.

Enlaces de interés por Comunidades Autónomas

Andalucía
<http://bit.ly/2lqV9bm>
<www.camarasandalucia.com/es>

Aragón
<www.emprender-en-aragon.es>

Asturias
<http://bit.ly/2m4gbQr>

Baleares
<www.cambramallorca.com>

Canarias
<www.emprenderencanarias.es>

Cantabria
<https://www.cantabriaemprendedora.es/>

Castilla-La Mancha
<www.castillalamancha.es/emprendedores>
<https://bit.ly/jovenesemprendedores-CLM>

Castilla y León
<http://bit.ly/2lCo7Y7>

Cataluña
<http://xarxaempren.gencat.cat/es/vols-emprendre/>
<https://www.iceb-edu.com/>

Ceuta
<www.ceuta.es>

Extremadura
<https://extremaduraempresarial.gobex.es>

Galicia
<www.igape.es>

Madrid
<www.emprendelo.es>
<www.camaramadrid.es>
<www.ajemadrid.es>
<www.aseme.es>

Melilla
<www.melilla.es>

Murcia
<www.murciaempresa.com>

Navarra
<www.cein.es>

País Vasco
<www.euskadi.net/r33-2320/es>
<https://ekingune.tknika.eus/es/>
<www.lanbide.euskadi.eus/inicio-lanbide>

La Rioja
<www.larioja.org>
<www.emprenderioja.es>
<www.camararioja.com>
<www.ajer.es>

Valencia
<www.camaravalencia.com>

EMPRENDEDORES EN EL CINE

Ficha técnica

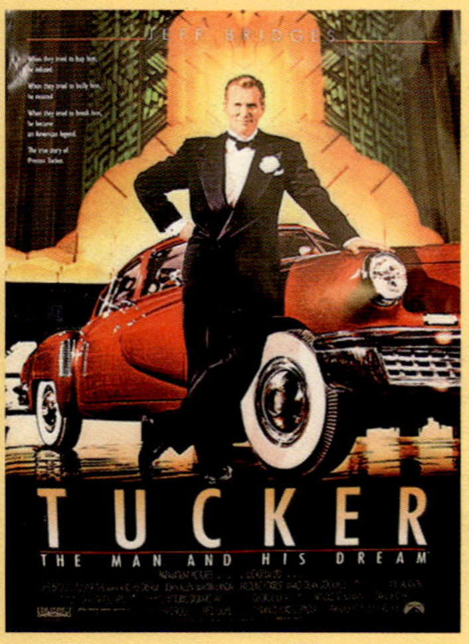

Título original: *Tucker: The Man and his Dream*

Dirección: Francis Ford Coppola

Producción: Paramount Pictures / Lucas Films

Guion: Arnold Schulman y David Seidler

Duración: 130 minutos

Nacionalidad: estadounidense

Año de producción: 1988

Reparto: Jeff Bridges, Joan Allen, Christian Slater, Martin Landau, Frederic Forrest, Lloyd Bridges

Música: Joe Jackson

Fotografía: Vittorio Storaro

Género: drama/biográfica

Tucker: un hombre y su sueño

Sinopsis

Preston Tucker (Jeff Bridges) sueña con construir un automóvil potente, seguro y a buen precio. Su idea es obtener un coche que se adelante en su diseño a lo que debe ser el coche del futuro. El afán por triunfar lo lleva a trabajar con ahínco e incluso a pedir ayuda a su familia.

Después de dedicar mucho tiempo a estudios e investigaciones, consigue un ejemplar único, que provoca que la industria de producción en serie de Detroit se sienta amenazada. Incluso el magnate Howard Hughes considera a Tucker como un enemigo potencial. Acosado por todos, logrará producir las primeras unidades de su vehículo, aunque para ello debe pagar un precio demasiado alto.

Claves de trabajo

La película transcurre en torno a 1948. En aquella época, la industria norteamericana del automóvil sufría la competencia de los coches europeos, especialmente del Volkswagen Beetle (el *Escarabajo*). Esto obligó a cambiar el diseño y la construcción de la carrocería.

En este contexto, Preston Tucker considera que el usuario medio debe tener la oportunidad de disfrutar del mejor coche a su alcance y él está dispuesto a ofrecérselo: construye un coche por un precio considerablemente inferior al de todos los que se hacían hasta entonces. Además, cuenta con discos de freno extra, cinturones de seguridad y otras medidas de seguridad consideradas revolucionarias para la época.

Actividades

Responde de forma argumentada a las siguientes cuestiones:

1. Análisis del negocio empresarial:
   - ¿Cuál o cuáles son las claves del éxito inicial de la empresa de Preston Tucker? ¿Cuál es su idea innovadora?
   - ¿Por qué su preocupación por la seguridad, un aspecto primordial, no fue más valorado?
   - ¿Qué provoca que finalmente fracase?
2. Análisis del emprendedor:
   - ¿Cómo describirías la personalidad de Preston Tucker?
   - ¿Reúne las cualidades necesarias para ser un buen empresario? ¿Qué habilidades emprendedoras encuentras en él?
   - ¿Recuerdas el test de la unidad 1 «Tienes madera de empresario»? Hazlo de nuevo, ahora que ya has profundizado en el estudio del espíritu emprendedor y que ya conoces las herramientas básicas para crear una empresa. ¿Has mejorado tu puntuación?

ACTUALIDAD EMPRESARIAL

¿Por qué fracasan los emprendedores?

Consejos de experto

Hemos hablado con Michael J. Roberts, director del Arthur Rock Center for Entrepreneurship de la Harvard Business School. Estos son sus consejos a la hora de poner en práctica tus habilidades.

«Para saber si estás preparado para emprender tienes que ver si tu idea te acompaña durante varios meses con la misma fortaleza. Si pierdes interés en tu idea, o bien esta no merece la pena, o bien no tienes madera».

«Los secretos se sobreestiman. Es un error. No se trata de contar tu idea a la competencia, sino a personas que te pueden ofrecer una visión global de tu idea, que te pueden aportar opiniones que te sirvan de contrapunto».

«Fíjate un calendario, unas pautas de acción y unas cantidades económicas –las que estás dispuesto a invertir o las que estás dispuesto a perder, marcando cuándo vence tu paciencia– para tu compromiso como emprendedor. Márcate una serie de plazos para delimitar los problemas y la posibilidad de que tu empresa no salga adelante. Así serás más paciente y encajarás mejor los golpes del mercado. En el plano financiero, calcula tu punto de equilibrio».

«Piensa a largo plazo, pero no te pongas el listón demasiado alto. Ve creciendo poco a poco. Comienza a pequeña escala. De esa manera podrás ir midiendo la viabilidad de tu idea progresivamente, lo que te permitirá corregir errores y ganar confianza. Te ayudará también a hacerte una idea de hacia dónde va tu negocio y cómo se desarrolla».

Fuente: Revista *Emprendedores*

La ratio de supervivencia de nuevos emprendedores es todavía muy baja. No hay fuentes definitivas, pero un directivo de la Fundación Cultural Banespyme de Banesto me dijo que estimaban que un 90-95 % de los emprendedores fracasa antes del quinto año. En España se disuelven cada año cerca de 10 000 sociedades, así que no podemos esconder más esta verdad.

Que alguien explique esto: el 95 % de los emprendedores fracasa y, en cambio, solo el 0,02 % de los textos de empresa se dedica a comprender por qué.

Podremos aprender algo de los aciertos de un tercero; pero, como suele decirse, la medida del éxito es el éxito a tu medida. Lo que los emprendedores necesitan saber no es tanto qué es lo que han de hacer, sino qué es lo que han de evitar. ¿Cuáles son las piedras con las que tropieza la gran mayoría de personas que acometen un negocio?

Creo firmemente que una respuesta adecuada a esta difícil pregunta contribuirá a ayudar a mucha gente a la hora de emprender. Fue por eso por lo que dediqué un año a entrevistar a multitud de emprendedores que hubiesen fracasado o llegado a situaciones verdaderamente críticas, y que estuviesen dispuestos a reconocer y compartir sus errores. Identifiqué un total de 14 factores clave de fracaso, agrupados en 5 grandes áreas: la persona que emprende, la idea de negocio, los socios, el sector de actividad y la gestión del crecimiento.

Fruto de este estudio es la publicación de la obra *El libro negro del emprendedor*.

Trabajo en **equipo**

1. Realizad un debate en clase sobre las siguientes cuestiones: ¿crees que se aprende conociendo las experiencias de otros? ¿Se puede aprender de los éxitos? ¿Y de los fracasos? Reflexiona si en tu vida personal aplicas esta filosofía.
2. ¿Cuáles son las 5 grandes áreas en torno a las cuales el autor ha agrupado los 14 factores clave de fracaso que encontró? Según tu opinión, ¿cuáles podrían ser esos factores de fracaso? Enumera un mínimo de 3 para cada una de las 5 áreas.
3. Reflexionad, primero individualmente, y después en grupos de 5, sobre los siguientes aspectos:
   - ¿Qué pautas se mencionan en estos artículos para emprender con éxito?
   - Añadid nuevos consejos que consideréis oportunos.

Edición: Carmen Calvo y Gloria Rodríguez

Coordinación editorial: Carmen Calvo

Diseño de colección: Juan Pablo Rada / Paso de Zebra

Fotocomposición, maquetación y realización de gráficos: Amelia Simón

Fotografías: 123RF Limited, Don Algodón, Ehud Kenan, El Circo del Sol, Fundación Affinity, Getty Images, La Bruixa d'Or, Matthew Yohe y archivo Editex

Ilustración: 123RF Limited, Getty Images y archivo Editex

Preimpresión: José Ciria

Dirección de producción: Santiago Agudo

El presente material didáctico ha sido creado por iniciativa y bajo la coordinación de Editorial Editex, S. A., conforme a su propio proyecto editorial.

Vía Dos Castillas, 33. C.E. Ática 7, edificio 3, planta 3ª, oficina B
28224 Pozuelo de Alarcón (Madrid)

ISBN: 978-84-1321-232-6

Depósito Legal: M-14441-2020

Impreso en España - *Printed in Spain*